U0732257

本书获中国社会科学院出版基金资助

拉美发展前景预测

PROSPECTS FOR DEVELOPMENT IN LATIN AMERICA

江时学 ● 等著

中国社会科学出版社

图书在版编目（CIP）数据

拉美发展前景预测/江时学等著．—北京：中国社会科学出版社，2011.6
ISBN 978－7－5004－9722－6

Ⅰ.①拉…　Ⅱ.①江…　Ⅲ.①经济预测—拉丁美洲②社会预测—拉丁美洲
Ⅳ.①F173.032

中国版本图书馆CIP数据核字(2011)第066950号

责任编辑　冯　斌
责任校对　刘　娟
封面设计　郭蕾蕾
技术编辑　戴　宽

出版发行　中国社会科学出版社
社　　址　北京鼓楼西大街甲158号　　邮　编　100720
电　　话　010—84029450(邮购)
网　　址　http://www.csspw.cn
经　　销　新华书店
印　　刷　新魏印刷厂　　装　订　广增装订厂
版　　次　2011年6月第1版　　印　次　2011年6月第1次印刷
开　　本　710×1000　1/16
印　　张　22.25
字　　数　376千字
定　　价　48.00元

本书作者

前　言　江时学
第一章　江时学
第二章　江时学
第三章　江时学
第四章　江时学
第五章　江时学
第六章　江时学
第七章　林华、江时学
第八章　江时学
第九章　谢文泽、江时学

前　　言

拉美的发展前景是什么？

早在1988年，邓小平就说过，真正的太平洋时代的到来至少还要50年。那时也会同时出现一个拉美时代。他希望太平洋时代、大西洋时代和拉美时代同时出现。①

2003年，在中国社会科学院拉丁美洲研究所主办的一次讨论拉美经济改革的研讨会上，一位中国学者说，墨西哥恰帕斯州的农民正在进行革命，这一革命可能会蔓延到其他拉美国家，因为拉美国家的社会不公现象非常严重。

西班牙毕尔巴鄂维茨卡亚对外银行（BBVA）全球贸易信贷部主管艾尔伯特·孔德在其题为《所有拉美国家的未来是美好的?》一文中说："当你想到拉美时，你很容易会首先想到该地区挥之不去的社会问题、政治问题和经济问题。……拉美的未来就在眼前。只有拉美自己才能面对未来的挑战。"②

尼加拉瓜桑地诺民族解放阵线总书记丹尼尔·奥尔特加在2006年11月5日的大选中获胜后，委内瑞拉总统查韦斯在电话中对奥尔特加说，"我们为你感到自豪，……现在，桑地诺革命和玻利瓦尔革命终于能团结在一起，共同建造21世纪社会主义的未来。"③

美国记者安德列斯·奥本海默在其2007年出版的《拯救美洲：拉美

---

① http：//www. china. com. cn/zhuanti2005/txt/2004－08/02/content_ 5625138. htm.

② Alberto Conde，"Latin America：bright future for all?"（http：//www. tfreview. com/xq/asp/sid. 0/articleid. 28EE6FB4－EA32－41F2－9C54－E0D76FD6B1BF/eTitle. Latin_ America_ bright_ future_ for_ all/qx/display. htm）.

③ Chris Spannos，"Latin America：Another World Possible，Over the Horizon，in the 21st Century"（http：//venezuelanalysis. com/analysis/2072）.

面临的危险的衰落以及美国应该采取的行动》一书中说，拉美依靠出口初级产品获得的繁荣掩盖了这样一个事实：拉美正在落后于其他发展中国家（尤其是亚洲国家）。他认为，在未来的20年，拉美在国际上将变得越来越“无足轻重”①。

在2010年9月14日世界经济论坛夏季达沃斯（天津）的一个讨论会上，一位巴西企业家说，今天的拉美不是向美国输出非法移民的落后地区了，而是充满创新、充满商机和充满希望的地方。来自其他拉美国家的企业家也对拉美的未来表达了类似的乐观。

类似的预测不胜枚举。

显而易见，对拉美发展前景所作的上述预测是大相径庭的。这或许与不同的人从不同的角度观察拉美有关。但这一差异也在一定程度上充分说明，预测未来是困难的。

毫无疑问，明天的发展前景与昨天的历史和今天的现状息息相关。换言之，尽管未来的发展前景具有许多不确定性，但通过分析昨天和今天，我们可以确定哪些内外因素会影响未来的发展前景。正是基于这一认识，本书各章的结构基本上是由两部分组成的，即首先回顾20世纪90年代以来的发展进程，而后再对发展前景作出预测。只有这样，才能避免使预测成为“空中楼阁”，才能使昨天、今天和明天有机地结成一体。

还应该指出的是，影响一个国家或地区的发展前景的因素是多方面的，既有涉及政治、经济、社会发展和对外关系等领域的内部因素，也有与世界格局、世界经济形势、地缘政治和全球化趋势密切相关的外部因素。而且，这些内外因素不是静止的，而是动态的；不是各不相干的，而是相互作用的。所有这些未知数都增加了预测的难度。

如果说影响拉美发展前景的因素A取决于多方面的因素B，那么B因素也必然会受到其他因素C的影响，而C因素又进而与更深层次的因素D有关，D还会与影响它的更多的因素E密切相连。如要追根究底，我们似乎还能找出一层又一层的因素F和G……

例如，影响拉美经济发展进程的决定性因素之一是能否进一步提高国

① Andres Oppenheimer, *Saving the Americas: The Dangerous Decline of Latin America and What The U. S. Must Do*, Random House Mondadori, 2007.

际竞争力，而能否提高国际竞争力又取决于多方面的因素，其中之一就是能否加快科技发展。如何才能加快科技发展？扩大对研究与开发的投入显然是有效途径之一。那么拉美国家能增加对研究与开发的投入吗？这一问题的答案是多方面的，其中包括如何调动企业的积极性，而企业是否愿意扩大对研究与开发的投入，在一定程度上与政府能否制定并实施正确的产业政策和科技政策密切相连。进而言之，政府能否制定和实施这样的政策又会受到更深层次的因素的影响。

又如，拉美社会发展的前景取决于能否改善收入分配。在收入分配领域，土地分配不均是一个严重问题。拉美能否解决土地问题，在很大程度上与政府的政治意愿有关，而政府的政治意愿与各种利益集团的博弈是息息相关的。那么博弈的结果由什么决定？这一问题的答案取决于各个利益集团的力量，而各个利益集团的力量又是由多方面因素决定的，这些决定性因素又受到其他因素的影响……类似这样的问题似乎是无休止的。

国别研究同样面临着这样的困境。例如，影响委内瑞拉发展前景的一个重要因素是能否保持政局稳定。这与反对派能否与查韦斯政权减少政见分歧、双方能否以国家利益为重有关。而反对派与查韦斯政权能否做到这一点，既取决于反对派的利益诉求，也取决于查韦斯的政治战略、经济政策和外交方针能否发生变化，甚至还取决于美国能否停止干涉委内瑞拉事务。而反对派的利益诉求是否发生变化、查韦斯的政策能否出现调整以及美国对查韦斯政权的政策，又与一系列因素有关。由此可见，仅仅就委内瑞拉能否保持政局稳定这个问题，我们就可以一层又一层地引出无数问题。

总之，如此追根究底，必然使预测的难度进一步加大，也会使本书的篇幅大大增加。因此，我们力图把重点放在影响拉美发展前景的第一层面上的各个决定性因素，即上面所说的 A 和 B。

本书的上篇探讨拉美政治、经济、社会发展和对外关系的发展前景。

拉美政治发展的首要目标应该是保持政局稳定和巩固民主化进程。实现这一目标的关键是能否减缓社会问题的严重性，能否使军队成为拉美政治发展进程的“稳定器”，能否遏制腐败问题的恶化，能否确保外部因素对拉美民主化进程的约束力。

拉美的贫困问题难以在短期内得到解决，社会治安恶化和收入分配不公等问题也难以得到彻底的根治。这些因素会对拉美国家的政治发展前景构成巨大的挑战。但在最近几年，拉美国家在扶贫领域取得了显著的进步，贫困人口有所减少。因此，可以预料，社会问题对政局稳定的破坏力会有所减弱。

拉美军人在政治生活中的作用不可能难以完全退化。但是，拉美军人的职业化程度在不断提高，干预政治的倾向在减弱，军人与文人政治家的关系在改善，双方相互依赖和加强合作的愿望在增强。因此，可以预料，今后拉美发生军事政变的可能性会减少。

拉美各国在完善反腐败机制方面取得了一定的成效。此外，许多拉美国家还鼓励非政府组织、公众和媒体对政府官员的廉政进行监督，对其腐败行为进行曝光。但是，拉美的腐败问题根深蒂固，很难一蹴而就。因此，腐败问题仍然有可能成为影响拉美政局稳定的“导火线”。

进一步巩固拉美民主化进程已成为拉美国家的共识。无论是美国还是美洲国家组织以及里约集团等多边组织，都希望拉美能保持政局稳定。可以想象，拉美政局的动荡不安必将影响经济发展，从而使更多的拉美非法移民和毒品进入美国，恐怖主义分子也会通过拉美进入美国。因此，维系拉美的政局稳定符合美国在拉美的战略利益。

综上所述，在影响拉美未来政治发展进程的诸因素中，有利于维系政局稳定的有利条件更多，不利于巩固政治民主化制度的消极面在缩小。因此，在可预见的将来，拉美政局将继续保持整体稳定而局部动荡的态势。

拉美经济的发展前景取决于能否提高国际竞争力，能否扩大投资，能否改善基础设施，能否在发挥比较优势的同时调整产业结构，能否加快农业发展，能否维系宏观经济形势的稳定，能否实现可持续发展，能否获得一个良好的外部环境，即世界经济能否保持快速增长。

拉美国家已认识到强化国际竞争力的重要性和必要性，并为此而采取了一系列措施，如加快发展教育事业，扩大对研究与开发的投入。但是，提升国际竞争力的努力既不能一蹴而就，也无法立竿见影。因此，虽然拉美国家的国际竞争力有望得到提升，但在近期内难以出现显著的变化。

扩大投资与强化国内资本积累的能力以及吸引外资的成效密切相关。国民经济的发展、金融体系的完善以及多种刺激性投资政策的出台，为扩大储蓄创造了条件，但拉美人重消费而轻储蓄的文化习惯不可能发生根本性的变化，因此拉美的储蓄率难以得到大幅度的提高，扩大投资的资金来源在一定程度上仍然需要依赖外资。可喜的是，拉美的投资环境在不断改善，吸引外资的能力不断增强。

改善基础设施的关键是能否在该领域扩大投资。拉美国家已认识到改善基础设施的紧迫性，并已开始努力发挥国家资本、私人资本和外国资本的积极性，加大投资力度。

如何处理发挥比较优势和提升产业结构两者之间的关系是世界上许多国家面临的难题。大多数国家在实现产业结构多元化和提高初级产品的附加值方面取得了一定的成效。有些国家甚至还利用国际市场上初级产品价格高涨的有利条件，将一部分出口收入投入主权财富基金。因此，资源丰富这一优势在拉美会越来越变为一种“恩赐”，而非“诅咒”。

拉美国家的农业现代化取得了显著的发展，政府对农业部门的重视程度也在提高，但制约农业发展的土地所有制难以得到根本性的改变。因此，拉美农业部门中的二元结构将继续存在，农业难以获得长足的发展。

20 世纪 90 年代以来，拉美的宏观经济形势呈现出越来越稳定的态势。这既与政府吸取了过去的经验教训有关，也与其宏观经济管理的能力在强化这一事实密切相连；既是 20 多年改革开放的结果，也是经济形势好转的体现。因此，拉美国家有望在未来继续保持宏观经济形势的稳定。

能否实现可持续发展是全人类关心的难题。拉美国家越来越认识到实现可持续发展的重要性，因此，政府的发展理念正在发生变化，可再生能源的利用率在上升，保护生态环境的法规在完善，主张可持续发展、信奉生态学主义哲学的绿党在政治舞台上的影响力不断上升，在选民中的支持率也在提高。这一切都是拉美实现可持续发展的有利条件。

由此可见，在影响拉美经济发展前景的各个因素中，有些因素是令人乐观的，有些因素则反之；有些因素业已开始发挥积极的作用，有些则需要在拉美国家做出持之以恒的努力之后才能见效；外部因素无疑是不以拉美国家的意志为转移的，但其他因素则完全可以在政府政策的作用下发挥积极作用。如果世界经济能保持较好的发展趋势，拉美经济的前景是充满希望的，尽管各种挑战也是非常严峻的。

影响未来拉美社会发展进程的决定性因素主要是：能否使经济保持稳定而较快的发展，能否树立一种有利于推动社会发展的理念，能否制定和实施有效的社会发展政策，能否改善收入分配，能否将经济改革的社会成本降低到最低限度。

拉美经济的增长前景是美好的，这将为拉美国家加快社会发展进程创造出有利的经济条件。强化社会凝聚力已成为拉美国家领导人的共识。这是解决社会问题的政治条件。通过实施“有条件现金转移支付”等社会发展项目，拉美的根深蒂固的贫困问题出现了转机。此外，拉美国家已认识到，正确处理改革、发展和稳定三者之间的关系是至关重要的。但是，拉美国家的收入分配难以得到根本性的改善，因此，拉美在推动社会发展的过程中将面临严峻的挑战。

拉美对外关系的发展前景取决于世界格局能否继续向多极化的方向发展，美国能否维系其在拉美的传统势力范围，拉美国家能否进一步提升其国际地位。

世界格局正在向多极化的方向发展。这一趋势有利于拉美追求其外交关系的多元化。虽然美国有时会不太关注拉美，但它始终将拉美视为其“后院”。无论是在主观上还是在能力上，美国都将继续维系其在拉美的传统势力范围。作为第三世界的重要组成部分，拉美的国际地位不容忽视。

通过分析“后冷战时期”拉美对外关系的特点以及影响拉美对外关系发展前景的决定性因素，我们可以得出以下结论：拉美国家的对外关系将继续向多元化的方向发展，美国将继续成为拉美对外关系中的重中之重，团结合作将继续构成拉美国家之间相互关系的主流。

本书的下篇探讨巴西、墨西哥、阿根廷、委内瑞拉和智利的发展前景。

巴西的发展前景取决于这个南美洲大国能否进一步提升综合国力，能否进一步减缓社会问题的严重性，能否进一步发挥自然资源丰富的比较优势，能否进一步提升国际竞争力，能否进一步完善民主制度。

巴西地大物博，政局稳定，工业基础雄厚，发展潜力巨大，必然会成为一个在拉美事务中发挥重要作用的地区大国。但巴西的综合国力尚不足以使其成为一个具有国际性影响的强国。

收入分配不公和落后的土地所有制是长期困扰巴西和其他拉美国家的难题。这些问题的解决不仅需要政府有强大的政治意愿，而且还应该在各个政策领域采取一系列大刀阔斧般的措施。因此，在可预见的将来，这些问题将继续成为巴西社会发展进程中的“绊脚石”。

自然资源丰富是巴西的比较优势。在拉美，巴西是既能利用这一比较优势、又能同时进一步提升产业结构的最成功的国家之一。

巴西的国际竞争力在不断上升，但也面临着一系列问题，如研究和开发的资金为数不多，义务教育体系有待完善，等等。

巴西的民主制度日臻完善，但多党制、总统制、联邦制和“三权分立”的制度安排中显然有着多方面的缺陷，联邦政府与地方政府的关系也有待进一步改善。

总之，我们可以得出这样的结论：在巴西追求大国地位的过程中，巴西的发展前景是美好的，但它必须加快社会发展进程，努力减缓社会问题的严重性，更好地发挥比较优势，不断提升国际竞争力，进一步完善政治民主制度。

影响墨西哥发展前景的决定性因素主要是：能否进一步巩固和完善政治格局多元化，能否正确处理对外经济关系多元化与“美国优先”的关系，能否正确处理国家干预与市场调节的关系，能否加快农业发展，能否减轻各种社会问题的危害性。

无论革命制度党能否“东山再起”，墨西哥政治格局“三足鼎立”的局面不会发生改变。虽然党派之争越来越激烈，但是，随着多党制政治格局的不断完善，墨西哥的民主制度能得到巩固，政局稳定有望得到保障。地缘政治因素和地缘经济因素将继续使墨西哥优先考虑“美国因素”，但谋求对外关系多元化的大方向也不会逆转。改革开放的不断深化、国家作用的重新定位以及政府对农业发展的重视，有利于墨西哥经济保持其活力。由于收入分配不公难以得到改善，墨西哥的社会问题会继续成为阻碍经济和社会发展进程的“绊脚石”。

综上所述，墨西哥的发展前景是令人乐观的，但在各个领域（尤其是社会领域）面临的挑战也是严峻的。

阿根廷的发展前景将取决于能否进一步完善政党政治制度，能否在发挥比较优势的同时进一步提升产业结构，能否提高政府的治理能力。

正义党仍然是政治舞台上的主角，但政治格局已开始呈现出多足鼎立的局面。这是阿根廷政党政治进一步发展的动力。但是，阿根廷政党政治的“游戏规则”尚未彻底成形，“你死我活”仍然是各个政党信赖的斗争哲学，而且民众对政党缺乏信任。

阿根廷既很好地发挥了比较优势，又致力于提升产业结构，并取得了显著成效。但是，提升产业结构既不是一蹴而就，也不能一劳永逸。因此，阿根廷在处理两者之间的关系时，还应该关注以下几个问题：如何提高劳动力素质，如何完善基础设施，如何强化工业制成品的国际竞争力，如何恰如其分地运用出口税。

导致阿根廷政府治理能力低下的根源与这个国家的政治制度和国家领导人的素质有关。而一个国家的政治制度和国家领导人的素质在较短时间内是很难改观的。因此，阿根廷政府治理能力在较短时间内难以得到根本性的改善。

如果未来阿根廷经济能保持一定的增长速度，从而使政府在应对各种社会问题时有足够的经济实力，那么阿根廷的社会问题可能会有所缓解，至少不会急剧恶化。

可以预料，丰富的自然资源将是阿根廷加快发展的有利条件，但政治因素将使其发展前景充满不确定性。

委内瑞拉的发展前景取决于能否将“21 世纪社会主义”进行到底，能否维系政局的长期稳定，能否减少对石油工业的依赖，能否加快农业发展的步伐，能否解决通货膨胀问题，改善投资环境，能否使对外关系更好地为经济建设服务。

查韦斯的“21 世纪社会主义”是发展中国家探索新的发展道路的一种可贵的尝试，但是他为“21 世纪社会主义”描绘的图画是模糊不清的。而且，委内瑞拉缺乏一个强有力的马列主义政党来引领“21 世纪社会主义”的实践。

委内瑞拉的反对派犹如散沙一盘，但在美国的支持下却依然对查韦斯政权发起有力的挑战。这是委内瑞拉政局难以保持稳定的根本原因。在可预见的将来，查韦斯政权与反动派之间的对峙很难得到缓解。

委内瑞拉经济对石油资源的过度依赖由来已久。查韦斯总统在加强国家干预的过程中，在实施宏大的社会发展战略和外交战略时，必然会对公共财政提出更高的要求。因此，石油工业将在委内瑞拉国民经济中继续发挥举足轻重的作用，农业发展将仍然处于一种较为不利的地位。

委内瑞拉的通货膨胀问题既是一种反常的货币现象，也是“荷兰病”的一种症状；既是宏观经济形势不佳的表现，也是制造业和农业长期得不到长足发展的必然结果；既体现了委内瑞拉经济中的结构性缺陷，也反映出政府管理经济的能力不佳。由此可见，在近期内，委内瑞拉的通货膨胀问题很难得到彻底解决。

查韦斯总统不会放弃“21 世纪社会主义”，不会放弃强化国家作用的原则，也不会在近期内使基础设施得到大幅度的改善。因此，委内瑞拉的投资环境很难出现显著的变化。

委内瑞拉在提升其国际地位和知名度的过程中，应该更加巧妙地运用外交艺术，使对外关系更好地为本国经济发展服务。

概而言之，委内瑞拉的发展前景具有较多的不确定性。查韦斯总统在推动社会发展方面取得的政绩会使其进一步巩固其执政地位。但是，他也将继续面临反对派和美国的反对，因此其执政道路将是崎岖不平的，“21世纪社会主义”的发展前景也不会一帆风顺。

智利的发展前景仍然取决于能否继续保持国民经济的快速发展、能否应对经济快速增长带来的副作用和一些非经济因素产生的消极影响、能否进一步提升产业结构以及能否进一步完善政党政治。

智利经济得益于对外部门的活力、较高的投资率、大量外资的流入以及经济的高度开放。智利不可能放弃上述优势。因此，在外部条件不变的条件下，智利能保持国民经济的快速发展。智利在协调经济增长与社会发展方面积累了丰富的经验教训。此外，智利的产业结构已发生了一些积极的变化。智利的政党政治也在不断完善，民主化进程在巩固，政局稳定能得到保障。因此，智利的发展前景是令人乐观的。

进入21世纪后不久，中国与拉美国家的关系取得了前所未有的快速发展。除双边贸易和投资持续增长以外，以高层往来为主要内容的政治关系也取得了引人注目的发展，其他领域的交流同样在不断增多。无怪乎许多外国学者和国际媒体都认为，中国似乎突然“发现”了“新大陆”。

中国在2008年发表的《中国对拉丁美洲和加勒比政策文件》对中拉关系作出了这样的预测：“展望未来，中拉关系发展潜力巨大，前景广阔，必将为人类和平与发展的崇高事业作出更大贡献。”为了使中拉关系美好的未来成为现实，中国与拉美国家应共同努力，加强相互了解。只有我们知道拉美的发展前景是什么，才能制定和实施恰如其分的对拉美的政策，才能使中拉关系更上一层楼。

中拉关系的发展前景是美好的，但在进一步提升中拉关系的过程中，必须关注和积极应对以下几个问题：如何加强相互了解，如何进一步扩大合作领域，如何消除“中国威胁论”在拉美的传播，如何处理经贸领域中的摩擦，如何应对“美国因素”。

但愿本书能为加深中拉双方的相互了解提供一种新的视角。

目　　录

上　篇

第一章　拉美政治的发展前景

联合国的一个研究报告认为："在拉美独立以来的200年中，拉美一直有民主，但也多次被中断。虽然民主被写进了宪法，但在现实中它经常被破坏。……在全球范围内，拉美是一个在过去200年中经常声称在捍卫民主的地区，尽管它有时也剥夺民主，尔后又重新恢复民主。"[①] 20世纪90年代以来，拉美的民主化进程稳步发展，政治改革不断深化，传统政党的地位有所下降，左派力量东山再起，政党政治的地位在上升，但"民主疲劳症"较为普遍。

影响拉美政治发展前景的因素是多方面的，其中最主要的是：能否减缓社会问题的严重性，能否使军队成为拉美政治发展进程的"稳定器"，能否遏制腐败问题的恶化，能否确保外部因素对拉美民主化进程的约束力。21世纪以来拉美的政治发展进程表明，拉美的政治稳定既有一些有利条件，也面临着严峻的挑战。但就整体而言，在可预见的将来，拉美政局将继续保持整体稳定的态势。

第一节　20世纪90年代以来拉美政治发展进程的特点

"民主是个古老而又非常现实的话题；它是个政治性问题，也是个社会性问题；它涉及国家制度和人民权力，也涉及观念意识；它是人类为之奋斗的崇高理想，也是国家组织管理的具体实践。"[②] 在拉美的政治发展进程中，20世纪90年代具有划时代的意义。这是因为，第一，以军人交权

---

① United Nations Development Program, *Democracy in Latin America: Towards a Citizens' Democracy*, 2004, p. 36.

② 李铁映：《论民主》，中国社会科学出版社2001年版。

为特征的“还政于民”是在20世纪80年代末结束的。第二，进入90年代后，几乎所有拉美国家都实施了改革开放。第三，对政治发展进程有着重要影响的社会问题越来越引人瞩目。第四，全球范围内民主化进程的推进无疑对拉美产生了重要的影响。

概而言之，20世纪90年代以来拉美政治发展进程具有以下几个特点：

一 民主化进程稳步发展

20世纪最后的25年为世界带来了新的民主化浪潮。其力量之大、地理分布的范围之广以及持续时间之长，都是史无前例的。亨廷顿称之为民主化浪潮的“第三波”。拉美在这一民主化浪潮中居于重要地位（见专栏1—1）。[①]

专栏1—1

世界“民主化浪潮”中的拉美

在《第三波：20世纪后期的民主化浪潮》（1991）一书中，著名的美国学者塞缪尔·亨廷顿描述了人类历史上出现的3次民主化浪潮。他认为，世界上的第一波民主化浪潮出现在19世纪初至1920年期间。在这一过程中，民主在世界上的约30个国家取得了胜利。但20世纪二三十年代出现了威权主义和法西斯主义，因此，至1942年，世界上民主国家的数量只有12个。

第二次世界大战后出现了第二波民主化。在这一波潮流中，世界上的民主国家数量增加到30个以上。但此后又有许多民主政权垮台。

亨廷顿认为，在第二波民主化浪潮中，乌拉圭、巴西、哥斯达黎加、阿根廷、哥伦比亚、秘鲁和委内瑞拉建立了民主体制。但在

① S. P. Huntington, *The Third Wave: Democratization in the Late Twentieth Century*, University of Oklahoma Press, 1991.

50 年代，阿根廷、哥伦比亚、秘鲁和委内瑞拉的民主或出现了倒退，或极不稳定。只有哥伦比亚和委内瑞拉的政治精英们通过谈判达成了协议，建立了可持续的民主制度。

第三波民主化浪潮出现在葡萄牙。1974 年 4 月 25 日零点 25 分，里斯本的无线电台突然播放了一支名叫《高山颂》的歌曲。播放这一歌曲的目的是向里斯本及其周围的军队发出行动的信号。由一些具有左派倾向的青年军官精心策划的政变进行得果断而又成功，只受到了来自保安部队的微不足道的抵抗。发动政变的军人占领了政府部门、广播电台、邮局、机场和电话局。是日上午，里斯本街头人群如潮，庆祝政变成功。人们把康乃馨插在政变军人的枪筒中。傍晚，独裁者马塞略·卡埃塔诺向葡萄牙的新军事领导人投降，翌日流亡海外。

亨廷顿认为，第三波民主化浪潮在规模上远远超过了前两波。70 年代初，世界上的民主国家占不足30%。至 90 年代初，60% 以上的国家是通过选举来建立政府的。此外，由于民主国家之间不发生战争，因此和平地带不断扩展。亨廷顿认为，民主制度在如此短的时间内急速成长，是人类历史上最壮观的、也是最重要的政治变迁。

但是，亨廷顿也指出，在非西方社会，那些严重威胁民主的政治领袖和政治团体可能会通过选举获取政权。如在拉美等地，由选举产生的国家领导人常常以专制的和不民主的方式行事，压制其对手，靠发布行政命令来统治，并通过修改宪法来强行延长其任期。

20 世纪六七十年代，军人当政风靡拉美。1982 年4 月2 日，阿根廷军政府为收复马尔维纳斯群岛的主权而派出 4000 名军人登陆该岛，但阿根廷终因不敌英国的武力而失败。这一战争进一步激化了阿根廷国内的矛盾，经济困难也更为严重。面对成堆的政治、经济问题和民众的抗议，军人终于答应尽快将政权交给文人。

阿根廷军人的下台，进一步推动了拉美的以军政府“还政于民”为特征的“民主化”潮流。自那时起，拉美的军政府接二连三地交出了政权。最后一个实现“还政于民”的拉美国家是智利。根据 1980 年智利的宪法，皮诺切特可执政到1988年，届时将举行公民表决。如果皮诺切特能获多数支持，他可继续执政到1997年，否则将于1989年12月举行大选。

在1988年10月举行的公民表决中，反对皮诺切特继续执政的占多数。皮诺切特接受了这一反映民意的结果。在1989年的大选中，艾尔文当选总统。①

自拉美完成“还政于民”以来，拉美的民主化进程不断发展，民主体制不断完善。联合国开发计划署（UNDP）在《实现拉美公民的民主》（2004）一书中指出：“在20世纪60年代末和70年代初，在拉美的18个主要国家中，只有3个国家（哥伦比亚、哥斯达黎加和委内瑞拉）是民主国家。25年后的今天，从政治和选举角度来说，所有国家都是民主国家。”② 这一历史性的进步主要体现在以下两个方面：

第一，选举能正常进行。

选举并不等同于民主的全部，但民主显然是离不开选举的。20世纪90年代以来，拉美国家的绝大多数选举（包括总统选举和议会选举）都能如期进行，只有少数被推迟或提前。

拉美的选举制度并非完美无缺（见专栏1—2），但大部分选举都能在较为公正、公开和民主的框架内进行。即便是墨西哥民主革命党候选人洛佩斯·奥夫拉多尔这样的人，虽然不愿意接受选举结果，但最终还是敢于面对现实，卡尔德隆最终还是成了墨西哥的民选总统。

专栏1—2

拉美选举中的不正常现象

在拉美，选举常常与贿选、暴力和舞弊等不正常现象紧密相连。一部描写巴西环境保护主义者希科·门德斯（Chico Mendes）的电影

① 但皮诺切特一直担任陆军总司令，直到1998年才卸任。根据1980年宪法，他成为终身议员。

② United Nations Development Program, *Democracy in Latin America: Towards a Citizens' Democracy*, 2004, p. 37.

有这样的镜头：1986年，他为竞选州议员而在其家乡哈普里拉票时，围在他四周的选民们问："你要我们投你票，你给多少钱？"在门德斯说他"没有钱"后，人们走开了。毫无疑问，门德斯未能在选举中取胜。选举结束后，一些选民说："我们好像应该投他一票，但他什么都没有，不能给我们钱，连T恤衫都不能给一件。"

有一本题为《逆流而上》（Aguas Arriba，1990）的书是这样描写哥伦比亚的一次选举的："到哪里去找吃的？正在我们谈论这个话题时，有人走来说，星期天有选举，因此村里有白给的烤乳猪。我们立刻过去，发现那儿真有吃的。他们在村边的一块空地上放着保守党的党旗和候选人的照片，工作人员在那里发放烤肉和啤酒。每一个人都拼命地往肚子里撑，好像以前从来没有吃过这样的东西。我们酒足饭饱后，对他们说，我们一定会投保守党一票。……正当我们喝得醉醺醺后想离开的时候，有人说，在村庄的另一头，自由党在送酒。我们立即赶到那里。那里的场面也很热闹。我们喝着酒，对自由党竞选班子的工作人员说，我们会把票投给自由党。……在另外一个地方，爱国联盟也为了拉票而放了几张桌子。但他们给的只是普通饮料和喋喋不休的演说。他们的脑袋里充满了各种各样的新思想，我们好像应该把票投给这个新成立不久的党。……我们去了所有政党的拉票站。我们想投谁就投谁。而每一个政党都认为我们投了他们一票。"

拉美的选举有时也充满暴力。1990年，哥伦比亚爱国联盟阵线总统候选人贝尔纳多·哈拉米略被暗杀。1994年，墨西哥革命制度党总统候选人路易斯·科洛西奥被暗杀。2007年9月9日，危地马拉举行大选。应危地马拉政府和选举委员会的邀请，欧盟派遣了一个由100多人组成的观察团，监督危地马拉的大选。但在竞选期间，仍然有50多人丧生。因此一些国际媒体认为，危地马拉的这一次大选是一种"血腥的政治斗争"。

一些拉美国家的选举还与舞弊密切相连。例如，巴拉圭总统斯特罗斯纳将军于1954年通过政变上台后，曾连续参加过八次大选，在每次大选中却能获得90%左右的选票。他当政35年，奉行独裁政策，被视为拉美独裁政治的"标本式人物"。

第二，军人干政最终都没有成功或不可能建立军政府。

拉美的军人具有干政的历史传统。20 世纪 80 年代实现“还政于民”以来，一些拉美国家曾发生过军人干政的事件。其中较为引人瞩目的是 1990 年的海地政变、2002 年的委内瑞拉政变和 2009 年 6 月的洪都拉斯政变。

1990 年 12 月 16 日，阿里斯蒂德神父当选海地总统，成为海地历史上第一任民选总统。1991 年 2 月 7 日，阿里斯蒂德宣誓就职。但在当年 9 月 29 日，海地武装部队总司令塞德拉斯却发动军事政变，推翻了阿里斯蒂德政府，并将他驱逐出境。1993 年 6 月 14 日，在联合国和美洲国家组织的干预下，海地议会通过决议，承认阿里斯蒂德为合法总统。7 月，海地政变首领与阿里斯蒂德签署了《加弗纳斯岛协议》，允许阿里斯蒂德返回海地。但政变首领并没有履行协议。1994 年 10 月 15 日，以美国为首的多国部队干预海地，塞德拉斯交权并出国避难，阿里斯蒂德返回海地重新执政。

2002 年 4 月 12 日，委内瑞拉发生政变，查韦斯被迫离开总统府。13 日，成千上万支持查韦斯的群众在总统府前示威，并占领了加拉加斯的多家电视台，许多人甚至试图冲击总统府。面对民众的抗议声和国际社会的指责，接替查韦斯的临时总统卡尔莫纳在 13 日辞职。14 日凌晨，查韦斯被军方释放后乘坐直升机返回总统府。

在 2009 年 6 月发生的洪都拉斯政变中，军人确实成功地将塞拉亚总统赶下台。但是，军人在完成了最高法院交办的这一特殊的政治任务后，并没有建立军政府，而是迅速退居军营。事实上，洪都拉斯政治危机最终还是通过提前举行选举这一民主手段得到解决的，尽管有些国家不承认这一选举是合法的（见专栏 1—3）。

专栏 1—3

洪都拉斯政变

洪都拉斯总统塞拉亚的任期应在 2010 年到期。根据洪都拉斯宪法的规定，总统不得连任，也不得通过修改宪法等手段来达到其政治目的。为了规避宪法的掣肘，塞拉亚决定在2009年6月28举行一次“咨询性修宪公投”，要求选民回答是否可以成立制宪大会，修改现行宪法，允许总统连任。

塞拉亚的意图遭到了国民议会、最高法院和军方等权力机构的反对。但他一意孤行，甚至将反对他修宪的军方将领免职。

6月28日凌晨，军队开进总统府，将身穿睡衣的塞拉亚总统押送出境。举世瞩目的洪都拉斯政治危机由此而来。

美洲国家组织成员国在2001年签署的《美洲民主宪章》规定，美洲国家必须采取集体行动，反对政变和其他一些违反民主的行为。因此，洪都拉斯政变爆发后，绝大多数拉美国家都予以谴责。玻利维亚总统莫拉莱斯说，洪都拉斯的政变“是一群反民主、反人民的军事组织的冒险行为”。阿根廷总统克里斯蒂娜对政变表示“深切担忧”，认为“国际社会必须为恢复塞拉亚的总统权力而做出努力”。尼加拉瓜总统奥尔特加表示，“我们必须加入到谴责针对洪都拉斯人民、针对中美洲、加勒比和全世界人民的恐怖主义行动中来”。委内瑞拉总统查韦斯甚至在6月28日命令军队进入战备状态。巴拉圭总统卢戈以南方共同市场轮值主席的身份宣布，该组织不承认除塞拉亚以外的“任何政权”。

美国也谴责洪都拉斯政变。奥巴马总统不仅坚决否认美国曾插手洪都拉斯政变，而且还说，洪都拉斯军事政变开创了一个“可怕的先例”，因此美国愿意同美洲国家组织在内的国际社会合作解决洪都拉斯国内出现的政治危机。

为解决洪都拉斯目前的政治危机，担任国际调解人的哥斯达黎加总统阿里亚斯提出了以下建议：允许塞拉亚恢复总统职务，直至他任期结束；在2009年10月（即比宪法确定的2009年11月提前一个月）举行大选；对参与“政变”的有关人员实行大赦；成立包括主要政治派别在内的联合政府。但是洪都拉斯临时政府表示，坚决不同意塞拉亚复职。因此阿里亚斯的斡旋最终不了了之。

这一政治僵局一直持续到2009年11月29日洪都拉斯如期举行大选。翌日，阿里亚斯总统说，这一次大选的过程基本平静，没有舞弊行为。而且，根据美洲国家组织提供的数据，此次大选投票率达到55%，超过预期，是一次民主的选举，因此应该予以承认。但他同时也指出："承认大选并不意味着忘掉历史。"他还说，国际社会不应采取"双重标准"，即一方面接受伊朗大选，一方面却不承认洪都拉斯大选。

美国最终承认了洪都拉斯大选的结果。美国驻洪都拉斯大使劳伦斯说，洪都拉斯总统选举计划在军事政变以前就已拟定，5个主要政党均于一年前就推举出总统候选人，并进行了长期的竞选。他认为，洪都拉斯最高选举委员会组织了整个选举活动，因此这一选举具有"合法性和民主性"。哥伦比亚、哥斯达黎加和秘鲁已接受了洪都拉斯大选的结果，但巴西、阿根廷、委内瑞拉、玻利维亚、智利、厄瓜多尔和尼加拉瓜等国则拒绝承认。

必须指出的是，拉美的政治民主仍然处在巩固阶段。在这样一个阶段，出现一些反民主的行为是不足为怪的。但这也在一定程度上充分说明，如何维系政局稳定仍然是拉美国家面临的紧迫任务之一。自20世纪80年代以来，共有14位总统因多种原因而无法完成宪法规定的总统任期。①

二　政治改革不断深化

"拉美的公民、政治家和工商界领导人都有这样一种感觉：政治改革是必要的。对民主的运转和政治家行为的不满，使要求政治改革的呼声进一步上升。"② 20世纪90年代，伴随着经济改革的不断深化，拉美国家在政治领域也展开了不同程度的改革。改革的内容主要涉及以下几个方面：

（一）完善选举制度

选举制度改革的目标是完善选举的"游戏规则"，增加选举的合理性

① Inter-American Development Bank, *Politics of Policies: Economic and Social Progress in Latin America, 2006 Report*, November 2005.

② Ibid..

和合法性。改革的内容主要包括：修改总统的任期；适当降低选民的年龄限制；规范参加大选的各个政党及其候选人的竞选行为；确定政治献金的额度；完善选民投票的方式；调整议员的选举产生方式和任职年限；修订候选人当选所需得票数的百分比要求等。

在选举制度改革中，最引人瞩目的是修改总统的任期，允许总统连选连任。秘鲁的藤森、阿根廷的梅内姆、巴西的卡多佐和委内瑞拉的查韦斯等，都通过修改宪法的有关规定，成功地达到了连选连任的目的。

相比之下，委内瑞拉的选举制度改革尤为大胆和富有争议。2007 年 8 月 21 日，委内瑞拉立法机构（国民议会）批准了总统查韦斯提交的宪法修正案。根据这一宪法修正案，总统任期将被延长到 7 年，并允许总统期满后再次参加竞选。一些国际媒体认为，如果这一宪法修正案能被通过，查韦斯可望成为终身总统。

在 2007 年 12 月 2 日举行的全民公投中，51% 的投票者反对修宪，49% 的投票者赞成。因此，查韦斯提出的宪法修正案被否决。① 但查韦斯总统不甘示弱，在 2009 年 2 月 15 日举行的第二次修宪公投中，他终于如愿以偿。在得知公投通过的喜讯后，查韦斯总统表示，这是一次历史性的胜利，他将参加 2012 年总统竞选，使“玻利瓦尔革命”进入新的发展阶段。

（二）正确处理中央与地方的关系

在许多拉美国家的政治改革计划中，正确处理中央与地方的关系涉及两方面的内容：（1）如何把中央政府的责任和权力分散到地方政府。由于权力和责任常常与税收和开支密切相关，因此，分权的核心在一定程度上也是经费的再分配。通过分权，地方政府一般都能从中央政府那里获得更多的经费，但这也就意味着地方政府必须承担其作出的任何决策的后果。例如，地方政府可以兴建某个重大工程，但这一工程的经济效益与中央政府无关。地方政府必须为这一工程的盈亏负责。（2）如何通过选民直接选举市长、州（省）长和市政地方官员，使地方政府的官员对大多数选民的要求作出反应。政治改革前，许多拉美国家的主要地方官员均由上级政府

---

① 中国外交部发言人孔泉在就委内瑞拉全民公投结果答记者问时说：“我们尊重委内瑞拉人民在宪法框架内决定国家命运的努力，对公投得以顺利进行感到高兴。相信在查韦斯总统领导下，委内瑞拉人民将继续致力于维护国家稳定和发展国民经济，并不断取得新成就。中委是友好国家，中国一贯重视同委内瑞拉的关系，愿与委方一道共同推动中委友好合作关系进一步发展。”

（有时甚至是中央政府）任命。这一做法削弱了地方政府官员对选民的责任心。通过改革，地方政府官员由选民直接选举产生，因此选民和候选人能够关注与某一级政府有关的政策问题，从而使选民能够更加积极地评估政府的行为。与此同时，地方政府官员在向选民提供各种公共产品时也能享有更多的自由。

（三）提高司法独立性

作为资本主义国家，所有拉美国家都实行三权分立。但在政治改革之前，许多拉美国家的立法权、行政权和司法权并没有完全做到相互独立和互相制衡。例如，在宪法中，法院被赋予“超阶级”和“超党派”的司法机关，法官具有不可侵犯的独立性。但在现实中，行政干预司法的事例并不少见。尤其在涉及执政党高层领导的腐败案件时，行政干预司法的情况更加突出。

此外，在公众心目中，司法机关是低效率的。这一切都使得人们对司法体系的信任度下降，对司法体系能否作出公正的裁决、能否遵从法律和宪法的能力普遍表示怀疑。

在90年代的政治改革中，拉美国家通过修改宪法、简化司法程序等手段，增加了司法独立性和办事效率。此外，许多拉美国家还力图在任命和提拔法官时尽量做到公开、公平和公正。毫无疑问，“只有使法官的任命、提拔和任期不受政治因素的影响，司法体系才能独立地解释法律、实施法律，并制约滥用权力”①。

三　传统政党的地位有所下降

国内学术界对拉美政党的分类主要是以其指导思想和理论主张为基础，将其分为四大类：（1）社会民主主义政党；（2）基督教民主主义政党；（3）保守主义政党；（4）共产党和左派政党。一些国外学者将拉美的政党分为以下几大类：（1）传统政党；（2）民众主义政党；（3）改革党；（4）左翼改革党；（5）革命党。②

90年代以来拉美民主化进程的不断发展，使该地区一些国家的政党格

① Inter-American Development Bank, *Politics of Policies: Economic and Social Progress in Latin America, 2006 Report*, November 2005.

② Harry E. Vanden and Gary Prevost, *Politics of Latin America: The Power Game*, Oxford, 2002, pp. 204—212.

局发生了明显的变化。变化的重要标志就是长期在政治舞台上占据垄断地位的传统政党在大选中被一些新成立的党击败。如在秘鲁的 1990 年大选中，1989 年 7 月成立的“改革 90”党击败了阿普拉党和基督教人民党这两大传统政党，从未涉足政坛的大学校长藤森以“廉洁”、“勤劳”为口号当选总统。在秘鲁的 2001 年大选中，“秘鲁可行党”总统候选人亚历杭德罗·托莱多在第二轮总统选举中战胜了阿普拉党候选人、前总统阿兰·加西亚，当选秘鲁共和国历史上第一位土著人总统。在委内瑞拉的 1993 年大选中，新成立的“全国汇合党”（由多个小党组成）打破了长期由民主行动党和基督教社会党两党轮流执政的格局。在 1998 年的大选中，查韦斯的“第五共和国运动”与若干个小党组建成“爱国中心”，击败了传统政党的候选人。在墨西哥的 1997 年中期选举中，革命制度党在众议院中失去了绝对多数的地位，从而使墨西哥政治舞台上出现了革命制度党、民主革命党和国家行动党“三足鼎立”的局面。更为令人关注的是，在 2000 年的大选中，革命制度党的候选人仅获得 36% 的选票，国家行动党与绿色生态党组成的“变革联盟”候选人福克斯获得了 42.5% 的选票。

拉美国家的传统党在大选中失败的原因是多方面的。首先，随着政治改革的推进，反对党的力量不断壮大，从而对传统政党构成了巨大的挑战。其次，虽然拉美的传统政党有较为完善的组织体系，但党内矛盾长期得不到解决。久治不愈的内讧无疑损害了它们的力量。复次，拉美的政治文化具有“钟摆”的特点。在这一政治文化氛围中，拉美的选民更愿意选择那些在政治理念和竞选纲领等方面与传统政党大不相同的新党。再次，有些拉美国家（如墨西哥）的经济改革计划是由传统政党当政时制定的。选民将改革的社会成本和其他一些副作用归咎于这些传统政党。最后，一些传统政党的执政理念不能与时俱进，在竞选时无法提出一些吸引选民的纲领。

四　左派力量东山再起

拉美是世界上较早输入社会主义思想的地区之一，因而也是共产主义运动起步较早的地区之一。19 世纪 40 年代的欧洲革命爆发后，一些革命者和进步人士流亡到拉美，为社会主义思想在拉美的传播奠定了基础。

20 世纪上半叶，十月革命的胜利以及反法西斯斗争的胜利都对社会主义思想在拉美的传播起到了积极的推动作用。据估计，至 20 世纪中叶，拉美的共产党员人数已达30万至50万人。[①]

1959年1月1日，卡斯特罗在古巴成功地推翻了巴蒂斯塔政权，取得了革命的胜利。卡斯特罗宣布古巴革命是社会主义革命，宣布古巴是社会主义国家，宣传自己是马克思主义者。在卡斯特罗等老一辈革命家的领导下，古巴在社会主义道路上取得了举世瞩目的成就。尤其在社会发展领域，古巴人民真正享受到了社会主义的优越性。

在古巴革命的影响下，拉美的共产主义运动取得了一定的发展。至20世纪60年代，几乎拉美的所有主要国家都建立了共产党，共产党员人数在扩大，信奉社会主义思想的人也开始增多。但是，拉美的一些革命者和左派人士未能正确地判断拉美的形势，搞“游击中心论”，最终陷入困境。国际上，由于当时世界上社会主义国家内部在革命道路的方向和其他一些重大理论问题上产生了严重的分歧和论战，因此，缺乏独立思考和思想观念混乱的拉美共产党陷入了分裂，社会主义思想的传播也受到了很大的影响。

20世纪60年代，加勒比地区出现了一批民族独立国家。为加快“后殖民主义”时代的经济发展和巩固民族独立，它们在发展道路上进行了有益的探索。70年代，牙买加和圭亚那分别提出了建设“民主社会主义”和“合作社会主义”的口号。

无论是牙买加的“民主社会主义”还是圭亚那的“合作社会主义”，都不是真正意义上的科学社会主义，都没有从本质上改变这两个国家的资本主义制度。换言之，这两个加勒比国家仅仅是通过提出一个政治口号来应对其面临的各种政治冲突、经济问题和社会矛盾。因此，随着政权的更迭和国内政治经济形势的变化，它们先后放弃了“民主社会主义”和“合作社会主义”。

1979年，信奉“革命、民主、反帝”的尼加拉瓜桑地诺民族解放阵线在奥尔特加等人的领导下，推翻了索摩查政权，建立了民族复兴政府。其指导思想是马列主义和桑地诺思想，革命方向是社会主义。奥尔特加上

① 在拉美，早期最著名的马克思主义者是秘鲁人何塞·卡洛斯·马里亚特吉（1895—1930）。他在青年时期受欧洲无产阶级革命运动的影响，阅读了马克思、恩格斯和列宁的大量著作，成为拉美的一个马克思主义者。他还主张用马克思主义的方法研究和解决拉美的实际问题，坚决拥护列宁主义和十月革命，反对修正主义，为马克思主义和社会主义思想在秘鲁和其他一些拉美国家的传播作出了贡献。

台后推行了一系列较为激进的改良政策，触动了美国在尼加拉瓜的利益，引起了美国的不满。为推翻奥尔特加政府，美国对尼加拉瓜反政府武装力量提供了大量援助。在1990年提前举行的大选中，奥尔特加终于不敌美国和反对派的联手，败在无党派人士查莫罗夫人手下。

尼加拉瓜桑地诺民族解放阵线的下台使拉美的左派力量蒙受了巨大的打击。但是，拉美左派力量也迎来新的发展契机。80年代实现民主化后，尤其在冷战结束后，拉美国家的共产党和一些左派政治力量不再被视为破坏政局稳定的“罪魁祸首”，而是被当做政治舞台上一个正常的角色。在这样一种政治氛围中，拉美左翼力量终于获得了新的发展机遇。

此外，伴随着传统政党地位的下降，拉美左派的影响力也不断扩大。在1998年12月6日举行的委内瑞拉总统大选中，查韦斯作为“第五共和国运动”和其他一些政党组成的竞选联盟“爱国中心”推举的候选人，以56.5%的得票率当选总统。查韦斯的当选被视为拉美左派东山再起的“前奏曲”。在2009年12月智利大选之前，被国际媒体视为左派领导人当政的拉美国家共8个：委内瑞拉、阿根廷、玻利维亚、巴西、智利、厄瓜多尔、尼加拉瓜、乌拉圭和萨尔瓦多。这些国家的领土面积占拉美总面积的70%以上，人口超过拉美总人口的一半。①

应该指出的是，当前活跃在拉美政治舞台上的左派在价值观、政策取向、与美国的关系、与邻国的关系以及对待国家干预的态度等方面，有着显而易见的差异。墨西哥前外长豪尔赫·卡斯特涅达认为：“今天的拉美不存在一个清一色的左派，而是有着两个左派。一个是现代化的、思想开放的、矢志改革的和国际主义的左派。似是而非的是，这个左派源自过去的那个强硬的左派。另一个左派脱胎于拉美的民众主义，是一个具有民族主义倾向的、多言多语的、思想封闭的左派。”②

左派领导人之间的差异性主要体现在以下两个方面：

一是如何看待国家的作用。查韦斯总统和玻利维亚总统莫拉莱斯主张，国家应该全面控制本国的国民经济支柱，应该进一步提升国家在经济生活中的作用，因此，他们先后实施了引人注目的国有化，加强了对本国能源部门的控制。相比之下，其他拉美国家的左派领导人则依然奉行私有

---

① 根据世界银行出版的 *World Development Indicator*（2006）计算。

② Jorge G. Castaneda, “Latin America’s Left Turn”, *Foreign Affairs*, May/June 2006.

化政策，没有采取任何国有化措施。他们甚至认为，查韦斯和莫拉莱斯的国有化措施可能与全球化趋势不太吻合。①

二是如何对待与美国的关系。布什总统称查韦斯为“卡斯特罗第二”，并在2002年4月帮助查韦斯的政敌发动军事政变。因此，查韦斯对美国的仇恨是可想而知的。查韦斯总统不仅在许多场合抨击美国和布什总统，甚至扬言要切断对美国的石油出口。玻利维亚总统莫拉莱斯和厄瓜多尔总统科雷亚也经常批评或指责美国的对外政策。

如果说委内瑞拉总统查韦斯和玻利维亚总统莫拉莱斯是强硬的反美领导人，那么巴西前总统卢拉、智利前总统巴切莱特和乌拉圭前总统巴斯克斯等所谓左派领导人则较为重视与美国发展双边关系。

诚然，卢拉不时批评美国对拉美的许多政策，甚至与查韦斯一起抵制美国提出的建立美洲自由贸易区的设想。但巴西与美国的关系仍然保持在比较好的层面上。2005年11月，布什总统还访问了巴西。卢拉与布什总统面带笑容热情握手的照片在巴西媒体和因特网上随处可见。

巴切莱特在2009年6月访问美国时说，智利希望成为美国在南美洲地区的好伙伴。奥巴马总统也表示，他从巴切莱特那里了解到了美国如何继续与拉美国家发展“强有力的关系”的好建议。②

乌拉圭总统巴斯克斯同样重视与美国发展关系。2006年5月4日，在美国访问的巴斯克斯总统与布什总统进行了为时45分钟的会晤。会谈中，巴斯克斯向布什总统提议，两国应该加快自由贸易协定的谈判进程，自由贸易协定的模式可参考2004年乌拉圭与墨西哥签署的自由贸易协定。布什对此建议表示赞同。巴斯克斯认为，乌拉圭如能与美国达成自由贸易协定，乌拉圭经济将受益匪浅。据报道，乌拉圭希望乌美自由贸易协定能够囊括商品、服务、知识产权和政府采购等领域。③

值得关注的是，2007年1月10日就职的尼加拉瓜总统奥尔特加也表

---

① 20世纪六七十年代，拉美曾进行过声势浩大的国有化运动。据联合国跨国公司中心统计，在1960—1976年期间，将近200家外国企业被收归国有。这些企业分布在采矿业、石油业、农业、制造业和服务业等国民经济的各个部门。当时，拉美的民族主义者和左派人士都认为，外国投资与东道国的关系并不是西方发展经济学家所说的那种“互利关系”，而是一种冲突的关系，因此，东道国政府应充分发挥自身的干预作用，有效地限制外国资本的活动范围。

② http：//world. eastday. com/w/20090624/u1a4458238. html.

③ “乌拉圭和美国就进行自贸协定谈判达成共识”：http：//uy. mofcom. gov. cn/aarticle/lsyg/200605/20060502102804. html。

示，他希望加强与美国的关系。他说不会废弃其前任与美国达成的中美洲—多米尼加—美国自由贸易协定，因为这一自由贸易协定有助于尼加拉瓜的经济发展。美国国务院发言人同样表示，美国尊重尼加拉瓜人民在总统选举中的决定，并希望与奥尔特加总统及其政府建立一种“积极的关系”。而在20世纪80年代的中美洲危机中，奥尔特加与美国是势不两立、不共戴天的。

当然，拉美的左派政府也有一些相似之处。其中最为显著的就是其政策具有浓厚的民众主义色彩。在政治上，左派政府较为注重民众的政治参与，以壮大自身的政治基础。在经济上，左派政府非常关注民生问题和社会发展，以赢得低收入阶层的支持。毫无疑问，左派政府的上台使民众主义在拉美的影响力进一步扩大（见专栏1—4）。

专栏1—4

拉美的民众主义

民众主义是一种执政理念。这一理念的核心就是“以人为本”、“以民为本”。民众主义是一种政治工具。政治家可用它来动员民众参与政治民主化进程。民众主义也是一种具有收入再分配性质的经济政策。政府为夯实群众基础或得到更多的民众的拥护，常用国家的资金来增加最低工资，提供价格补贴，创造就业机会，有时甚至直接向低收入阶层提供免费的食品、牛奶、公共交通和他们的子女需要的校服和课本等。

民众主义自20世纪20年代起出现在拉美，60年代后因军人不断干政而消亡。拉美的民众主义具有以下几个显著的特点：第一，最大限度地将民众纳入政治参与进程。在民众主义国家举行的大选中，投票率一般都比较高。如在阿根廷，1910年的投票率只有9%，1936年上升到48%，1950年高达78%。在巴西，1934—1945年期间的投票率增长了11倍。第二，民众主义具有“多阶级”的特点。换言之，被动员起来的民众既有城市工人，也有中产阶级成员、知识分子和学生。但农民常常被“冷落”。民众主义的基础之所以在城市，主要是因为，随着工业化的推进，城市化程度不断上升，政治家的选民基础随之转移到城市。第三，将民众动员起来的政治家具有非凡的个人魅力。因此，在许多情况下，与其说是民众支持某一个政党，还不如说是他们在支持某一个政治家。阿根廷是一个最有说服力的例子。庇隆的个人魅力如此之大，以至于正义党常被称作“庇隆主义党”。美国学者 T. 斯基德莫尔和 P. 史密斯写道：庇隆夫人埃维塔“在她的雄伟的大理石宫殿里亲自分发现金和其他恩惠，因而很快地赢得了一批狂热而忠诚的追随者。她的超凡魅力加强了她丈夫的魅力。他们两人成功地建造了一台给人以深刻印象的政治机器，指挥着一个通过选举产生的政府”。埃维塔去世后，阿根廷总工会要求其会员哀悼一个月。在她的遗体从总统官邸运到劳工部（在那里供人凭吊）的过程中，哀悼者如此之多，以至于有 8 人被挤死。在此后的 24 小时内，有 2000 多人因拥挤而受伤。有人甚至为她设计了一个纪念堂，其高度超过纽约的自由女神。由此不难看出庇隆夫妇在民众中的巨大威望。第四，为赢得民众的广泛支持，民众主义政府惯用的手法就是扩大就业、增加工资或提高社会福利，有时甚至人为地压低粮食和其他农产品的价格，以便维系城市工人的购买力。斯基德莫尔和史密斯是这样描述庇隆的民众主义政策的：“工人无条件地忠诚庇隆及其夫人埃维塔。作为回报，工人得到了工作、加薪和医疗、教育和福利等方面的大量好处。埃维塔的使命是（为穷人）奉献一份爱心，向他们分发食品、衣服、玩具和其他日用品。”

民众主义具有显而易见的两面性。在政治上，民众主义适应工业化进程加快和城市化程度上升的大趋势，将政治觉悟不断提高的民众纳入政治参与轨道，从而为民主化进程的发展创造了有利条件。但在经济上，民众主义的消极影响是不容忽视的。首先，由于民众主义政府总是动用国库收入来满足民众在经济上提出的要求，政府的财政平衡常常得不到平衡。而政府弥补财政赤字的手段是开动印钞票的机器，扩大货币发行量。其结果是，通货膨胀的压力不断上升。毫无疑问，拉美国家的通货膨胀率居高不下的原因与民众主义政策是密切相关的。其次，由于民众主义政府将城市作为其政治基础，忽视农民的利益，因此农村发展相对而言就比较缓慢。由此可见，民众主义政策在一定程度上扩大了城乡差别。再次，为了获得民众的支持，民众主义政府常常通过扩大政府部门的规模和新建国有企业等措施来增加就业机会，从而使资源得不到有效的配置。

还应该指出的是，拉美左派政府与其他类型的政府也有以下几点相似之处：

一是都关注社会发展。拉美的左派领导人的政治基础主要是低收入阶层，因此他们十分关心如何加快社会发展进程，在各种场合经常提到要消灭贫困、增加社会公正和改善收入分配，等等。例如，卢拉总统实施了“零饥饿计划”，因此低收入阶层非常拥护他。查韦斯总统以滚滚而来的石油美元为后盾，把大量古巴医生和教师请到委内瑞拉的边远地区和贫困地区，使那里的缺医少药状况得到改变，使穷人的孩子能够进学校。此外，查韦斯还进行了土地改革，使不少无地农民的生活得到了基本保障。

但是，我们不能说拉美国家的其他领导人不重视社会发展。例如，90年代以来，墨西哥在社会发展方面取得的成绩是不容忽视的。甚至萨利纳斯这样的大力实施新自由主义改革的总统也实施过一些扶贫计划。巴西前总统卡多佐曾因实施一些反贫困的计划而在2002年12月16日获得了联合国发展署（UNDP）设立的社会发展成就奖。他甚至是该奖设立后的第一个获奖者。①

二是对待经济改革的态度极为相似。新自由主义理论是20世纪80年代末拉美经济改革的理论基础。但没有一个拉美国家的领导人公开承认自己推行的改革是新自由主义改革。尤其在这些所谓左派领导人上台前，他们都是高举反新自由主义大旗的。然而，他们上台前后的言行却完全不一致。例如，卢拉在参加2002年竞选时经常高呼反新自由主义的口号，甚

① Brazil's President Cardoso wins award for leadership in human development（http://www.undp.org/dpa/frontpagearchive/2002/december/16dec02/）.

至表示要实施国有化，要与国际商业银行重新谈判巴西偿债的条件，要限制外资的流入等。

但在上台后，卢拉基本上保留了卡多佐总统的所有经济政策，依然实施私有化，对外资开放，按时偿付外债。① 因此，有人认为，卢拉总统与其前任卡多佐总统没有什么不同的地方，唯一的差异就是卢拉总统的脸上有胡子。从2004年或2005年开始，出席“世界社会论坛”的左派人士和左派组织不再把卢拉看做穷人的总统，而是将其视为新自由主义的“帮凶”。当卢拉出现在论坛的会场时，与会者给他的不是掌声，而是蔑视他的“欷歔”声。

智利总统巴切莱特同样保持了她的前任拉戈斯总统的经济政策的连贯性。智利大学的马丁·佩雷斯教授认为，巴切莱特的经济政策与皮诺切特的政策毫无差别。众所周知，皮诺切特是彻头彻尾的新自由主义理论的信奉者，他完全是按照“芝加哥弟子”的建议去实施经济改革的，因此智利的改革是地地道道的新自由主义改革。

三是对资本主义制度的立场基本相似。有人认为，对现存资本主义制度持批判态度的，试图通过改良或革命的手段改变资本主义制度的，就是左派。这一定义是正确的，但并非完全适用于拉美。

毋庸置疑，拉美国家的左派领导人对资本主义制度的弊端有一定的认识，有时甚至也是持批评态度的。但是，除了古巴已经是社会主义国家以外，除了查韦斯提出要走“21世纪社会主义”道路以外，没有一个拉美国家的领导人表示要抛弃资本主义制度，转而实行社会主义。事实上，查韦斯的“21世纪社会主义”能否被确定为科学社会主义，也是一个值得探讨的问题。②

在界定左派的定义时，政党的性质无疑是一个非常重要的参数。然

---

① 在大选前夕，国际货币基金组织与当时的卡多佐政府达成了一个协议。该协议包括两方面的内容：一是国际货币经济组织承诺在必要时可以向巴西提供资金援助，以稳定金融形势，避免金融危机的发生；二是参与总统大选的包括卢拉在内的三个候选人必须作出当选后不对卡多佐政府的经济政策作出重大调整的承诺。

② 2005年5月1日，查韦斯领导的“第五共和国运动”在首都加拉加斯组织了一次规模庞大的庆祝五一国际劳动节的集会。在这一次集会上，查韦斯说：“要在资本主义的范围内达到我们的目标是不可能的，要找到一条中间道路也是不可能的。我现在请求全体委内瑞拉人民在新世纪走社会主义道路。我们必须为21世纪建立新的社会主义。”这是查韦斯总统首次公开使用“21世纪社会主义”的提法。

而，有些政党的意识形态、纲领和路线是会发生变化的。例如，今天的巴西劳工党显然已不再是成立之初时的劳工党了。此外，即便是同一个政治家，其意识形态和价值取向也会发生变化。例如，2006 年 11 月当选尼加拉瓜总统的奥尔特加与他在 20 世纪 80 年代领导尼加拉瓜时，完全判若两人。更为令人难以理解的是，阿根廷总统基什内尔与前总统梅内姆都属于正义党。而在国际媒体的报道中，梅内姆因推行轰轰烈烈的新自由主义改革而被视为右派，而同样实施私有化、同样开放市场的基什内尔却被称作左派。

在 20 世纪五六十年代的拉美，左翼政党主要是指那些与苏共和中共保持一定的联系、反对美国霸权主义政策、推崇激进的政治和社会变革并主张通过游击战争来夺取政权的政党。[①] 但今天拉美左翼政党的特点发生了重大的变化，其中之一就是它们不再坚持暴力革命，不再推崇激进的政治和社会变革，而是主张通过温和的改良、合法的选举程序和议会道路来改变现状。与此同时，拉美的许多右翼政党也发生了变化。例如，它们在代表大资产阶级利益的同时，也主张改善低收入阶层的生活水平，强调改善社会公正的重要性。有些右翼政党在国际上批评美国的外交政策，在国内抨击新自由主义政策。

五 政党政治的地位在上升

政党政治是各派政治力量通过政党发挥自身政治影响和寻求政治权力的形式，是各个政党为维护自身利益而与其他政党结成的特定关系，也是政党干预政治的一种政治制度。在拉美，政党的作用主要是对民众进行政治动员，而这一作用的最终目的无非是为了在大选中取得有利的地位。就此而言，拉美政党的这一作用与其他国家（甚至美国和欧洲国家）并无二致。

拉美政党制度的起源可追溯到 19 世纪。在当时的拉美政治舞台上，参与竞争的仅仅是保守党和自由党两个党派，其成员主要是上层社会的权贵。妇女没有选举权。即便在成年男性中，参与选举的比率也只有 5% 左右。[②]

---

① 根据《拉丁美洲和加勒比地区左派游击组织手册》（1985 年出版）统计，在 20 世纪 50 年代至 90 年代，拉美地区共先后出现过 52 个游击组织。转引自 E. B. 伯恩斯、J. A. 查利普《简明拉丁美洲史》（中文版），世界图书出版公司 2009 年版，第 281—284 页。

② Harry E. Vanden and Gary Prevost, *Politics of Latin America: The Power Game*, Oxford, 2002, p. 204.

进入20世纪后，随着工业化进程的推进和工人阶级觉悟的提高，政党的地位开始上升。然而，在相当长的时间内，拉美的许多政党常常是少数人（充其量不过是一小撮经济寡头）组成的团体。选举并不是取得权力的唯一合法途径，因为政党本身既不强大，也缺乏组织性。美国学者韦亚达等人认为："我们不想贬低拉美政党的地位，因为在一些较为民主的拉美国家，政党在政治进程中扮演着一个重要的角色，而且它们是获得政府职位的主要手段。但是，我们也不能高估其重要性，因为拉美的政党一直处于权力中心的外围，而选举则不是被视为唯一的斗争场所。"①

这种情况在军政权"还政于民"后发生了根本性的变化。随着民主体制的确立，选举成了党派获得权力的唯一渠道。毋庸置疑，在几乎所有拉美国家，竞选都是在各党派的候选人中进行的，因此政党的地位明显上升。尽管军人干政的现象尚未彻底消失，有时甚至还有军事政变，但这毕竟是在少数国家发生的情况，并不能代表整个拉美地区的大趋势。

委内瑞拉的查韦斯和厄瓜多尔的古铁雷斯很能说明问题。这两位行伍出身的政治家实际上都是通过创建政党来实现其政治抱负的。

1992年2月查韦斯在发动兵变后，被军事法庭判处入狱。1994年2月出狱后，他重新组建了他于80年代初在军队内创立的"玻利瓦尔革命运动——200"，使之吸引了更多的中下层群众和退役军官。1997年7月，根据委内瑞拉法律的有关规定，该组织更名为"第五共和国运动"，成为一个正式的合法政党。在1998年的大选中，查韦斯终于击败了对手，成为一个颇受国际社会关注的领导人。

2000年1月，古铁雷斯领导一些不满政府的军官和5000个印第安人示威者推翻了马瓦德总统，但古铁雷斯因此而在监狱中服刑数月。出狱后，古铁雷斯组建了名为"1月21日爱国社团"的政党。2002年初，该党得到了厄瓜多尔最高选举委员会的正式承认。通过这一政党，古铁雷斯提出了消除腐败和减少贫困等纲领，获得了大量选民的拥护。古铁雷斯的主要竞争者是"全国行动体制革新党"候选人阿尔瓦罗·诺沃亚。诺沃亚是一个经营香蕉出口业的大商人，拥有110家公司。尽管诺沃亚在竞选时声称，他的当选将使厄瓜多尔吸引更多的外国投资，但在2002年11月24

---

① Howard J. Wiarda and Harvey F. Kline, *Latin American Politics and Development*, Westview Press, 1985, pp. 70—71.

日举行的大选第二轮投票中，古铁雷斯仍以得票54%的优势获胜。

与拉美政党政治密切相关的一个重要趋势是，多党联合成为提高竞争力和巩固执政地位的有效手段。在拉美的100多个政党中，有些党的力量较为弱小。为了在各种选举中获得更多的选票，那些政治主张相同或相近的小党派就组建竞选联盟，通过协商后推举出各党认可的候选人。如在阿根廷2009年中期选举后，政坛上形成了以政党联盟的形式出现的三股重要的政治力量。

许多拉美国家的国会中也有越来越明显的多党联合的趋势。据统计，在1990—2004年期间，在18个拉美主要国家中，只有22%的执政党能在国会中成为多数党。可见，为了巩固自身的执政地位，执政党必须在国会中与其他政党达成一定程度的妥协，结成政治联盟。

智利的“民主联盟”（又名“执政联盟”）被认为是拉美最成功的多党联合的典范。为了与皮诺切特的军政府斗争，17个政党在1988年6月组成了以基督教民主党和社会党为首的“各政党争取民主联盟”。1989年2月，基督教民主党推举本党主席帕特里西奥·艾尔文为总统候选人，联盟中的其他政党同意接受艾尔文为“民主联盟”的惟一候选人。在同年12月的总统选举中，艾尔文获胜。翌年3月，基督教民主党、社会党、争取民主党和激进党组成第一届“民主联盟”政府。这一执政联盟的在位时间长达20年，成功地度过了“后皮诺切特”的民主化建设时期，先后抵御了墨西哥金融危机、东亚金融危机、巴西金融危机和阿根廷金融危机的“传染效应”，在应对当前国际金融危机的过程中也有出色的表现。

六　“民主疲劳症”较为普遍

政党政治的发展在一定程度上取决于民众参与选举的热情。诚然，最近几年，拉美国家的选举都能按部就班地进行。这至少能说明，拉美的民主化进程在平稳地发展。然而，在这一可喜现象的背后，也有一种不良的苗头，即选民对投票的兴趣在减退。例如，在2000年的秘鲁总统选举中，约50%的注册选民弃权或投了无效票。同年，在委内瑞拉的总统选举中，弃权的选民所占比重高达43%。在1998年巴西的总统选举中，弃权或投无效票的比重为48%。在2001年10月阿根廷国会选举中，投无效票或根本不愿意参加投票的选民占42%。这是阿根廷于1983年实现“还政于民”以来最低的比率。在2007年12月2日举行的委内瑞拉全民公投中，投票率为56%。在巴西，有关民意测验表明，高达85%的选民认为，政治仅仅对政客有利，因此约50%的选民漠视自己的投票权利。[①]

国外学术界将拉美选民不关心政治、厌恶政治家而导致的低投票率这种现象称作“民主疲劳症”。许多政治分析人士认为，拉美国家的民主面临的最大危险不是军事政变，而是越来越多的选民通过不参加投票或投无效票的方式来拒绝参与民主化进程。

“民主疲劳症”的“病因”主要与以下几个因素有关：

第一，政府官员和政党领导人的腐败司空见惯，诱发了选民的“信任危机”。

90年代以来，几乎每一个拉美国家都出现过多起或大或小的腐败丑闻。2001年12月阿根廷爆发金融危机后，民众的示威活动此伏彼起。这种所谓“锅碗瓢盆的力量”攻击的目标之一，就是政府的腐败。在游行队伍中，人们高呼的口号就是“把那些官僚赶下台”[②]。

第二，选民普遍对近几年的民主进程不满意。

“拉美晴雨计”（Latinobarómetro）的民意测验表明，在拉美，只有25%的被调查者对民主感到满意，而80年代中期这一比重为37%。同一民意测验还表明，76%的人相信教会，70%的人相信电视上的报道，42%的人相信军队的作用，而相信政党的人只有20%。2010年度诺贝尔文学奖获得者、秘鲁作家马里奥·巴尔加斯·略萨曾说过：“为什么当你跟拉美人谈论民主时他们会如此悲观？对此我有体会。我在进行竞选的时候，曾深入贫穷的乡村和城市贫民区。我跟那里的人谈论民主。我试图解释世界上发达和富裕地方人们的民主观念，但我从我的听众眼里看到的是怀疑，他们看我的眼神，好像我来自外星球，他们一定在想，‘你在瞎扯什么呀？你说的民主到底指什么？有个家伙偷走了我的牛，我告上法庭，但我没钱贿赂法官，我知道我在法庭上必败无疑，从我一出生就是如此，以

---

① http：//www. stnn. cc/america/200808/t20080820_ 850308. html.

② 长期以来，腐败一直是困扰阿根廷政治生活的严重问题之一。例如，不少政治家和政府官员经常利用手中的权力来安排一些有名无实的工作岗位。有幸获得这种被叫作“庇护主工作”（patronage job）的美差的人，不必天天上班，只需每月露面一次取工资即可。据估计，阿根廷全国共有10万人享受这种待遇，2001年用于这方面的“政治开支”高达20亿—40亿美元。（*The New York Times*, February 18, 2002; *Miami Herald*, October 18, 2001）

后仍是如此：这就是你说的民主吗？'"①

第三，20世纪90年代以来的经济改革虽然成绩显著，但收入分配不公不仅没有改善，反而更加恶化，贫困问题也依然没有得到解决，社会治安也日益恶化。选民将这一切归咎于政治家的无能。

第四，一些政党内部的"自相残杀"也损害了这些党在民众心目中的威望。

如在阿根廷，现总统杜阿尔德与前总统梅内姆均属正义党，杜阿尔德而且还在梅内姆当政期间任副总统。按理说，在国家陷入危机后，这两人应该同心同德，共渡难关。但梅内姆在2002年1月9日接受智利《商报》的采访时说，杜阿尔德总统"不称职"。梅内姆还批评杜阿尔德的经济政策是"极其坏的"，认为新政府放弃1比索=1美元的"兑换计划"将导致经济不稳定，"使阿根廷在世界经济中的参与迅速消失，使阿根廷自我封闭，也会使阿根廷倒退40年"。

"民主疲劳症"不仅反映在投票率低这一事实上，而且还体现在民众对政治体制的失望之中。"拉美晴雨计"的民意测验还表明，拉美人对其国家的民主状况并不满意。② 许多人甚至认为，只要能解决其面临的问题，他们可以不要民主政府，宁愿选择独裁政府。③ 表1－1是"拉美晴雨计"和世界经济论坛所做的民意测验的结果。从中可以看出，拉美人对立法机关的信任度很低。厄瓜多尔尤为引人瞩目。如在1996—2004年，只有13.3%的受访者信任国会，在2004年，这一百分比仅为8.3%。④

七　非政府组织的作用在加强

20世纪四五十年代，拉美的进口替代工业化全面展开，工人阶级队伍迅速壮大，选民的参政意识得到强化，独立于政府和企业之外的公民社会

---

① *CATO Policy Report*, January/February, 2000. 转引自 http://www.chinatimes.net/online/2010/10/321.html。

② 一般而言，男性和女性对民主现状的态度似乎相同，年长者对民主比较满意，收入水平较高的人通常对民主比较满意。

③ "拉美晴雨计"是一个非政府组织。自1995年以来，它每年都在18个拉美国家对约1.9万个拉美人进行民意调查。它要了解的主要是拉美人对政治民主化、经济发展和社会问题的看法。

④ 对于"民主疲劳症"的"疗法"，一些拉美人士认为，首先，拉美国家必须继续推进政治改革进程，同时要整治腐败，完善选举法，并力求使那些在选举中得胜的政治家信守其竞选时的诺言。其次，必须最大限度地使选民从经济改革中获得更多的好处，并努力加快社会发展的步伐。

开始形成，非政府组织应运而生。这些非政府组织的宗旨五花八门，政治立场也有左中右之分，组织规模大小不一，影响力各不相同。但大部分非政府组织关心的是如何在国家的工业化进程中获得更多的经济利益，在政治上有更多的发言权。

表 1－1　　拉美国家民众对国会和立法机关的信任度

国家	对立法机关的信任度		立法机关能否发挥作用
	1996—2004 年	2004 年	2004—2005 年
智利	36.0	29.7	3.7
巴西	24.9	34.8	3.1
乌拉圭	38.2	30.0	2.7
哥伦比亚	20.3	24.4	2.7
洪都拉斯	30.8	31.1	2.6
哥斯达黎加	29.9	35.3	2.2
巴拉圭	25.0	19.5	2.2
萨尔瓦多	27.7	21.8	2.1
多米尼加	—	43.6	2.0
墨西哥	27.4	23.1	2.0
巴拿马	22.5	24.8	1.8
危地马拉	19.9	19.2	1.8
玻利维亚	19.9	15.5	1.8
秘鲁	22.1	14.5	1.7
厄瓜多尔	13.3	8.3	1.7
阿根廷	20.5	20.7	1.6
尼加拉瓜	23.1	16.1	1.6
委内瑞拉	27.8	30.6	1.4

注：表中数据是作肯定回答的受访者占受访者总人数的百分比。“立法机关能否发挥作用”一栏中的数据是世界经济论坛对企业主管人员所做的民意调查的结果。世界经济论坛提出的问题是：“你所在的国家的国会（议会）在立法和监管方面能否发挥有效的作用?”7 分为信任度最高，1 分为信任度最低。

资料来源：Inter-American Development Bank, *The Politics of Policies: Economic and Social Progress in Latin America, 2006 Report*, November 2005, p. 44.

在当时的拉美，农业现代化尚处于萌芽阶段，农村生产关系较为落后，生产力发展水平较低，农民的自我组织能力微乎其微，因此，拉美的非政府组织主要在城市，农村地区则几乎没有任何非政府组织。

20 世纪六七十年代，拉美接二连三地发生军事政变，军人干政成为拉美政治舞台上的一个独特现象。军政府为维系其执政地位的合法性而竭力打压政治异己。一些军政府甚至将非政府组织视为破坏政局稳定的“罪魁祸首”之一，因而采取了压制和打击的强硬手段，有时甚至完全不允许反政府组织开展任何活动。在这样一种政治氛围中，拉美的公民社会陷入了低潮。但仍然有一些非政府组织敢于批评军政府的独裁统治，顽强地宣传民主的理念，呼吁民众团结起来，与军政府的独裁统治抗争，并为受军政府迫害的人员及其家属提供力所能及的帮助。①

20 世纪 80 年代拉美实现民主化后，军政权“还政于民”，文人政治家通过民主选举上台执政。这为拉美非政府组织东山再起创造了良好的国内政治条件。进入 90 年代后，拉美的经济改革全面展开，政治民主化进程不断推进，社会变型的速度也开始加快。与此同时，民众主义思潮、民族主义思潮和西方马克思主义思想与新自由主义思潮之间的斗争也越来越激烈。在这一前所未有的新形势下，拉美政治格局越来越多元化，公民社会不断完善，非政府组织如雨后春笋般地出现。

经过半个多世纪的发展，拉美的非政府组织已形成较大的规模，在各国政治、经济、社会和文化等领域发挥着重要的作用。拉美国家的政府通过制定规章制度或法律等手段来引导非政府组织向有利于巩固民主、促进经济和维护社会稳定的方向发展，并经常性地倾听它们的意见，积极利用其愿意为社会服务的热情，因势利导地鼓励其为国家或地方的经济和社会发展作出贡献。

进入 21 世纪以来，拉美的非政府组织具有以下特点：

第一，非政府组织关注的领域很广。

据估计，拉美的非政府组织有数万个。这些组织关注政治、经济、社会和文化等领域中的许多问题，如全球化、人权、民主化、腐败、劳工权益、生态环境、扶贫、教育、印第安人权益、公共卫生以及社会治安，等等。但是，相比之下，大部分非政府组织关心的是如何解决社会问题和推动可持续发展。

---

① 许多学者认为，20 世纪 80 年代拉美民主化的实现与拉美非政府组织的努力密不可分。

第二，许多非政府组织结构松散，制度化程度低。

拉美的非政府组织主要依靠各种基金会、慈善机构、企业和个人的赞助，因此经费紧张始终是一个难以克服的问题。由于缺少资金，许多非政府组织只能保持一个松散的组织机构，无法实现规范的制度化，也难以开展经常性的活动。有些非政府组织在其创始人去世、离职或因其他原因而无法担任领导职务后，常常会四分五裂，名存实亡。

第三，注重加强国际合作。

拉美的非政府组织认为，单个组织力量单薄，事倍功半，而且缺乏轰动效应，难以达到预期目标，因而必须与国际上的非政府组织团结起来，共同奋斗。多次在巴西南部城市阿雷格里港召开的世界社会论坛，是拉美的非政府组织与其他国家的非政府组织加强合作的重要场所。在这一论坛上，拉美国家和其他国家的非政府组织对全球化的负面影响、贫困和收入分配不公的危害、世界和平面临的挑战、发展中国家的外债、跨国公司的掠夺以及全球性的环境污染等问题进行了深入的探讨，达成了有益的共识。

此外，有些非政府组织还在拉美地区内进行国际合作。例如，2007 年 8 月 22 日至 24 日，来自玻利维亚、秘鲁和哥伦比亚等国家的 11 个非政府组织在玻利维亚首都拉巴斯举行会议，讨论公共卫生、科技创新和知识产权保护等问题，并发表了联合声明，引起了玻利维亚等国家政府的重视。

第四，积极参与社会运动。

90 年代以来，拉美的社会运动发展迅速。这一社会运动的表现形式主要是抗议、游行和示威，矛头直指政府在改革中推行的私有化政策和其他一些政策。拉美各国的非政府组织积极参与这一社会运动，有时甚至还直接组织一些抗议、游行和示威活动。

为了引导和规范非政府组织，使其在国家的政治生活中发挥更大的作用，拉美国家的政府采取了以下一些措施：

一是通过制定法律或规章制度等手段来引导非政府组织向有利于巩固民主、促进经济和维护社会稳定的方向发展。这些法规明确规定，非政府组织应在内政部或其他政府部门进行登记和注册，必须制定不违背国家宪法的章程，不得从事破坏国家安全和出卖国家利益的活动，不得从事恐怖主义活动，不得从事阴谋颠覆政府或损害本国政治稳定、经济发展和社会稳定的活动。

二是积极利用非政府组织愿意为社会服务的热情，因势利导地鼓励其为国家或地方的经济和社会发展作出贡献。例如，90年代以来，由于经济改革导致收入分配差距越来越大，一些拉美国家的政府鼓励非政府组织开展形式多样的扶贫活动。尼加拉瓜的教育事业发展缓慢，因此，尼加拉瓜的教育部就组织一些非政府组织深入农村和边缘地区，开展行之有效的扫盲活动。在墨西哥，一个名为教育研究中心（CEE）的非政府组织在墨西哥政府制定教育发展计划时为其提供了大量信息。在智利，有天主教教会背景的教育发展研究中心甚至利用国内外的赞助，雇用了20位拥有博士学位的研究人员，为智利和其他一些拉美国家的政府收集和研究与教育事业有关的信息和文献资料，并为政府提出一些有价值的政策性建议。[①] 有些非政府组织因成绩斐然而获得了世界经济论坛的嘉奖。

三是经常性地倾听非政府组织的意见。许多非政府组织的成员来自草根阶层，对基层的情况了如指掌。因此，许多拉美国家的中央政府和地方政府在制定政策的过程中，经常邀请非政府组织参加有关会议，或请求其提供研究报告。这一做法既密切了政府与非政府组织的关系，也减少了非政府组织对政府的不满情绪，加强了政府决策的科学性。

第二节　影响拉美政治发展前景的主要因素

拉美政治发展的前景涉及能否保持政局稳定、能否巩固民主体制、能否完善三权分立制度、能否保障人权、能否健全政党制度以及能否处理好军人与文人政治家的关系等问题。在这些问题中，最重要的如何保持政局稳定和巩固民主化进程。

20世纪90年代以来拉美政治的特点表明，下述因素将对拉美政治发展前景和民主化进程产生重大的影响。

一　能否减缓社会问题的严重性

今天拉美国家的政治制度与发达国家相比并无二致，但这一制度运行的社会经济环境则大不相同。作为发展中国家，拉美国家的经济发展水平较低。可见，要在较低的发展水平上维系政治稳定和巩固政治民主化，将

① http：//epaa. asu. edu/epaa/v6n7. html.

面临着更加严峻的挑战。此外，拉美还面临着社会不公严重、贫富悬殊的巨大挑战。

经济基础决定上层建筑。在任何一个社会，发展是其政治和经济领域发生总体变化的复杂而漫长的过程，而且两者之间是一种互动的关系。政治领域的变化会影响经济领域的变化，反之亦然。

确实，“只有民主才能使那些忍受最低生活水平的人和蒙受社会不公的人作出自己的选择和维护自身的权力，因此，更好的民主能使拉美国家实现社会公正和加快经济发展”①。20 世纪五六十年代颇为流行的现代化理论明确地指出，经济增长与民主制度的巩固有着非常密切的关系。“国家愈富裕，它保持民主的机会就愈多。”② 当然，20 世纪 60 年代至 80 年代拉美政治与经济的关系似乎是令人困惑的。在六七十年代，拉美经济因实施进口替代工业化而取得了较快的发展。按照现代化理论的说法，这一时期的政治发展进程应该是比较平稳的。但在现实中，这一时期军人干政现象在拉美却十分普遍。进入 80 年代后，拉美国家蒙受了债务危机和经济危机的双重打击，陷入了所谓“失去的十年”。然而，如前所述，正是在这一时期，拉美却出现了“还政于民”的民主化。

无论政治与经济的关系是什么，可以肯定的是，经济形势的好坏必然会对政治发展进程产生重大的影响。在一些拉美国家，经济形势恶化导致政局动荡的例子并不少见。

1989 年 2 月 1 日佩雷斯就任委内瑞拉总统后，为了满足国际货币基金组织的要求，政府实施了提高汽油价格、减少对公共交通费和食品的价格补贴以及对玻利瓦尔进行贬值等措施。这些措施使委内瑞拉的通货膨胀率大幅度上升，人民生活水平受到了很大的影响。2 月 27 日，首都加拉加斯爆发了大规模的示威游行，抗议政府的经济政策。政府派出军队平息事端，导致数百人死亡。这一事件使委内瑞拉彻底告别了“拉美民主的榜样”的历史。

2001 年 12 月 3 日，阿根廷政府为应对银行挤兑而实施金融管制措施，限制储蓄者提取自己的存款。这一不得人心的措施引发了前所未有的大规

① United Nations Development Program, *Democracy in Latin America: Towards a Citizens' Democracy*, 2004, p. 190.

② Seymour Martin Lipset: "Some Social Requisites of Democracy: Economic Development and Political Legitimacy", *The American Political Science Review*, March 1959.

模骚乱。在与警察的对峙中，近30名抗议者身亡。金融危机与社会危机的爆发终于迫使德拉鲁阿总统辞职。在此后短短的两周时间内，阿根廷先后出现了4位总统。这一奇怪的政治现象在人类历史上也是绝无仅有的。阿根廷一度被国际媒体视为“失败的国家”。

2003年9月，玻利维亚总统桑切斯制定了通过智利向北美洲出口天然气的计划。但这一计划立即引发了大规模的示威游行。抗议活动导致全国许多地区的交通陷于瘫痪，一些城市还爆发了骚乱。示威者和警察之间的冲突致使数百人伤亡。桑切斯被迫辞职，流亡美国。但是，桑切斯总统的继任者梅萨提出的天然气出口计划仍然遭到民众的强烈反对。许多人称梅萨总统是“外国公司的仆从”，出卖了玻利维亚的国家利益。2005年5月，玻利维亚再次出现了反政府的大规模抗议活动。示威者封锁了全国9个省中7个省的100条高速公路，使许多城市的物资供应几乎中断，生活必需品奇缺，物价飞涨。6月9日，玻利维亚国会接受了梅萨总统、迪耶斯参议长和科西奥众议长的辞职请求。

在拉美，贫困与政局动荡也是密切相关的。墨西哥的恰帕斯危机就是最有说服力的例子。墨西哥全国有1000多万印第安人，其中约1/3居住在东南部的恰帕斯州。该地区的经济活动以种植玉米、咖啡和甘蔗等作物为主，经济基础比较薄弱，人均产值只相当于墨全国水平的42%，而且收入分配不公的状况也很严重。例如，90%的咖啡生产者是小农，每户拥有的土地面积平均不足5公顷（在阿尔托斯等地只有2公顷），而116个大种植园却拥有咖啡种植面积的12%。此外，由于长期以来墨西哥政府不太重视印第安人的社会发展，恰帕斯州的文教卫生事业也比较落后。

1994年1月1日，北美自由贸易协定正式生效。就在这一天，恰帕斯州出现了一支由印第安农民组成的号称萨帕塔民族解放军的队伍。他们的主张与墨西哥革命时期南方农民起义军领袖萨帕塔（1879—1919）提出的要求基本相同：要自由、要公正、要自主、要更好的生活条件。迄今为止，恰帕斯危机尚未得到彻底解决。

巴西的“无地农民运动”（Movimento dos Trabalhadores Rurais Sem Terra，MST）开展的各种形式的斗争也曾多次影响了巴西的政治稳定。巴西的土地所有制极不合理。许多农民上无片瓦，下无寸土，生活极为贫穷。1980年12月，南里奥格兰德州的一些无地农民在3个大庄园上强行占领了大片土地，在那里安营扎寨。在一些非政府组织和教会的支持下，这些无地农民迫使政府将大庄园主的一些闲置土地分配给自己。1984 年，“无地农民运动”正式成立。为了生存，该组织的成员不时用暴力手段占领大庄园主的土地，因而常与大庄园主和保护大庄园主利益的警察发生冲突。据统计，在 1980—2000 年期间，共有 1520 人在冲突中丧生。2004 年 4 月和 9 月，“无地农民运动”曾两次组织其人员，对政府机关发起冲击，并试图占领前总统卡多佐儿子的庄园。[①] 2005 年 3 月，1.3 万名无地农民经过 2 周的长途跋涉，来到首都巴西利亚。他们中的 50 名代表与卢拉总统进行了长达 3 小时的对话。在对话中，无地农民提出了 16 项要求，其中包括实施土地改革、对农村地区拨付更多的资金以及为无地农民建造住房。[②]

总之，为了维系政局稳定，拉美国家必须加快经济和社会发展进程，根除诱发政局动荡的土壤。有关民意测验表明，一些拉美人认为，如果专制政权能够解决经济发展问题，提高人民生活水平，他们宁愿不要民主。[③]

拉美的贫困问题难以在短期内得到解决。此外，社会治安恶化和收入分配不公等问题也难以得到彻底的根治。然而，可喜的是，最近几年，拉美国家在扶贫领域取得了显著的进步，贫困人口有所减少。因此，可以预料，社会问题对政局稳定的破坏力会有所减弱。

二　能否使军队成为拉美政治发展进程的“稳定器”

自古以来，拉美军人始终是一股重要的政治力量。西班牙人用武力摧毁了阿兹特克帝国和印加帝国后，西班牙王室将新大陆的大量土地、贵金属和其他一些财富赐予征服者。因此，在西属殖民地，军人拥有一种至高无上的社会地位。而在北美洲，殖民者主要是一般意义上的平民百姓。在拉美独立战争期间，玻利瓦尔和圣马丁这样的军人发挥了重要作用。但是，也有一些被称作考迪罗（Caudillo）的军阀，却在独立战争中自组军队，称雄一方，成为某个地区的非正规军首领。独立战争后，考迪罗涉足政治舞台，成为独领风骚的“首领”。即使在今天，在许多拉美国家的首

---

① 吕银春、周俊南：《巴西》，社会科学文献出版社 2004 年版，第 165 页。

② 目前，巴西的无地农民约为 150 万人，分布在全国 26 个州中的 23 个（http://en.wikipedia.org/wiki/Landless_Workers'_Movement）。

③ United Nations Development Program, *Democracy in Latin America: Towards a Citizens' Democracy*, 2004, pp. 19—20.

都，纪念民族英雄的雕塑随处可见。而这些民族英雄主要是军人。他们或骑在战马上，或手持战刀，威风凛凛，蔚为壮观。

在发达国家，文人政治家能有效地控制军队。但在拉美，军队这一重要的政治力量却时常控制着文人政治家。美国学者 E. B. 伯恩斯甚至认为，拉美的军人能够决定国家的命运。20 世纪六七十年代，拉美出现了军人干政的高潮。① 1964 年巴西发生的军事政变，被认为是七八十年代拉美军人干政的“前奏曲”。在 1964—1985 年期间，统治巴西的是一个又一个四星将军。②

拉美的军政权一般都具有下述特点：（1）以高压手段打击反对派，以非民主的方式控制媒体和工会、学生运动和其他一些非政党组织，以达到维系社会稳定的目的。（2）为提升执政地位的合法性，有时也搞一些选举活动，并强调发展经济的重要性。（3）高举民族主义大旗，维护国家主权（见专栏 1—5）。拉美具有根深蒂固的民族主义传统。“每当高级军官一致认为民族利益受到威胁时，他们就干预政治，根除威胁。”③ 例如，秘鲁的贝拉斯科将军在上台后阐述其政治纲领时曾指出，秘鲁革命的目的是要创造性地反映出一种人民的、反帝的立场；这种立场“既不是资本主义的，也不是共产主义的”。他认为，秘鲁武装部队的三大理想是反对外国统治、发扬民族主义和争取人民解放。④ 在一定程度上，拉美的国有化运动之所

---

① 拉美的军人为什么要干政？迄今为止，国内外学术界有以下几种看法：第一，文人政治家被军人视为“无能的政客”。如在 1964 年，巴西宣布无力偿付外债，与此同时，民众因不满日益恶化的经济形势而走上街头。军人认为自己有义务拯救国家，于是就发动了政变。第二，军队的既得利益受到损害。如在 1968 年 10 月，由于巴拿马总统阿里亚斯上台后首先整顿国民警卫队，撤销其司令的职务，并将 15 名高级军官降职。此举引起军人的不满。上校军官托里霍斯发动政变，夺取了政权。第三，军事政变具有“传染效应”。当一个国家发生军事政变后，其他国家的军人会仿而效之。第四，一些军官有政治野心。

② T. 斯基德莫尔和 P. 史密斯在《现代拉丁美洲》（1992）一书中写道：在巴西，“自从帝国被推翻以来，军官一直具有干预政治的悠久传统。先是 1891—1894 年的弗洛里亚诺·佩肖托军政权；后来，在 1910—1914 年期间，军人干预了国家政治；此后又有 1922 年和 1924 年的低级军官的暴动。1930 年，军人结束了旧共和国，把权力交给了瓦加斯；1937 年，他们通过政变使瓦加斯继续掌权，直到 1945 年才废黜他。正是军人的宣言，才使得瓦加斯于 1954 年自杀；正是 1955 年‘先发制人’的政变，才使库比契克获得总统职位。最后，军人领导了反对 1961 年执政的古拉特德斗争，并于 1964 年促成了他下台。人们都把军官视作巴西政治中的重要角色。”

③ ［美］E. B. 伯恩斯：《简明拉丁美洲史》（中文版），湖南教育出版社 1989 年版，第 314 页。

④ 沈安：《试论拉美军人中民族主义倾向的新发展》，《拉丁美洲研究》1984 年第 2 期，第 23 页。

以在20世纪六七十年代达到高潮，与这一时期拉美军人在政治舞台上的重要作用密切相关。

哥斯达黎加被认为是拉美民主的“橱窗”。其原因是多方面的，其中之一就是这个中美洲国家没有军队。[①] 毫无疑问，其他拉美国家不可能为了实现或巩固民主而取消军队。换言之，军队仍然是拉美的国家机器的重要组成部分。

专栏1—5

拉美的民族主义

拉美的民族主义由来已久，并在不同的时期呈现出不同的特点。在殖民地时期，克里奥尔人（即西班牙移民在新大陆的后代）在社会地位上虽高于混血种人和印第安人，但低于半岛人（即出生在伊比利亚半岛的西班牙移民）。因此，克利奥尔人在殖民地当局的行政、司法、宗教和军事等方面只能担任中下级职位，而高级职务几乎全部为半岛人独占。在经济上，克里奥尔人也处于劣势。其结果是，克里奥尔人与半岛人之间的矛盾不断加深。

在反对半岛人的斗争中，克里奥尔人产生了一种“本土主义”思想。这种被一些拉美学者称之为“殖民地民族主义”的思想使克里奥尔人与半岛人的矛盾更为恶化，从而诱发了19世纪初的独立战争。

独立战争后，克里奥尔人联合梅斯蒂索人（即西班牙移民与印第安人的后代），进一步发展了萌发于独立战争前夕的“拉丁美洲主义”。这种民族主义思想强调拉美各国种族、宗教和文化传统之间的共同性，并主张拉美人应该维护自身利益和加强合作。

① 1948年，哥斯达黎加爆发了一次短暂的内战。战争结束后，国内主要政党决定解散军队，成立国民警卫队。这一共识写进了1949年宪法。许多人认为，由于没有军费负担，哥斯达黎加的经济发展水平高于其他中美洲国家。而且，由于没有军队，哥斯达黎加的民主制度也就不会受到军人的威胁。

1823年，美国总统门罗提出了所谓“美洲是美洲人的美洲”的“门罗主义”。美国的意图就是排斥欧洲势力，为自己控制拉美创造条件。19世纪后期，美国不断鼓吹美洲国家因具有共同利益而必须加强联合的论调。这一被称为“泛美主义”的扩张主义思想，标志着美国已开始加快控制拉美的步伐。对美国早就存有戒心的拉美不愿在摆脱殖民主义统治后落入美国的势力范围，因而在“拉丁美洲主义”的基础上提出了与“泛美主义”针锋相对的“泛拉丁美洲主义”。

“泛拉丁美洲主义”具有强烈的民族主义倾向。它主张拉美国家应该团结一致，联合反对美国的扩张。拉美国家正是以这一思想为方针，在20世纪二三十年代期间举行的多次美洲国家会议上与美国展开了激烈的论争，有效地维护了拉美民族利益。

1929年爆发的大萧条使拉美经济蒙受沉重的打击。在1930—1934年期间，拉美的出口总额比1925—1929年减少了48%。大萧条不仅使拉美国家看到了民族经济的脆弱性，而且还使它们“将注意力转向民族主义的另一种形式，即经济民族主义或发展民族主义”。因此，许多拉美国家的民族主义者要求政府加快发展制造业，以增强民族经济的生存力。可见，拉美的工业化进程在一定程度上得益于民族主义思想的兴起。

除了提倡发展民族工业以外，拉美的民族主义者还主张对本国自然资源加以有力的控制。“民族主义……是一种难以捉摸的感情，但在某些问题上，感情可以引起激动；而最能激发人们感情的莫过于石油了。”这是因为，拉美国家拥有丰富的石油资源，而“石油是经济民族主义的象征……是许多拉丁美洲人渴望控制的本国自然资源的代表。……任何将石油交给外国人的企图，都威胁着拉美人的独立。”

在经济民族主义思想的影响下，玻利维亚和墨西哥先后于1937年和1938年对外国石油公司实施了国有化。为了纪念这一重大举措，墨西哥政府甚至在首都的独立纪念碑附近建造了石油纪念碑。

然而，在可预见的将来，军人不会成为拉美政治舞台上的主角，军人干政不会蔚然成风。这主要是因为：

首先，在绝大多数拉美国家，军事政变的“温床”不复存在。如前所述，在20世纪80年代的“还政于民”之前，拉美军人发动政变的理由之一就是国家处于崩溃的边缘，因此军人有挽救国家的义务和“天职”。而今，虽然拉美的社会问题仍然比较严重，但在整体上，拉美的形势在不断好转。绝大多数拉美国家的政治民主化不断深化，人民安居乐业，因此军人干政的必要性大大减少。

其次，“第三波民主化浪潮”后，拉美军队的职业化程度不断提高。军队的职业化就是军人以从军为职业，具有稳定的收入和较为完善的保障机制，有一套良好的退役保障机制。这一制度安排有利于军队自身的发展，有利于国防建设，也有利于构建军人与文人政治家之间的和谐关系。因此，军队职业化在世界范围内是一种历史发展潮流。20世纪80年代军人退出政治舞台后，军队职业化程度不断提高。“回到军营去”已成为军人和文人政治家达成的共识。

再次，在利益分配的过程中，绝大多数拉美国家的文人政府能照顾到军人的利益。一方面，文人政府深知军队在国防和国家的政治生活中的重要作用；另一方面，军人也敢于向政府提出扩大军方开支、提高军人待遇和其他一些要求。因此，20世纪90年代以来，一些拉美国家的军费开支在不断增长。在2008年的巴西财政预算中，军费开支的上涨幅度高达53%，为90年代以来最大的涨幅。[①] 瑞典斯德哥尔摩国际和平研究所在2008年出版的有关年鉴表明，自2000年起，南美洲国家的军费开支增长了33%。2007年，南美洲国家的军费开支高达400亿美元。该年鉴指出，在过去的5年中，委内瑞拉、厄瓜多尔和智利的军费开支增长幅度最大，分别为78%、53%和49%。墨西哥增长了15%。[②]

2009年6月爆发的洪都拉斯政变充分说明，拉美的军队在政治生活中的作用不可能完全退化。换言之，并非所有拉美国家的军人会安分守己，

---

① Andrew Downie, “A South American Arms Race?”, *Time*, December 21, 2007.

② 转引自 http://www.miamiherald.com/news/columnists/andres-oppenheimer/story/635771.html。

尽管“军事政变”的定义有时被认为是含混不清的。[①] 但同时我们也应该看到，拉美军人的职业化程度在不断提高，干预政治的倾向在减弱，军人与文人政治家的关系在改善，双方相互依赖和加强合作的愿望在增强。因此，可以预料，今后拉美发生军事政变的可能性会减少。这无疑是有利于拉美维系政局稳定的。

2010 年 9 月 30 日厄瓜多尔发生的警察骚乱似乎使国际社会的聚焦点突然集中在警察这一或许会影响拉美政局稳定的国家机器上。此前一天，厄瓜多尔国民大会通过了一项公法律。根据这一法律的规定，警察和军人的福利待遇将被削减，其晋级的时间将从 5 年延长到 7 年。30 日，厄瓜多尔全国的警察举行大规模的抗议活动。科雷亚在视察一警察营地时，遭遇抗议者的袭击。科雷亚逃离现场后前往基多北郊的一家医院接受治疗。大批警察随后将医院包围。科雷亚说，当天的抗议活动是反对派与军方和警方中的一小撮人发动的一起政变，他本人实际上已被“绑架”。在围困 12 小时后，科雷亚总统头戴防毒面具，在忠于他的政府军的护送下乘车回到总统府。

应该指出的是，长期以来，在拉美，作为国家的暴力工具，警察似乎尚未成为危害政局稳定的“麻烦制造者”，尽管有时也会在军事政变中助一臂之力。因此，可以断言，厄瓜多尔的警察骚乱是拉美政治舞台上的一次孤立事件。当然，科雷亚总统和其他拉美国家的领导人应该恰如其分地关注社会中各个利益集团的既得利益。

三　能否遏制腐败问题的恶化

拉美是世界上腐败问题较为严重的地区。根据透明国际组织的“2009 年腐败认知指数”（CPI），排在世界前 30 名的拉美国家只有 4 个（巴巴多斯、圣卢西亚、智利和乌拉圭），10 个国家在第 100 名之后，其中海地的

---

① 例如，美国的一些国会议员与白宫对洪都拉斯政治危机是否属于军事政变的看法并不一致。共和党参议员德明特在致国务卿克林顿的信中说：“鉴于拉美的历史经常动荡不安，我们不能急于把（洪都拉斯的）6 月 28 日的事件叫作政变。”他还致信参议院外交委员会主席克里，希望国会不要任命瓦伦苏埃拉为美国国务院主管西半球事务的助理国务卿，因为瓦伦苏埃拉在 7 月 19 日的听证会上说“洪都拉斯危机是政变引起的”。在这一次听证会上，德明特问瓦伦苏埃拉对洪都拉斯危机的看法。瓦伦苏埃拉说：“根据我对拉美政变的研究，这是一次典型的军事政变。”德明特又问：“洪都拉斯的军队采取的行动是否属于捍卫宪法？其目的是否在于阻止塞拉亚总统违宪？”瓦伦苏埃拉答道：“我不想纠缠过多的细节。我对这些细节不了解。”

排名在世界上倒数第 10 位。马里奥·巴尔加斯·略萨曾说过："如果要用一个词来概括整个拉美，那个词不是自由，而是腐败。"①

拉美的腐败问题具有以下几个特点：

第一，许多国家的最高领导人就是腐败分子。

例如，委内瑞拉前总统佩雷斯因利用职权套汇 1720 万美元而于 1993 年 5 月被弹劾。巴西前总统科洛尔因接受不法商人的巨额贿赂而于 1992 年 9 月被弹劾。1997 年 1 月至 2002 年 1 月期间担任尼加拉瓜总统的阿莱曼，因在职期间从事洗钱、诈骗和侵吞公款而于 2002 年 12 月 22 日被逮捕，2003 年 12 月被判处有期徒刑 20 年。墨西哥前总统萨利纳斯（1988—1994）本人虽无重大的腐败行为，但有证据表明，其弟恩里克·萨利纳斯"是一个有经济问题的商人"，其兄劳尔·萨利纳斯则与多起腐败、贩毒和洗钱案件有牵连，因此其存在瑞士银行的存款被冻结。劳尔·萨利纳斯甚至在 1994 年指使他人杀害革命制度党前总书记。在 1989 年至 1999 年期间担任两届阿根廷总统的梅内姆，因涉嫌参与三起重大的腐败案件而被告上法庭。由于他长期滞留智利不归，阿根廷法官下达了国际通缉令。2004 年 12 月，梅内姆以其亲属资产作抵押，向阿根廷司法部门交纳了约合 100 万美元的保证金后，通缉令才被撤销。秘鲁前总统藤森于 2000 年 11 月滞留日本的原因也与他在职期间的一系列腐败案件有关。2007 年 2 月，巴拿马司法机关下令冻结了被怀疑与藤森及其顾问、前国家情报局局长蒙特西诺斯腐败案有关的 70 个银行账户，总金额超过 6 亿美元。2004 年 9 月 15 日就任美洲国家组织秘书长的哥斯达黎加前总统罗德里格斯，在任职不足一个月后就被迫辞职，因为他在担任总统期间（1998—2002）收受中国台湾当局 140 万美元巨款和法国阿尔卡特公司大笔佣金的不法行为被揭露。同年 10 月 15 日回国后，他立刻被警方逮捕。巴拉圭前总统马基（1999—2003）在国有企业私有化过程中营私舞弊，利用职权将两家国家银行的 1600 万美元非法转移到美国银行。这一丑闻被披露后，巴拉圭议会曾八次启动弹劾马基的法律程序，但均因执政党在议会中拥有多数席位而未能成功。马基下台后，巴拉圭法院审理了他的腐败案件。2006 年 6 月，马基被判处 6 年监禁。

---

① *CATO Policy Report*, January/February, 2000. 转引自 http://www.chinatimes.net/online/2010/10/321.html。

第二，政府部门中的高级官员和普通工作人员的腐败现象十分普遍。

“上梁不正下梁歪。”在许多拉美国家，由于最高领导人不能以身作则，政府部门中的高级官员和普通工作人员遂仿而效之，竞相从事腐败活动。“政府官员的移动电话费、其妻子的化妆品、子女的braces、秘书的时装、情人的度假开销以及他自己享受的新的‘生活方式’，都是由纳税人掏腰包的。……此外，由于下一次大选的日期越来越临近，这些政府官员会变得更加贪婪，以满足其奢侈生活对金钱的需求。”① 其结果是，民众在与政府部门打交道时（如申请护照、驾驶证或工商业执照），都必须向公职人员行贿。据透明国际组织巴拉圭分部的统计，占总人口77.2%的巴拉圭人会因个人的某种原因与政府公职人员打交道，其中27.4%的人会行贿。2005年，巴拉圭人用于贿赂政府官员的资金总额高达3000万美元，即平均每人行贿50美元。②

2004年3月1日，一家墨西哥电视台播放了墨西哥城财政局长古斯塔沃·庞塞（民主革命党人）在美国拉斯维加斯豪赌的录像。3月3日，多家电视台又播放了一盘墨西哥城议会民主革命党议员贝哈拉诺受贿的录像带。录像显示，在大商人阿乌马达的办公室里，贝哈拉诺正在把数万美元塞进皮包和衣袋。据称，这些钱是他对阿乌马达进行敲诈所得。受此丑闻影响，民主革命党的支持率一度大跌。③

第三，执法部门和司法部门中的腐败同样很严重。

执法部门和司法部门应该是正义的象征。但在许多拉美国家，从事腐败活动的警察、检察官和法官并不少见。透明国际组织认为，拉美与非洲齐名，是世界上司法腐败最严重的地区。④ 如在哥伦比亚，一些警察与贩毒集团沆瀣一气，不仅收取“保护费”，而且还贪污政府为打击毒品生产和走私而拨付的公款。哥伦比亚麦德林市的高档餐馆“弗拉加塔”的员工在接受哥伦比亚《一周》杂志记者采访时说：“警察是我们的好主顾，他们是常客，而且花钱没有数。”⑤ 该杂志的报道使政府对麦德林市警察部门

---

① Michelle Lescure, “Speaking Out Against Corruption”, http://www.worldpress.org/Americas/521.cfm.

② http://www.falkland-malvinas.com/vernoticia.do?id=7970&formato=HTML.

③ http://ilas.cass.cn/cn/xstl/content.asp?infoid=3847.

④ Transparency International, *Global Corruption Report*, 2007.

⑤ http://news.eastday.com/epublish/gb/paper148/20031113/class014800004/hwz1042189.htm.

进行了深入的调查，发现了许多违法乱纪行为。哥伦比亚警察总司令特奥多罗·坎波及其四名副手被迫向乌里韦总统提出辞呈。

第四，经济改革为腐败提供了“温床”。

诚然，经济改革并非必然导致腐败，但它为许多人从事腐败活动提供了不可多得的良机。拉美国家实施的国有企业私有化就是这样一种“温床”。

在阿根廷，当政府于1990年宣布对国营航空公司进行私有化的决定后，全世界共有7家航空公司有意投标。但是，由于阿根廷新闻界广泛报道了某家公司为中标而向阿根廷政府官员大肆行贿的消息，大部分投资者取消了投标计划。最后，西班牙的伊比利亚航空公司获胜。该公司事后公布的数据表明，“与中标有关的开支”为8000万美元。阿根廷新闻界认为，这笔“开支”就是用来向阿根廷官员行贿的。尽管阿根廷政府未能对此事件进行深入的调查，但在数月后，主管此项私有化工作的一位政府高级官员被梅内姆总统解除了职务。根据阿根廷国会专门为监督国有企业私有化而成立的一个委员会的调查，除航空公司以外，在电话公司、铁路公司和钢铁公司等国有企业的私有化中，都有不同程度的腐败行为。

在墨西哥，据报道，大部分有利可图的私有化交易都落入了萨利纳斯的亲朋好友之手。例如，一家私人电讯公司为获得一家将被私有化的国营电讯公司，向萨利纳斯总统之弟送上5000万美元的“业务费”。事实上，早在1993年，墨西哥的新闻界就有这样的传说：某天，萨利纳斯邀请其数位从私有化中获得暴利的富朋阔友，出席一个“亿万富翁宴会”。席间，萨利纳斯要求他们每人捐献2500万美元，供他所在的党参加总统竞选使用。据报道，塞迪略政府对前总统萨利纳斯进行的私有化已展开了调查。

在秘鲁，一些国会议员早就要求对国营电话公司的私有化过程进行调查。他们指出，秘鲁政府与中标的西班牙电话公司最初达成的价格是20亿美元。但是最后秘鲁政府仅获得14亿美元。6亿美元的去向不得而知。

在巴西，许多人认为，被议会弹劾的科洛尔总统（1990—1992）也从国有企业私有化中获得不少好处。在政府宣布私有化计划的前几天，与科洛尔保持密切关系的一些投资者就已得知该计划的全部细节。

拉美国有企业私有化中的腐败之所以如此严重，主要是因为私有化程序本身缺乏必要的透明度。换言之，当市场经济改革在没有透明度的情况下快速进行时，这种改革就为腐败活动创造了一种环境。其结果是，用心良好的改革政策，如私有化、放松管制和贸易开放，就会成为一些人从事腐败活动和“寻租”的“温床”。

腐败的代价也是十分高昂的。据估计，在墨西哥，为获得驾驶执照或建房用地而向政府部门工作人员行贿的金额相当于每个家庭总收入的14%。在哥伦比亚，腐败导致的经济损失相当于国内生产总值的1%。在厄瓜多尔，这一比重高达11.2%。①

拉美腐败问题的根源是多方面的：

首先，处罚力度小。2007年，巴西议会参议长雷南·卡列罗斯被指控接受了一家建筑公司的贿赂。为了证明自己是清白的，卡列罗斯提供了大量证据。正在警方对这些证据的真伪进行调查时，卡列罗斯的支持者宣称，警察的调查违反巴西法律规定的议员拥有的豁免权。

事实上，在巴西和其他一些拉美国家，除议员以外，政府官员和法官等公职人员也拥有刑事豁免权。这无疑在一定程度上助长了公职人员以权谋私的胆量，因为从事腐败活动对他们来说不会带来任何成本。巴西法官协会的有关人员指出，豁免就是使那些腐败官员免受处罚。这是巴西难以遏制腐败的重要原因之一。②

其次，制度不健全。在一些拉美国家，一些有识之士和非政府组织试图推动本国的法制建设，将反腐败的重点转移到预防，但阻力很大。如在2001年，巴拉圭的一些非政府组织起草了一个有助于遏制腐败的法律草案。根据该草案，政府官员应该公开其私人财产和其他一些能被民众监督的重要的个人信息。经过一位议员的游说，议会通过了该法律，但其内容与非政府组织提出的草案相差甚远，根本不能发挥遏制腐败的作用。

巴拿马的立法机关和总统分别在2001年12月和2002年1月通过了《巴拿马透明法》。根据该法律，新闻记者和公众可以很容易地获得政府官员的有关信息，以遏制腐败行为的发生。然而，许多人认为，《巴拿马透明法》形同虚设，仅仅是当局为了改善巴拿马的国际形象而采取的权宜之计，因为记者和公众并不能享受该法律明文规定的权力。

再次，拉美社会对腐败的容忍度较高。社会对腐败问题的容忍度常常

① Patrice Franko, *The Puzzle of Latin American Economic Development*, Rowman & Littlefield, 2007, p. 160.

② 转引自“Brazil: Anti-corruption controls weaken”, *Weekly Report*, 12 July, 2007。

与腐败问题的严重性有关。容忍度越高，从事腐败活动的人就越肆无忌惮。反之，腐败分子会在“老鼠过街人人喊打”的氛围中有所收敛。尽管或大或小的腐败丑闻不时被曝光，但拉美人对腐败问题的容忍度仍较高。联合国开发计划署在《实现拉美公民的民主》（2004）一书中指出，2002年的一次民意调查表明，在回答“只要能使问题得到解决，为一定程度的政府腐败付出代价是值得的”这个问题时，12%的受访者认为“非常同意”，29.9%表达了“同意”，不同意的人占35.6%，非常不同意的占22.6%。换言之，非常同意和同意的人占将近42%，反对腐败的人仅占58%。[①]

应该指出的是，自20世纪90年代以来，拉美各国在完善反腐败机制方面取得了一定的成效。此外，许多拉美国家还鼓励非政府组织、公众和媒体对政府官员的廉政进行监督，对其腐败行为进行曝光。毫无疑问，这些措施能在一定程度上遏制腐败问题不断恶化的态势。但是，腐败问题是世界各国面临的重大难题之一，很难指望拉美国家能彻底消除腐败。因此，腐败问题仍然有可能成为影响拉美政局稳定的“导火线”。

四　能否确保外部因素对拉美民主化进程的约束力

拉美的政治发展进程必然受到外部因素的影响。在各种外部因素中，西半球的地区性组织和美国的作用不容忽视。

在西半球事务中，美洲国家组织历来发挥着重要的作用。[②] 诚然，美国对该组织的控制非常有力，有时甚至利用它来干涉拉美国家的内政。但是，总的说来，该组织在推动拉美的民主化进程方面功不可没。

美洲国家组织对拉美政治发展进程的积极作用体现在以下几个方面：

第一，在法律制度上提供保障。

民主建设必须以法律制度为基础。为此，美洲国家组织在1990年设

---

① United Nations Development Program, *Democracy in Latin America: Towards a Citizens' Democracy*, 2004, p. 101.

② 美洲国家组织是美洲地区的政治组织。1890年4月14日，美国与拉美17个国家在华盛顿举行的第一次美洲会议上，决定建立美洲共和国国际联盟及其常设机构美洲共和国商务局。1948年，在哥伦比亚首都波哥大举行的第九次美洲会议通过了《美洲国家组织宪章》，将美洲共和国国际联盟改称为美洲国家组织。1951年12月，《美洲国家组织宪章》生效。该组织的宗旨是：加强美洲大陆的和平与安全；确保成员国之间和平解决争端；成员国遭侵略时，组织声援行动；谋求解决成员国之间的政治、经济、法律问题，促进各国间经济、社会、文化的合作，加速美洲国家一体化进程。古巴是美洲国家组织成员国，但由于美国推行孤立古巴的政策，古巴自1962年起拒绝参加该组织的活动。

立了促进民主部（Unit for the Promotion of Democracy）。[①] 该机构的宗旨是实施美洲国家组织的有关决议，向成员国提供咨询服务和技术援助（如监督选举）。[②] 1991 年 6 月 5 日，美洲国家组织通过了第 AG/RES. 1080（XXI－091）决议（简称第 1080 号决议）。根据该决议，一旦某成员国的政治民主制度被中断或受到威胁时，美洲国家组织有权进行干预。

2001 年 9 月 10—11 日，美洲国家组织第 28 届特别大会在秘鲁首都利马举行，34 国外长或代表出席。大会讨论并通过了《美洲民主宪章》。该宪章在美洲历史上第一次以法律形式确立以代议制民主为本地区各国共有的基本政治制度（见专栏 1—6）。该宪章规定：代议制民主是地区稳定、和平与发展的基本条件，有效实行代议制民主是各成员国宪政和依法治国的基础；当某一成员国因宪法秩序发生变故导致该国民主秩序中断时，美洲国家组织将通过外交斡旋等措施帮助该国恢复民主秩序；在外交努力无效的情况下，美洲国家组织将召开特别大会，以 2/3 多数票决定中止该成员国的所有权利（包括成员国资格）。

专栏 1—6

《美洲民主宪章》（节译）

第 1 条

美洲国家的人民拥有享有民主的权力，他们的政府有义务推动和捍卫民主。民主对美洲国家人民的社会、政治和经济发展是必需的。

第 2 条

代议制民主的有效运转是法治的基础，也是美洲国家组织成员国的合法政权的基础。在与各国宪法秩序相符的法律框架内，永久性的、有道德的、负责任的公民参与能强化和深化代议制民主。

---

① 该机构是根据美洲国家组织秘书长第 90—3 号行政命令于 1990 年 10 月 15 日成立的。

② http：//www. summit-americas. org/CEGCI%20Docs/CE-GCI-8-95-rev1-eng. htm.

第 3 条

代议制民主的基本要素是尊重人权和基本的自由；合法地获取和行使权力；采用秘密投票的方式，定期举行全民的自由而公正的选举；采用多元化的多党制；实行三权分立和实现政府部门的独立。

第 4 条

政府活动的透明度和诚实性、政府管理的责任心、尊重社会权力以及新闻自由和言论自由，都是民主的基本要素。

所有国家机构都必须受制于合法的公民权利，必须尊重法律。这一切也是民主的基本要素。

第 5 条

民主的当务之急是加强政党建设和其他政治组织的建设。特别要关注竞选的高成本以及竞选资金的透明度等问题。

第 17 条

在成员国政府认为其民主政治体制面临威胁时，它可向美洲国家组织秘书长或常设委员会提出帮助其巩固民主体制的请求。

第 18 条

如果成员国出现了不利于民主政治体制或难以行使合法权力的形势，美洲国家组织秘书长或常设委员会可在该成员国政府的事先同意下，对其进行访问或采取其他行为，以分析该国的形势。秘书长将向常设委员会提交报告，常设委员会将对该成员国的形势进行整体性评估。在必要时，美洲国家组织可为了保护其民主体制而作出决定。

第 21 条

如果美洲国家组织大会召开的特别会议认为某个成员国的民主制度被非法中止，而且外交斡旋行为无法奏效，特别会议将根据美洲国家组织的宪章，以 2/3 的投票结果停止该成员国在美洲国家组织中的一切活动。

第 24 条

在成员国的要求下，美洲国家组织可派遣选举观察团。为此，该国政府应与美洲国家组织秘书长就观察团的工作范围达成协议，并确保观察团的安全，使观察团自由地获得信息，与观察团进行全方位的合作。

第 26 条

民主是一种能够改善美洲国家人民经济、社会和文化条件的生活方式。因此，美洲国家组织将继续实施有助于维护西半球地区民主原则和巩固民主文化的计划和活动，并与成员国的公民组织合作。

第二，对拉美的政治危机进行干预。

根据第 1080 号决议和《美洲民主宪章》，美洲国家组织对发生在拉美的政治危机进行干预。干预的方式主要是谴责违法行为以及对冲突中的各个政治派别进行斡旋。自 20 世纪 90 年代以来，美洲国家组织共对拉美的 10 多起政治危机进行干预。这些危机包括：1991 年的海地政变、1992 年秘鲁总统藤森的“自我政变”、1993 年危地马拉总统的“自我政变”、1994 年的多米尼加大选危机、1996 年的巴拉圭政变、1999—2000 年的巴拉圭政治危机、2000 年的厄瓜多尔政变、2000 年的秘鲁大选风波、2002 年的委内瑞拉政变、2003 年的玻利维亚政局动荡、2004 年的海地危机、2004—2005 年的厄瓜多尔宪法危机、2005 年的玻利维亚政局动荡以及 2009 年的洪都拉斯政变。[①] 绝大多数干预都取得了较好的成效，或化解了政治危机，或阻止危机向更危险的方向发展。

第三，培植民主理念。

美洲国家组织在其发表的多种宣言、决议、公报和行动纲领等文件中都强调，培植民主理念和增强政治家和选民对民主的认识，有助于在全社会形成一种追求民主的氛围；无论是政治家还是选民，都应该提高民主意识，都要认识到强化民主制度的重要性。为了达到这一目的，美洲国家组织采取了以下措施：在媒体上加强宣传，发放宣传品，与拉美国家的政府部门、非政府组织和学术机构开展研究工作或召开各种形式的会议，开设培训班等。

---

① 李江春：《冷战后美洲国家组织在促进拉美民主中的作用》，硕士学位论文，中国社会科学院研究生院，2009 年。

除美洲国家组织以外，里约集团也在巩固拉美民主的过程中发挥着重要作用。[①] 1988 年 10 月 28—29 日在乌拉圭埃斯特角举行的第 2 次首脑会议通过了《埃斯特角宣言》。该宣言进一步强调，该组织的宗旨是维护本地区的和平和安全，促进发展和民主。此后，在其历次首脑会议发表的公报或声明等文件中，“巩固民主化进程”一直是其关心的重大议程之一。

1991 年 9 月 29 日海地发生军事政变后，里约集团第 5 次首脑会议（1991 年 12 月 2—3 日）发表了关于海地问题的声明。该声明重申了严格执行美洲国家组织有关决议的立场，继续对海地实行禁运，直至恢复阿里斯蒂德总统的合法权力。

最近几年，玻利维亚东部的几个省要求自治的呼声不断，从而使中央政府与这些省的关系十分紧张。[②] 圣克鲁斯省甚至不顾中央政府的反对，于 2008 年 5 月 4 日举行本省的公民表决。在公民表决前夕，里约集团发表声明，声援莫拉莱斯总统，“反对一切中断玻利维亚民主进程的企图”。里约集团认为，玻利维亚的国内矛盾必须“在尊重宪法秩序、团结、领土完整和法制的框架内”解决，必须保证玻利维亚国家的完整性和统一性。

2009 年洪都拉斯政变发生后，里约集团对这一政变的策划者表示“最强烈的谴责”，要求洪都拉斯恢复塞拉亚的合法地位。

出于地缘政治因素的考虑，美国对拉美事务十分关切。但关注的重点随国际格局的变化而变化。冷战结束以前，美国对拉美的政策是谋求最大限度的经济利益和抵御“共产主义影响”在西半球的扩散，相比之下，对拉美的民主进程很少关注。只要是亲美的政权，无论它多么专制和独裁，美国都予以支持。统治尼加拉瓜达 20 年（1936—1956）的索摩查是一个地地道道的独裁者。美国为了在中美洲地区维系其反苏、反共的战略联盟，不惜与索摩查政权保持密切的关系，对其种种破坏民主的专制和独裁行为视而不见。据报道，美国总统富兰克林·罗斯福曾在 1939 年说过：

---

① 1986 年 12 月 16—17 日，孔塔多拉集团（哥伦比亚、墨西哥、委内瑞拉和巴拿马）和利马集团（巴西、阿根廷、乌拉圭和秘鲁）八国外长在巴西里约热内卢举行会议，决定建立一个“政治磋商和协调常设机构”。这一机构被称为八国集团。1990 年 3 月，八国外长会议决定将其改名为里约集团。

② 玻利维亚东西部的经济发展很不平衡。莫拉莱斯政府认为，资源较为丰富、发展水平较高的东部地区的 4 个省（圣克鲁斯省、贝尼省、潘多省和塔里哈省）应该援助相对贫困的西部地区。东部省份反对中央政府的这一政策，因此一直要求中央政府允许它们实行自治。

"索摩查可能是一个畜生，但他是我们的畜生。"[1] 正如美国学者迪努拉·阿兹普罗和卡罗琳·肖所指出的那样，美国对拉美的反共军政府的支持实际上是破坏了该地区的民主发展。[2]

同样是为了在拉美抵御苏联的"共产主义影响"，美国还在经济上和军事上向拉美提供援助（如肯尼迪总统的"争取进步联盟"）。此外，美国还通过向拉美国家输出好莱坞电影和书刊、宣传美国式的消费方式以及招收拉美留学生等途径，向拉美国家推销美国文化和西方式民主。

冷战后，美国对拉美的政策发生了重大的变化。由于苏联不复存在，美国关注拉美的重点发生了两个重大的变化：（1）进一步强调经济利益。一方面，美国利用拉美国家需要大量外资来摆脱债务危机和经济危机的迫切心情，在该地区推行新自由主义经济理念；另一方面，美国于 1994 年提出了建立美洲自由贸易区的设想，试图通过经济手段来达到稳定其"后院"的目的。（2）不再强调如何"抵御共产主义影响"，而是从过去支持独裁统治变为强调推动民主进程的重要性。美国深知，一个经济发展、政治稳定、民主巩固的拉美是有利于维护美国国际战略利益的。因此，当拉美发生军事政变时，美国也会在口头上予以谴责。[3]

为了推动拉美的民主化进程，美国采取了以下措施：（1）在多边机构层面上，美国积极推动美洲国家组织通过第 1080 号决议和《美洲民主宪章》等文件，力求在法律制度上确保拉美的政治稳定，此外，美国还通过美洲国家组织和西半球的其他一些多边组织，直接干预拉美的政治危机。（2）在双边层面上，美国不仅实施了多个"民主与良治计划"（Democracy and Governance Programs），[4] 而且还在意识形态领域用多种手段向拉美国家灌输其民主理念。美国总统和其他高级官员在访问拉美时，更是喋喋不休宣传"美国式民主"的优势。

---

① http：//en. wikipedia. org/wiki/Anastasio_ Somoza_ Garc% C3% ADa.

② Dinorah Azpuru and Carolyn M. Shaw，"The U. S. and Democracy Promotion in Latin America：A Change of Course?"（2007 年 9 月美国政治学会年会论文）

③ 委内瑞拉总统声称，有证据表明，美国帮助委内瑞拉的反对派发动了 2002 年的政变。

④ "民主与良治计划"是一种技术性援助计划，始于 20 世纪 80 年代后期，其宗旨是强化政府、非政府组织和公民在巩固民主、加强法治、保护人权和实现新闻自由等方面的作用和能力。拉美是美国实施该计划的重点地区。1990 年，拉美在"民主与良治计划"资金总额中占 72.2%。苏联解体后，美国在苏联和东欧地区实施了大量"民主与良治计划"，因此拉美的比重有所下降，但在 1991 年和 1992 年仍然高达 50.5% 和 45.1%。1994 年以来在 16%—25%。（http：//www. usaid. gov/our_ work/democracy_ and_ governance/）

但是必须指出，美国在处理国际事务时历来使用双重标准。因此，一方面，美国希望拉美国家的民主化进程能不断发展，以便使该地区的政局稳定能够得到保障；另一方面，美国却鼓励和支持委内瑞拉总统的反对派于 2002 年 4 月发动政变。由此可见，在对待拉美民主化进程这个问题上，美国不会放弃其“双重标准”，不会放弃其敌视拉美左派政权的立场。然而，进一步巩固拉美民主化进程已成为国际社会的共识。无论是美国还是美洲国家组织以及里约集团等多边组织，都希望拉美能保持政局稳定。可以想象，拉美政局的动荡不安必将影响经济发展，从而使更多的拉美非法移民和毒品进入美国，恐怖主义分子也会通过拉美进入美国。因此，维系拉美的政局稳定符合美国在拉美的战略利益。

结　论

拉美政治发展的首要目标应该是保持政局稳定和巩固民主化进程。实现这一目标的关键是能否减缓社会问题的严重性，能否使军队成为拉美政治发展进程的“稳定器”，能否遏制腐败问题的恶化，能否确保外部因素对拉美民主化进程的约束力。

拉美的贫困问题难以在短期内得到解决，社会治安恶化和收入分配不公等问题也难以得到彻底的根治。这些因素会对拉美国家的政治发展前景构成巨大的挑战。但在最近几年，拉美国家在扶贫领域取得了显著的进步，贫困人口有所减少。因此，可以预料，社会问题对政局稳定的破坏力会有所减弱。

拉美军人在政治生活中的作用不可能完全退化。但是，拉美军人的职业化程度在不断提高，干预政治的倾向在减弱，军人与文人政治家的关系在改善，双方相互依赖和加强合作的愿望在增强。因此，可以预料，今后拉美发生军事政变的可能性会减少。

拉美各国在完善反腐败机制方面取得了一定的成效。此外，许多拉美国家还鼓励非政府组织、公众和媒体对政府官员的廉政进行监督，对其腐败行为进行曝光。但是，拉美的腐败问题根深蒂固，很难一蹴而就。因此，腐败问题仍然有可能成为影响拉美政局稳定的“导火线”。

进一步巩固拉美民主化进程已成为拉美国家的共识。无论是美国还是美洲国家组织以及里约集团等多边组织，都希望拉美能保持政局稳定。可以想象，拉美政局的动荡不安必将影响经济发展，从而使更多的拉美非法移民和毒品进入美国，恐怖主义分子也会通过拉美进入美国。因此，维系拉美的政局稳定符合美国在拉美的战略利益。

综上所述，在影响拉美未来政治发展进程的诸因素中，有利于维系政局稳定的条件更多，不利于巩固政治民主化制度的消极面在缩小。因此，在可预见的将来，拉美政局将继续保持整体稳定而局部动荡的态势。

第二章　拉美经济的发展前景

生于智利的美国经济学家塞瓦斯蒂安·爱德华兹在2007年发表的一篇论文中写道："毫不夸张地说，近代拉美经济史就是一部充满危机、有限的增长、不公平和贫困的历史。"①爱德华兹的这一论断指出了拉美国家面临的问题和挑战，但忽视了拉美在推动经济发展过程中取得的成就和业绩，因而是有失公允的。事实上，拉美经济也多次经历过持续时间长短不一的快速增长期。例如，在实施进口替代工业化的初级阶段，拉美经济增长率曾超过5%；在2003—2008年期间，拉美经济连续保持6年的快速增长；巴西甚至还在1968—1973年期间创造过一次"经济奇迹"。

拉美经济的发展前景如何？是爱德华兹所说的"充满危机"和"有限的增长"，还是前途光明？这一问题的答案取决于一系列内外因素，其中包括能否提高国际竞争力，能否在发挥比较优势的同时调整产业结构，能否改善基础设施，能否实现可持续发展，能否扩大投资，能否加快农业发展，能否维系宏观经济形势的稳定以及能否获得一个良好的外部环境。毫无疑问，由于受到历史条件和现实状况的制约，拉美国家很难心想事成地消除一切不利于经济发展的障碍，但总的说来，拉美经济的发展前景是乐观的。

第一节　20世纪90年代以来拉美国家的经济改革

20世纪90年代以来拉美国家实施的经济改革被视为该地区的一次"经济政变"。这一改革可追溯到1973年。是年9月11日，皮诺切特将军

---

① Sebastian Edwards, *Crisis and Growth*: *A Latin American Perspective*, Working Paper 13019, National Bureau of Economic Research, April 2007.

发动政变，推翻了阿连德政府。为了确立其统治的合法性，皮诺切特上台后就立即开始进行经济改革。在智利的改革过程中，"芝加哥弟子"（Chicago Boys）发挥了重要的作用。

"芝加哥弟子"是指在美国芝加哥大学或欧美的其他大学获得博士学位后回智利工作、被皮诺切特政府重用的经济学家。[①] 这些人在欧美大学接受了西方经济学的正规训练，十分崇尚自由市场理论。他们进入皮诺切特政府后，制定了以强化市场机制、减少国家干预和扩大对外开放为主要内容的经济改革政策。

1982 年，墨西哥爆发了举世瞩目的债务危机。这一危机在很短的时间内就波及整个拉美，并进而诱发了严重的经济危机。在债务危机与经济危机的打击下，拉美国家采用了控制通货膨胀、压缩财政开支和减少进口等措施。但这些"头痛医头、脚痛医脚"的应急性政策收效甚微。

由于债务危机和经济危机使拉美国家在国际资本市场上的资信急剧下降，进入该地区的外国私人资本大幅度减少，因此，拉美国家希望从世界银行、国际货币基金组织和美洲开发银行等国际多边机构以及美国政府那里获得更多的贷款，而这些贷款常附加一些要求债务国进行经济改革的条件。为了获得这些资金，绝大多数拉美国家采取了无可奈何或言听计从的态度。例如，巴拉圭罗德里格斯政府为了得到国际货币基金组织的一笔贷款，在多轮谈判之后，于 1990 年 11 月致信该机构，表示政府将保证在一些主要经济部门（如钢铁、水泥、航空和海运等）中进行私有化。翌月，政府颁布了法令，开始实施私有化。国际货币基金组织前总裁米歇尔·康德苏曾说过，他的前任亚克·德拉罗齐尔为劝说拉美国家进行经济调整花费了大量时间，而现在的拉美国家却都言听计从了。[②]

---

① 《华尔街日报》（1996 年 9 月 12 日）认为，虽然米尔顿·弗里德曼的名声很大，但拉美"自由市场革命"的真正"父亲"却不是弗里德曼，而是他过去的同事、芝加哥大学教授阿诺德·哈伯格（Arnold Harberger）。1956 年，智利天主教大学与芝加哥大学签订了一个为期 3 年的合作计划，由哈伯格在芝加哥大学经济学院为天主教大学培养经济学博士研究生。该计划每年招收 20 名学生。当时芝加哥大学经济学院的院长是 1979 年获得诺贝尔经济学奖的舒尔茨教授。在他的领导下，智利天主教大学与芝加哥大学的合作协议续签了 3 次。哈伯格和弗里德曼亲自担任智利学生的导师。大多数学生毕业后回到智利工作，只有少数人继续在芝加哥大学攻读货币和银行学专业的博士后。如同弗里德曼那样，哈伯格也是自由市场经济的积极推崇者，不主张国家对经济进行干预。退休前他在美国加州大学（洛杉矶）任教。

② John Williamson (ed.), *Latin American Adjustment How Much Has Happened?* Institute for International Economics, 1990, p. 353.

与过去拉美国家领导人不同的是，在20世纪80年代拉美民主化浪潮中脱颖而出的“新一代领导人”有过在西方受教育的经历，因而比较容易接受市场经济理论和西方经济学的主张。以1988年上台的墨西哥萨利纳斯政府为例，不仅萨利纳斯总统本人在美国获得了硕士和博士学位，而且他的内阁中59%的部长或副部长也都拥有美国大学的经济学博士学位。而在20年前，这一比例仅为25%。[①] 这些被称作“技术专家”的政治家认为，东亚国家（地区）之所以实现经济起飞，主要是因为它们奉行了市场经济原则，而苏联和东欧国家陷入困境的原因是它们没有走自由市场经济之路。[②]

美国也是促使拉美国家走上改革之路的重要因素之一。拉美经济形势的好坏对美国有一定的影响。如果拉美经济长期陷入危机，美国就无法向拉美扩大出口。不仅如此，更多的拉美人还会为了生计而非法进入美国，从而加重美国的社会问题。因此，帮助拉美国家早日摆脱危机，客观上是帮助拉美，主观上则是为了美国自身的利益。出于这一目的，美国在1985年和1989年分别提出了“贝克计划”和“布雷迪计划”（见专栏2—1）。这两个计划除了帮助拉美国家减轻债务负担以外，还要求它们必须对国有企业进行私有化，进一步开放国内市场，放松对外资的限制，改革税收体系，实现价格自由化，等等。

专栏2—1

“贝克计划”与“布雷迪计划”

“贝克计划”是1985年9月美国财政部长贝克在韩国汉城召开的国际货币基金组织和世界银行第40届年会上提出的“美国关于发

① David E. Hojman, “The Political Economy of Recent Conversions to Market Economics in Latin America”, *Latin American Studies*, No. 1, 1994, p. 198.

② “技术专家”是指拥有高等学历、对政治感兴趣、精通政府管理的政治家。李和认为，墨西哥的“技术专家”通常出生于首都墨西哥城的一个中层或上层社会的家庭，毕业于国立理工学院或国立自治大学，在国外名牌大学攻读研究生学位。学成归国后立即在某个政府部门就职。由于他们拥有海外求学的背景，他们常常认为，西方的技术或观念能解决墨西哥的所有问题。（He Li, *From Revolution to Reform: A Comparative Study of China and Mexico*, University Press of America, 2004, p. 127）

展中国家持续增长的计划”的简称。根据这一计划的诊断，拉美债务危机的症结不是“清偿问题”，而是“结构性问题”。因此，它开出的“处方”不是紧缩性调整，而是以增长为目标的市场化改革。

美国希望通过“贝克计划”在3年时间内筹措一笔近300亿美元的资金，供17个发展中国家（其中拉美国家占多数）用于恢复经济。由于筹措这一资金的目标未能实现，“贝克计划”被迫在1987年进行修正。修正后的“贝克计划”提出了所谓“菜单方法”，即要求商业银行自行选择一种合适的“菜肴”，如债务与股权互换、回购、豁免，等等。由于参与“菜单方法”的债务在二级市场上打了折扣（有些国家的1美元债务仅值几美分），因此“贝克计划”实际上已承认商业银行无法收回其全部债权。这是发达国家第一次认识到债务国不可能如数偿还债务。

“布雷迪计划”是美国财政部长布雷迪在1989年3月提出的。这一计划的核心仍然是削减发展中国家的债务。但与“贝克计划”相比有一些进步之处。例如，除鼓励债务国继续实行市场导向的改革、加快经济发展以外，还敦促商业银行加大削减债务的力度，并要求债务国政府和国际金融机构作出更大的努力。这一要求主要包括三方面的内容：（1）在银行监管、账务和税收等方面，债权国政府应制定出鼓励商业银行参与削减债务计划的具体措施。（2）国际货币基金组织和世界银行等国际金融机构以及债权国政府应该向债务国提供经济发展急需的资金，以恢复债务国的经济。（3）国际货币基金组织应该采取更加灵活的政策，向那些尚未同商业银行达成协议（包括重新安排债务、削减债务和提供新贷款等方面的协议）的债务国提供信贷，以帮助其完成“结构性调整”。

新自由主义理论无疑对拉美国家产生了重大影响。众所周知，进入20世纪70年代后，由于西方发达国家的经济增长乏力，加之福利国家的政策实践不尽如人意，凯恩斯主义受到越来越多的批评。1974年，《通往奴役之路》一书的作者哈耶克获得诺贝尔经济学奖。从此以后，新自由主义理论开始在全世界范围内流行。在发展中国家，新自由主义理论的最为重要的“试验地”是拉美。古巴学者奥斯瓦尔多·马丁内斯认为，在相当长的一段时间内，除古巴以外的所有拉美国家都实行新自由主义。新自由主义成了拉美各国的官方经济政策。“新自由主义以其出色精准的教条，对拉美的思想界实施几乎绝对的统治。在其鼎盛时期，甚至一度成为拉美‘唯一的思想’。”①

拉美人之所以易于接受新自由主义理论，在一定程度上是因为历史上自由主义思想曾对拉美的发展道路产生过重大的影响（见专栏2—2）。在自由主义的影响下，拉美国家把扩大初级产品出口视为获取财富和求得“进步”的有效手段。巴西财政部长若阿金·穆尔蒂纽（1898—1902）曾说过：“一个国家的经济目标不应该是少进口，而是应多出口、多进口。”又如，哥伦比亚政治家弗洛伦蒂诺·冈萨雷斯（1847年任财政部长）于1846年从欧洲返回拉美后，在报纸上多次撰文，大力宣传自由主义思想。他甚至认为，哥伦比亚所处的地理位置及要素禀赋决定了它的出路在于出口热带产品。因此，传统的小手工业者不能得到保护，他们应从事劳动生产率更高的热带农业生产活动。他还指出，高关税率只能使少数人受益；相反，如果降低关税率，更多的欧洲产品能进入本国市场，政府就能从中获得更多的关税。不仅如此，更多的进口还能使更多的出口成为可能。②在一定程度上，自由主义思想也是当时拉美各国上层社会的精英在追求“进步”时高举的理论旗帜。③

专栏2—2

拉美历史上的自由主义思想

自由主义传入拉美的时间早于传入其他经济落后地区的时间。

---

① ［古］奥斯瓦尔多·马丁内斯：《垂而不死的新自由主义》（中文版），当代世界出版社2009年版，第24页。

② Joeseph L. Love and Nils Jacobsen (eds.), *Guiding the Invisible Hand: Economic Liberalism and the State in Latin American History*, Praeger, 1988, p. 55.

③ 19世纪拉美人所说的“进步”，就是今天人们所说的“现代化”。

这主要是因为，拉美的上层分子与欧洲大陆保持着密切的联系。他们中的许多人掌握了法语、英语或德语，可以直接阅读旧大陆的出版物。他们还经常到欧洲旅行，因而不仅亲自体验到了那里的物质进步，而且还十分了解那里的思想理论界的动态。尽管他们回到了新大陆，但仍念念不忘巴黎，扼制不住地渴望并模仿他们在欧洲所见到的一切。因此，尽管新旧大陆之间的国情有着很大的差异，但他们仍然竭力照搬在欧洲流行的各种思潮。

欧洲的自由主义是在工业资产阶级反对封建主义和重商主义的斗争中产生的。在拉美，当时虽然还没有工业资产阶级，而地主阶级却在拉美社会中占据着相当重要的地位。为了从教会、政府和土著人那里获得更多的土地，以生产更多的面向世界市场的初级产品，地主阶级迫切需要自由主义这种理论武器。此外，他们还希望政府减少对经济的干预，降低对国内市场的保护水平，通过进口较为廉价的外国产品（相对于本国产品而言）来开发市场和提高生活水平。

自由主义对拉美现代化道路的最大影响是它加快了初级产品出口型发展模式的运转。尽管许多拉美人当时并不能深刻地理解李嘉图的比较优势原则，但他们对拉美经济纳入北大西洋经济体系的必然性和必要性则深信不疑。不仅如此，阿根廷总统 D. F. 萨米恩托（1868—1874）等人甚至把这一结合视为把拉美社会从“野蛮”转为“文明”的必要途径。然而，以自由主义为理论基础的初级产品出口型发展模式并没有使拉美国家摆脱对欧洲先进国家的依赖，也没有解决贫富差距不断扩大等一系列社会问题，更没有缓和政治舞台上自由派和保守派之间的激烈斗争。

美国学术界和拉美学术界为新自由主义理论在拉美的传播推波助澜。例如，90 年代初美国学者 F. 福山的《历史的终结与最后之人》一书的西班牙语版在智利等国发行时，曾连续数周名列畅销书排名榜之榜首。福山认为，信奉国家干预或市场机制的不同意识形态经过长时期的较量和争论之后，自由市场经济终于取胜。在福山眼中，这象征着历史的终结。著名的秘鲁学者埃尔南多·德索托于 80 年代后期出版了《另一条道路》一书。

他在书中提出了政府应该减少对经济生活的干预和大力发展市场经济的主张。该书出版后立即在许多拉美国家成为畅销书。这些宣传新自由主义理论的著作经拉美媒体和学术界的炒作，在拉美的影响不断扩大。

总之，正如美国学者 S. 乔治所指出的那样，新自由主义理论之所以能从一个“小小的胚胎”发展为后来几乎要统治整个世界的理论，完全是因为哈耶克及其学生弗里德曼等人坚信这样一个信条：“如果你能占领人们的头脑，那么他们的心和手就会听从头脑的指挥。”① 确实，在 20 世纪 80 年代以前的智利和其他一些拉美国家，“任何人，只要他不是芝加哥学派的真正信奉者，就会被开除出学术界。因此，在新自由主义学说盛行的地方，独立的研究工作常面临着巨大的困难”②。

如果说新自由主义是拉美经济改革的理论基础，那么“华盛顿共识”就是这一改革的政策工具（见专栏 2—3）。“华盛顿共识”的发明者威廉姆森认为，这一共识确定的 10 个政策工具可被归纳为 3 大类：审慎的宏观经济政策、市场的利用以及贸易自由化。拉美国家在实施经济改革时必须使用这些政策工具。③

专栏 2—3

“华盛顿共识”的由来

1989 年春，美国国际经济研究所研究员约翰·威廉姆森应邀为美国国会举行的一次关于美国财政部长布雷迪为应对拉美债务危机而制定的“布雷迪计划”的听证会作证。他说，拉美国家的经济政策正在发生重大调整，美国应该支持和援助拉美国家。但是，许多国

① Susan George, “A Short History of Neo-liberalism: Twenty Years of Elite Economics and Emerging Opportunities for Structural Change”. （http://www.globalexchange.org/campaigns/econ101/neoliberalism.html）

② James. L. Dietz and Dilmus D. James, *Progress Toward Development in Latin America: From Prebisch to Technological Autonomy*, Lynne Rienner, 1990.

③ http://www.iie.com/publications/papers/williamson0904-2.pdf.

会议员并不认为拉美国家正在实施大规模的经济调整。

听证会后，威廉姆森向国际经济研究所所长弗雷德·伯格斯坦建议，由该研究所主办一次讨论拉美经济调整的会议。这一会议于1989年秋在华盛顿举行。出席会议的有拉美国家的政府官员、美国财政部等政府部门的官员、金融界和企业界人士及世界上若干高等院校和研究机构的经济学家。世界银行、国际货币基金组织以及面向拉美的美洲开发银行等国际机构的代表也参加了会议。

在威廉姆森向会议提交的论文中，威廉姆森首次使用了“华盛顿共识”。他认为，拉美经济调整的10个政策工具可以被概括为：(1) 加强财政纪律，压缩财政赤字，降低通货膨胀率，稳定宏观经济形势。(2) 把政府开支的重点转向经济效益高的领域以及有利于改善收入分配的领域（如文教卫生和基础设施）。(3) 开展税制改革，降低边际税率，扩大税基。(4) 实施利率市场化。(5) 采用一种具有竞争力的汇率制度。 (6) 实施贸易自由化，开放市场。(7) 放松对外资的限制。(8) 对国有企业实施私有化。(9) 放松政府的管制。(10) 保护私人财产权。他还说，经过讨论，与会者在拉美国家已经采用和将要采用的10个政策工具方面取得了较为一致的看法，甚至在一定程度上达成了共识。美国政府以及世界银行、国际货币基金组织和美洲开发银行等国际机构也认同上述共识，认为只有拉美国家继续实施上述政策工具，才能走上经济复苏之路。由于会议是在华盛顿召开的，加之上述国际机构的总部也是在华盛顿，因此，威廉姆森将这一共识称作“华盛顿共识”。

威廉姆森在会后将会议论文汇编成册，并于1990年3月出版。在这本题为《拉美调整的成效》的论文集中，威廉姆森更加明确地阐述了拉美国家在经济调整和改革过程中应该采纳的10个政策工具。他认为，上述政策工具不仅适用于拉美，而且还适用于其他有意开展经济改革的发展中国家。在他看来，“华盛顿共识”似乎是放之四海而皆准的“灵丹妙药”。

在2004年撰写的一篇文章中，威廉姆森说，他之所以发明“华盛顿共识”这一术语，是因为他希望与会者能关注拉美经济正在发生的变化。他说他没有想到这一术语后来在意识形态领域引起了激烈的争论。

拉美经济改革的主要内容可被概括为“四化”：

一是贸易自由化。在实施进口替代发展模式期间，拉美国家通过高筑贸易壁垒等手段来保护国内市场和民族工业。为了开放市场，从80年代末开始，拉美国家实施了贸易自由化战略。就整个拉美地区而言，平均关税已从1985年的50%下降到1996年的10%左右，[①] 目前已低于10%。此外，拉美国家还降低了非关税壁垒，基本上取消了用行政手段控制进口的做法。

二是国有企业私有化。国有企业曾经是拉美国家干预经济的重要手段之一。应该说，国有企业在壮大国家资本、建设基础工业、增加就业机会和开发落后地区等方面发挥了重要的作用。然而，国有企业经营状况差、效益低，长期以来一直是拉美国家面临的大问题。为此，拉美国家曾采取过多种方法，但收效甚微。

自20世纪80年代后期起，在新自由主义思潮的影响下，许多拉美国家开始对国有企业进行私有化（见专栏2—4）。有关国际机构认为，拉美国家与苏联、东欧国家一起，是发展中地区这一时期私有化运动的“先锋”[②]。

专栏2—4

拉美国有企业私有化的5种形式

拉美国有企业私有化的形式主要包括以下5种：

---

① Nancy Birdsall et al (eds.), *Beyond Trade-offs: Market Reform and Equitable Growth in Latin America*, Inter-American Development Bank and Brookings Institution Press, 1998, p. 1.

② 拉美国家试图通过私有化来达到以下几个目的：提高企业层面上的经营效益；改善政府的财政状况；通过向外国购买者出卖企业，吸引外资，改善国际收支；促进市场竞争和减少政府对经济生活的干预；改善国有企业（尤其是基础设施部门）的服务质量；通过拍卖和公开上市，发展本国的资本市场。

（1）直接出售。这是一种最为简单明了的私有化方法，即把企业直接出卖给一个私人投资者。这种出卖法通常采用竞争性的招标程序，以便使政府获得一个较高的价格，对有意购买者来说也公平。

（2）公开上市。企业的股份在国内股票市场上出售，有时也在国际市场上出售。对于在财政上无问题的大企业来说，这种方法特别有用，因为发现一个有能力购买整个企业的买主不容易。在公开上市以前，常常先把企业的控制权直接出售给一个投资者。尔后，该投资者开始设计企业未来的战略方向，并希望更多的投资者对该公司感兴趣。

公开上市还有以下两个好处：一是它能刺激国内资本市场的发展，二是使更多的人参与私有化进程，使更多的人支持私有化。

（3）本企业的管理人员和雇员购买，即把国有企业直接出售给本企业的管理人员和职工。这一方法在政治上是可行的，因为潜在而棘手的裁员问题可留给企业自行处理。它的不利之处是，这种方法不是一种竞争性的程序，因此企业资产的售价通常被低估。此外，这种方法不能带来外资，也不能带来新技术和优秀的管理经验。

（4）合资，即把国有企业的部分产权直接出售给私人投资者，其余部分由政府保留。出售的那一部分通常会成为一个新的公司。对投资者来说，这可能是一种非常具有吸引力的方式。通过这种有吸引力的方式，投资者可以参与大企业中某一部分的经营而不必购买整个企业。

（5）特许经营权和租赁。根据这些形式，私人公司在特定时间内（通常长达15—30年），向国有企业租赁资产并接管其经营活动；有时还可在租赁期满时购买这家公司。私人公司在支付租金后可保留所有经营利润。

特许经营权与租赁的不同之处主要在于：特许经营权的所有者有责任进行一部分或所有新的投资，而租赁者则仅仅负责现有的经营活动。此外，特许经营权和租赁形式还能避免整个企业永远落入私人资本的手中，因此，对于一些有关国计民生的“敏感”企业来说，这种方法在政治上也是可行的。

在私有化进程的前期，拉美国家使用最多的方法首先是直接出售（约占私有化总收入的60%），其次为公开上市（约占私有化总收入的30%）。从90年代后期开始，由于生产领域中的绝大多数国有企业被卖掉，私有化的重点转向基础设施部门。该部门中的国有企业常常采用特许经营权和租赁的方式。

三是金融自由化。20世纪90年代以前，拉美国家的金融制度明显具有罗纳德·麦金农和爱德华·肖所说的“金融压抑”的特征。[①] 首先，储蓄和贷款的利率都由政府控制。因此，当通货膨胀率超过名义利率时，实际利率常常是负数。其次，由于储备金要求很高，商业银行扩展业务的能力受到了很大的限制。复次，银行信贷的发放听从于政府的行政命令。再次，国有银行发放的信贷占信贷总额的比重很大。最后，所有这一切都导致经济的货币化程度过低。

在实施金融自由化的过程中，拉美国家采取了以下措施：实行利率市场化；取消定向贷款；[②] 降低银行储备金比率；对国有银行实施私有化；积极引进外国银行的参与；加强中央银行的独立性；大力发展国内资本市场；降低进入金融部门的壁垒。

四是经济体制市场化。这一领域的改革包括税收制度改革、劳动力市场改革和社会保障制度改革。改革的核心是强化市场机制的作用，最大限度地减少政府干预。

改革前拉美的税制存在许多不合理性。它的多重税率无功效可言，复杂的税率居于很高的水平，从而扭曲了企业的决策，也使居民的储蓄积极性受到了损害。政府试图通过税收的杠杆作用促进投资或发展某些部门。但是，由于征税机构软弱且效率低下，因而“寻租”行为和偷税漏税十分严重。进入90年代后，拉美税制改革全面展开。改革的方向是实现中性

① 在实施进口替代发展模式期间，拉美国家仅注重实际经济的发展，如推动工业化和农业现代化，扩大对外贸易，引进先进技术，等等。相比之下，对金融部门在国民经济中的作用则重视不够。即便是影响拉美经济发展近40年的发展主义理论（即“中心—外围”论），也基本上没有涉及发展金融业的重要性。

② 定向贷款是指政府将低利率贷款分配给由它指定的企业、部门或地区。

化，并在立法和行政管理方面使税制简化，力求获得更多的税收。

改革前，拉美国家的政府对劳动力市场进行有力的干预，加之工会组织“战斗性”很强，因此劳工制度具有强烈的“刚性”。90 年代以来，许多拉美国家通过修改劳动法等措施，降低了解雇雇员的成本，简化了招聘临时工的程序，使雇员和雇主的关系更加适合市场经济体制的要求。

改革前许多拉美国家实行的是“现收现付”型社会保障。这一制度具有覆盖面小、效率低下、财政失衡严重等弊端。进入 90 年代后，一些拉美国家仿效智利的做法，建立了以“个人资本化账户”为基础的私人养老金基金，并积极发挥私人部门在养老金管理中的作用，从而为提高储蓄率和维系社会保障基金的可持续性创造了条件。当然，改革后拉美国家的社会保障模式不尽相同。除智利之外，其他拉美国家的社会保障体系也各有特色。①

拉美的经济改革取得了明显的积极成效。这一成效主要体现在以下几个方面：

第一，改革使拉美经济摆脱了 20 世纪 80 年代的债务危机和经济危机的困扰，走上了复苏之路。如图 2 - 1 所示，在 1991 年至 2010 年期间，除少数年份以外，拉美经济能保持较高的增长率，多个年份的增长率在 5% 以上。诚然，较高的经济增长率与多方面的因素有关，但经济改革无疑是重要的因素之一。

第二，经济改革增强了拉美经济的实力。从表 2 - 1 中可以看出，拉美国家的经济总量大幅度上升。1980 年，拉美的国内生产总值仅为 8546 亿美元，2009 年超过了 4 万亿美元，近 30 年期间增长了将近 4 倍。与此同时，拉美的对外贸易也大幅度增长。1980 年，拉美国家的进出口贸易总额仅为 1841 亿美元，2008 年已上升到 1.7 万亿美元（2009 年因受国际金融危机影响而下跌）。换言之，在将近 30 年的时间内，增长幅度接近 10 倍。

第三，国民经济实现了从封闭的进口替代模式向外向发展模式过渡的转变。进口替代模式当然并非一无是处，但其固有的内向性则严重制约了

① Stephen J. Kay and Barbara E. Kritzer, *Social Security in Latin America: Recent Reforms and Challenges*, Federal Reserve Bank of Atlanta Economic Review, First Quarter 2001.

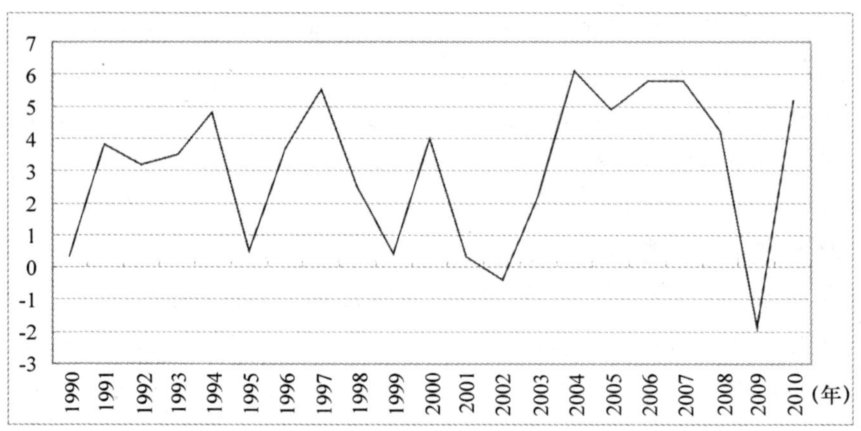

图 2－1 1990—2010 年拉美经济增长率（%）

资料来源：United Nations Economic Commission for Latin America and the Caribbean, *Statistical Yearbook for Latin America and the Caribbean*, 有关年份；United Nations Economic Commission for Latin America and the Caribbean, *Economic Survey of Latin America and the Caribbean 2009—2010*, Briefing paper, July 2010。

表 2－1 **拉美国家的国内生产总值（GDP）及对外贸易** （单位：亿美元）

年份	1980	1985	1990	1995	2000	2005	2008	2009
GDP	8546	6983	11062	16832	19720	26884	31654	40239
出口	916	975	1363	2793	4244	5684	8876	6919
进口	925	632	1052	2945	4411	4914	8333	6421
进出口总额	1841	1607	2415	5738	8655	10598	17209	13340

资料来源：United Nations Economic Commission for Latin America and the Caribbean, *Statistical Yearbook for Latin America and the Caribbean*, 有关年份；United Nations Economic Commission for Latin America and the Caribbean, *Economic Survey of Latin America and the Caribbean 2009—2010*, Briefing paper, July 2010。

拉美经济的发展潜力和国际竞争力。事实上，这一弊端也是导致拉美发展业绩不及东亚经济的主要原因之一。

20 世纪 90 年代的经济改革使拉美的发展模式实现了根本性的转变。贸易壁垒的降低、对外资开放的投资领域的扩大以及区域经济一体化的复兴，都使拉美经济的外向性进一步增强。毋庸讳言，拉美国家与世界经济结合程度之高，是前所未有的。

第四，通货膨胀率大幅度下降，为维系宏观经济稳定创造了条件。改革之前，通货膨胀率居高不下。1985 年 8 月，玻利维亚的通货膨胀率高达 23000%。[①] 90 年代以来，主要由于以下 3 个方面的原因，通货膨胀率居高不下这个难题终于得到解决。一是生产的发展消除了商品短缺，扩大了供给；二是贸易自由化使进口商品增加，市场供应变得充裕；三是强化财政纪律后，货币发行量得到控制。

第五，经济改革强化了拉美经济抵御外部冲击的能力。墨西哥债务危机在 1982 年爆发后，迅速蔓延到整个拉美，只有极少数国家幸免于难。不仅如此，拉美国家为应对债务危机而采取的压缩进口和控制财政开支等措施诱发了经济危机，从而使 20 世纪 80 年代成为“失去的十年”。相比之下，1997 年的东亚金融危机、1999 年的巴西金融动荡、2001 年的阿根廷金融危机虽对拉美经济产生了“传染效应”，但这种影响是有限的，并没有对拉美经济造成非常沉重的打击。

事实上，2008—2009 年的国际金融危机也没有对拉美经济产生致命的打击。虽然 2009 年拉美经济为负增长，但拉美经济并没有出现当初预料的那种“崩溃”。无怪乎世界银行行长佐利克在 2009 年 7 月 6 日说：“人们都在谈论中国（的成功），但我认为拉美也是成功的。”[②]

联合国拉美和加勒比经济委员会也认为，拉美国家实际上仅用两个季度的时间就基本上渡过了国际金融危机，因为自 2009 年第三季度开始，拉美经济就出现了复苏的迹象。2010 年，复苏的步伐开始加快，预计全年的 GDP 增长率将达到 5.2%。这使得拉美和东亚成为国际金融危机后世界上最有活力的两个地区。国际货币经济组织总裁斯特劳斯—卡恩在 2010 年 5 月 25—28 日访问拉美时说：“拉美已从国际经济危机中很好地脱身，并将成为重建世界经济的一个角色。”[③]《纽约时报》（2010 年 6 月 30 日）认为，在美国和欧洲为巨额赤字和乏力的复苏苦恼时，拉美的经济增长却是很值得其羡慕的。而在过去，拉美经常无法偿还外债，不得不对货币进行贬值，甚至还需要富国为其救市。[④]

---

① 玻利维亚的恶性通货膨胀曾使银行抢劫案几乎绝迹，因为在 100 万比索兑换 1 美元的黑市汇率下，抢劫价值相当于 5000 美元的比索，需要 20 多人用卡车运送搬运数十袋纸币。

② http：//web.worldbank.org/WBSITE/EXTERNAL/NEWS/0，contentMDK：22238812 – pagePK：34370—piPK：34424—theSitePK：4607，00.html.

③ http：//www.imf.org/external/pubs/ft/survey/so/2010/new052410a.htm.

④ http：//www.nytimes.com/2010/07/01/world/americas/01peru.html.

第六，经济改革还扩大了拉美财政货币政策的回旋余地。众所周知，国际金融危机爆发后，拉美国家立即实施了多种多样的反危机措施。这些措施可归纳为以下5个方面的内容：（1）在货币与金融政策领域，通过直接提供资金或回购票据和债券等形式向国民经济注资；降低利率；限制资金外流；使央行在接管或拯救陷入困境的银行时拥有更大的权力；降低法定存款准备金。（2）在财政政策领域，为企业减税或向其提供补贴；在基础设施部门和社会发展领域扩大公共开支。（3）在外贸和外汇领域，实施灵活的汇率政策；在鼓励出口的同时限制进口。（4）在劳动力市场和社会政策领域，扩大失业保险的覆盖面；提高最低工资；对低收入阶层购买的生活必需品提供价格补贴；向企业提供资金援助，鼓励其雇用更多的工人；为失业工人提供技术培训。（5）积极寻求国际金融机构的援助。

拉美国家之所以有能力实施这样的反危机措施，最重要的原因就是改革使其财政状况大为改善，通货膨胀得到控制。否则，如此有力的反危机措施必然使政府财政难以为继，也会使通货膨胀压力得不到控制，甚至可能会导致汇率崩溃。

但是必须指出，拉美的经济改革也产生了一系列问题：

第一，国有企业私有化使一些私人资本和外国资本的生产集中不断加强，也使失业问题更为严重。此外，由于经营不善或国家停止拨款后资金周转发生困难等原因，一些国有企业在私有化后陷入了困境，最终不得不再次被国家接管或以政府的财政“援助”度日。可见，私有化不是解决一切问题的“灵丹妙药”。

第二，改革使收入分配不公的问题变得越来越严重。诚然，收入分配不公不是改革的必然结果。但在许多拉美国家，少数人从私有化和市场开放等改革措施中大发横财，而社会中的弱势群体则没有或很少从改革中得到好处。其结果是，两极分化和贫困化十分严重。墨西哥是一个典型的例子。改革前，墨西哥只有2位亿万富翁，90年代后期却增加到20多位。从私有化中受益匪浅的电信大亨卡洛斯·斯利姆拥有500多亿美元的财富，已成为世界首富。与此同时，墨西哥的贫困人口却未见减少。不容否认，收入分配不公是墨西哥恰帕斯州农民揭竿而起的主要原因之一。

第三，市场开放导致不少竞争力弱小的本国企业陷入困境。新自由主义理论主张最大限度地开放市场。在拉美，市场开放的过程是一个外资企业不断入侵的过程。有些民族企业在竞争中仍然能保持自己的优势，并在竞争中不断壮大自身的实力，但有些民族企业则因不敌外来竞争而陷入困境。这种情况在开放度较高的墨西哥和阿根廷等国尤为明显。

第四，在重新定位国家作用的过程中忽视了社会发展的重要地位。新自由主义理论要求把国家的作用降到最低限度。在此理论的影响下，拉美国家的政府通过私有化等手段退出了生产领域，并减少了对经济的直接干预。这无疑为市场机制发挥其积极作用创造了条件。然而，拉美国家似乎从一个极端走向另一个极端。例如，有些国家的政府为了实现财政平衡而减少了对文教卫生领域的投资，从而使低收入阶层得不到必要的服务；有些国家的政府则将一些社会服务设施交给追求利润最大化的私人部门去管理，失去了政府在社会发展领域中的主导地位。

第五，不成熟的金融自由化和过早的资本项目开放增加了金融风险。在推动金融自由化的过程中，政府未能有效地对金融部门加以监管。其结果是，有些银行为追求高利润率而从事风险过大的业务，有些银行为应付政府有关部门的检查而弄虚作假，有些银行则将大量贷款发放给少数“关系户”。不容否认，政府放松对金融业的监管，是近年来许多拉美国家爆发银行危机的主要原因之一。诺贝尔经济学奖、美国经济学奖获得者保罗·克鲁格曼在其《萧条经济学的回归》一书中写道：“让我们玩这样一种文字游戏：一个人说出一个词或短语，另一个人把他听到后头脑中的第一个反应回答出来。如果你对一个见识广的国际银行家、金融官员或经济学家说‘金融危机’，他肯定会回答‘拉美’。”①

与国内金融自由化相对应的是资本项目开放。开放资本项目是必要的。但是，国际资本的无序流动以及巨额游资的冲击，使拉美国家面临更大的金融风险。1994 年的墨西哥金融危机、1999 年的巴西货币危机以及 2001 年的阿根廷债务危机，都与过早开放资本项目有关。

对于拉美经济改革产生的上述问题，越来越多的有识之士指出了努力的方向，并提出了应对措施。1998 年 4 月在智利首都圣地亚哥举行的美洲国家首脑会议明确提出了以“圣地亚哥共识”替代“华盛顿共识”的主张。“圣地亚哥共识”的含义是：（1）必须减少经济改革的“社会成本”，使每一个人都能从改革中受益；（2）大力发展教育事业和卫生事业；（3）不应该降低国家在社会发展进程中的作用；（4）健全法制，实现社

① Paul Krugman, *The Return of Depression Economics*, W. W. Norton & Company, 2000.

会稳定；（5）提高妇女和少数民族群体的社会地位和经济地位；（6）完善和巩固民主制度。

1998年9月，世界银行的经济学家S. 伯基和G. 培利出版了《超越华盛顿共识：体制更重要》一书。他们认为，虽然拉美国家按照“华盛顿共识”推出的改革措施取得了明显的成效，但它忽视了制度在加快经济和社会发展中的重要作用。因此，为了搞好制度建设，拉美国家应该在“第二代经济改革”中建立金融安全网、发展教育、强化法治、改善收入分配和提高公共管理的效率。

美洲开发银行前执行副行长南希·伯索尔等人认为，拉美在实施“第二代改革”时必须要努力克服恶性循环（社会不公→市场失灵→政府失灵→更严重的社会不公），创造一种效率与公平并重的良性循环。他们认为，这种良性循环应该成为一种“拉美共识”①。

世界银行前副行长兼首席经济学家J. 斯蒂格利茨则更为有力地提出了“后华盛顿共识”的概念。他认为：“良好的经济增长要求开放贸易、实现宏观经济稳定和确定正确的价格；一旦政府能解决这些问题，一旦政府能‘让路’，私人市场就能高效率地配置资源和创造出高速增长。上述几个方面固然是市场得以很好地运转的条件。……但‘华盛顿共识’提出的政策并不全面，有时是令人误入歧途的。市场的运转不仅需要低通货膨胀率，而且还需要稳妥的金融管制、竞争政策以及有利于技术转移和有利于增加透明度的政策。这些都是‘华盛顿共识’忽视的根本问题。”他还呼吁，现在的世界需要一种新的共识，而这种共识不应该以“华盛顿共识”为基础。②

第二节　影响拉美经济发展前景的若干因素

在2008—2009年国际金融危机爆发前的几年时间内，拉美经济充满了希望。国内生产总值连续6年保持较快的增长，通货膨胀率和失业率被控制在较低的水平，国际储备的增加达到了前所未有的水平，进出口贸易

① Nancy Birdsall, Carol Graham and Richard H. Sabot, *Beyond Trade Offs: Market Reform and Equitable Growth in Latin America*, Inter-American Development Bank, 1998.

② “后华盛顿共识”是1998年1月斯蒂格利茨在芬兰赫尔辛基联合国大学演讲时提出的。

持续扩大。这一令人乐观的态势是否具有可持续性？未来的拉美经济能否彻底摆脱通货膨胀率居高不下、金融危机接二连三地爆发这样的可悲局面？

毫无疑问，影响一国经济发展的因素是多方面的，既有内部因素，也有外部因素，既有长期性的，也有短期性的。通过分析20世纪90年代以来拉美发展进程的特点，可以看出，以下几个因素将对拉美经济的发展前景产生至关重要的影响。

一　能否提高国际竞争力

“竞争力”最初是工商管理学中常用的一个术语。企业常为获得更大的市场份额而在市场上展开竞争。因此，在很大程度上，衡量一个企业成功与否的标准就是其竞争力的大小。

关于竞争力的重要性，不同的学者有不同的理解。例如，著名的美国学者克鲁格曼认为，“当竞争力用来指一个国家的经济时，它是一个毫无意义的词，而沉湎于竞争力是错误的，也是危险的”。他说：“有人认为，一个国家的经济财富主要由它在世界市场上的成就来决定。这种想法是一种假设，不是一个必然的真理。事实上，这一假设完全是错误的。……如果仅仅从竞争力的角度来思考问题，就会直接或间接地在许多领域产生错误的经济政策。”总之，克鲁格曼认为，“国家竞争力的概念是难以理解的”①。

克鲁格曼的上述观点显然是值得商榷的。在全球化时代，竞争力的重要性越来越突出。拉美国家的竞争力不强。根据世界经济论坛的计算，在133个国家中，竞争力排名前50位的拉美国家只有智利和巴巴多斯两个国家，巴西、阿根廷和墨西哥等拉美大国的排名均在50位之后（见表2－2）。

表2－2　　2009—2010年拉美国家的竞争力

国家	得分	在拉美的排名	在世界上133个国家中的排名
智利	4.70	1	30

① Paul Krugman：“Competitiveness：A Dangerous Obsession”，*Foreign Affairs*，March-April 1994.

续表

国家	得分	在拉美的排名	在世界上 133 个国家中的排名
巴巴多斯	4.35	2	44
哥斯达黎加	4.25	3	55
巴西	4.23	4	56
巴拿马	4.21	5	59
墨西哥	4.19	6	60
乌拉圭	4.10	7	65
哥伦比亚	4.05	8	69
萨尔瓦多	4.02	9	77
秘鲁	4.01	10	78
危地马拉	3.96	11	80
阿根廷	3.91	12	85
特立尼达和多巴哥	3.91	13	86
洪都拉斯	3.86	14	89
牙买加	3.81	15	91
多米尼加	3.75	16	95
苏里南	3.57	17	102
圭亚那	3.56	18	104
厄瓜多尔	3.56	19	105
委内瑞拉	3.48	20	113
尼加拉瓜	3.44	21	115
玻利维亚	3.42	22	120
巴拉圭	3.35	23	124

资料来源：World Economic Forum, *The Global Competitiveness Report 2009—2010*, 2009.

影响一个国家的竞争力大小的因素很多，其中最重要的无疑是科技创新。在决定科技创新的诸多因素中，国民教育的发展水平和研究与开发的力度尤为重要。

应该指出的是，拉美的教育事业并不落后。例如，拉美的三级教育制度的综合入学率在发展中地区名列首位：拉美为 81%，发展中地区为 63%。① 但是，拉美的教育事业有两个缺陷：（1）偏重高等教育，轻视初

① United Nations Economic Commission for Latin America and the Caribbean, *Social Cohesion: Inclusion and a Sense of Belonging in Latin America and the Caribbean*, 2007, p. 52.

等教育。其结果是，虽然拉美科学家能获得诺贝尔奖，但大量普通工人的素质并不高，从而影响了劳动生产率的提高。（2）教育质量不高。例如，根据经济合作与发展组织的计算，国际学生评测项目（PISA）的数学得分，乌拉圭为422分，墨西哥为385分，巴西为356分，而芬兰、日本和爱尔兰均在500分以上。PISA的阅读得分，芬兰、韩国和爱尔兰分别为543分、534分和515分，而乌拉圭、阿根廷、智利、巴西和墨西哥仅在400—434分之间，秘鲁只有327分。①

美国《迈阿密先驱报》（2007年11月18日）的一篇文章认为，2006年，在美国留学的印度学生和中国学生分别增加了10%和8%，而拉美学生则减少了0.3%。该文章认为，除非拉美的父母亲能像亚洲人那样重视教育投资（包括将其子女送到美国和欧洲的大学留学），否则拉美的竞争力将继续处于落后地位。②

拉美用于研究与开发的经费并不多。根据美洲开发银行的计算，虽然这一经费从1995年的95亿美元上升到2002年的110亿美元，但仍然少于韩国。而且，拉美的这一经费主要集中在巴西、阿根廷和墨西哥3国（占整个拉美地区总额的73%，巴西为42%、阿根廷和墨西哥分别为20%和11%）。③

有人还注意到这样一个现象，在拉美，律师、经济学家和医生比工程师多。这意味着，拉美人更重视人文社会科学，较少关注自然科学的重要作用。此外，在世界上200所最佳高等院校中，拉美只有3所。④ 所有这一切都是不利于提高拉美竞争力的。

除研究与开发的投入不足以外，拉美国家还面临着人才外流的问题。由于受到国内政治和经济因素的影响，每年都有为数不少的受过高等教育的人到海外谋生。有人认为，在移居国外的拉美人中，约18%的移民拥有

---

① Inter-American Development Bank, *Education, Science and Technology in Latin America and the Caribbean: A Statistical Compendium of Indicators*, 2006, p. 86、84.

② "More Asians, fewer Latin Americans in U. S. colleges", *Miami Herald*, November 18, 2007.

③ Inter-American Development Bank, *Education, Science and Technology in Latin America and the Caribbean: A Statistical Compendium of Indicators*, 2006, p. 38.

④ http://web.worldbank.org/WBSITE/EXTERNAL/NEWS/0, contentMDK: 21700239—pagePK: 64257043—piPK: 437376—theSitePK: 4607, 00.html.

高等学历。[①] 据估计，在1990—2005年期间，约150万受过高等教育的拉美人离开拉美。虽然美国向拉美人发放的H1－B类签证的数额已减少了80%，但其他发达国家则依然在努力吸引那些拉美人。[②]

越来越多的拉美国家开始认识到通过加快科技发展来强化竞争力的重要性。2006年3月巴西总统卢拉在访问英国时与英国首相布莱尔发布了共同声明。该声明指出："我们认识到，科学技术和创新在可持续发展、消灭贫困、促进社会凝聚力和提高生活质量方面发挥着重要的作用。"[③] 2003年9月，墨西哥总统福克斯在一次讨论墨西哥与美国如何进行科技合作的研讨会上说："墨西哥经济增长的核心以及墨西哥政府的兴趣是在信息技术（IT），我们的目标是将国民生产总值的1%投入IT行业。"[④] 另据报道，2007年11月，阿根廷政府宣布，原有的教育和科技部将一分为二，单独成立科技和生产创新部以及教育部。科技部将致力于推动阿根廷的科技发展，继续实施政府于2004年制定的科技发展规划。根据该规划，阿根廷将在2010年使科技投资相当于GDP的比重从目前的0.65%提高到1%。[⑤]

综上所述，拉美国家已认识到强化国际竞争力的重要性和必要性，并为此而采取了一系列措施，如加快发展教育事业，扩大对研究与开发的投入。但是，提升国际竞争力的努力既不能一蹴而就，也无法立竿见影。因此，虽然拉美国家的国际竞争力有望得到提升，但在近期内难以出现显著的变化。

二　能否扩大投资

扩大投资是推动经济发展的必要手段之一。投资的多少与资本积累能力的强弱是密切相关的，而资本积累能力的强弱则又取决于储蓄率的高低。

投资不足始终是拉美国家面临的难题。拉美的投资额占国内生产总值

---

① Çağlar Özden, *Brain Drain in Latin America*, United Nations Secretariat, UN/POP/EGM-MIG/2005/10, 5 February 2006.

② Jerry Haar and John Price, *Can Latin America Compete? Confronting the Challenges of Globalization*, Palgrave Macmillan, 2008, p. 7.

③ http://www.brazil.org.uk/bilateral/2006statements.html.

④ http://findarticles.com/p/articles/mi_m0EIN/is_2003_Sept_29/ai_108252982.

⑤ Laura García, "Argentina to create new science ministry", 20 November 2007. (http://www.scidev.net/news/index.cfm?fuseaction=readnews&itemid=4073&language=1)

的比重不足 20%，大大低于其他发展中国家的这一比重。[①] 毫无疑问，投资不足使调整产业结构变得难上加难，也影响了生产率的提高。如在 1990—2006 年期间，拉美的全要素生产率平均每年增长 0.8%，比其他发展中国家低 1 个百分点。只有智利超过其他发展中国家。[②] 联合国拉美和加勒比经济委员会和其他一些国际机构认为，为了扩大投资，拉美国家应该努力改善投资环境，在吸引外资的同时，也应该调动本国私人资本的积极性。

拉美国家的国内资本积累能力弱，在很大程度上与低储蓄率有关，而低储蓄率是由多种因素导致的。

第一，拉美的伊比利亚天主教文化不是倡导勤俭节约，而是鼓励消费。[③] 这与倡导勤俭节约的儒家文化形成了鲜明的对照。有人认为，阿根廷拥有第三世界国家的经济结构，但其社会福利却是欧洲式的。[④]

第二，拉美人口的年龄不是处于高储蓄阶段。美洲开发银行的经济学家认为，一个人在青年时期因收入低下而很少储蓄或不储蓄，只有在壮年时期才具备较强的储蓄能力。在那些人口年轻的国家（例如非洲和南亚的许多国家），人口平均年龄恰好处于储蓄率较低的阶段。拉美人口的平均年龄为 27 岁。这一年龄尚未进入中年期，但比非洲高 5 岁。因此，与非洲相比，拉美拥有更较多的壮年劳动力，拉美的储蓄率高于非洲。与东亚

---

① 转引自国际货币基金组织西半球部主任 A. 辛格 2007 年 5 月 10 日在玻利维亚的讲话（http://www.imf.org/external/np/speeches/2007/051007b.htm）。他认为，拉美国家应该使投资率提高到 24.5%。他还说，如果在未来的 20 年拉美国家仅仅使投资率和全要素生产率保持在 2001—2006 年的水平上，那么该地区的人均收入只能提高 50%。

② http://www.imf.org/external/np/speeches/2007/041307.htm.

③ 在墨西哥进行过长期研究的美国学者 O. 刘易斯在其颇有影响的《桑切斯的子女：一个墨西哥家庭的自传》（1963）一书中，生动地描写了墨西哥人的生活方式。书中的主人公曼纽尔·桑切斯说道："……如果我马上要死了，我就应该在活着的时候享受一下。我怎么知道自己在下一辈子会是什么样？如果我现在口袋里有十个比索，想吃个冰激凌，那我就买一个，即使干不了别的事也要买一个。这样我就不会口馋了。我不愿意拒绝自己任何要求。我常常问我自己：人生一世，图的是什么？图的是积累起来的一样一样东西，还是满足自己的要求所带来的那种经历？我觉得人的经历更有价值。我劳动了一辈子，因此，现在我想去那里，就坐出租车去。我不愿意挤公共汽车。如果我去饭店吃饭，我不要豆子，而是要一块烤牛排和几个鸡蛋。如果我想坐下，我就坐下。如果我早晨不想起床，我就睡觉。我留下的最好的遗产就是教我的子女如何生活。我不想让他们成为傻瓜——我敢对我妈发誓。我不想让我子女成为普通劳动者。" Oscar Lewis: *Children of Sanchez: Autobiography of a Mexican Family*, Vintage Books, 1963, p. 349.

④ *Time*, January 14, 2002.

相比，拉美的平均年龄却低7岁，因此东亚的储蓄率高于拉美。①

第三，经济增长乏力。经济增长与扩大储蓄是相辅相成、互为因果的。增加储蓄有利于经济增长，而经济增长能增加劳动者的收入，从而为增加储蓄创造条件。拉美国家的经济增长很难说是快速的。这就影响了劳动者收入的增加，最终导致储蓄率得不到提高。在一定程度上，储蓄率与经济增长率陷入了一种恶性循环。

第四，金融市场不完善，缺乏鼓励人们储蓄的机制。此外，对金融危机的恐惧心理损害了民众的储蓄愿望。例如，2001年阿根廷爆发金融危机后，政府规定，每人从银行提取的现金每周不得超过250比索。

第五，高通货膨胀率打击了人们扩大储蓄的积极性。众所周知，20世纪90年代以前，拉美国家的通货膨胀率较高，存款利率实际上是负数，因此人们不愿意储蓄。

如果资本能在国际范围内自由流动，那么A国的储蓄能变为B国的投资。可见，在一个开放经济中，有限的国内储蓄未必影响国内投资的扩大。② 但是，不容否认，用外资弥补国内储蓄的不足并非上策。

美国第一任财政部长亚历山大·汉密尔顿说过："国家的债务如果不是太多，会是一种恩赐。"③ 19世纪初拉美国家取得民族独立后，政府立即在伦敦和阿姆斯特丹发行债券。这些资金既用于国防，也用来改善基础设施。20世纪70年代，拉美国家利用国际资本市场上资金充裕和利率不高的有利条件，积极推行"负债发展"战略，举借了大量外国私人银行的信贷。虽然这一战略弥补了国内资本不足的缺陷，并使国民经济取得了较快的发展，但愈益沉重的债务负担终于使该地区在80年代初陷入了举世瞩目的债务危机。④

除举借外国商业银行的信贷以外，拉美国家还引进了大量投机性很强

---

① Inter-American Development Bank, *Development Beyond Economics: Economic and Social Progress in Latin America, 2000 Report*, June 2000.

② Sebastian Edwards, "Why are Latin America's savings rates so low? An international comparative analysis", *Journal of Development Economics*, Vol. 51 (1996) pp. 5—44.

③ 转引自 Inter-American Development Bank, *Living with Debt - How to Limit the Risks of Sovereign Finance: Economic and Social Progress in Latin America, 2007 Report*, October 2006, p. 3。

④ 有些拉美国家的债务显然超出了国民经济所能承受的限度。如在1991年，圭亚那和尼加拉瓜的公共债务相当于国内生产总值的比重超过了500%。这一比重显然不是汉密尔顿所说的"恩赐"了。（Inter-American Development Bank, *Living with Debt - How to Limit the Risks of Sovereign Finance: Economic and Social Progress in Latin America, 2007 Report*, October 2006, p. 20）

的短期资本。当拉美国家的国内政治经济形势发生不利的变化后，这种外资就会溜之大吉，从而加大了维系宏观经济形势稳定的难度。1994 年的墨西哥金融危机、1999 年的巴西金融危机和 2001 年的阿根廷金融危机，都与大量短期资本出逃密切相关。

与外债相比，外国直接投资具有下列优势：有利于技术转让；有利于促进国内市场上的竞争；有利于促进企业的技术培训，进而加快东道国的人力资源开发；有利于东道国增加税收。但过度依赖外国直接投资的弊端也是显而易见的。在许多拉美国家，一些重要的经济部门都已被跨国公司控制。根据拉美经委会的统计，在 2008 年美国次贷危机爆发以前，跨国公司的销售额在拉美制造业中的比重高达 42%，在服务业中的比重为 31%。在该地区 500 家最大的非金融业公司的销售额中，跨国公司占 29%。① 此外，过度依赖外资则容易损害国家的经济安全。

毫无疑问，扩大投资与强化国内资本积累的能力以及吸引外资的成效密切相关。最近几年，国民经济的发展、金融体系的改善以及多种刺激性投资政策的出台，都为扩大储蓄创造了条件。但拉美人重消费而轻储蓄的文化习惯不可能发生根本性的变化，因此拉美的储蓄率难以得到大幅度的提高，扩大投资的资金来源在一定程度上仍然需要依赖外资。可喜的是，拉美的投资环境在不断改善，吸引外资的能力不断增强。

三　能否改善基础设施

道路、桥梁、港口、机场、供水及排水、电力供应和通信等基础设施在推动经济发展的过程中发挥至关重要的作用。基础设施的完善与否不仅与人民生活息息相关，而且还对生产成本产生很大的影响。经济合作与发展组织在 2009 年发表的一个研究报告指出，电力部门和通信部门的投资对经济增长的贡献非常明显。② 世界银行在 2004 年发表的一个研究报告认为，拉美的基础设施如能进一步完善，该地区的国内生产总值增长率可能

---

① United Nation Economic Commission for Latin America and the Caribbean, *Foreign investment in Latin America and the Caribbean*, July 2009, p. 28.

② Organization for Economic Co-operation and Development, *Economic Policy Reforms: Going for Growth*, Paris, 2009.

会高出1.1个百分点至4个百分点。①

在哥伦布到达美洲以前，印加人就建立了较为发达的道路体系。他们修建了以首都库斯科为中心的通往全国各重要区域的道路网。该网络以两条主干道为主，一条沿海岸而行，另一条由海岸通往高原地区。德国学者洪堡（1767—1835）认为："印加人的道路是历来人类所造成的最有用和最艰巨的工作。"②

巴西总统佩雷拉曾在1927年说过："统治就是使人们到人烟稀少地区安家落户。但是，没有各种各样的道路，就不能使人们去那里安家落户。因此，统治就是铺设道路。"③ 1928年开始兴建的泛美公路与沿线国家的公路网连成一体，有力地促进了当地的经济建设。在第二次世界大战至20世纪70年代期间，为了实施进口替代工业化，拉美国家利用国家资本的力量，在基础设施领域投入了巨资。80年代期间，由于受到债务危机和经济危机的影响，政府为削减公共开支而减少了在基础设施领域的投资。进入90年代后，虽然政府开始重视基础设施的改善，但面对十分活跃的国内经济交流和不断扩大的经济开放，基础设施落后的现象越来越突出。

21世纪初，国际市场上多种初级产品的价格大幅度上升。许多拉美国家扩大了生产规模，但大量初级产品无法及时运送到港口。巴西食用油生产者协会的一项调查表明，美国食用油生产者能获得销售额的89%，而巴西生产者只能获得79%，因为美国的运输费用仅占销售额的9%，而巴西则占17%。这一调查还发现，巴西大豆的主要生产基地离最近的港口一般为1000公里。由于铁路线无法到达产地和矿区，运送大豆的卡车不得不在崎岖不平而又十分狭窄的道路上行走，既费时，又增加了运输成本。④

许多拉美国家的旅游资源非常丰富，但是，由于受到基础设施不足的影响，许多旅游胜地无法吸引更多的游客。

基础设施的欠发达有时还引发公共危机（见专栏2—5）。2009年11月巴西的一次长达6小时的意外停电事故使18个州、6000万人的经济活

---

① Calderon, C., W. Easterly, and L. Servén (2004) "Infrastructure Compression and Public Sector Solvency in Latin America," in William Easterly and Luis Servén (eds.), *The Limits of Stabilization: Infrastructure, Public Deficits, and Growth in Latin America*, Stanford University Press, 2004.

② 转引自李春辉《拉丁美洲史稿》（上卷），商务印书馆1983年版，第35页。

③ 转引自李明德《简明拉丁美洲百科全书》，中国社会科学出版社2001年版。

④ http://www.v-brazil.com/business/transportation.html.

动和生活受到影响。[①]

专栏 2—5

一次停电事故引发的公共危机

1999 年 2 月 15 日晨，阿根廷首都布宜诺斯艾利斯的一些地区因输电设备出现故障而停电。由于市政府和电力公司对此事处置不当，一次极为普通的停电事故居然演化为一场持续时间长达 11 天的公共危机。

阿根廷地处南半球，2 月正是布宜诺斯艾利斯的盛夏，最高温度达 35 摄氏度。停电使 60 万人的生活和工作受到影响。

在检查故障和抢修电路的同时，电力公司对媒体说，48 小时后就能恢复供电。2 天后，电力公司固然查出了故障。但是，在恢复供电仅仅 15 分钟后，输电线路再次出现故障。虽然受这一次故障影响的区域较小，但仍然有 22 万人的生活和工作继续受停电的影响。

电力公司表示，24 小时内将保证恢复供电。然而，24 小时过去后，电力公司并没有修复故障电路。公司称，由于技术上的原因，恢复供电的时间不得不再次推迟 24 小时。

然而，24 小时过去后，公司再次发表声明，由于故障比较严重，5 天以后方能恢复供电。对于电力公司的无能，人们骂声不绝。此外，由于停电影响了供水，加之空调机无法正常使用，居民的日常生活受到了严重的影响。他们怨声载道，牢骚满腹。许多人甚至走上街头，举行示威游行，并在一些交通要道上设置路障。而交通阻塞则使未停电地区的居民生活和商业活动受到了极大的影响。一次普通的停电事故终于演变为一场几乎波及整个布宜诺斯艾利斯市的公共危机。

---

① 不仅如此，这一停电事故还引发了执政党与在野党之间的相互指责。在野党批评政府长期忽视电力部门的投资，而执政党则认为，这一事故是气候原因造成的，在野党不应该利用这一事故大做文章，为其参加 2010 年大选服务。

鉴于电力公司长期不能恢复供电，联邦政府的有关部门通过了一项决议，要求电力公司在24小时内必须恢复供电，并要求公司赔偿因停电而导致的一切损失。

停电11天后，电力公司终于恢复了全面供电，但停电导致的经济损失总额已高达11亿美元。由于电力公司拒绝赔偿，联邦政府的有关部门援引总统紧急行政令中的有关条款，向电力公司施加压力。4月20日，电力公司正式表示，它将支付所有赔款。

拉美基础设施落后的主要根源无疑是投资不足。根据2005年世界银行发表的题为《拉美和加勒比的基础设施：最近的发展与主要挑战》的研究报告，拉美用于基础设施的投资相当于国内生产总值的比重从1980—1985年期间的3.7%下降到2005年的2%。该报告认为，为了赶超韩国和中国，拉美必须使这一比重上升到4%—6%。[①]

可喜的是，越来越多的拉美国家已开始认识到完善基础设施的重要性。例如，巴西在2007年1月公布了总额达2550亿美元的“加速增长计划”。该计划的投资项目包括圣保罗与里约热内卢之间的高速火车轨道、146个发电厂以及16个石油勘探和冶炼工程。国际金融危机爆发后，巴西为刺激经济复苏而加大了对基础设施的投资。如在2009年1月，卢拉总统宣布，政府已决定为基础设施领域增加1420亿雷亚尔的投资。[②] 其他拉美国家在应对国际金融危机的过程中也扩大了对基础设施的投资。据估计，拉美国家的反危机措施中用于基础设施领域的投资约为250亿美元。[③]

针对资金不足的问题，最近几年世界银行和美洲开发银行等国际金融机构加大了援助拉美的力度。西班牙等国也为多个拉美国家提供了巨额信

① Marianne Fay and Mary Morrison, *Infrastructure in Latin America and the Caribbean: Recent Developments and Key Challenges*, World Bank, August 31, 2005.

② http://www.smecq.gov.cn/News/NewsContent.aspx?cid=19552.

③ Jordan Z. Schwartz, Luis A. Andres and Georgeta Dragoiu, *Crisis in Latin America: Infrastructure Investment, Employment and the Expectations of Stimulus*, Policy Research Working Paper 5009, the World Bank, July 2009.

贷，以帮助其改善基础设施。[①]

世界各国的经验表明，私人资本参与基础设施建设不仅是必要的，而且也是可行的。根据 2004 年美洲开发银行的预测，在 2005—2010 年期间，拉美的基础设施部门每年需要 708 亿美元的投资（约占国内生产总值的 3%），其中 379 亿美元用于新的投资，329 亿美元用于改善现有基础设施。[②] 这一巨额投资显然不能仅仅依赖国家资本和外国资本。换言之，拉美的私人资本必须发挥积极作用。为此，最近几年许多拉美国家的政府已为鼓励私人资本扩大对基础设施领域的投资而制定了一些优惠措施。

总之，改善基础设施的关键是能否在该领域扩大投资。拉美国家已认识到改善基础设施的紧迫性，并已开始努力发挥国家资本、私人资本和外国资本的积极性，加大投资力度。

四　能否在发挥比较优势的同时调整产业结构

任何一个国家在追求经济发展时必须发挥自身的比较优势。拉美的比较优势在于其丰富的自然资源。毫无疑问，正是因为拉美拥有丰富的自然资源，所以拉美的出口贸易严重依赖初级产品。据联合国拉美和加勒比经济委员会统计，2005 年，16 个主要拉美国家的农、林、渔、矿产品的出口收入为 2519 亿美元，占商品出口收入的 44%。[③] 而拉美所需的许多工业制成品却依赖进口。正如哥斯达黎加总统阿里亚斯曾说的那样，"我们生产我们不消费的产品，消费那些我们不生产的产品。"[④]

在历史上，一些拉美国家曾因出口初级产品而跻身于世界富国的行列。如在 19 世纪末，阿根廷利用欧洲市场对农产品的需求急剧增加的大好机遇，依靠蜂拥而至的外资和外国移民，并利用海运技术的进步，向欧洲出口了大量农产品。当时，阿根廷经济的增长速度之快，在世界上是无与伦比的。至 20 世纪初，阿根廷因出口大量粮食和牛肉而被誉为"世界

---

① Richard High, "Regional report: Latin America's infrastructure investment surge", December 8, 2008. http: //www. khl. com/magazines/international-construction/detail/item29797/.

② *Recouping Infrastructure Investment in Latin America and the Caribbean*, Selected Papers from the 2004 IDB Infrastructure Conference Series. http: //www. iadb. org/sds/doc/IFM-INF-Book-RecoupingInfrastructureInvestment-E-2004. pdf.

③ United Nations Economic Commission for Latin America and the Caribbean, *Statistical Yearbook for Latin America and the Caribbean, 2006*, pp. 218—219.

④ 转引自 *The Miami Herald*, April 20, 2006。

的粮仓和肉库”，它的首都布宜诺斯艾利斯则被视作“南美洲的巴黎”。在欧洲的许多城市，当人们形容某人腰缠万贯时，常说“他像阿根廷人一样富有”。1900 年，阿根廷的人均国内生产总值（GDP）分别为美国、英国和澳大利亚的一半，是日本的一倍，略高于芬兰和挪威，接近意大利和瑞典。1913 年，阿根廷的人均收入为 3797 美元，高于法国的 3485 美元和德国的 3648 美元。[①] 1950 年，阿根廷的富裕程度仍然领先于日本，与意大利、奥地利和德国大致相等。[②]

许多经济学家认为，自然资源丰富固然是一种“恩赐”（blessing），但有时也会成为一种“诅咒”（cursing），甚至会导致“荷兰病”（见专栏 2—6）。[③] 曾在创建石油输出国组织的过程中发挥过重要作用的委内瑞拉前石油部长在 1970 年说过：“十年后，二十年后，你会看到，石油带给我们的是（经济上的）毁灭。”[④] 确实，资源丰富的委内瑞拉和阿根廷等国的经济发展业绩不如资源匮乏的韩国和中国台湾。著名的美国学者杰弗里·萨克斯等人发现，在 1970—1990 年期间，高度依赖自然资源出口的国家的经济增长率较低。[⑤]

专栏 2—6

荷兰病

20 世纪 60 年代，荷兰发现了蕴藏量丰富的天然气。随着开采量

① 以 1990 年美元的不变价格计算。

② Lawrence Harrison, *The Pan-American Dream*, Westview, 1997, pp. 105—106; *International Herald Tribune*, January 18, 2002.

③ Rabah Arezki and Frederick van der Ploeg, *Can the Natural Resource Curse Be Turned into a Blessing? The Role of Trade Policies and Institutions*, EUI Working Paper, European University Institute, 2007/35.

④ 转引自 Jerry Useem，“The Devil's Excrement”，*Fortune*, February 3, 2003。

⑤ Jeffrey D. Sachs and Andrew M. Warner, *Natural Resource Abundance and Economic Growth*, Center for International Development and Harvard Institute for International Development, Harvard University, 1997.

和出口量的上升，天然气出口收入快速增长。但是，天然气带来的不仅仅是源源不断的财富，而且还有一系列不利于国民经济结构正常运转的副作用：天然气出口收入的急剧增长提高了荷兰货币（盾）的汇率，从而使制造业部门在面对外部竞争时处于不利的地位，而工业生产的下降又导致失业率上升。这种由初级产品出口收入的剧增所导致的不良后果被称为“荷兰病”。

在分析“荷兰病”时，一般采用澳大利亚经济学家 W. M. 科登等人提出的模型。这种模型将国民经济分为三个主要部门：（1）繁荣部门，即初级产品出口部门。该部门得以繁荣的主要原因可以包括：国际市场上初级产品价格上升、发现新的矿藏、技术进步导致产量上升，等等。（2）落后部门，即生产其他贸易产品的部门，其中包括生产进口替代品的部门。这些产品既可以是工业制成品，也可以是农产品。（3）非贸易产品部门，主要包括服务业、公用事业和交通运输业等。

当繁荣部门中出现繁荣时（即在初级产品出口部门提供大量出口收入时），这一繁荣会产生出两种不同的影响：（1）消费影响。由于繁荣部门的收入得到增长，用于非贸易产品部门的消费也会随之扩大。由于非贸易产品的价格上升，落后部门中的劳动力就会被吸引到非贸易产品部门中，进而导致落后部门的生产下降。如果这个落后部门是制造业，那么消费影响就能使制造业部门出现“去工业化”。（2）资源流动影响。繁荣部门中的繁荣还能提高整个部门中可移动要素（即劳动力）的边际产值。因此，繁荣部门对劳动力的需求会上升，从而促使落后部门和非贸易部门中的劳动力流向繁荣部门。

由此产生出两种结果：其一，劳动力从落后部门流出后，该部门的生产会下降。其二，劳动力从非贸易产品部门流向繁荣部门后将进一步提高由消费影响引起的对非贸易部门的产品的过度需求，并进一步促使汇率升值，导致更多的劳动力从落后部门流向非贸易产品部门。

在许多发展中国家，落后部门很可能是农业部门。这样，消费影响和资源流动影响可能会导致“去农业化”或“去工业化”和“去农业化”同时出现。虽然落后部门有时也能得到增长，但是这一增长速度受到了繁荣部门的制约，即在没有繁荣部门的繁荣时，落后部门的增长或许会更快。因此落后部门的这一表面上的增长仍然应被视为“荷兰病”症状。

美国经济学家 M. 吉利斯曾说过：“从 20 世纪 50 年代起，除石油以外，其他初级产品的出口都不足以导致一个国家走上经济发展的道路。”[①] 但在最近几年，由于国际市场上初级产品价格处于较高的水平，拉美经济受益匪浅。据拉美经委会统计，2004—2008 年拉美经济连续 5 年保持 5% 左右的高增长率。这在过去 40 年中是绝无仅有的。[②]

然而，这一高增长率是否具有可持续性却是令人担忧的，因为拉美经济的高增长是以国际市场上较高的初级产品价格为基础的。换言之，一旦这一价格下跌，拉美经济增长的动力将减弱甚至不复存在。因此，调整产业结构是拉美的当务之急。

2008—2009 年国际金融危机爆发后，发达国家的需求不振，国际市场上初级产品价格明显下降。例如，国际市场上锌的价格从最高时的每磅 1.5 美元下跌到每磅 0.5 美元。这使得玻利维亚全国 10 人左右的小型锌矿公司被迫减产，3300 个矿工被裁员，有些甚至已经倒闭。

林毅夫通过对比发展中国家所走过的不同发展道路及其发展绩效，提出了这样的观点：长期实行“赶超”战略或进口替代战略的国家，都没能实现最初的发展目标，而在那些没有选择或较少采取“赶超”战略或进口替代战略的国家（地区）中，有些却实现了经济的快速增长。东亚“四小龙”就是典型的代表。[③] 他进而指出，第一类国家之所以未能实现最初的发展目标，是因为其奉行的“赶超”战略或进口替代战略与自身的资源禀赋结构不相符合，从而违背了自己的比较优势，第二类国家之所以取得了

---

① ［美］M. 吉利斯等：《发展经济学》（中文版），经济科学出版社 1989 年版，第 543 页。

② 20 世纪 60 年代末，拉美经济也曾保持连续 7 年增长。

③ http：//jlin. ccer. edu. cn/lyf2. asp.

较好的发展业绩，是因为它们在经济发展的每一个阶段都执行了与自己的比较优势相符合的经济发展战略。

林毅夫还将阿根廷与澳大利亚作对比。他认为，这两个国家在19世纪末都是世界上较为富有的国家，都拥有丰富的自然资源。澳大利亚选择了发展自然资源产业的道路，而阿根廷选择了发展制造业的道路。“这就是现在前者仍然是世界最富有的国家之一，而后者落入中等收入国家的原因。”[①]

且不论这一判断是否属实，阿根廷的发展道路充分说明，任何一个国家都应该发挥自己的比较优势，但同时也应该通过大力发展制造业来提升产业结构，努力扩大制成品出口。[②] 但这一目标的实现难以一蹴而就。

智利铜矿资源非常丰富。出口铜是智利外汇收入的重要来源。1985年，智利成立了铜稳定基金。根据2006年颁布的《财政责任法》，智利分别在2006年和2007年设立了两个基金，即养老金储备基金和经济和社会稳定基金。[③] 在铜价上升时，一部分出口收入被转入经济和社会稳定基金，政府在必要时可用这一基金实施刺激经济的措施。[④] 可喜的是，许多拉美国家已用初级产品的出口收入建立了主权财富基金。在应对2008—2009年国际金融危机的过程中，这些主权财富基金发挥了积极的作用。

总之，如何处理发挥比较优势和提升产业结构两者之间的关系是世界上许多国家面临的难题。委内瑞拉片面依赖其丰富的石油资源，因此“荷兰病”症状较为明显；而巴西、墨西哥、阿根廷和智利等国家则在实现产业结构多元化和提高初级产品的附加值方面取得了一定的成效。有些国家甚至还利用国际市场上初级产品价格高涨的有利条件，将一部分出口收入投入主权财富基金。因此，资源丰富这一优势在拉美会越来越变为一种“恩赐”，而非“诅咒”。

五　能否加快农业发展

加快农业发展的重要性是不言而喻的。首先，农业为不断增长的人口

---

① 林毅夫：《论积极发展战略》，北京大学出版社2005年版，第13—17页。

② 拉美的制成品出口占出口总额的比重，1995年为49.9%，2000年上升到58.2%，但2005年又下降到50%（见ECLAC，*Statistical Yearbook for Latin America and the Caribbean*，*2006*，p. 187）。

③ 经济和社会稳定基金成立后，铜稳定基金被取而代之。

④ http：//www.swfinstitute.org/fund/chile.php.

提供了食品。根据美洲开发银行提供的数据，世界上约有 10 亿人（占世界总人口的 17%）处于营养不良的状态，而拉美的这一数字为 5300 万人（占总人口的 6.6%）。[①] 其次，农业吸纳了大量农村劳动力。可以想象，如果更多的农村劳动力流入城市，拉美国家的城市将变得更加拥挤，“城市化病”也将更为严重。再次，农产品出口是许多拉美国家获取外汇收入的重要来源。最后，在拉美，47% 的贫困人口生活在农村。由此可见，如要解决拉美的贫困问题，必须重视农村地区的贫困问题。[②]

1950 年，农业在拉美国家国内生产总值中的比重高达 19.7%，1985 年下降到 11.9%，2008 年仅为 5%。[③] 但在不同的国家，这一比重有着很大的差异：许多加勒比国家约为 1%，而尼加拉瓜、巴拉圭和圭亚那则分别高达 18.2%、21.2% 和 30.2%。[④]

拉美国家的农产品出口在国际市场上占有重要的地位。阿根廷的粮食、巴西的大豆和咖啡、哥伦比亚的咖啡和香蕉、智利的水果以及中美洲国家的香蕉等农产品的出口量，在国际市场上长期名列前茅。在许多拉美国家，农业提供了大量就业机会。如在玻利维亚、危地马拉、洪都拉斯、尼加拉瓜和秘鲁，农业劳动力占全国劳动力总数的比重高达 30%。[⑤]

拉美拥有丰富的农业资源，多种农作物的“发源地”是拉美。毋庸置疑，拉美国家的政府都认识到了重工轻农的危害性以及加快农业发展的必要性。但是，长期以来，拉美的农业发展始终遇到以下几个严重的问题：

一是政府在推动进口替代工业化的过程中制定的价格政策、信贷政策、投资政策和汇率政策，在客观上是歧视农业发展。联合国粮农组织的

---

① “Agriculture and Rural Life in the Americas” http://www.moa.gov.jm/news/data/Article-%20Week%20of%20Agriculture%20and%20Rural%20Life%20（2）.pdf.

② Ibid..

③ 1950 年和 1985 年数据引自 University of California（Los Angeles），*Statistical Abstract of Latin America*（Vol. 20），p. 73；2008 年引自 Inter-American Institute for Cooperation on Agriculture，United nations Economic Commission for Latin America and Caribbean，and United Nations Food and Agriculture Organization，*The Outlook for Agriculture and Rural Development in the Americas：A Perspective on Latin America and the Caribbean*，2009，p. 13。

④ Inter-American Institute for Cooperation on Agriculture，Economic Commission for Latin America and Caribbean，and Food and Agriculture Organization of the United Nations，*The Outlook for Agriculture and Rural Development in the Americas：A Perspective on Latin America and the Caribbean*，2009，p. 14.

⑤ Ibid..

数据表明，拉美国家的政府在农村地区投入的资金仅占公共开支的6%。[①]

二是农业基础设施落后，电力供应不足，道路不畅，运输设备缺乏，农业机械陈旧，灌溉体系老化，仓储设施匮乏。其结果是，农业劳动生产率长期处于较低的水平，即使在丰收年份，农民的收入并不能得到大幅度的提升。

三是农产品价格波动幅度较大，而且偏低，从而打击了农民的生产积极性。中美洲国家和加勒比国家的农业严重依赖少数几种农产品，因此价格波动的危害性更为明显。

四是土地所有制不合理。少数大地主拥有万顷良田，农业机械化水平较高，耕作技术较为先进；而大量小农则只能在极为有限的土地上用落后的生产方式从事自给自足的农业生产活动。

农业生产的滞后不仅制约了整个国民经济的发展，而且还影响了食品供应。如在海地，从2007年底开始，由于粮食供应不敷需求，大米、大豆和水果的价格大幅度上涨。一些低收入者为充饥而只能食用一种特殊泥土做成的饼干。2008年4月3日，莱凯市最先发生暴力抗议，要求政府采取措施，降低粮食价格。抗议者焚烧了联合国维和部队的军车，袭击联合国维和士兵，并哄抢食品店。随后，暴力抗议蔓延至海地各大城市。在骚乱中至少有5人死亡。4月12日，海地参议院召开紧急会议，以总理雅克·爱德华工作不力、在推动国内粮食生产等方面未能取得成效为由，解除了他的职务。普雷瓦尔总统当天宣布调低大米价格。根据政府与海地食品进口商达成的协议，政府将使用国际援助资金补贴粮价，进口商同时下调米价。

许多拉美国家为解决土地问题开展了不同规模的土地改革。应该指出的是，土改使不少无地农民获得了土地，并在一定程度上削弱了土地所有权的高度集中。但是，土改并未从根本上改善农村的收入分配结构。这主要是因为：

第一，一些拉美国家的土改法没有顾及无地农民的根本利益。例如，哥伦比亚政府在制定土改法时，没有请无地农民的代表参加，却让大地主

---

① "Agriculture and Rural Life in the Americas", http://www.moa.gov.jm/news/data/Article-%20Week%20of%20Agriculture%20and%20Rural%20Life%20(2).pdf.

的代表出谋划策。[①] 可以想象，这样的土改法是很难改变不合理的土地所有制的。

第二，失去土地的大地主从政府手中获得了相应的补偿金。此外，为了保护自己的财产，大地主千方百计地钻土改法的一些“空子”。例如，针对土改法关于“闲置土地应被没收”的规定，大地主常常于土改前在闲置多年的土地上随意撒些种子，以造成土地未被闲置的假象。但他们不进行任何田间管理，因为他们根本不考虑是否有收成。可见，从经济角度而言，土改并未使大地主蒙受损失。

第三，土改后，许多农民因缺乏必要的财力和物力而难以独立从事生产活动。因此，不少农民最后不得不出卖土地，再次沦为无地农民。

第四，土改只使大地主失去一小部分土地。据估计，在拉美，再分配的土地仅占应被充公土地的15%左右，受惠的农民只占应受惠农民总数的22%。[②]

总部设在委内瑞拉首都加拉加斯的拉美经济体系（SELA）在2008年5月30日召开了讨论拉美粮食安全的会议。与会者认为，食品价格的快速上涨使拉美国家的贫困问题更加突出。他们认为，拉美国家应联合起来，采取有效措施，遏制粮食危机的蔓延。美洲开发银行也表示，它将为拉美国家增加粮食产量而提供总额达5亿美元的资金援助。

综上所述，拉美国家的农业现代化取得了显著的发展，政府对农业部门的重视程度也在提高，但制约农业发展的土地所有制难以得到根本性的改变。因此，拉美农业部门中的二元结构将继续存在，农业难以获得长足的发展。

六　能否维系宏观经济形势的稳定

宏观经济形势的稳定有助于克服经济增长率的大起大落，有助于强化国内外投资者的信心。拉美国家的宏观经济政策目标同样是增加就业机会、实现价格稳定、保持较高的经济增长率和维持国际收支平衡。在上述目标中，拉美国家追求的是加快经济增长，较少关注就业、物价稳定和国

---

① Gabriel Kolko, *Confronting the Third World: United States Foreign Policy 1945—1980*, New York, Pantheon Books, 1988.

② Inter-American Development Bank, *Economic and Social Progress in Latin America, 1986 Report*, p. 120.

际收支平衡。因此，在20世纪90年代以前，拉美国家的宏观经济形势很不稳定。其主要表现是：

第一，通货膨胀率居高不下。

如表2－3所示，在50年代至80年代期间，拉美的通货膨胀率均高于世界水平，也高于世界上其他地区。在此期间，拉美国家为控制通货膨胀率而实施了多种反通货膨胀计划，但收效甚微。

表2－3　**拉美与其他地区的通货膨胀率比较**　（单位：%）

年份	1951—1960	1961—1970	1971—1980	1981—1989
工业化国家	2.1	3.3	8.7	4.9
亚洲	3.3	5.8	9.1	7.4
中东	3.6	3.8	19.6	19.0
拉美	7.9	21.2	39.4	149.0
世界	2.4	4.4	11.0	12.7

资料来源：IMF，*International Financial Statistics*，转引自 United Nations Economic Commission for Latin America and the Caribbean，*CEPAL Review*，December 1990，p. 117。

第二，汇率波动幅度大。

根据美洲开发银行的计算，在1970—1992年期间，拉美国家实际汇率的波动指数为13.4，而东亚国家（地区）仅为6.2，工业化国家仅为4.8。[①] 拉美国家实际汇率欠稳定的原因是多方面的，其中最为重要的是：（1）拉美国家的货币政策经常发生变化，进而使汇率政策无所适从。（2）政治局势不稳定导致资本外流，使汇率面临巨大的压力。（3）拉美的汇率制度经常发生变化，从而使实际汇率出现大起大落。

汇率大起大落的危害性不容低估。在外国投资者评估拉美的投资环境时，汇率问题被认为是拉美投资环境不佳的因素之一。更为重要的是，1994年的墨西哥金融危机、1999年的巴西金融危机和2001年的阿根廷金融危机，都与汇率问题有关。

第三，国际收支逆差得不到控制。

---

① Inter-American Development Bank，*Economic and Social Progress in Latin America*，*1995 Report*，p. 192.

拉美国家实施进口替代工业化的目的之一是希望通过减少工业品的进口来减少外汇开支，进而改善国际收支。但是，为了发展本国的制造业，拉美国家必须进口大量的资本货和中间产品。因此，90 年代以前，一方面，拉美国家的进口贸易不仅没有减少，反而在扩大；另一方面，拉美的外汇收入来源依然依赖于出口初级产品。其结果是，出口收入的扩大难以满足进口贸易的需求，从而使国际收支经常处于逆差。

20 世纪 90 年代以来，拉美的宏观经济形势呈现出越来越稳定的态势。未来拉美国家能否保持宏观经济形势的稳定，既取决于一系列外部因素，如世界经济增长率的高低、外资流入量的大小以及初级产品价格的涨跌，也取决于政府能否吸取过去的经验教训，制定并实施恰如其分的宏观经济政策。可喜的是，在许多拉美国家，政府的宏观经济调控能力得到了强化，宏观经济政策的效率有所提高，通货膨胀目标制的功能在发挥作用，汇率制度的灵活性在增强，劳动力市场的“刚性”也在减少。因此，拉美国家有望在未来继续保持宏观经济形势的稳定。

七　能否实现可持续发展

在一定意义上，可持续发展就是经济与生态环境的协调发展。20 世纪下半叶，伴随着经济的发展，拉美的森林面积大量减少，土地沙漠化越来越严重，淡水资源急剧减少，生物物种多样性受到严重威胁，城市空气质量不断恶化。

生态环境的恶化使拉美付出了沉重的代价，其中之一就是自然灾害频繁发生。如在 1982—1983 年，厄瓜多尔、秘鲁、智利、巴拉圭和阿根廷遭受洪水袭击，厄瓜多尔的降水量比正常年份高出 15 倍。洪水冲决了堤坝，淹没了农田，几十万人无家可归。1998 年，厄尔尼诺使秘鲁等国的渔业生产蒙受巨大损失。由于海水温度突然上升 3℃—6℃，以鱼类作食物的海鸟和海兽因找不到食物而相继饿死或迁徙异地。在灾难最严重的几天，秘鲁首都利马外港卡亚俄海面和沙滩上到处是鱼类、海鸟及其他海洋动物的尸骸。动物尸体腐烂后产生的硫化氢，致使海水变色，臭气熏天。[①] 阿根廷气候与水研究所科学家格拉西耶拉·马格林认为，2000—2005 年拉美遭遇的极端天气状况是 1970—2000 年的 2.5 倍。根据联合国政府间气候

① http://ks.cn.yahoo.com/question/1406121020938.html.

变化专门委员会的报告，未来拉美将面临更多的飓风、干旱、暴雨、冰雹以及土地沙漠化。气候变化和地球变暖将增加登革热、疟疾等疾病在拉美的发生率。①

导致拉美生态环境恶化的原因主要是：

第一，许多国家的政府重经济增长，轻环境保护。因此，有时政府制定的政策本身就是不利于环境保护的。例如，在20世纪七八十年代，巴西政府通过提供税收优惠等措施，鼓励人们在亚马逊河流域砍伐树木，修筑道路，开辟牧场或建立定居点，从而使该地区的林地大幅度减少。据英国《经济学家》杂志报道，巴西每年消失2万平方公里的雨林。②

第二，城市人口的增长对环境造成极大的压力。目前拉美的城市化程度已达到75%，2025年可能会达到85%。与城市化密切相关的交通拥挤产生了严重的空气污染和噪声污染。

第三，长期得不到解决的贫困问题增加了保护生态环境的难度。拉美国家的贫困问题较为严重。为了生存，他们只得利用一切可以利用的生产手段和劳动工具。如在墨西哥的华雷斯，小砖窑经常使用旧轮胎、废机动车油和碎木料等廉价燃料。由此导致的空气污染是可想而知的。

总之，正如美洲开发银行的经济学家所指出的那样，"拉美国家在制定公共政策时很少考虑地理因素，并且因为忽略了地理因素与经济发展之间的关系而蒙受巨大损失。……热带疾病使成千上万人的生命受到威胁，却没有有效的治疗方法和药物；土地生产率低下和耕作技术落后致使拉美国家的农民无法摆脱贫困；大量人口拥进城市，城市却无法提供足够的基础设施（如交通等方面的服务）"③。

严酷的现实迫使拉美国家认识到，生态环境恶化和气候变化不再是与己无关的问题，而是会对人类社会产生严重的负面影响。为了实现可持续发展，20世纪90年代以来，拉美国家已采取了一系列措施：

一是关注节能及能源的使用效率。墨西哥的国家节能委员会公布了20个能源效率标准，④ 要求政府部门带头节约能源，对节能设备的使用实行

---

① http：//tech. enorth. com. cn/system/2007/04/13/001610213. shtml.

② "The Brazilian Amazon：How green was my valley", *Economist*, April 27, 2006.

③ Inter-American Development Bank, *Development Beyond Economics*：*Economic and Social Progress in Latin America*, *2000 Report*, June 2000.

④ 墨西哥被认为是世界上能源效率标准最为严格的国家。

价格补贴，资助科研机构的节能研究工作。墨西哥北部地区空调使用量占全国的70%，节能潜力巨大。国家节能委员会在该地区推出了“民宅隔热及空调替代设备地区计划”，对民宅进行改造，推广空调替代设备和节能灯，使用更好的隔热材料。①

二是加快开发太阳能和风能等可再生能源的步伐。拉美国家具有开发可再生能源的得天独厚的条件。例如，许多拉美国家处在日照时间长、强度大的地区，因而可以充分利用太阳能。据墨西哥能源部统计，墨西哥的主要城市共安装了40万平方米太阳能集热板，用于向宾馆供应热水和为工业部门提供预热水。②

拉美地处太平洋和大西洋之间，两洋温差为拉美大陆带来了丰富的风力资源。巴西在风能利用领域取得了显著的成效。2007年10月，世界风能协会将“世界风能利用奖”授予巴西。

三是启动核能利用计划。拉美的核能发电仅占发电总量的3%。但越来越多的拉美国家开始重视核能的和平利用。除巴西、阿根廷和墨西哥以外，委内瑞拉也表示要扩大核能发电。委内瑞拉总统查韦斯曾说过，利用核能是实现能源多样化的途径之一，既能解决全球变暖，也能替代矿物燃料。

四是大力发展生物能源。拉美拥有丰富的生物资源。卢拉总统说：“生物能源将在未来20年里对国际能源市场产生革命性的影响。”他还认为，每一个国家都能够生产或消费不同的生物能源，因此不存在如何将世界划分为生产国或进口国的问题，也不会产生一种新的依附关系的可能性。巴西建议设立一个由生物能源的生产者和消费者共同参与的论坛，确定与生物能源的生产和供给有关的技术标准。

五是“债务换自然”。1987年，玻利维亚政府就与国际环境保护组织（Conservation International）成功地进行了世界上第一次债务与自然资源互换的交易。在1987—2001年期间，拉美与国际环境保护组织、世界自然基金（World Wide Fund for Nature）以及保护自然组织（Nature Conservancy）等机构进行了约40笔“互换”。

六是努力减少二氧化碳排放。减少二氧化碳排放是遏制气候变暖的有

① http：//www. ces. cn/html/2005 - 7/2005792012151. shtml.

② http：//www. zjagri. gov. cn/html/ncny/informationView/2006012558261. html.

效手段之一。在如何应对气候变化和保护生态环境等问题上，拉美国家的立场是积极的（见专栏2—7）。拉美已举办了两届减排论坛。这两次会议不仅强化了公众对减排的重要性的认识，而且还为协调拉美国家在减排问题上的立场提供了机遇，也使它们能够利用多边场合来交流减排的经验。有关人士认为，拉美在实施减排项目方面走在世界前列。迄今为止，拉美共向联合国气候变化委员会提交了576个减排项目，占全球总数的25%，其中277个项目被获准通过，其潜在的减少二氧化碳排放3330吨当量。①

虽然上述措施难以立竿见影，也不可能一蹴而就，但至少可以向世界表明，拉美国家已充分认识到可持续发展的重要性。此外，在拉美，政府的发展理念已开始发生变化，可再生能源的利用率在上升，保护生态环境的法规在完善，主张可持续发展、信奉生态学主义哲学的绿党在政治舞台上的影响力不断上升，在选民中的支持率也在提高。在2010年10月的巴西大选中，绿党的总统候选人玛丽娜·席尔瓦居然在第一轮投票中获得了将近20%的选票。② 这一切都是拉美实现可持续发展的有利条件。

专栏2—7

拉美国家应对气候变化的立场

目前已有27个拉美国家签署了《京都议定书》，有20个拉美国家成立了监测气候变化的环保机构。拉美人口占世界总人口的9%，而温室气体排放量仅占全球排放量的4.3%。因此，许多拉美人认为，拉美的温室气体排放量并不大，但它们却是世界上受气候变暖影响最大的地区之一。

---

① http：//www. in-en. com/oil/html/oil-2007200709111122865. html.

② 一些国际媒体认为，席尔瓦得票率之高超过预期是劳工党总统候选人迪尔玛·卢塞夫不能在第一轮中胜出的根本原因。“Brazil election goes to second round”，http：//www. guardian. co. uk/world/2010/oct/04/brazil-presidential-election-rousseff-lula-serra-marina。

拉美国家认为，全球化趋势以及市场力量的发展使可持续发展变得越来越难以实现。发达国家的一些生产方式和消费方式、国际上一些贸易机制和金融机制的副作用，使可持续发展变得难上加难。因此，发达国家在推动世界的可持续发展方面应发挥更大的作用。此外，发达国家还应该向拉美国家和其他发展中国家转让有利于可持续发展的技术和知识。

拉美国家的一些非政府组织认为，1992 年里约地球首脑会议通过的《里约宣言》和《二十一世纪行动议程》中确立的原则仍然是有效的，但世界各国采取的实际行动与目标的差距很远。由于不能将里约地球首脑会议的行动纲领付诸实施，包括拉美在内的世界上所有地区的环境问题越来越严重，温室气体的排放量在增长，气候在变坏。因此，世界各国的政府、企业界和金融机构不要为建设大坝、核电站和其他一些不利于生态环境的大型工程项目提供便利，但要鼓励无污染能源和再生能源的使用。

拉美国家还认为，生物多样性是地球生态平衡的基础，因此拉美国家的政府必须把保护生物多样性纳入国家的发展计划，必须把保护生物多样性与消灭贫困和保护印第安人的文化结合在一起。

巴西总统卢拉说："气候变化是我们在 20 世纪没有给予足够的重视、在 21 世纪必须要应对的重大问题。这是有史以来人类面临的一个最重要的问题之一。"其他拉美国家的领导人也表示，他们将继续遵守与环境保护有关的所有国际性协议、条约，并根据可持续发展的要求进一步强化社会、经济和环境政策之间的协调。但在有关国际协议的范围内，拉美国家享有开采本国自然资源的权利。

八 外部因素是否有利

现代化理论将发展中国家欠发达的根源归咎于内部因素，而依附论则强调外部因素。拉美国家的领导人对拉美欠发达的根源也有不同的看法。例如，哥斯达黎加前总统阿里亚斯认为，拉美国家面临的许多问题不在外部，而是在内部。

2009 年 4 月 17—19 日，第五届美洲国家首脑会议在加勒比国家特立尼达和多巴哥举行。19 日的议程之一是与会者发言。这也是拉美国家的领导人与奥巴马总统第一次在正式场合见面。在阿里亚斯发言之前，委内瑞拉总统查韦斯、玻利维亚总统莫拉莱斯、尼加拉瓜总统奥尔特加、阿根廷总统费尔南德斯和厄瓜多尔总统科雷亚已作了或长或短的发言。他们在讲话中都提到了美国，并将拉美独立以来的近两个世纪中遇到的各种问题归咎于美国。

阿里亚斯在发言中说："我有这样一个印象：每次拉美和加勒比国家的领导人与美国总统会面时，我们总是把我们在过去、现在和将来遇到的问题归咎于美国。我认为这样做是不公正的。"他说："哈佛大学和威廉玛丽学院是美国最早创建的大学。我们不能忘记，早在美国建立这两所大学以前，拉美就已经有了大学。我们也不能忘记，在 1750 年以前，美洲大陆上的每一个人都是一样的：都很贫穷。"他说："工业革命出现在英国时，德国、法国、美国、加拿大、澳大利亚和新西兰等国都搭上了这列火车。但工业革命像流星一样掠过了拉美，我们甚至都没有注意到它。我们肯定失去了一个机会。"

阿里亚斯说："50 年前，墨西哥比葡萄牙富有。1950 年，巴西的人均收入比韩国高。60 年前，洪都拉斯的人均收入高于新加坡。……我们拉美人肯定做错了什么。我们错在什么地方？"他的回答是：拉美人的受教育时间平均只有 7 年，拉美的征税率是世界上最低的，而拉美的军费开支则高达每年 500 亿美元。他说："这些错误不是人家的错误，而是我们自己的错误。"

阿里亚斯说道："我经常问我自己：谁是我们的敌人？正如科雷亚总统刚才所说的那样，我们的敌人是不公正，是缺少教育，是文盲，是我们没有把钱花在人民的健康上。"他还说，21 世纪是亚洲世纪，不是拉美世纪。他赞赏中国在过去的 30 年中使 5 亿人摆脱贫穷。他说："我们还在无休止地辩论意识形态问题。在我们讨论哪一种'主义'最佳的时候，在我们讨论资本主义好还是社会主义和共产主义好、自由主义好还新自由主义好的时候，亚洲人却已经找到了一种符合 21 世纪的'主义'，那就是'实用主义'。"

毋庸置疑，在全球化时代，经济领域中的相互依存越来越成为对各国经济发展产生重要影响的因素。20 世纪 90 年代以来拉美国家实施的经济改革使该地区的开放度持续上升。因此，在预测拉美经济的发展前景时，必须关注世界经济形势对拉美经济的影响。

有人认为，美国联邦储备委员会前主席格林斯潘在华盛顿说的一句话，对拉美股市产生的影响，可能会大于拉美国家领导人在总统府发表的电视讲话对本国股市产生的影响。这一言论或许是言过其实的，但美国经济形势对拉美的影响确实不容低估。

过去，拉美经济增长率的高低与美国经济增长率的高低基本上是同步的。但在2003—2008年期间，拉美经济增长率与美国经济增长率的走势出现了明显差异（见图2－2）。因此有人认为拉美经济与美国经济之间出现了一种所谓“脱钩”（de-coupling）。但这种现象并不长久。国际金融危机爆发后，拉美与美国的经济增长率都出现了较大幅度的下降。

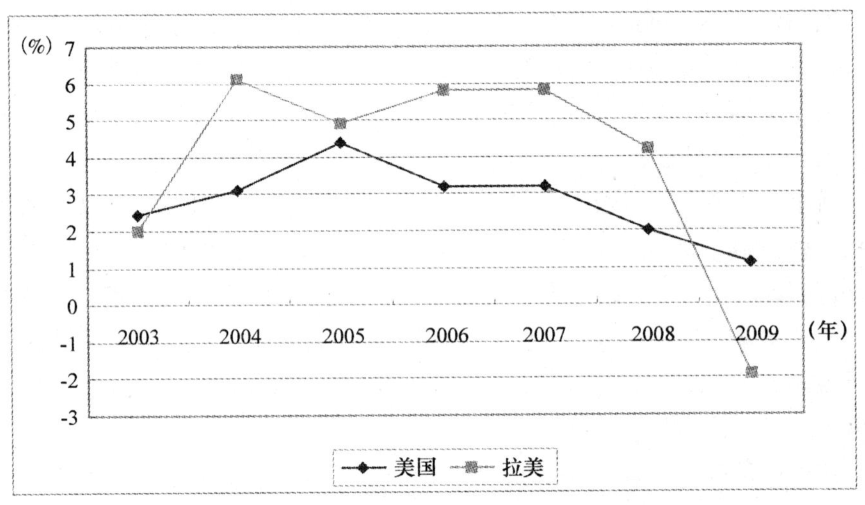

图2－2　拉美经济增长率与美国经济增长率的走势比较

资料来源：United States Central Intelligence Agency, *World Factbook*; United Nations Economic Commission for Latin America and the Caribbean, *Economic Survey of Latin America and the Caribbean, 2005—2006*, August 2006; *Economic Survey of Latin America and the Caribbean, 2008—2009*, July 2009.

外部因素对拉美经济的影响主要是通过贸易和资金两个渠道产生作用。贸易领域的影响主要包括价格和市场需求两个方面。这里所说的价格主要是指初级产品价格，因为工业制成品的价格相对而言变化不大。在2008年国际金融危机爆发之前的约20个季度，国际市场上初级产品价格持续上升，有些产品价格上涨延续的时间更长。上涨的幅度也很大，多种商品上涨了100%，石油和一些金属矿砂的上涨幅度达到了300%以上。[①]这使拉美国家受益匪浅。这在一定程度上能解释为什么2003—2008年拉美经济能保持连续6年的快速增长。

世界经济形势的好坏会对需求产生重大影响，从而影响拉美的出口贸易。在理论上说，只要新兴经济体的经济衰退不如发达国家那样严重，亦即新兴经济体的经济增长率高于发达国家，那么拉美国家就可将原来向发达国家出口的产品转向新兴经济体的市场。但这一转向取决于一系列因素，其中最为重要的因素是拉美国家出口贸易的商品结构以及新兴经济体的需求。

在不同的拉美国家，出口贸易的商品结构是不尽相同的。在墨西哥的出口产品中，74%是工业制成品，而且，90%的工业制成品销往美国和其他一些发达国家。中美洲国家的出口商品以劳动力密集型产品以及香蕉和咖啡等农产品为主，出口市场也是以美国为主。相比之下，南美洲国家的出口商品则以经济增长必需的初级产品（如能源、矿产品和粮食）为主，出口市场遍布全世界。

新兴经济体的市场容量很大，但它们需要的更多是能源、矿产品和粮食，而不是劳动力密集型制成品。因此，在美国和其他一些发达国家经济形势不佳的情况下，南美洲国家很容易在新兴经济体扩大出口市场，而对于墨西哥和中美洲国家来说则有一定的难度。

外部因素在资金领域的影响主要体现在以下三个方面：

一是影响进入拉美的外资。如前所述，拉美对外资的依赖性很强。外资流入量的大小与拉美经济形势有着非常密切的关系。如果美国经济或世界经济陷入危机或衰退，进入拉美的外资就会减少。这在一定程度上能反映出进入拉美的外国直接投资与国内生产总值增长率之间的关系。

二是影响拉美国家获得的侨汇收入。20世纪90年代后期以来，拉美国家获得的侨汇收入使该地区受益匪浅。就侨汇收入相当于国内生产总值的比重而言，最高的是圭亚那、海地、洪都拉斯、牙买加、萨尔瓦多、尼

---

① 过去初级产品价格大幅度上涨与临时性的供给短缺有关，如1973年的石油危机导致石油价格上涨，1977年一些国家的霜冻导致咖啡产量下降。而2003—2008年的上涨则在很大程度上与一些国家对初级产品的需求上升有关。当然，投机因素也不容忽视。国际金融市场的不确定性促使一些投资者将初级产品作为保值和增值的工具。

加拉瓜和危地马拉（2007 年在 14%—39% 之间）。就侨汇收入的绝对值而言，墨西哥名列拉美国家之首，2007 年达 240 亿美元，占其国内生产总值的 2.4%，超过了进入墨西哥的外国直接投资总额。在中美洲国家和多米尼加，2001—2007 年期间侨汇收入都超过了这些国家的石油进口额。[①]

美国建筑业雇用了来自拉美的大量移民。美国次贷危机爆发后，美国的房地产业陷入了困境，建筑业为拉美移民提供的就业机会大幅度减少，这些人汇回拉美的侨汇收入也随之减少。根据美洲开发银行的统计，2009 年拉美仅获得了 620 亿美元的侨汇收入，比 2008 年下降 11%。来自欧洲的侨汇收入下降幅度高达 14%，来自美国的减少了 11%，来自其他地区的下降了 4.5%。[②]

三是影响拉美的旅游业收入。旅游业是许多拉美国家获取外汇收入的主要来源之一。国际金融危机使发达国家居民的实际收入下降，也使商业银行不愿意向旅游者提供更多的旅游贷款。其结果是，拉美国家的旅游业受到了很大的影响。加勒比开发银行行长伯恩预计，2009 年加勒比国家的旅游业收入减少了 7%—10%。[③] 秘鲁旅馆协会在 2009 年初发表的统计数字显示，由于受到国际金融危机的影响，秘鲁主要旅馆的客房预订率下降了 30%。[④]

总之，世界经济形势的走向对拉美的影响不容低估。鉴于发达国家和新兴市场国家应对危机的能力在不断强化，加之每一次危机之后必然有一个较长的增长期，因此，在可预见的将来，世界经济形势的前景是较为乐观的。

结　论

拉美经济的发展前景取决于能否提高国际竞争力，能否扩大投资，能否改善基础设施，能否在发挥比较优势的同时调整产业结构，能否加快农业发展，能否维系宏观经济形势的稳定，能否实现可持续发展，能否获得

---

① 但在 2008 年，一方面由于侨汇收入减少，另一方面由于石油涨价导致石油进口额上升，侨汇收入未能超过石油进口费用。

② http://www.iadb.org/news/detail.cfm?id=5550.

③ http://bb.mofcom.gov.cn/aarticle/jmxw/200906/20090606341734.html.

④ http://tickerforum.org/cgi-ticker/akcs-www?post=80401.

一个良好的外部环境，即世界经济能否保持快速增长。

拉美国家已认识到强化国际竞争力的重要性和必要性，并为此而采取了一系列措施，如加快发展教育事业，扩大对研究与开发的投入。但是，提升国际竞争力的努力既不能一蹴而就，也无法立竿见影。因此，虽然拉美国家的国际竞争力有望得到提升，但在近期内难以出现显著的变化。

扩大投资与强化国内资本积累的能力以及吸引外资的成效密切相关。国民经济的发展、金融体系的完善以及多种刺激性投资政策的出台，为扩大储蓄创造了条件，但拉美人重消费而轻储蓄的文化习惯不可能发生根本性的变化，因此拉美的储蓄率难以得到大幅度的提高，扩大投资的资金来源在一定程度上仍然需要依赖外资。可喜的是，拉美的投资环境在不断改善，吸引外资的能力不断增强。

改善基础设施的关键是能否在该领域扩大投资。拉美国家已认识到改善基础设施的紧迫性，并已开始努力发挥国家资本、私人资本和外国资本的积极性，加大投资力度。

如何处理发挥比较优势和提升产业结构两者之间的关系是世界上许多国家面临的难题。大多数国家在实现产业结构多元化和提高初级产品的附加值方面取得了一定的成效。有些国家甚至还利用国际市场上初级产品价格高涨的有利条件，将一部分出口收入投入主权财富基金。因此，资源丰富这一优势在拉美会越来越变为一种“恩赐”，而非“诅咒”。

拉美国家的农业现代化取得了显著的发展，政府对农业部门的重视程度也在提高，但制约农业发展的土地所有制难以得到根本性的改变。因此，拉美农业部门中的二元结构将继续存在，农业难以获得长足的发展。

20 世纪 90 年代以来，拉美的宏观经济形势呈现出越来越稳定的态势。这既与政府吸取了过去的经验教训有关，也与其宏观经济管理的能力在强化这一事实密切相连；既是 20 多年改革开放的结果，也是经济形势好转的体现。因此，拉美国家有望在未来继续保持宏观经济形势的稳定。

能否实现可持续发展是全人类关心的难题。拉美国家越来越认识到实现可持续发展的重要性，因此，政府的发展理念正在发生变化，可再生能源的利用率在上升，保护生态环境的法规在完善，主张可持续发展、信奉生态学主义哲学的绿党在政治舞台上的影响力不断上升，在选民中的支持率也在提高。这一切都是拉美实现可持续发展的有利条件。

综上所述，在影响拉美经济发展前景的各个因素中，有些因素是令人乐观的，有些因素则反之；有些因素业已开始发挥积极的作用，有些则需要在拉美国家作出持之以恒的努力之后才能见效；外部因素无疑是不以拉美国家的意志为转移的，但其他因素则完全可以在政府政策的作用下发挥积极作用。如果世界经济能保持较好的发展趋势，拉美经济的前景是充满希望的，尽管各种挑战也是非常严峻的。

第三章　拉美社会发展的前景

拉美国家在推动社会发展的过程中取得了显著的成效，但也面临着多个严重的社会问题，如社会治安恶化、大量人口生活在贫困线以下、“社会排斥”现象司空见惯以及社会冲突频繁发生等。拉美国家能否有效地应对社会问题，在很大程度上取决于能否使经济保持稳定而较快的发展，能否树立一种有利于推动社会发展的理念，能否制定和实施有效的社会发展政策，能否改善收入分配，能否将经济改革的社会成本降到最低限度。

第一节　20 世纪 90 年代以来拉美的社会发展进程

美洲开发银行 2000 年出版的《影响发展的非经济因素》一书中指出：“在最近几十年，该地区在卫生领域取得了出色的进步。这体现在较低的婴儿死亡率和预期寿命的大幅度上升。由于许多人获得了接受初等教育的机会，文盲人数大幅度减少。……拉美的人类发展指数（Human Development Index）仅次于发达国家，与东亚和东欧相当接近。……20 世纪 60 年代，拉美的这一指数为 0.47，发达国家为 0.79。此后几十年，这一差距在缩小，即便在人均收入下降的 20 世纪 80 年代也不例外。因此，在过去 40 年，与拉美经济发展形成对比的是，该地区在以人类发展指数为衡量指标的社会发展领域中取得了快速的发展。”① 联合国开发计划署的数据表明，拉美人的预期寿命从 1960 年的 56 岁提高到 1975 年的 62 岁，2007 年已高达 73.4 岁，与发达国家的差距从 1960 年的 13 岁缩短为 2007 年的

---

① Inter-American Development Bank, *Development beyond Economics: Economic and Social Progress in Latin America*, 2000 *Report*, June 2000.

6.7 岁。[①] 联合国拉美和加勒比经济委员会的数据也表明，1980 年以来，所有拉美国家的文盲率都有大幅度的下降（见表 3－1）。婴儿死亡率从 1980—1985 年的58.3‰下降到1990—1995 年的40.8‰，2005—2010 年估计为 21.8‰。[②]

表 3－1　**拉美国家的文盲率**　（单位：%）

年份	1980	1990	2000	2005	2010
阿根廷	6.0	4.2	3.1	3.1	2.8
玻利维亚	30.9	21.6	14.4	11.7	9.4
巴西	25.4	18.3	14.7	11.1	9.6
智利	8.5	6.0	4.3	3.5	2.9
哥伦比亚	15.6	11.3	8.2	7.1	5.9
哥斯达黎加	8.3	6.1	4.4	3.8	3.2
古巴	7.9	5.2	3.6	2.7	2.1
厄瓜多尔	18.1	11.6	8.1	7.0	5.8
萨尔瓦多	33.8	27.4	21.3	18.9	16.6
危地马拉	46.2	38.5	31.3	28.2	25.2
圭亚那	5.4	2.8	1.5	1.0	0.7
海地	69.1	60.7	51.4	45.2	41.1
洪都拉斯	39.0	33.0	27.8	22.0	19.4
墨西哥	17.0	12.3	9.0	7.4	6.2
尼加拉瓜	41.8	38.7	35.7	31.9	30.3
巴拿马	14.3	11.2	8.1	7.0	6.0
秘鲁	20.2	14.3	10.1	8.4	7.0
特立尼达和多巴哥	5.0	3.2	1.8	1.2	0.9
乌拉圭	5.3	3.4	2.2	2.0	1.7
委内瑞拉	15.1	9.9	7.0	6.0	4.8
拉美	—	—	—	9.5	8.3

注：2010 年为预计数。

资料来源：United Nations Economic Commission for Latin America and the Caribbean, *Statistical yearbook for Latin America and the Caribbean*, 2000, 2009。

① United Nations Development Program, *Human Development Report*, 1991; United Nations Development Program, *Human Development Report*, 2009.

② United Nations Economic Commission for Latin America and the Caribbean, *Statistical yearbook for Latin America and the Caribbean*, 2000; *Statistical yearbook for Latin America and the Caribbean*, 2009.

联合国拉美和加勒比经济委员会在2010年8月发表的题为《拉美和加勒比国家实现千年目标的成就与挑战》的报告认为，迄今为止，拉美实现“千年目标”的进展既不是非常乐观，也不是很悲观，但总的成效是积极的。就整个拉美地区而言，在某些方面取得的成就是巨大的，尽管国与国之间有着较大的差距。①

盖洛普咨询公司在2006年和2007年对一些拉美国家的“生活质量满意度”进行过民意调查。调查结果表明，在一个0—10分的分值中，拉美的平均分值为5.8，略高于世界的平均水平。在回答“你是否对你所做的或买的东西满意”这个问题时，肯定的答复占68%，高于撒哈拉以南非洲的39%，但低于西欧的86%。美洲开发银行的经济学家认为，这些调查意味着，拉美人对“生活质量”是满意的。②

虽然拉美国家在推动社会发展的道路上取得了引人瞩目的成就，但也面临着许多严重的问题，其中最为引人关注的问题是：

一　社会治安恶化

拉美的犯罪率上升很快。20世纪70年代，拉美国家的谋杀率为8‱，这在当时世界上是最高的。80年代没有发生多大变化，但90年代上升到13‱，是除非洲以外的世界上所有其他国家的4倍。美洲开发银行的有关研究表明，虽然发达国家和发展中国家的犯罪都在增加，但拉美和非洲是世界上犯罪率上升最快的两个地区。而且，由于许多受害者不愿意报案，与犯罪率有关的上述指数实际上被低估了。③

拉美社会治安不断恶化的过程呈现出以下几个显著的特点：

第一，无论是穷人和富人，都是受害者。毋庸赘述，富人因拥有大量财富而成为偷窃或抢劫的目标。但他们可以通过雇用保镖或为自己的家庭财产安装防盗设施来减少风险。相比之下，低收入者因无力采取防范措施

① United Nations Economic Commission for Latin America and the Caribbean, *Achieving the Millennium Development Goals with equality in Latin America and the Caribbean: Progress and challenges*, August 2010.

② Eduardo Lora, *Beyond Facts: Understanding Quality of Life*, Inter-American Development Bank, 2008, p. 18.

③ Inter-American Development Bank, *Development beyond Economics: Economic and Social Progress in Latin America, 2000 Report*, June 2000, pp. 13—14.

而面临更大的风险。如在秘鲁，低收入者受到小偷小摸和其他一些犯罪活动的伤害的比率大约相当于高收入者的 2 倍。[①]

第二，绑架和凶杀等恶性案件频繁发生。如在萨尔瓦多，2006 年共有 3928 人死于凶杀案等暴力事件，平均每天死亡 10.8 人。[②] 在委内瑞拉，每两小时就有 3 人死于暴力，2003 年至 2006 年间，绑架案件翻了一番，失踪人员也迅速增加。虽然委内瑞拉的总人口仅为 2600 万人，但每年发生的凶杀案就有 1 万起，83% 的被害者被杀于其住所附近。[③]

第三，越来越多的外国人成为犯罪活动的受害者。拉美拥有许多名胜古迹，因此外国游客很多。此外，在拉美经商的外国人也不断增多。这些外国人越来越成为偷窃、抢劫和绑架的受害者。2002 年 5 月 10 日，古巴驻墨西哥大使在家中遭到抢劫。[④] 中国在拉美的企业也成为犯罪分子“青睐”的目标。据报道，在委内瑞拉的十几家中资企业，几乎没有一家未遇到过抢劫的，甚至中国驻委内瑞拉的使馆也曾遭遇盗窃。[⑤]

第四，与毒品生产和毒品走私有关的犯罪活动不断发生。安第斯地区是世界上毒品的主要产地之一。毒品卡特尔的恐怖活动使人民的生命和财产，乃至国家的政局稳定和社会治安面临着极大的威胁。毒品卡特尔是由从事毒品生产和贩运活动的人员组成的暴力集团。他们用滚滚而来的“毒品美元”购置了精良的武器和先进的通信设备和运输工具，并组织了一支敢于与政府的反毒力量决一死战的武装部队。除了通过制造爆炸和绑架等一系列恐怖事件来反击政府的扫毒斗争以外，他们还直接杀害那些主张以强硬手段对付毒品问题的政府官员、司法人员、新闻记者以及社会名流等要人。

此伏彼起的“毒品暴力”不仅来自毒品卡特尔对政府反毒斗争的报复和反抗，而且还来自毒品卡特尔之间的相互残杀。这种“火并”主要与争夺毒品市场有关。如在哥伦比亚，麦德林和卡利的毒品卡特尔不时发生冲

---

① Inter-American Development Bank, *Development beyond Economics: Economic and Social Progress in Latin America, 2000 Report*, June 2000, p. 14.

② 人民网 2007 年 3 月 19 日讯（http://world.people.com.cn/GB/1029/42358/5488149.html）。

③ 张卫中、刘宏、李宏伟：《中国驻委内瑞拉使馆商务处遭抢》，《环球时报》2006 年 11 月 15 日。

④ 人民网墨西哥城 2002 年 5 月 10 日电（http://news.sina.com.cn/w/2002-05-11/1302572445.html）。

⑤ 张卫中、刘宏、李宏伟：《中国驻委内瑞拉使馆商务处遭抢》，《环球时报》2006 年 11 月 15 日。

突，每次冲突总会殃及不少无辜的局外人。有时这种冲突还延伸到周边国家和美国的街头。

社会治安恶化产生的负面影响是多方面的。毋庸赘述，即便是小偷小摸这样的行为，有时也会对社会造成巨大的损失。如在2007年5月，犯罪分子偷窃了多米尼加首都圣多明各一个地区的约300米长的铜制输电线，使一些医院、旅馆和商店断电2小时，甚至海军基地的用电也受到影响。此外，不少拉美国家的公园中的铜像或铜制雕塑，也成为偷窃的“牺牲品”①。

在许多拉美国家，居高不下的犯罪率使私人保镖业越来越兴旺发达。哥伦比亚一公司已研制出192种不同款式的防弹衣，其中包括具有防弹功能的女用内衣内裤。

除了使生命和财产造成破坏以外，犯罪活动还导致政府、企业和个人不得不将本该用于投资的资金用在如何加强安全措施方面。此外，犯罪活动还影响了劳动生产率的提高，打击了外国投资者的信心。据估计，犯罪活动使企业蒙受的各种损失相当于销售额的1.1%，萨尔瓦多的这一比重高达2.6%，在拉美名列榜首（见表3-2），在世界上排名第10位。②

世界银行的经济学家认为，居高不下的犯罪率使拉美的国民经济增长率减少了8%。如果20世纪90年代初巴西的凶杀案发案率被降到哥斯达黎加的水平（哥斯达黎加的凶杀案发案率仅相当于巴西的1/6），那么，90年代后期巴西的人均收入会增加200美元，GDP增长率会从3.2%上升到8.4%。③

社会治安的恶化影响了加勒比国家的旅游业，从而影响了它们的经济增长。联合国和世界银行的有关研究报告指出，如果海地和牙买加的凶杀案发案率能降低到哥斯达黎加的水平，它们的人均经济增长率每年能提高5.4%。④

---

① Jonathan M. Katz, “Metal thieves hurt Latin American economies”, http://news.yahoo.com/s/ap/20070707/ap_on_re_la_am_ca/latam_copper_crime; _ylt=AjZBzjy6xXH5KwQXKA2Nfh63IxIF.

② “Crime Cost: El Salvador Worst” (http://www.latinbusinesschronicle.com/app/article.aspx?id=4425).

③ Jens Erik Gould, “High Crime Stifles Latin Economies”, *New York Times*, October 17, 2006.

④ United Nations and the World Bank, *Crime, Violence, and Development: Trends, Costs, and Policy Options in the Caribbean*, A Joint Report by the United Nations Office on Drugs and Crime and the Latin America and the Caribbean Region of the World Bank, March 2007, p. 41.

表 3－2　**犯罪活动的代价（相当于企业销售额的比重）**　（单位:%）

国家	犯罪代价	国家	犯罪代价	国家	犯罪代价
萨尔瓦多	2.6	玻利维亚	0.9	墨西哥	0.7
洪都拉斯	2.2	厄瓜多尔	0.9	乌拉圭	0.7
巴西	1.7	尼加拉瓜	0.9	智利	0.6
危地马拉	1.5	巴拉圭	0.9	巴拿马	0.5
委内瑞拉	1.4	哥伦比亚	0.7	哥斯达黎加	0.4
阿根廷	1.3	多米尼加	0.7	秘鲁	0.4

资料来源：http：//www. latinbusinesschronicle. com/app/article. aspx? id＝4425。

二　大量人口仍然生活在贫困之中

拉美拥有丰富的自然资源，但拉美的穷人为数不少。根据联合国拉美和加勒比经济委员会的统计，自 2002 年起，虽然贫困率出现了较大幅度的下降，但贫困人口仍然多达 1.8 亿人（见表 3－3）。这些被称作“金山上的乞丐”或长期失业，或只能在工资报酬少、劳动条件差的非正规经济部门中谋生（见专栏 3—1）。他们虽然能得到一些政府的救济金，但其生活水平总是得不到明显的提高。

拉美的贫困有以下几个特点：第一，除一般意义上的贫困以外，拉美的极端贫困（即赤贫）也很严重。根据联合国拉美和加勒比经济委员会的统计，在 1980 年至 2002 年期间，拉美的极端贫困率均在 20% 上下。2006 年以来虽有下降，但仍然超过 10%（见表 3－3）。第二，贫困与经济增长呈明显的负相关性。[①] 在 20 世纪 80 年代，拉美蒙受了债务危机和经济危机的双重打击，因此贫困率从 1980 年的 40.5% 提高到 1990 年的 48.3%。但在 2002 年至 2008 年期间，拉美经济取得了较快的发展，贫困率下降了 11 个百分点。第三，儿童的贫困甚于老年人。由于贫困家庭的子女较多，因此拉美国家 15 岁以下儿童的贫困现象也非常严重。这对其未来的身心健康构成了巨大的威胁。与此相反，拉美国家 65 岁以上人口的贫困状况则不像儿童那样严重。这与他们拥有固定的养老金收入有着很密切的关

① 联合国拉美和加勒比经济委员会认为，1990 年至 2008 年期间拉美贫困问题的减缓与经济发展和收入分配的改善有关，但两者的影响是不同的：经济增长对减贫的贡献为 85%，收入分配改善的贡献是 15%（United Nations Economic Commission for Latin America and the Caribbean, *Social Panorama of Latin America*, 2009, Briefing Paper, p. 12）。

系。第四，印第安人、黑人、妇女和受教育程度较低的人因受到“社会排斥”现象的影响而更容易陷入贫困。第五，大都市周边的贫民窟是穷人赖以生存的主要场所。这些贫民窟基础设施差，缺电少水，也没有学校和医院等生活服务设施。更为严重的是，许多贫民窟已成为各种刑事案件的高发区。① 第六，农村的贫困状况比城市贫困更为严重。

表 3－3　**拉美的贫困人口与贫困率**　（单位：亿、%）

年份	1980	1990	1997	1999	2002	2006	2007	2008
贫困人口	1.36	2.00	2.04	2.11	2.21	1.93	1.84	1.80
贫困率	40.5	48.3	43.5	43.8	44.0	38.3	34.1	33.0
极端贫困率	18.6	22.5	19.0	18.5	19.4	13.3	12.6	12.9

资料来源：United Nations Economic Commission for Latin America and the Caribbean, *Social Panorama of Latin America*, 2009, p. 9.

专栏 3—1

拉美的非正规经济部门

非正规经济（informal economy）是相对于正规经济（formal economy）而言的。区分非正规经济和正规经济的标准就是看这一经济活动“是否遵循公认的游戏规则”，是否照章纳税，是否受政府部门管理。

---

①　在拉美，几乎每一个大都市周围都有贫民窟。拉美的贫民窟可追溯到 18 世纪巴西的非洲人居民区（bairros africanos）。当时，获得人身自由的黑人因无土地所有权而只能流落他乡，在城市郊区的空地上搭建简易房屋。20 世纪中叶，一方面，随着进口替代工业化快速发展，制造业部门对劳动力的需求不断扩大；另一方面，大量农村剩余劳动力为摆脱农村的贫困和向往城市现代化生活而进入城市。上述“拉力”和“推力”使拉美的城市人口急剧膨胀。但是，农村劳动力的经济实力极为低下，难以在城区购买住房或租房，因此他们只能在城乡结合地带搭建非常简易的住处。经过几十年的发展，小的贫民窟有着数千居民，而里约热内卢和墨西哥城等大都市周边的贫民窟则容纳了数万人。

尽管非正规经济为穷人提供了一种别无他法的生计，也为正规经济部门中的就业人员提供了一定量的廉价商品和服务，但该部门的存在及发展也对整个国民经济及社会产生一系列不良后果：(1) 由于许多非正规活动难以受到政府的管制，经营者经常偷税漏税。如在巴西，据估计，偷税漏税额与非正规部门的产值之比是1∶1。这无疑损害了国家的税收体系。(2) 非正规部门中劳动者得不到必要的劳动保护，也无法享受医疗保险或退休金等社会保障服务。此外，该部门还大量雇用童工。(3) 非正规部门缺乏先进的生产技术，因此其产品的原材料消耗和能源消耗总是大大高于正规部门。(4) 非正规部门中还有不少违反法律的活动。

非正规经济得以发展的原因很多，其中最为直接的原因就是人口压力和就业压力过大，导致许多人无法在正规经济部门中得到工作机会。

秘鲁学者埃尔南多·德索托试图从非经济角度来分析非正规经济产生和发展的原因。他在其《另一条道路》(1986) 一书中指出，政府对经济生活进行的不适当的干预和法律制度的不健全，是非正规经济得以发展的主要原因。德索托在书中列举了他和他的同事进行的一个被许多人奉为"经典"的试验：他们试图在秘鲁首都利马建立一个服装厂。为获得营业执照，他们奔波了近300天，两次对政府主管部门的官员使用贿赂手段。后来，他们到纽约注册了一个同样规模的服装厂。所有手续仅用4个小时就办妥，而且不必向政府主管部门行贿。根据德索托及其同事的试验，在秘鲁注册一个运输公司，至少需要两年时间，申请一片建筑用地需要近七年的时间，即便是在马路边开办一个小商亭，也需要等43天后才能得到营业执照，并支付近600美元的各种费用。德索托指出，由于从事正规经济活动需要如此高的"合法性成本"，因此，许多人为了逃避这一成本而被迫进入非正规经济部门。

德索托在其《资本的神秘性：为什么资本主义能在西方成功而在其他地方不能成功》(2003) 一书中指出，为了使非正规经济部门中的那些具有创业精神的穷人回到正规经济部门中去，必须首先为他们确立财产权。他还说，早在19世纪60年代，美国就较好地解决了土地所有权问题，从而为市场经济的发展奠定了基础。这就是为什么资本主义能在美国得到快速发展的原因之一。

三　“社会排斥”现象司空见惯

“社会排斥”是指一部分人因种族或性别等原因无法参与国家的政治、经济和文化生活的现象。土著人和妇女是“社会排斥”最大的受害者。

根据国际公认的定义，土著人是指一个地区或国家在被殖民主义者征服以前生活在这片土地上、并能保留本民族独特的政治、经济社会和文化特性的原始居民的后代。在拉美，被各国政府承认的土著人民族共有671个，其中一半上居住在安第斯地区、墨西哥和中美洲地区的热带丛林中。① 根据2000年的统计，拉美的土著人总人口超过3000万人。玻利维亚、危地马拉、墨西哥和秘鲁的土著人最多，分别在460万人至850万人之间，委内瑞拉、巴西、智利、哥伦比亚和厄瓜多尔分别在50万人至100万人之间，阿根廷、哥斯达黎加、萨尔瓦多、洪都拉斯、尼加拉瓜、巴拉圭和乌拉圭各有不足50万的土著人。就土著人占总人口的比重而言，玻利维亚、危地马拉和秘鲁的比重最高，分别为62%、41%和32%。其他国家的这一比重不超过10%。

拉美的绝大多数土著人生活在农村。长期以来，拉美的农业现代化并没有使他们享受到应有的好处。相反，在新自由主义改革浪潮的冲击下，他们的生存空间越来越小。例如，墨西哥在1992年修改了象征1910年墨西哥革命的主要成果之一的宪法第27条，允许土地买卖，从而使印第安人部落的土地受到了私有化浪潮的冲击。秘鲁在20世纪90年代颁布的土地法也规定，国家有权将土著人拥有的土地以拍卖的形式转让给私人开发商。②

---

① 土著人民族的人口数量有着很大的差异。如在玻利维亚，最大的克丘亚族和艾马拉族的人口均在150万人以上，而在玻利维亚东部地区，有些土著人民族的人口仅为200人。

② 刘承军：《印第安文化与印第安政治运动的新崛起》，《拉丁美洲研究》2006年第5期，第62页。

随着工业化和城市化的发展，越来越多的土著人开始在城市谋生。然而，无论他们生活在哪里，他们总是社会中的弱势群体，社会地位得不到提高。他们的工作很不稳定，工资低，升迁的机会不多。在玻利维亚，印第安人不得使用一些高级游泳池，其薪酬仅为白人的41%。

土著人社会地位的边缘化与贫困密切相连。在玻利维亚，土著人的贫困率为64%，比其他人高出16个百分点；在秘鲁，土著人的贫困率为79%，比其他人高出近30个百分点。

在医疗卫生领域，土著人常常面临着缺医少药的困境。因此，土著人的婴儿死亡率比一般人高出60%。[①] 联合国拉美和加勒比经济委员会、泛美卫生组织和国际劳工组织等机构的调查表明，拉美各国的少数民族都无法得到足够的医疗卫生服务，尤其在印第安人聚居的地区，各种传染病的发病率大大高于全国的平均数。在巴拿马的一个地区，霍乱病的发病率为全国平均数的80倍。此外，由于受到家庭经济条件的影响，土著人的受教育机会不多，因此其文盲率很高。在洪都拉斯，印第安人的文盲率高达87%。[②]

最近几十年，随着拉美社会的进步，妇女的地位大幅度上升。至1961年，所有拉美国家的妇女都获得了投票权（见表3－4）。有些国家（如智利、阿根廷、尼加拉瓜和巴拿马）甚至出现了女总统，女部长或女议员更是不计其数。与此同时，拉美妇女的经济地位也有相应的提高。但是，今天拉美妇女仍然是“社会排斥”现象的受害者。例如，妇女在劳动力市场上经常受到歧视，甚至无法享受同工同酬的待遇。妇女受教育的程度常常低于男性。此外，在拉美文化特有的“大男子主义”影响下，妇女也常常成为家庭暴力的受害者。

表3－4　**拉美妇女获得投票权的时间**

国家	年份	国家	年份	国家	年份
厄瓜多尔	1929	阿根廷	1947	洪都拉斯	1955

① United Nations Economic Commission for Latin America and the Caribbean, *Social Panorama of Latin America*, 2006, p. 45.

② 苏振兴：《拉美印第安人运动兴起的政治与社会背景》，《拉丁美洲研究》2006年第3期，第6页。

续表

国家	年份	国家	年份	国家	年份
巴西	1932	委内瑞拉	1947	尼加拉瓜	1955
乌拉圭	1932	智利	1949	秘鲁	1955
萨尔瓦多	1939	哥斯达黎加	1949	哥伦比亚	1957
危地马拉	1945	玻利维亚	1952	巴拉圭	1961
巴拿马	1945	墨西哥	1953		

资料来源：Duncan Green, *Faces of Latin America*, Latin American Bureau, 1991, p. 148。

四　社会冲突频繁发生

拉美的社会冲突既有民众百姓上街游行和示威，也有充满血腥味的流血事件。而且，一些社会冲突因破坏性强和持续时间长而演化成受到国际社会关注的危机。墨西哥恰帕斯州的印第安农民暴动就是这样一种极为严重的社会冲突。10 多年来，墨西哥政府为解决恰帕斯危机而采取了多种手段。1996 年 2 月 16 日，政府与农民军签署了《圣安德列斯协议》。在这一协议中，政府作出以下承诺：重申宪法中规定的印第安人权力；增加印第安人的政治参与和代表权；促进土著人文化的发展；确保印第安人拥有受教育的权力和其他权力；确保印第安人拥有自治的权力。此外，双方还决定尽快就“民主”与“法制”等问题进行新的谈判。但在同年 8 月 29 日，农民军以“政府缺乏诚意”为由，宣布谈判破裂。

2001 年 3 月 12 日，政府与农民军恢复和谈。虽然双方达成了一些共识，但重大分歧依然存在。一周后，农民军领袖突然宣布，他们将立即返回恰帕斯州丛林，并将为争取法律上承认土著人权利与尊严“寻求其他斗争方式”。时至今日，恰帕斯危机依然悬而未决。

在巴西，最引人注目的社会冲突是无地农民与大地主和政府之间的对峙。20 世纪 70 年代末，巴西全国各地接连不断地发生了无地农民强行霸占大地主的闲置土地的事件。为了增强自身与大地主及政府讨价还价的筹码，无地农民在 1984 年成立了“无地农民运动”。1985 年，该组织召开了第一次全国代表大会，提出了“占领、反抗和生产”的口号，并将强占土地作为其获取土地的主要斗争方式。因此，无地农民与大庄园主之间经常发生流血冲突。

阿根廷的“拦路者运动”（corte de ruta 或 Piquete）也是社会冲突加剧

的表现形式。阿根廷内乌肯省有一名叫古特拉尔科的小镇。该镇居民的就业机会基本上全部来自能源工业企业。1996 年 6 月，失业工人为表达心中的不满而将 22 号国道阻塞。这是“拦路者运动”的萌芽。[①]

90 年代末，阿根廷经济形势不佳，国有企业私有化和贸易自由化导致失业问题更加严重，用阻塞道路或桥梁等方式表达不满的人越来越多（其中大多数是妇女），全国各地都有这样的抗议活动。[②] 如在 1997 年，仅布宜诺斯艾利斯省就有 23 个阻塞点，全国共有 77 个。与此同时，失业者还成立了失业工人运动（Movimientos de Trabajadores Desocupados）。除组织“拦路”行动以外，他们还占领政府部门的办公楼和商店。媒体将这种用堵塞道路等方式向政府示威的行为称作“拦路者运动”。

在 2001 年爆发的金融危机中，为抗议政府的金融管制政策，更多的人加入了游行示威的队伍中，“拦路者运动”也不断扩大。但在与警察的对峙中，多人丧命。这一代价是巨大的，但“拦路者运动”的目的就是要通过中断正常的交通运输、商业活动和政府部门的工作秩序来获取“政治杠杆”，以促使政府和社会各界关注其利益诉求。[③]

第二节　影响拉美社会发展进程的决定性因素

毋庸置疑，没有一个国家是没有社会问题的。但在不同的国家，社会问题的根源不尽相同，社会问题的严重性也有差异。拉美国家的社会问题既受制于经济发展水平，也取决于收入分配状况，既与政府的发展理念有关，也与社会发展政策密切相连，甚至还与 20 世纪 90 年代以来开展的经济改革有一定的关系。因此，未来拉美国家能否正确地应对其严重的社会问题，在一定程度上将取决于下述因素：

---

① http：//en. wikipedia. org/wiki/Piquetero.

② 在许多拉美国家，国有企业在被私有化之前，常解雇大量工人，以便使该企业更容易被投资者“看中”。有些国有企业虽然实现没有解雇工人，但在实现私有化后，新的企业主会毫不留情地裁减工人，以压缩开支和尽快实现赢利。贸易自由化对就业的负面影响主要是外国商品的进入导致本国竞争力弱小的企业倒闭或压缩生产规模。

③ Moira Birss，“The Piquetero Movement：Organizing for Democracy and Social Change in Argentina's Informal Sector”（http：//quod. lib. umich. edu/cgi/t/text/text-idx？c = jii；view = text；rgn = main；idno = 4750978. 0012. 206）.

一 能否使经济保持稳定而较快的发展

经济发展对社会发展进程的影响是十分巨大的。在收入分配政策不变的条件下，较快的经济发展能创造较多的财富，从而使更多的穷人受益。同样重要的是，较快的经济增长率能创造较多的就业机会，也使政府能获得更多的财政收入，用于加快社会发展。20 世纪 90 年代，由于拉美经济走出了“失去的十年”的阴影，政府经济实力的增强使政府扩大社会开支成为可能。

毫无疑问，经济危机会阻碍社会发展进程。经济危机对社会发展进程的影响主要体现在以下几个方面：一是危机导致经济活动萎缩，企业无法扩大生产规模，从而使失业问题变得更为突出，有幸保住就业机会的工人无法增加工资，有时甚至会减薪；二是危机使政府的财政收入无法增加，政府对社会发展领域的投入必然会减少；三是危机时期容易出现通货膨胀，而低收入阶层无疑是通货膨胀的最大受害者。

根据联合国拉美和加勒比经济委员会发表的《拉美和加勒比国家实现“千年目标”的成就与挑战》，在 1990—2008 年期间，人均收入较低的拉美国家在实现联合国的“千年目标”时取得的成就不及人均收入较高的国家。人均收入最低的 5 个拉美国家可能无法在 2015 年实现“千年目标”确定的第二个目标（即普及初等教育）。由此可见，只有加快经济发展，才能推动社会发展。

拉美经济经常爆发危机，每一次危机都为社会各阶层（尤其是低收入阶层）带来了巨大的损失。根据最保守的估计，1994 年爆发的墨西哥金融危机使墨西哥损失了 450 亿美元，相当于墨西哥国内生产总值的 16%。[①] 1995 年，墨西哥的国内生产总值下降了 6.9%，是 20 世纪初墨西哥革命爆发以来经济增长率下降幅度最大的一年。通货膨胀率超过 50%，而实际工资则降低了 20%。消费者无法偿还住房贷款和其他贷款，大量企业倒闭。与危机前相比，失业人口增加了 200 万人。[②] 仅在 1995 年 1 月和 2 月，倒闭的企业就达 1.93 万家，占全国企业总数的 3%，25 万人因此而失业。[③]

---

① Riordan Roett (ed.), *The Mexican Peso Crisis: International Perspectives*, Lynne Rienner, 1996, p. 27.

② *Hemisfile*, March-April, 1996, p. 5.

③ *Business Latin America*, April 7, 1995, p. 8.

在2001—2002年阿根廷金融危期间，阿根廷各行业月均名义工资由961比索降至616比索，其中正规部门降至769比索，非正规部门跌落到363比索。2002年1月货币局制度崩溃后，比索大幅度贬值，物价急剧攀升，贫困人口和失业人口再次迅速增加。至2002年10月，贫困率已升至57.5%，极端贫困人口比重由13.6%升至27.5%。①

在2008年国际金融危机爆发以前，包括拉美国家在内的许多发展中国家通过加快经济增长和实施社会发展政策等手段，成功地降低了贫困率。但在危机爆发后，许多人因失业而再次跌入贫困线之下。英国国际发展部认为，国际金融危机将使发展中国家的贫困人口增加9000万人。② 世界银行2009年2月发表的政策研究报告《全球经济危机：从贫困角度评估脆弱性》指出，全球金融危机使几乎所有发展中国家“面临更大的贫困风险”。根据该机构的测算，在107个发展中国家中，受金融危机影响最大的约占40%，受危机影响较大的约占56%，不受危机影响的国家所占比重极小。世界银行还认为，国际金融危机将使发展中国家在2009年新增5300万贫困人口（日均生活费为2美元）和4600万极端贫困人口（日均生活费为1.25美元）。此外，儿童死亡率进一步上升，加大了实现“千年目标”的难度。③

总之，只有大力发展社会生产力，不断为社会和谐创造雄厚的物质基础，才能推动经济与社会的协调发展，才能加快社会发展进程。鉴于未来拉美经济发展的前景是较为乐观的，因此，经济因素将对社会发展产生不容忽视的积极影响。

二　能否树立一种有利于推动社会发展的理念

政府应该追求的目标不能局限于经济增长（效率），而是应该兼顾社

---

① 黄志龙：《金融危机对社会领域的冲击：拉美国家的经验研究》，《拉丁美洲研究》2008年第2期。

② 英国国际发展部的计算方法是：根据2005年世界银行的统计，2005年世界上的贫困人口为13.74亿。经济增长率每下降一个百分点，贫困人口就会增加2000万。由于危机使发展中国家的增长率下降了4.5个百分点，因此贫困人口会增加9000万。转引自英国国际发展部“Crisis update: 90 million to be pushed into poverty by 2011”，http://www.dfid.gov.uk/Media-Room/News-Stories/2009/Crisis-update--90-million-to-be-pushed-into-poverty-by-2011/。

③ http://web.worldbank.org/WBSITE/EXTERNAL/NEWS/0，contentMDK：22067892—pagePK：64257043—piPK：437376—theSitePK：4607，00.html.

会发展（公平）。一方面，体现公平与否的生产关系现状取决于体现效率的生产力发展水平；另一方面，生产关系又在一定程度上反作用于生产力。因此，公平与效率是相辅相成的。效率是实现公平的动力和必要条件，但公平的缺失必然会使效率失去其意义，从而延缓社会发展。

在相当长的时间内，拉美国家的政府似乎更为重视效率，较少顾及公平。这一"先增长后分配"的理念使社会发展屈从于经济增长，最终导致社会问题越来越严重。

事实上，早在20世纪90年代初，联合国拉美和加勒比经济委员会就提出了"实现公平的生产变革"的口号。进入新世纪后，联合国拉美和加勒比经济委员会越来越注重加快社会发展的重要性，进一步提出了强化社会凝聚力的理念（见专栏3—2）。

专栏3—2

如何强化社会凝聚力

社会凝聚力是一个较为抽象的概念，但联合国拉美和加勒比经济委员会认为，可以用两个指标体系来衡量社会凝聚力的大小。第一个指标体系与物质能力有关，主要包括收入水平、贫困化程度、失业率、入学率、预期寿命、儿童免疫接种的普及率、能否居住在拥有卫生设施的住房、社会保障的覆盖面以及数字鸿沟（即儿童和成年人在学校和家庭可否使用因特网）。第二个指标体系是通过民意测验等方式取得的人们对下述问题的主观判断：能否尊重文化的多元性、人与人之间的信任以及民众对政治和集体活动的参与程度。

与社会凝聚力相悖的就是社会排斥。联合国拉美和加勒比经济委员会认为，在每一个社会，总有一部分社会成员因受教育机会少或收入水平低而处于社会的底层。这些人长期被排斥在国家政治、经济和文化生活之外，因而很容易成为社会不稳定的根源之一。强化社会凝聚力的目的，就是要使每一个人成为民族大家庭的一员，以社会容纳取代社会排斥。

联合国拉美和加勒比经济委员会提出了三项强化社会凝聚力的政策主张。第一个主张是通过大力发展经济来扩大就业。就业之所以重要，是因为就业构成了拉美家庭收入的主要来源（约占80%）。没有就业机会，家庭就失去了收入的来源。此外，就业是经济发展与社会发展之间最重要的纽带，因为快速发展的经济能创造出更多的就业机会，能提高人民的收入水平，从而达到加快社会发展的目的。扩大就业的另一个重要性在于它能缩小非正规经济的规模。

联合国拉美和加勒比经济委员会认为，为了使劳动者度过经济周期的变化对劳动力市场产生的负面影响，拉美国家在经济周期进入低潮后应该实施一些紧急就业计划，以创造出一些应急性的短期就业机会。这些就业机会常常是劳动力密集型的，主要来自与国民经济发展息息相关的基础设施建设。紧急就业计划既可以改善基础设施，又创造了就业机会，从而减少影响社会凝聚力的不良因素。

联合国拉美和加勒比经济委员会提出的第二个有助于强化社会凝聚力的政策主张是发展教育。教育有助于提升人的能力，从而使每一个人能够获得均等的脱贫或致富的机会，因而，有助于消除或减少贫困，有助于保护弱势群体，从而达到强化社会凝聚力的目的。教育还能通过传播知识来改变人的价值观和对待他人的姿态，从而使人更容易地接受其他文化的特点，更好地对待其他种族，这种相互尊重和容纳也会提高社会凝聚力。联合国拉美和加勒比经济委员会认为，除了普及小学入学率以外，拉美国家还应该普及学龄前儿童（3岁至6岁）的学前教育，降低青少年的辍学率，并为其提供接受终身教育的机会。政府必须在发展教育事业的过程中发挥主导作用。对于来自贫困阶层和落后地区的儿童，政府必须为其接受正规的、高质量的和公平的义务教育提供财政上的支持。

联合国拉美和加勒比经济委员会的第三个政策主张是加强社会保护。任何一个人都可能面临着失业、生病、年老等因素导致的收入水平降低的风险。如果人们能够感受到社会对自己的需求作出反应，体会到社会是一个充满合作、平等协商和有能力解决争端的体系，认识到社会能够帮助每一个人化解各种风险，那么，人们就会有安全感，就愿意为维系社会安定作出贡献。可见，社会保护是与社会凝聚力密切相连的、实实在在的政策工具。政府应该把社会政策和福利更多地分配给弱势群体。如果社会把不同的人分为不同等级的公民，那么社会凝聚力就无法得到强化。

联合国拉美和加勒比经济委员会认为，社会凝聚力是指社会的各个成员在社会中的归属感以及对社会发展目标的认同感，与社会容纳机制、社会成员的行为及其对社会价值的判断密切相关。社会容纳机制包含了就业、教育以及确保社会公平的政策，社会成员的行为及其对社会价值的判断涉及人们对制度、社会资本、社会团结和社会规则的信任以及社会的每一个成员参与社会发展进程的意愿和集体努力。[①]

社会凝聚力的理念有以下三个特点：一是注重经济发展的重要性，即只有把“蛋糕”做大了，才能进一步强化社会凝聚力；二是重视社会的每一个成员的作用，而发挥其作用的有效手段就是通过发展教育事业来提升人的能力和素质；三是关注政府在强化社会凝聚力的过程中应该发挥的重要作用。

社会凝聚力的理念得到了国际社会的认可和赞赏。2007 年 11 月 8—10 日在智利首都圣地亚哥召开的第 17 届伊比利亚美洲国家首脑会议，将社会凝聚力作为会议的主题。会议通过的《圣地亚哥声明》和《行动计划》等文件进一步强调了拉美国家强化社会凝聚力的重要性和必要性。联合国秘书长潘基文在这一首脑会议的开幕式上说，社会凝聚力也是联合国在全球范围内积极倡导的理念，是实现联合国制定的《千年发展目标》、《土著人民权利宣言》和《残疾人权利公约》的必要条件之一，符合联合国在全球范围内致力于维护和平、加快发展和保护人权的努力。他甚至认为，社会凝聚力有助于国际社会应对全球气候变化问题。

西班牙的一个思想库评价说，过去，拉美很少谈论社会凝聚力，认为这是一种乌托邦式的幻想。但在今天，无论是政府还是非政府组织，无论

① 联合国拉美和加勒比经济委员会还认为，社会凝聚力的理论基础是法国社会学家涂尔干（1858—1917）的社会分工理论。

是企业还是民众，都在关心如何通过强化社会凝聚力来解决社会问题。因此，尽管拉美的社会问题根深蒂固，但社会凝聚力理念的提出无疑是朝着积极的方向迈出了一大步。

三　能否制定和实施有效的社会发展政策

社会政策是政府为提高人民生活水平、缓解社会矛盾和加快社会发展而确立的行为准则和法规的总和，因而反映了政府解决社会问题的愿望、决心和思路。拉美国家制定的社会政策涉及社会保障、社会救济、医疗卫生、教育、扶贫、就业、工资和税收等领域。有些国家甚至通过颁布法律或法规来确保社会政策的稳定性。但是，在实施上述社会政策的过程中，拉美国家常常面临以下几个方面的难题：一是政府的财力不够，因此许多政策在实施的过程中出现了“虎头蛇尾”的现象。① 二是不能使各种社会政策取长补短、相得益彰，从而形成了“头痛医头、脚痛医脚”的局面。三是经常受到利益集团的掣肘。处于社会“金字塔”顶端的公务员总是能从各种社会政策中获得最多的利益，而弱势群体虽能受益，但受益较少。四是主管社会政策的政府部门的专业化水平不高，管理能力不强，从而使社会政策的成效得不到提高。这种情况在地方政府尤为普遍。五是迷信市场的力量，认为市场机制能在社会保障、医疗卫生、劳动力市场和税收等领域替代政府的作用。

20 世纪 80 年代初的债务危机爆发后，一些拉美国家曾为减缓危机对低收入阶层的影响而设立了社会投资基金或类似的社会救助计划。这一基金的资金或来自政府的拨款，或来自国际组织的捐款或贷款。② 其用途主要是为失业人员创造就业机会（如铺设道路、修缮桥梁和清扫公路），或直接向低收入阶层提供低价食品和医疗服务。但是，一方面，由于当时拉

---

① 在阿根廷、巴西和乌拉圭等地，政府用于社会发展领域的开支占公共开支总额的 60%，但在萨尔瓦多和秘鲁等国，这一比重不足 40%。虽然社会开支占 GDP 的比重从 20 世纪 90 年代初的 12.8% 上升到 21 世纪初的 15.1%，但仍然大大低于美国的 23.6%、法国的 35% 和德国的 33.6%。（United Nations Economic Commission for Latin America and the Caribbean, *Social Panorama*, 2005, p. 17; The World Bank, *Poverty Reduction and the World Bank*: *Progress in Fiscal 1996 and 1997*, 1998）

② 20 世纪 80 年代玻利维亚利用世界银行的资金设立的社会投资基金被认为是一个较为成功的案例。这一基金的资金用于 4 个领域：经济基础设施、社会基础设施、社会援助和信贷供给。这一基金曾使 350 万至 400 万玻利维亚穷人受益。（Patrice Franko, *The Puzzle of Latin American Economic Development*, Rowman & Littlefield, 2007, p. 424. ）

美国家的经济深受债务危机和经济危机的打击，政府的财力无法长期支撑大规模的社会开支；另一方面，在新自由主义思想的影响下，拉美国家的决策者认为政府没有必要干预社会发展领域，因此，社会投资基金或类似的社会救助计划在实施了若干年后就变为“虎头蛇尾”，不了了之。这也在一定程度上说明，为什么80年代后期许多拉美国家的社会问题变得越来越严重。

进入90年代后，一方面，拉美国家的领导人越来越认识到，社会发展和经济发展是一种相辅相成的关系，因此，在实施经济改革时，不能忽略社会发展。另一方面，经济的复苏增加了政府的财政收入，使政府有能力在社会发展领域扩大投资。根据联合国拉美和加勒比经济委员会对17个拉美国家的统计，政府用于社会开支的公共资金从90年代初人均360美元上升到90年代末的540美元，增长幅度高达50%左右。[①] 根据该机构对21个国家的统计，2006—2007年与1990—1991年相比，政府用于社会发展领域的开支增加了将近一倍，从318美元提高到604美元（按2000年美元价格计算）。当然，国家之间的差异很大。如在2006—2007年期间，阿根廷政府的社会开支人均为2000美元，而尼加拉瓜和厄瓜多尔则仅为100美元左右，两者相差20倍。[②]

应该指出的是，拉美政府在社会发展领域的开支具有明显的顺周期特性。换言之，在经济形势较好的年份，投入社会发展领域的资源就多；而在经济增长率较低的年份，政府一般不愿意或是无力在社会发展领域扩大投资。

如把社会发展的领域分成社会保障、教育、卫生以及住房这样四个方面，那么我们可以看出，拉美国家的政府似乎较为重视社会保障、社会和教育。20世纪90年代以来，拉美用于社会发展领域的开支约占GDP的5.2%，其中社会保障和教育分别占GDP的2.6%和1.4%，卫生和住房分别占0.7%和0.5%。[③]

如前所述，在每一次经济危机中，受影响最大的总是穷人，因为这一

---

① United Nations Economic Commission for Latin America and the Caribbean, *Social Panorama of Latin America*, 2000—2001, p. 116.

② United Nations Economic Commission for Latin America and the Caribbean, *Social Panorama of Latin America*, 2009, Briefing Paper, p. 23.

③ Ibid., p. 26.

群体中的成员文化水平低，劳动技能少，因而在企业裁员或减薪时总是成为最大的受害者。2008—2009 年国际金融危机爆发后，为了最大限度地减少危机对社会发展进程的冲击，许多拉美国家出台了一些扶持弱势群体的措施。例如，智利政府向贫困家庭提供每月 60 美元的现金补助。墨西哥政府为失业工人提供更多的季节性失业补助金，为鼓励企业少解雇工人而向企业提供了 1.49 亿美元的信贷支持。此外，政府还拨付 5590 万美元专款，为低收入家庭实施家用电器以旧换新计划。

在一些拉美国家，“有条件现金转移支付项目”已成为政府实施的最重要的社会救济行动。[①] 它采用政府直接将现金支付给贫困家庭的方式，但贫困家庭的家长必须作出若干承诺，如将子女送往学校就读，不得中途辍学，定期对儿童的健康和营养状况进行检查和接受免疫，有孕产妇的家庭要保证使其接受围产期的保健，并定期参加健康信息讲座，等等。目前，已有 17 个拉美国家实施了“有条件现金转移支付项目”，覆盖了 2200 万个家庭的 1 亿人口，占拉美总人口的 17%。这些项目使用的资金占整个拉美地区公共社会开支的 2.3%，占 GDP 的 0.25%。[②]

四　能否改善收入分配

拉美是世界上收入分配最不公平的地区之一。世界银行认为，即使是该地区相对而言比较公平的国家（如乌拉圭和哥斯达黎加），其收入分配也比经济合作与发展组织中的任何一个成员国或任何一个东欧国家更不公平。在大多数拉美国家，占总人口 10% 的富人获得的收入占国民总收入的 40%—47%，而占总人口 20% 的穷人所占的比重仅为 2%—4%。[③] 联合国拉美和加勒比经济委员会的数据表明，在 18 个拉美国家中，2 个国家的基尼系数超过 0.6，12 个国家在 0.5 以上，4 个国家超过 0.45（见表 3－5）。

---

① 在不同的拉美国家，“有条件现金转移支付项目”有着不同的称呼。例如，在巴西被叫作“家庭补贴”（Bolsa Família），在墨西哥被称为“机会”（Oportunidades），在哥伦比亚被命名为“家庭行动”（Familias en Acción），在厄瓜多尔被称作“人类发展债券”（Bono de Desarrollo Humano），在牙买加被叫作“卫生和教育改进项目”（Program of Advancement through Health and Education）。

② United Nations Economic Commission for Latin America and the Caribbean, *Social Panorama of Latin America*, 2009, Briefing Paper, p. 30.

③ David de Ferranti, et al, *Inequality in Latin America and the Caribbean: Breaking with History*? The World Bank, 2004.

“拉美晴雨计”对18个拉美国家进行的民意测验表明，在1997年、2002年和2007年，80%、87%和78%的人认为拉美国家的收入分配非常不公（见表3－6）。不公正的收入分配使许多人对政治体制失去了信心。他们认为，政府仅仅为富人阶层服务，不是为人口占多数的低收入阶层服务。联合国拉美和加勒比经济委员会的结论是：如果拉美国家的政府不认真对待收入分配不公这个问题，拉美各国的社会凝聚力就会被削弱。①

表3－5　　**2005年拉美国家的基尼系数**

国家	基尼系数	国家	基尼系数	国家	基尼系数
玻利维亚	0.614	智利	0.550	秘鲁	0.505
巴西	0.613	危地马拉	0.542	巴拿马	0.500
洪都拉斯	0.587	巴拉圭	0.536	萨尔瓦多	0.493
哥伦比亚	0.584	墨西哥	0.528	委内瑞拉	0.490
尼加拉瓜	0.579	阿根廷	0.526	哥斯达黎加	0.470
多米尼加	0.569	厄瓜多尔	0.513	乌拉圭	0.451

注：尼加拉瓜为2001年；玻利维亚和危地马拉为2002年。

资料来源：United Nations Economic Commission for Latin America and the Caribbean, *Social Panorama of Latin America*, 2006。

表3－6　　**拉美民众对公平的看法**

年份	非常不公平	不公平	公平	非常公平
1997	29	51	14	5
2002	34	53	11	2
2007	28	50	18	4

资料来源：转引自United Nations Economic Commission for Latin America and the Caribbean, *Social Panorama of Latin America*, 2009, Briefing Paper, p. 20。

造成拉美国家收入分配严重不公的原因是多方面的，既有历史原因，也有各种经济原因。历史原因主要是指拉美历史上遗留下来的土地所有制。众所周知，在拥有大量农业人口的经济中，土地改革既能提高劳动生产率，也

① United Nations Economic Commission for Latin America and the Caribbean, *Social Panorama of Latin America*, 2009, Briefing Paper, p. 19

能改善收入分配状况。正如美国学者 A. 费希罗所说："土地改革是影响收入分配的一个最为有力的因素。"他还指出："当代拉美严重的收入分配不公，是 19 世纪或更早时期遗留下来的土地所有制集中化的结果。"[①] 联合国粮农组织和国际劳工局在题为《土地改革的成就与问题》的研究报告认为，"拉丁美洲仍然被视为世界上土地所有权最为集中的地区"[②]。

拉美的大地产制出现于 16 世纪中期。在那时的西班牙殖民地，既由于矿业经济的发展及西班牙人口的增多对农牧产品的需求日益增长，又由于印第安人口的锐减腾出了大片可耕地，为大地产制的形成创造了条件。

大地产主获得的土地主要来自王室赐予、廉价购买、交换、侵占印第安人的土地、与印第安人结婚或利用种种欺骗手段，等等。由于大部分土地是非法占有的，因此，从 16 世纪末至 17 世纪末，陷入财政困境的西班牙国王不得不为增加财政收入而下令对殖民地的土地所有权进行全面审查。[③] 王室要求土地所有者必须在交纳一笔费用后方可获得土地所有权。大地产主便乘机通过这种法律程序使自己侵占土地的权利合法化。[④]

19 世纪初的拉美独立战争并没有触动大地产制，相反，由于多方面的原因，在 19 世纪并入大地产的土地为前 3 个世纪并入大地产的土地的总和。[⑤]

在促使拉美大地产制发展的原因中，自 19 世纪中叶起拉美国家开始实施的初级产品出口型发展模式尤为重要。为了提高初级产品生产的规模经济效益，大庄园主竞相扩大自己的土地。其结果是，土地作为财富的主要来源，越来越为少数人控制。如在阿根廷，布宜诺斯艾利斯的一位富人从 1818 年起投资牧场，40 年后他成了全国最大的地主，拥有 160 万英亩（约合 65 万公顷）最肥沃的土地。在 20 世纪初的墨西哥，95% 的农民无地耕种，而 200 个大庄园主却拥有全国 1/4 的土地。[⑥] 就整个拉美地区而

---

① Albert Fishlow, "Latin American the XXI Century", in Louis Emmerij (ed.), *Economic and Social Development into the XXI Century*, Inter-American Development Bank, 1997, p. 412.

② 转引自 Inter-American Development Bank, *Economic and Social Progress in Latin America, 1986 Report*, p. 129。

③ 西班牙殖民主义者在当地总人口中的比重虽然不大（仅占 20%），但他们却能利用手中的政治权力和财富，剥削印第安人，大肆掠夺其土地，从而使土地所有权进一步集中。

④ 韩琦：《论拉丁美洲殖民制度的遗产》，《历史研究》2000 年第 6 期。

⑤ 威廉·福斯特：《美洲政治史纲》（中文版），人民出版社 1956 年版，第 314 页。转引自韩琦《论拉丁美洲殖民制度的遗产》，《历史研究》2000 年第 6 期。

⑥ ［美］E. B. 伯恩斯：《简明拉丁美洲史》（中文版），湖南人民出版社 1989 年版，第 149、239 页。

言，在第一次世界大战前后，约占农户 1.5% 的大地主拥有的耕地面积超过全地区耕地总面积的 1/2 以上。[①]

诚然，在 20 世纪，绝大多数拉美国家为解决土地问题开展了不同规模的土地改革。应该指出的是，土改使不少无地农民获得了土地，并在一定程度上削弱了土地所有权的高度集中。[②] 但是，土改并未从根本上改善农村的收入分配结构。这主要是因为：第一，一些拉美国家的土改法没有顾及无地农民的根本利益。例如，哥伦比亚政府在制定土改法时，没有请无地农民的代表参加，却让大地主的代表出谋划策。[③] 可以想象，这样的土改法是很难改变不合理的土地所有制的。第二，失去土地的大地主从政府手中获得了相应的补偿金。此外，为了保护自己的财产，大地主千方百计地钻土改法的一些“空子”。例如，针对土改法关于“闲置土地应被没收”的规定，大地主常常于土改前在闲置多年的土地上随意撒些种子，以造成土地未被闲置的假象。但他们不进行任何田间管理，因为他们根本不考虑是否有收成。可见，从经济角度而言，土改并未使大地主蒙受损失。第三，土改后，许多农民因缺乏必要的财力和物力而难以独立从事生产活动，因此最后不得不出卖土地，再次沦为无地农民。如在智利，在土改中获得土地的小农在 70 年代至 90 年代初期间基本上都将土地售予大农场主。[④] 第四，土改只使大地主失去一小部分土地。据估计，在拉美，再分配的土地仅占应被充公土地的 15% 左右，受惠的农民只占应受惠农民总数的 22%。[⑤]

总之，拉美国家的土改很难说是成功的。正如英国学者布尔默 - 托马斯指出的那样，20 世纪 60 年代拉美国家的土改在一定程度上“是出于应付美国提出的‘争取进步联盟’的表面文章”。此外，不愿进行土改的原因不仅是由于地主阶级的政治影响十分强大，而且还是由于政府担心重新

---

① 李春辉：《拉丁美洲史稿》上册，商务印书馆 1983 年版，第 249 页。

② 如在墨西哥革命后的 30 年时间内，约 3000 万英亩的土地被分配给 200 万户无地农民。（He Li, *From Revolution to Reform: A Comparative Study of China and Mexico*, University Press of America, 2004, p. 28）

③ Gabriel Kolko, *Confronting the Third World: United States Foreign Policy 1945—1980*, New York, Pantheon Books, 1988.

④ Patrice Franko, *The Puzzle of Latin American Economic Development*, Rowman & Littlefield, 2007, pp. 366—367.

⑤ Inter-American Development Bank, *Economic and Social Progress in Latin America, 1986 Report*, p. 120.

分配土地后会损害农产品出口，因为大地产是农产品出口收入的主要来源。[①] 其结果是，即使在土改规模较大的玻利维亚、秘鲁、墨西哥、委内瑞拉、厄瓜多尔、智利、哥伦比亚和尼加拉瓜等国，农村的两极分化和贫困化现象并未因土改而有所减轻。如在 1978 年的中美洲，占农户总数 79% 的小农户（其土地拥有量难以为本家庭的所有劳动力提供就业机会），仅拥有 10% 的农田，而那些占农户总数 6% 的大农户却拥有 74% 的农田。[②] 联合国粮农组织的数据表明，在拉美，7% 的大地产主（土地面积在 100 公顷以上）拥有 77% 的土地，而 60% 的小农仅拥有 4% 的土地。相比之下，在东亚，大地产主仅拥有 1.6% 的土地，而 96% 的农民拥有面积在 10 公顷以下的土地（这些农民拥有的土地占总面积的 68%）。[③]

美洲开发银行的经济学家把拉美的收入分配不公与自然资源禀赋和地理位置联系在一起（见专栏 3—3）。他们认为，拉美的收入分配与自然资源禀赋的关系具有以下 3 个特点：一是人均土地拥有量较大的国家与人均土地拥有量较小的国家相比，收入分配不公的现象非常突出。二是同其他国家的收入分配相比，严重依赖初级产品出口的国家的收入分配更为不公。三是离赤道愈近的国家，其收入分配愈不公平。

把收入分配不公这个复杂的社会经济问题完全归咎于自然资源禀赋因素和地理位置显然是欠妥的，但美洲开发银行经济学家的观点无疑为我们认识拉美收入分配不公的根源提供了一个新的视角。

专栏 3—3

收入分配与自然资源禀赋的关系

美洲开发银行的经济学家认为，在收入分配与自然资源禀赋的关

---

① 维克托·布尔默-托马斯：《独立以来拉丁美洲的经济发展》（中文版），中国经济出版社 2000 年版，第 374 页。

② Inter-American Development Bank, *Economic and Social Progress in Latin America, 1986 Report*, p. 120.

③ Eliana Cardoso and Ann Helwege, *Latin America's Economy: Diversity, Trends and Conflicts*, Cambridge, MIT Press, 1992.

系中，以下几个因素十分重要。

一是与温带农作物相比，热带农作物明显具有规模经济效益的特点。因此，土地的高度集中就变得更有利可图。这在很大程度上说明为什么土地所有权高度集中的状况在中美洲地区非常普遍。然而，美洲开发银行的经济学家也指出，就上述“规律”而言，东亚是一个例外。尽管一些东亚国家和地区邻近赤道，但它们并不存在土地高度集中的特点。这主要是因为“东亚社会的基础是水稻种植业，而这一种植业不像甘蔗、棉花或烟草等热带作物那样具有规模经济的特点”。所以，“尽管其他因素也在起作用，但东亚的相对公平的收入分配与大米文化留下的经济、社会和体制结构有着很大的关系”。

二是矿产资源和某些种类的土地开发具有资本密集型的特点，这一特点产生了“资本沉淀”，因此对劳动力的需求相对较小。自然资源部门的发展吸收了非常稀缺的资本，却很少创造足够的就业机会。这一特点对于资本比较匮乏而劳动力资源比较丰富的发展中国家来说，无疑会提高资本的相对价格，降低劳动力价格，最终使收入分配得不到改善。此外，由于国民经济增长的动力一般来自制造业或非资源依赖型工业的发展，因此，严重依赖自然资源的国民经济难以得到长期的可持续发展。这同样是不利于收入分配的。

三是邻近赤道的国家，由于受气候条件的影响，一般来说工人的劳动条件比较差，传染病也比较多，因而工人的劳动生产率不易提高，整个国民经济的增长速度就无法提高，而“发展前景遇到的这一不利状况会加剧不平等，因为经济发展对（改善收入）分配来说常常是有利的”。此外，由于邻近赤道的热带国家的农村地区劳动生产率低，发展水平低下，生活条件差，因此，工业化就会在劳动力市场的“买方”市场条件下进行，从农村进入城市工业部门的劳动力也就难以得到较高的工资，最终使收入得不到提高。

收入分配不公是一个复杂的社会问题和经济问题。因此，除了土地所有制以外，以下几个因素也是不容忽视的。

（一）工业化模式具有资本密集型和技术密集型的特点

2001 年全球就业论坛提出："工作是人们生活的核心，不仅是因为世界上很多人依靠工作而生存，它还是人们融入社会、实现自我以及为后代带来希望的手段。这使得工作成为社会稳定和政治稳定的一个关键因素。"① 就业是民生之本，也是安国之策。但拉美的工业化模式却没有在创造就业机会方面发挥更大的作用。

20 世纪初，尤其在 20 世纪 30 年代世界经济大萧条和第二次世界大战结束后，在以下因素的作用下，拉美的工业化进程进一步加快：一是，由于第一次世界大战在一定程度上影响了拉美国家的制成品进口，发展本国的制造业这一任务遂变得更为迫切；二是，外国资本在拉美的活动范围开始从传统的初级产品生产部门扩大到制造业部门；三是，初级产品出口的"黄金时期"使拉美国家积累了一定数量的资本，从而为政府和私人企业在制造业中进行较大规模的投资创造了条件；四是，英、美等发达国家的工业化进程为拉美国家提供了示范效应。在拉美，无论是具有革新思想的政府领导人，还是受欧、美影响较深的知识分子，都认为通向现代化的道路就是实现工业化。

工业化模式也能在一定程度上影响一个国家的收入分配。"如何分经济蛋糕固然是重要的，但如何做这一蛋糕以及谁来做这一蛋糕也是重要的。"② 在发展中国家，劳动力资源比较丰富，而穷人拥有的"资产"就是自己的双手。因此，"与贫困作斗争最成功的国家都推行一种有效地使用劳动力的增长模式。"③ 事实上，不仅解决贫困问题需要创造就业机会，改善收入分配亦非例外。

一个国家的工业化模式之所以与收入分配有关，主要是因为工业化或依赖劳动力密集型产业，或以资本密集型和技术密集型为基础。有人认为，拉美国家如要快速推动工业化进程，必须采用资本密集型模式，因为资本密集型制造业是国民经济的"龙头"。但也有人认为，拉美国家不应该大力发展资本密集型制造业，因为它容易导致资本有机构成的提高，从而降低对劳动力的需求。正如巴西著名经济学家富尔塔多所说的那样，拉

---

① 转引自 http：//www. lm. gov. cn/gb/reading/2005 －05/10/content_ 72822. htm。

② Oxfam International Report，*Growth with Equity*：*An Agenda for Poverty Reduction*，1997. ［http：//www. oxfamamerica. org/advocacy/exec （1） . htm］

③ 世界银行：《1991 年世界发展报告》（中文版），中国财经出版社 1991 年版，第 138 页。

美国家是经济增长与收入分配关系“恶性循环”的受害者。一方面，20世纪五六十年代在拉美流行的增长模式导致收入高度集中在少数富人手中；另一方面，高收入使这些富人的消费需求发生了变化，从而使生产结构偏向具有资本密集型特征的耐用消费品。[①]

不难理解，当资本积累增加，从而使资本不再稀缺时，其收益就会下降，其他生产要素（如技术劳动力和非技术劳动力）的收益就会上升。由于资本收益集中在富有者阶层，要素收入的这种变化必然会对收入分配产生影响。

第二次世界大战以后，拉美国家的进口替代工业化进程明显具有资本密集型的特点。如在1960—1966年间，拉美的资本—产出比率为4:1，即为了使产值增长1比索，需要投入4比索。[②] 毫无疑问，资本密集型工业化模式必然会减少对劳动力的需求。与此相反，东亚追求的劳动力密集型外向发展模式则需要足够的劳动力。因此，东亚的就业增长速度明显快于拉美。据统计，就制造业部门中就业的年均增长率而言，韩国为18.67%（1970—1990），印度尼西亚为14.35%（1974—1989），新加坡为11.3%（1970—1990），而委内瑞拉只有4.27%（1970—1984）。[③] 可见，东亚国家（地区）之所以在改善收入分配方面取得显著的成效，不仅仅是因为它们通过提高经济增长率来获得“溢出效应”，而且还因为它们通过扩大就业机会，使穷人直接参与生产过程，直接成为“做蛋糕”的人。

此外，拉美的资本密集型工业化吸纳的是技术熟练和技术不太熟练的劳动力，而且以男性劳动力为主。而东亚的进口替代工业化（尤其在60年代和70年代初）则使用了大量技术水平低下的城市女性劳动力和农村劳动力。其结果表明，由于家庭子女多以及文化程度低等原因，拉美妇女的就业率比较低。而且，拉美的妇女主要在工资水平较低、稳定性较差的

① C. Furtado, *Um Proyecto para o Brazil*, Rio de Janeiro, Editorial Saga. 转引自 James L. Dietz (ed.), *Latin America's Economic Development: Confronting Crisis*, Lynne Rienner Publishers, 1995, p. 56。

② Bela Balassa, Gerardo Bruno, Pedro-Pablo Kuczynski and Mario Henrique Simonsen, *Toward Renewed Economic Growth in Latin America*, Washington, D. C., Institute for International Economics, 1986, p. 60.

③ Nancy Birdsall et al, “Education, Growth and Inequality”, in Nancy Birdsall and Frederick Jaspersen (eds), *Pathways to Growth: Comparing East Asia and Latin America*, Washington, D. C., Inter-American Development Bank, 1997, p. 102.

非正规部门就业。

（二）城乡差别难以缩小

在第三世界国家中，农业是国民经济的基础。著名的诺贝尔经济学奖获得者缪尔达尔曾说过："经济发展长期斗争的成败取决于农业部门。"①事实上，收入分配的改善何尝不是取决于农业部门。如同在其他发展中地区一样，在拉美地区，穷人主要集中在农村，而富人则生活在城市。在巴拉圭、厄瓜多尔、巴拿马、墨西哥、洪都拉斯、萨尔瓦多等国，一半以上的穷人居住在农村，80%—90%以上的富人则生活在城市。

美洲开发银行的研究报告认为，拉美国家农村劳动力的收入比城市工人低20%，② 而实际差距更大，因为在社会保障等方面农村劳动力不能享受城市工人享受的好处。此外，由于农村的基础设施薄弱、经济发展水平低下和土地所有权高度集中，因此城乡差别构成了拉美收入分配严重不公的另一个主要原因。③

诚然，经过几十年的发展，拉美的制造业部门明显壮大，工业化达到了较高的水平。但是，制造业的壮大是以牺牲农业发展为代价的。其结果是，城乡差别长期得不到缩小，大量农村人口流入城市。然而，由于拉美国家的工业化模式具有资本密集型和技术密集型的特点，城市并不能提供足够的就业机会，许多来自农村的"移民"或在非正规部门谋生，或沦为新的失业者。

一些东亚国家和地区与拉美形成了鲜明的对比。东亚用于农村发展的公共投资占投资总额的比重高于其他中、低收入的国家。④ 由于农村基础设施不断改善，农村劳动力有更多的用武之地，从而为发展经济和增加收入创造了条件和机遇。此外，东亚在扩大城市就业机会的同时，比较重视农村的就业问题，因此东亚农村的隐蔽失业率比较低。

应该指出的是，在农业社会向城市化过渡的最初阶段，大多数人口居住

---

① 转引自［美］迈克尔·托达罗《经济发展》（中文版），中国经济出版社1999年版，第293页。

② Inter-American Development Bank, *Facing Up to Inequality in Latin America: Economic and Social Progress in Latin America, 1998—1999 Report*, September 1999, p. 100.

③ 农村劳动力收入的低下与他们的受教育程度低有关。此外，农村家庭的子女数量明显高于城市家庭这一事实，也是不容忽视的。

④ The World Bank, *The East Asian Miracle: Economic Growth and Public Policy*, Oxford University Press, 1993, p. 33.

在农村，因此全社会的收入差距可能不太明显。当农村劳动力开始向高工资的城市转移时，城乡之间的收入差距将逐渐扩大。当这一过程接近完成时，大多数劳动者转移到了城市，城乡收入差距对收入分配不公的影响可能会减少。可见，城市化与不公平两者之间存在着一条倒 U 形曲线。美洲开发银行的经济学家认为，当城市化率达到 50% 时，城市化对收入分配的负面影响最大。过去几十年，拉美的城市化程度正好处于这一阶段。① 国际经验表明，如果城市化进程继续下去，收入分配不公的趋势会有所改善。②

（三）税收制度不合理

"赋税是政府机器的经济的基础，而不是其他任何东西的经济的基础。"③ "国家存在的经济体现就是捐税。"④ 最近几十年，尽管拉美的税收在上升，但与发达国家相比，拉美的税收在国民经济中的比重仍然不大。从表 3－7 可以看出，拉美国家的所得税相当于国内生产总值的比重是比较低的。这主要是因为个人所得税很低（不足 1%）。相比之下，发达国家的个人所得税高达 7.1%。此外，拉美的增值税和销售税也比较低。美洲开发银行的经济学家认为，根据拉美的发展水平，所得税和财产税相当于国内生产总值的比重应该从目前的 4.5% 提高到 8%。他们还认为，拉美的所得税率是世界上最低的。只有巴巴多斯、伯利兹和智利等国的个人所得税率达到 40% 或更高。⑤

表 3－7　**拉美国家的税收结构（相当于 GDP 的%）**

税种	拉美		发达国家
	1995—1999 年	1991—2000 年	1990—1994 年
所得税	3.6	3.4	9.7

① 拉美的城市化率（城市人口占总人口的比重）从 1970 年的 62.5% 上升到 2000 年的 78%。这一比重在第三世界国家中是名列前茅的。

② Inter-American Development Bank, *Facing Up to Inequality in Latin America: Economic and Social Progress in Latin America, 1998—1999 Report*, September 1999, p. 95.

③ 马克思：《哥达纲领批判》，载《马克思恩格斯选集》第 3 卷，人民出版社 1995 年版，第 315 页。

④ 马克思：《道德化的批判和批判化的道德》，载《马克思恩格斯选集》第 1 卷，人民出版社 1972 年版，第 181 页。

⑤ Inter-American Development Bank, *Facing Up to Inequality in Latin America: Economic and Social Progress in Latin America, 1998—1999 Report*, September 1999, p. 209.

续表

税种	拉美		发达国家
	1995—1999 年	1991—2000 年	1990—1994 年
个人所得税	0.5	0.9	7.1
公司所得税	1.9	1.7	2.3
社会保障	2.5	2.9	7.8
商品与服务税	5.6	7.4	9.5
增值税及销售税	3.2	4.8	6.5
消费税	2.1	2.3	3.0
贸易税	2.2	1.8	0.3
进口税	1.9	1.8	0.3
出口税	0.1	0	0
财产税	0.4	0.3	0.8
所有税收	14.2	16.1	28.7

资料来源：David de Ferranti, et al, *Inequality in Latin America and the Caribbean: Breaking with History?* World Bank, 2004, p. 252。

税收历来被视作较为有效的收入分配工具。它属于社会再生产总过程中的分配范畴，是社会再生产统一体中分配环节上的一种不可缺少的分配形式。然而，有些税收负担是可以转嫁的，即纳税人能在经济活动中将其转移到他人身上。而税收负担最终由谁来承担，则取决于包括收入分配政策在内的具体的社会价值关系。根据税收是否在形式上具有转嫁的可能性这一特点，税收的种类可分为直接税和间接税两种。前者是指税负不能转移的税种（如所得税和财产税等），后者是指税负能转移的税种（如销售税、消费税和关税等）。虽然间接税比较容易征收，但常常具有累退的性质，这就使低收入者处于较为不利的地位。大多数拉美国家的税收结构是以间接税为基础的。而财产税所占比重则十分有限。这充分说明，拉美国家的财政收入主要来自占人口大多数的广大劳动群众，而不是来自富人阶层。东亚的税收虽然也是以间接税为主，但间接税在税收总额中的比重低于拉美。

除上述因素以外，拉美税收制度中还存在着以下三个欠合理的因素，从而使税收无法发挥改善收入分配的作用。

第一，在许多拉美国家，由于税收征收体系不完善，偷税漏税现象十分严重。如在70年代初的秘鲁，缴纳个人所得税的比率不超过总人口的2%。[①] 而富人阶层的偷税漏税现象更为严重。

第二，迫于中产阶级或高收入阶层的压力，许多拉美国家的政府常常将应纳个人所得税的最低起征线定得很高。例如，巴西的最低起征线为人均收入的3倍多，洪都拉斯为6倍，厄瓜多尔、尼加拉瓜和危地马拉接近10倍。这无疑使许多高收入者被排除在缴纳个人所得税行列之外。

第三，在一些拉美国家，尽管税收制度也具有一定的累进性，但个人所得税的最高税率不仅被定得很低，而且仅适用于收入非常高的少数人。如在厄瓜多尔，所得税的最高税率只有25%，而且适用的对象仅仅是那些收入水平相当于人均收入45倍的富人。危地马拉和秘鲁的最高税率均为30%，适用的对象也是那些收入水平很高的人（其收入分别为人均收入的32倍和24倍）。在1998年税制改革以前，洪都拉斯的最高税率仅适用于收入水平超过人均收入水平100倍的大富翁。毫无疑问，税收制度的这种累进性在改善收入分配方面的功能是极为有限的。

根据《2010年世界财富报告》的统计，拉美的富人拥有的财富总额在2009年增长了15%，略低于世界的平均数（19%）。[②] 但是，由于许多拉美国家的税收政策中没有鼓励富人向慈善事业捐款的刺激性条款，因此拉美的富人不太愿意捐款。这无疑也是不利于改善收入分配的。

（四）宏观经济不稳定

宏观经济是否稳定也会对收入分配产生不容忽视的影响。一方面，宏观经济动荡等不良因素会加剧收入分配的不公，另一方面，收入分配的严重不公也会导致民众无法在政治上达成共识，从而使政府难以对动荡采取积极而快速的有效反应。[③] 每当宏观经济环境变得不利时，受害最深的不是富人，而是无力抵御冲击的穷人。有关研究结果表明，拉美国家GDP增长率的波动性如能减少3个百分点，基尼系数就能降低2个百分点。[④]

---

① ［美］马尔科姆·吉利斯：《发展经济学》（中文版），经济科学出版社1989年版，第383页。

② Andres Oppenheimer, "Latin America's rich should be more generous". （http://bx.businessweek.com/philanthropy-in-the-americas/view? url = http%3A%2F%2Fc.moreover.com%2Fclick%2Fhere.pl%3Fr2937025009%26f%3D9791）

③ Dani Rodrik, *Where Did all the Growth Go? External Shocks, Social Conflict and Growth Collapses*, NBER Working, Paper No. 6350, 1998.

④ Inter-American Development Bank, *Facing Up to Inequality in Latin America: Economic and Social Progress in Latin America, 1998—1999 Report*, September 1999, p. 100.

宏观经济形势不稳定对收入分配主要产生以下几种影响：不利于提高就业率和工资水平；不利于增加公共开支，从而使低收入者得不到更多的社会福利；不利于维系价格稳定；资产的价格会发生不利于穷人的变化。

就宏观经济与收入分配的关系而言，通货膨胀因素最能说明问题。通货膨胀率的高低对收入分配有着不容忽视的影响。国际货币经济组织的一份研究报告指出，通货膨胀率愈高，对收入分配的负面影响愈大。该报告认为："价格稳定提供的是一种免费午餐。降低通货膨胀率对改善收入分配只能带来好处，没有中期或长期的不良影响。"①

20 世纪 90 年代以前，拉美国家的通货膨胀率之高是举世闻名的。尤其在 80 年代，拉美的通货膨胀几乎处于难以控制的地步。阿根廷、巴西和秘鲁的年通货膨胀率曾达到四位数，玻利维亚和尼加拉瓜则曾达到五位数。

通货膨胀对每个人都是不利的，而对低收入阶层的打击更大。联合国拉美和加勒比经济委员会的经济学家 I. 科恩指出："对于穷人而言，通货膨胀是一种最为严厉的税收方式。……在巴西，通货膨胀使收入分配不公的状况进一步恶化。" 90 年代初以前，巴西高收入阶层的工资常与美元挂钩，并且直接存入一种特殊的银行账户，其利率天天随通货膨胀率的变化而调整，因此，他们的工资收入基本上不受或很少受通货膨胀的影响。低收入者则不然。他们不拥有这样的账户，因为银行要求储蓄者必须在账上保留相当高的余额，而他们的收入仅够当月的支出。此外，尽管他们的工资经常根据指数化加以调整，但调整的幅度总是小于通货膨胀率的上升幅度。因此，他们的实际收入并非不受影响。巴西前财政部长 M. 诺布雷加所做的一项调查表明，自 1960 年以来，巴西的最低工资已下降了 80%。②

巴西自 1994 年 7 月实施"雷亚尔计划"以后，通货膨胀率急剧下降：1994 年第二季度的月通货膨胀率为 45%，1996 年平均不足 1%。随着通货膨胀率的下降，巴西的收入分配状况也有所改善。根据对 6 个主要城市的调查，由于通货膨胀率下降，高收入阶层的收入增长了 10%，而低收入工人的工资则增长了 30%，生活在贫困线以下的人口在总人口中的比重从 1994 年 7 月的 42% 降至 1995 年 12 月的 27%。因此，收入分配不公的状

---

① Ales Bulir, *Income Inequality: Does Inflation matter?* IMF Working Paper, WP/98/7.

② *Hemisfile*, March-April, 1994, p. 8.

况得到了一定程度的改善：基尼系数从1993年的0.60降至1995年的0.59。[①]

（五）金融市场不健全

金融市场的作用是毋庸赘述的。它能动员资金，形成一种能够提高劳动生产率和工资水平的生产性投资。反之，如果金融市场不健全，不能有效运转，国内资本积累能力无法得到提高，投资的缺乏会损害经济增长的潜力，进而影响收入分配的改善。世界银行前副行长斯蒂格利茨曾说过："金融体系可以被比作整个经济的大脑。一个运作良好的金融体系能非常有效地选择其资金投放对象；反之，一个不良的金融体系则可能将资金贷给收益低的项目。"[②] 世界银行《1998—1999年世界发展报告》也认为，金融对每一个人和每一个企业都是重要的，但良好的金融体系对整个经济的运转来说也是至关重要的。如果说金融是一个经济的神经，那么金融体系就是其大脑。它们对稀缺的资金流向作出决策，并且确保资金到位后以一种最为有效的方式得到使用。

金融市场主要是通过以下几个途径影响收入分配的。首先，金融市场的深化有助于穷人和小企业获得更多的信贷，从而为发展生产和增加劳动收入创造条件。换言之，如果金融市场有缺陷或效率低下，信贷业务就得不到长足的发展，低收入的个人和小企业就难以获得必要的信贷，因而只能获得生产率低和收入水平低的工作。据统计，1995年，小企业获得的信贷仅占所有私人企业获得的信贷的1%。在墨西哥，只有4.5%的小企业在建立后能及时获得信贷。[③] 此外，许多拉美国家的金融市场向农村提供的信贷也非常少，而农村正是许多低收入者的生存之地。其次，发达的金融市场有助于扩大资本积累和提高劳动生产率，从而降低资本的回报率。发展的进程也是物质资本和人力资本积累的过程。随着资本的不断积累，资本匮乏的现象会越来越少，资本的回报率会下降，其他生产要素（如劳动力）的回报率则会上升。由于大量资本通常集中在少数人手中，资本回

---

① Benedict Clements, "The Real Plan, Poverty and Income Distribution in Brazil", *Finance and Development*, September 1997.

② Joseph Stiglitz, *More Instruments and Broader Goals: Moving Toward the Post-Washington Consensus*, *The 1998 WIDER Annual Lecture*, Helsinki, Finland, January 7, 1998. http://www.worldbank.org/html/extdr/extme/js-010798/wider.htm.

③ Inter-American Development Bank, *Facing Up to Inequality in Latin America: Economic and Social Progress in Latin America, 1998—1999 Report*, September 1999, pp. 164—166.

报率的下降必然会减少这些人的收入，从而达到改善收入分配的目的。再次，在缺乏金融机构储蓄服务的情况下，低收入者只能以非货币形式或持有现金等手段来保留储蓄。但这些形式存在着严重的缺陷，其中包括无法得到利息、贬值、损耗或遗失，等等。正如美洲开发银行的研究报告所指出的那样，拥有一个活期储蓄账户的农村家庭更容易在成本较低的情况下应付其日常的或紧急的现金需求。[①]

（六）受教育的机会不均

世界各国的经验表明，发展进程不仅包括物质资本投入的增加，而且还包括劳动力受教育程度的提高。教育的高额回报与受教育机会的不均，是拉美国家收入分配严重不公的另一个重要原因。

受教育程度的高低不仅影响劳动力素质，而且还影响其工资收入。在绝大多数拉美国家，工资收入是普通劳动者的主要收入来源，一般占全部收入的80%。[②] 在任何一个国家，由于劳动者所掌握的技能不同以及他们所从事的工作不同，其工资收入有明显的差距。例如，具有一技之长的工人或管理人员总比那些文化水平低或无技术的体力劳动者获得较高的工资。如在60年代，墨西哥高级管理人员的工资约为非技术工人工资的10倍。因此，拉美工资收入的差距在很大程度上已成为该地区收入分配不公的主要原因之一。[③]

拉美的工资收入差距不仅存在于技术工人与非技术工人之间，而且还体现在城乡之间以及正规部门与非正规部门之间。例如，有关研究表明，在拉美，农村劳动者比城市劳动者的工资水平平均低28%，有些国家（如墨西哥和巴西）的差距在40%以上。[④] 而正规部门中的劳动者不仅比非正规部门中的劳动者得到较高的收入，而且还能享受更为稳定的工作保障和多方面的优惠或福利。

---

① Inter-American Development Bank, *Facing Up to Inequality in Latin America: Economic and Social Progress in Latin America, 1998—1999 Report*, September 1999, pp. 164—166.

② David de Ferranti, Guillermo Perry, Francisco H. G. Ferreira and Michael Walton, *Inequality in Latin America and the Caribbean: Breaking with History?* World Bank, Washington, D. C, 2004, p. 57.

③ 与其他拉美国家相比，圭亚那和加勒比地区英语国家的教育分配相对而言比较公平。其原因之一是它们的教育体系明显受到英国模式的影响，普及面比较广，小学辍学率较低。Inter-American Development Bank, *Facing Up to Inequality in Latin America: Economic and Social Progress in Latin America, 1998—1999 Report*, September 1999, p. 47.

④ Inter-American Development Bank, *Facing Up to Inequality in Latin America: Economic and Social Progress in Latin America, 1998—1999 Report*, September 1999, p. 40.

不同职业之间的工资差距通过影响工资收入差距而影响收入分配。而形成工资差距的主要原因之一是受教育水平不同。统计调查的结果表明，在拉美，与文盲劳动者相比，一个受过6年教育的劳动者在从事第一份工作时得到的工资收入要高出50%；一个受过12年教育（相当于中学毕业）的劳动者则高出120%；受过17年教育（相当于大学毕业）的劳动者则超过200%。[①] 根据2001年的统计，在阿根廷，一个受过小学教育的劳动力比文盲劳动力的工资收入高出22%，受过中学教育的劳动力的工资则比小学文化的劳动力高出40%，而大学毕业生的工资则高出70%。[②]

上述差距会随着劳动者年龄的增长而扩大。有关研究结果表明，在巴西，文盲与大学毕业生在25岁时的工资收入差距约为1∶4。当随着年龄的增长而积累了多年的工作经验后，大学生的工资收入稳步上升，而文盲劳动者的工资基本不变。在他们40岁时，工资差距扩大到1∶6，55岁时达到1∶10。[③]

还应该指出的是，由于受教育程度不同，文化程度低的劳动者通常为了获得更多的收入而付出更多的劳动时间；受教育少的劳动者（尤其是文盲）更容易成为失业者。

世界各国的经验表明，在发展教育事业的过程中，必须重视教育的公平分配。既然教育是绝大多数人依赖的主要生产资源，那么，这种资源就应该得到公平的分配。换言之，教育资源分配的不公平，会在一定程度上加剧收入分配不公。在拉美，教育资源的分配非常不公。最富有的10%的人口与最穷的30%的人口受教育程度的差距，在墨西哥、巴西、巴拿马和萨尔瓦多等国家相差8—9年。当然，不同社会阶层中的人受教育程度的不同在学校教育的最初几年并不明显，此后这一差距不断扩大。例如，在玻利维亚、巴西、哥伦比亚和秘鲁，94%的贫困阶层子女完成了小学一年级的教育（高收入阶层为99%）；在危地马拉、海地和多米尼加，这一比重为76%（高收入阶层为96%）。到小学5年级，上述两组国家的穷人子

---

① Inter-American Development Bank, *Facing Up to Inequality in Latin America: Economic and Social Progress in Latin America, 1998—1999 Report*, September 1999, p. 39.

② David de Ferranti, Guillermo Perry, Francisco H. G. Ferreira and Michael Walton, *Inequality in Latin America and the Caribbean: Breaking with History?* The World Bank, 2004, p. 60.

③ Inter-American Development Bank, *Facing Up to Inequality in Latin America: Economic and Social Progress in Latin America, 1998—1999 Report*, September 1999, p. 39.

女入学率明显下降，分别为63%和32%；在受教育的第9年，又进一步下降到15%和6%。在富人阶层，分别有93%和83%的子女接受了5年教育，58%和49%的子女完成了9年教育。①

毋庸置疑，拉美国家的教育事业取得了较快的发展。20世纪70年代，一个25岁以上的拉美人受到的教育平均只有3.3年，至90年代初已增加到4.8年。在此期间，文盲在总人口中的比重从36%下降到23.6%，而受过大学教育的人口在总人口中的比重则从2%提高到8.6%。但是，与东亚相比，拉美的成就似乎并不突出。如在70年代，东亚的平均教育水平为3.5年，与拉美大体相当。至90年代初，东亚已上升到6年多。在此期间，拉美的平均教育水平每年提高0.9%，而东亚则为每年将近3%。②

综上所述，能否改善收入分配，既取决于拉美国家能否改变不合理的土地所有制，也与其能否调整工业化模式、能否缩小城乡差别、能否改革税收制度、能否发展教育事业等问题密切相关。由于这些问题的解决涉及法律的修正、政策的制定、政府领导人的决心和意愿以及特权阶层的既得利益等制约因素，因此，尽管最近几年一些拉美国家的基尼系数有所下降，但拉美的收入分配不可能得到根本性的改善。这将对拉美的社会发展进程产生严重的负面影响。

五　能否将经济改革的社会成本降到最低限度

国有企业私有化是20世纪90年代开始实施的拉美经济改革的重要组成部分之一。拉美国家的私有化范围之广、规模之大，在整个第三世界地区都是少有的。除制造业、农业和金融业以外，基础设施部门（如电信、电力、供水和交通等）也是私有化的重点。

在私有化之前，拉美国家的政府给予基础设施部门中的国有企业大量财政补贴，从而使其能以较低的价格提供服务。由于管理不善和收费标准低等原因，这些国有企业亏损累累，从而使政府背上了沉重的财政负担。

---

① Inter-American Development Bank, *Facing Up to Inequality in Latin America: Economic and Social Progress in Latin America, 1998—1999 Report*, September 1999, p. 49.

② Ibid., p. 45.

因此，在一定程度上，国有企业私有化是一种万不得已的选择。①

美洲开发银行出版的一个研究报告认为："越来越多的拉美人开始享受国有企业私有化带来的好处，尤其是他们能够得到更好的基本服务，从而使他们能参与大量的经济和社会活动。"② 该研究报告还引用了国际上一些学者的调查来支撑其论点。例如，在1983—1994年期间，墨西哥私有化企业的工资水平增长了76%，高于全国的增长率。在哥伦比亚的制造业部门，私有化后工资水平上升了25%。阿根廷的自来水公司私有化后，由于布宜诺斯艾利斯城乡结合地带的贫民区得到了质量较高的自来水，儿童死亡率下降了5%—7%。

该报告还指出，在许多拉美国家，电力部门私有化后，产生了两个积极的效果。第一，稳定的电力供应得到保障，停电现象很少发生，从而使家庭能经常性地使用冰箱，而冰箱的使用是有利于保存食品的。其结果是，因食用变质食品而发生食物中毒的情况越来越少见。第二，电力供应的保障使许多低收入者能发展第三产业。秘鲁的电话公司私有化后，在政府的要求下，将电话线路通到过去无法接通的农村地区，从而使处于社会边缘地位的农村居民能够得到基本的电信服务。这样的服务使农村居民能够获得更多的市场信息，从而为改善生活提供了机遇。

上述观点具有显而易见的片面性。私有化固然使政府甩掉了许多长期亏损的国有企业，从而减少了政府的财政补贴。此外，一些国有企业的所有权发生变化后，经济效益产生了一定程度的改善。但是，私有化导致的负面影响是显而易见的。尤其在社会发展领域，私有化的弊端不容忽视。

穷人的财富只有两只手。因此，保证稳定的就业是穷人维持生活的必要条件。然而，在国有企业私有化后，许多资本家首先采取的措施就是通过裁员来减少雇工规模的目的，以压缩生产成本。

在有些情况下，政府为了使国有企业在私有化招标时更受投资者欢迎，常在拍卖前就裁减大批雇员。例如，当阿根廷国会于1992年9月通过对国营石油公司进行私有化的法令后，该公司就立即开始裁减雇员。至

---

① Arnab Acharya, Aaron Schneider and Cecilia Ugaz, "The Political Economy of Inequality: the Privatization of Utilities in Latin America", in Ricardo Gottschalk and Patricia Justino (eds.), *Overcoming Inequality in Latin America: Issues and Challenges for the 21st Century*, Routledge, 2006, pp. 140—168.

② Inter-American Development Bank, *Outsiders? The Changing Patterns of Exclusion in Latin America and the Caribbean: Economic and Social Progress in Latin America, 2006 Report*, December 2007.

是年底，已有77%的工人被解雇。在90年代的相当长时间内，许多拉美国家的失业率之所以居高不下，就是因为私有化后大量工人被解雇。这一状况显然无助于改善社会问题的严重性。

无怪乎工人对私有化总是持严厉的抵触态度。据调查，在每3个拉美人中，有2个人是反对私有化的。2006年，“拉美晴雨计”组织在17个拉美国家所做的民意调查表明，只有30%的被调查者对私有化的结果表示“满意或非常满意”。

美洲开发银行的研究报告将私有化后水、电、通信等公用事业的改善视为推动社会发展的动力，但忽略了这样一个事实：在几乎所有拉美国家，私有化后，资本家为尽快收回成本而将水、电、通信、煤气等公用事业的收费标准大幅度提高，从而加重了低收入阶层的生活困难。有些人因无力支付昂贵的费用而只好放弃使用水、电、通信、煤气和其他一些基本的生活需求。而对于那些在私有化过程中失去就业机会的人来说，公用事业服务费用上涨无疑是雪上加霜。这无疑是不利于社会稳定的。英国学者阿乔亚等人将这种私有化称之为“倒退性”（regressive）私有化。①

毫无疑问，私有化是导致贫富差距进一步扩大的罪魁祸首之一，因为有能力参与私有化的总是那些富人。90年代期间许多拉美国家的收入分配不公状况不断恶化，私有化难辞其咎。换言之，私有化使拉美国家的富人越来越富，穷人越来越穷。毋庸赘述，收入分配差距的扩大对社会发展是有百害而无一利的。

总之，私有化在推动拉美社会发展方面发挥的作用微乎其微。相反，它在一定程度上使拉美国家的社会问题变得更加突出和严重。可喜的是，拉美国家已认识到，正确处理改革、发展和稳定三者之间的关系是至关重要的。

结　论

影响未来拉美社会发展进程的决定性因素主要是：能否使经济保持稳

① Arnab Acharya, Aaron Schneider and Cecilia Ugaz, “The Political Economy of Inequality: the Privatization of Utilities in Latin America”, in Ricardo Gottschalk and Patricia Justino (eds.), *Overcoming Inequality in Latin America: Issues and Challenges for the 21st Century*, Routledge, 2006, pp. 140—168.

定而较快的发展，能否树立一种有利于推动社会发展的理念，能否制定和实施有效的社会发展政策，能否改善收入分配，能否将经济改革的社会成本降到最低限度。

拉美经济的增长前景是美好的，这将为拉美国家加快社会发展进程创造出有利的经济条件。强化社会凝聚力已成为拉美国家领导人的共识。这是解决社会问题的政治条件。通过实施“有条件现金转移支付项目”等社会发展项目，拉美的根深蒂固的贫困问题出现了转机。此外，拉美国家已认识到，正确处理改革、发展和稳定三者之间的关系是至关重要的。但是，拉美国家的收入分配难以得到根本性的改善，因此，拉美在推动社会发展的过程中将面临严峻的挑战。

第四章　拉美对外关系的发展前景

在“后冷战时期”，全球化趋势不断加快，国与国之间的交往越来越频繁，对外关系的重要性也越来越突出。无论是发达国家还是发展中国家，都将拓展对外关系视为提升自身综合国力的有效手段。

“后冷战时期”拉美对外关系的特点以及影响其发展前景的决定性因素都表明，未来拉美国家的对外关系将继续向多元化的方向发展，美国将继续成为拉美对外关系中的重中之重，团结合作将继续构成拉美国家之间相互关系的主流，拉美与中国的双边关系也将继续稳步推进。

第一节　“后冷战时期”拉美对外关系的特点

冷战结束后，世界格局出现了重大调整，拉美国家的对外关系也随之发生了一些变化。这些变化包括：多元化外交加快发展，合作与对抗构成了美拉关系的基调，拉美国家之间的团结在加强，但分歧和矛盾也在增多。

一　多元化外交加快发展

由于地缘政治的作用，美国始终是拉美外交的重中之重。与此同时，拉美国家也力图实施外交多元化战略，即在与美国保持和发展关系的同时，积极与世界上的其他国家和地区发展关系。

没有一个拉美国家明确宣布何时已经实施或将要实施外交多元化战略。但从拉美国家的外交实践中可以看出，其外交多元化战略形成于20世纪中叶。当时，拉美的进口替代工业化全面展开，经济发展进入了第二次世界大战后首次出现的“黄金时期”。一方面，经济的发展增强了拉美国家的独立性；另一方面，冷战使拉美成了美国和苏联争霸全球的“主战场”之一。[1] 这使拉美国家获得了一个在美苏之间“左右逢源”的机遇。

（一）拉美与欧盟的关系

在拉美的多元化外交战略格局中，欧洲的重要地位尤为突出。众所周知，拉美与欧洲的关系由来已久。1823 年，美国提出了“门罗宣言”，警告其他国家（主要是欧洲国家）不要在西半球扩大其势力范围。“门罗宣言”认为，美洲从此以后不再是欧洲强国的殖民地了，美洲是美洲人的美洲。然而，当时的美国实力尚难使其有效地推行“门罗宣言”。例如，1864 年法国将奥地利皇帝的幼弟马克西米利亚诺大公扶上墨西哥“王位”后，美国并未作出强烈的反应。[2] 英国更是无视“门罗宣言”的存在，继续在拉美从事多种多样的经贸活动。英国企业在拉美铺设了铁路和电话电报线，在矿区进行大规模的投资，还建造了一些工厂。[3] 对此，美国也只能听之任之。

第二次世界大战后，欧洲因忙于经济建设而无暇顾及与拉美发展关系。这一所谓“善意的疏忽”直到 70 年代才消失。1975 年 2 月 28 日，非洲、加勒比海地区和太平洋地区的 46 个发展中国家与欧洲经济共同体（以下简称欧共体）9 国在多哥首都洛美签署了《洛美协定》。[4] 此外，欧共体还与阿根廷、巴西、墨西哥和乌拉圭等国达成了一些双边优惠贸易协定。[5] 但是，由于受到欧共体共同农业政策的制约，拉美无法扩大其在欧洲的农产品市场。这在一定程度上或许能解释为什么阿根廷向苏联出口了大量小麦和其他农产品。此外，1986 年葡萄牙和西班牙加入欧共体后，并没有立即给予拉美以足够的重视，拉美也并没有通过其昔日的宗主国葡萄

---

① Peter H. Smith, *Talons of the Eagle: Dynamics of U. S. -Latin American Relations*, Oxford University Press, 1996, p. 223.

② 当时法国甚至希望将后来被称之为“拉美”大陆称之为“法兰西美洲”（Francoamerica），使巴黎成为其“首都”。但法国人觉得这一名称过于张扬，不太符合当时的国际政治格局，于是就想到了“拉丁美洲”。他们认为，历史上西班牙也与罗马世界有关，而且西班牙语和葡萄牙语与法语都属于拉丁语系。

③ Richard S. Hillman (ed.), *Understanding Contemporary Latin America*, Lynne Rienner Publishers, 1997, p. 158.

④ 《洛美协定》于 1976 年 4 月 1 日生效，有效期五年。2000 年 6 月 23 日，非洲、加勒比和太平洋地区的 77 个国家与欧盟的 15 国在贝宁首都科托努签订《非洲、加勒比海地区和太平洋地区国家与欧共体及其成员国伙伴关系协定》，即《科托努协定》（Cotonou Agreement），以取代《洛美协定》。

⑤ Jan Knippers Black (ed.), *Latin America: Its Problems and Its Promise*, Westveiw Press, 1991, p. 266.

牙和西班牙与欧共体发展更为密切的关系。

1982 年爆发的英国与阿根廷之间的马尔维纳斯群岛战争对欧拉关系产生了极为不利的负面影响。欧共体支持英国的立场，并对阿根廷采取了制裁措施。绝大多数拉美国家则同情阿根廷。

20 世纪 80 年代的中美洲危机为欧洲接近拉美提供了一个机遇。中美洲危机是当时国际社会关注的一个“热点”。这一危机使多个中美洲国家的经济陷入了停滞不前的境地，人民的生命和财产蒙受了巨大的损失。欧共体与联合国、美洲国家组织密切配合，为实现该地区的和平而开展了卓有成效的合作，并大力支持孔塔多拉集团作出的努力。[①] 1984 年，欧共体与中美洲国家建立了“圣何塞对话”。这一对话机制的宗旨是通过谈判的形式结束中美洲危机。1985 年，欧共体还与中美洲国家达成了一个双边合作协定。

20 世纪 90 年代，拉美实施了声势浩大的经济改革。在这一过程中，拉美的外交政策也发生了引人注目的变化。变化之一就是拉美在维系与美国关系的同时积极发展与欧洲和亚洲的关系。欧盟作出了积极的响应。1995 年，欧盟发表了《1996—2000 年欧盟与拉美的关系与未来更为密切的伙伴关系》宣言。这一文件指出，80 年代以来，世界格局发生了重大的变化，欧盟和拉美内部也都发生了重大的变化，因此，双方在应对全球挑战时需要加强合作。这一文件还指出，欧盟应该对不同的拉美国家和不同的次区域采取不同的政策。

欧拉关系中的首个“里程碑”是 1999 年 6 月 28—29 日在巴西里约热内卢举行的首届欧盟—拉美首脑会议。会议的目的是促进两地区的政治和经济关系以及文化交流，以构筑一种符合双方利益的战略伙伴关系。[②] 在政治领域，双方将强化对话机制，巩固民主，促进人权和自由，应对国际和平和安全面临的威胁。在经济领域，双方将强化多边贸易体制和开放的地区主义，加强欧拉经贸关系，推动自由贸易，减少资本流动不稳定带来

---

① 在瑞典首相帕尔梅和三位诺贝尔和平奖获得者（哥伦比亚作家加西亚、墨西哥外交家阿方索·加西亚·罗夫莱斯和瑞典社会活动家缪尔达尔）的倡议下，哥伦比亚、墨西哥、委内瑞拉和巴拿马四国总统为中美洲国家斡旋。1983 年，四国外交部长在巴拿马领土孔塔多拉岛上举行会议，决定成立孔塔多拉集团。

② 来自拉美 32 个国家和欧盟 15 国家的元首或政府首脑通过了《里约热内卢声明》和《行动计划》。这两个文件确定了两个地区面向 21 世纪的战略伙伴关系。

的负面影响，鼓励在经济规模较小的国家进行生产性投资。在文化领域，双方将保护文化遗产，促进全民教育事业，鼓励文化多样性。①

这一次首脑会议还宣布，双方决定建立战略伙伴关系。这一伙伴关系将以双方共同的文化遗产和共同的价值观为基础，以推动政治、经济、文化和科技等领域的合作为目标。此后几届欧盟—拉美首脑会议都反复强调这一跨大西洋合作的宗旨。

第五届欧盟—拉美首脑会议于 2008 年 5 月 16—17 日在秘鲁首都利马召开。这一次首脑会议是在世界经济因美国爆发次贷危机而出现衰退迹象的形势下召开的，因而具有特别的意义。秘鲁总统加西亚在开幕式上说，欧盟和拉美应该进一步加强团结与合作，制定更为现实和完整的目标，以解决当今世界所面临的食品危机、气候变化和社会不公等问题。欧盟委员会主席巴罗佐表示，虽然欧盟和拉美国家之间确实存在着一些“不对等”，但欧盟将尽量采取灵活的态度，以进一步发展欧拉关系。此外，这一次首脑会议还就粮食问题、扶贫、消灭社会不公和强化社会凝聚力等问题展开了讨论，达成了一些共识。

第六届欧盟—拉美首脑会议于 2010 年 5 月 18 日在西班牙首都马德里举行。西班牙首相萨帕特罗在开幕式上说，加强两个地区之间的战略合作是应对当前各种挑战的必要手段。欧盟和拉美国家将在战胜国际金融危机、应对气候变化、消除贫困以及改革国际金融体系等方面的合作领域非常广阔。欧洲理事会常任主席范龙佩指出，欧盟与拉美国家之间的文化关系非常密切，历史渊源十分悠久。他说，两个地区的总人口多达 10 亿人，因此加强战略伙伴关系尤为重要。会议发表的《马德里宣言》和《行动计划》也指出，两地区将利用现有的密切关系，进一步深化战略伙伴关系。

2009 年 9 月 30 日，欧盟发表了题为《欧盟与拉美的十年战略伙伴关系》的文件。该文件指出，在欧盟的努力下，欧拉关系得到了加强。欧盟高兴地看到，自 1999 年第一届欧拉首脑会议以来，两地区在多个领域展开了卓有成效的双边或多边合作。在过去的 10 年中，欧盟在拉美实施了 450 多个项目，耗资 30 亿欧元。②

---

① http://ec.europa.eu/external_relations/lac/rio/rio_1999_en.pdf.

② http://europa.eu/rapid/pressReleasesAction.do?reference=MEMO/09/426&format=HTML&aged=0&language=EN&guiLanguage=en.

2009 年 12 月 15 日，欧盟与拉美国家在日内瓦达成协议，结束了长达 15 年的“香蕉战”。根据该协议，欧盟将在 2017 年以前逐步下调来自拉美的香蕉进口税（从每吨 176 欧元降低到每吨 114 欧元）；拉美承诺不再提出更高的要求，并放弃在世界贸易组织内起诉欧盟。欧盟贸易委员贝妮塔·费雷罗－瓦尔德纳在声明中说：“对全世界的香蕉生产国来说，今天是非常好的一天，因为我们解决了‘有史以来历时最长的贸易争端’。”她还表示，这一贸易战的解决有助于推动多哈回合谈判，也将推动多边贸易体系的发展。①

2009 年 12 月 1 日《里斯本条约》的生效是欧洲一体化进程中的又一个“里程碑”。根据这一条约，原来分别隶属于欧盟理事会和欧盟委员会的外交事务部门将合二为一。2010 年 7 月 8 日，欧洲议会批准了建立“对外行动署”（EAS）的方案。按照这一方案，EAS 将在 2010 年年底正式运转。毫无疑问，所有这一切都将对欧盟的对外关系产生重大影响，也会对欧盟与拉美的关系产生不容忽视的影响。

2009 年 11 月 29 日，在葡萄牙埃斯托里举行的第 19 届伊比利亚美洲首脑会议上，葡萄牙总理苏格拉底说：“即将生效的《里斯本条约》将使欧盟变得更加强大和更有活力，使欧盟在世界上的地位更加重要，也会使欧盟更好地发展与世界上其他地区的关系。这对所有伊比利亚美洲国家来说是一个好消息。”②

拉美的许多国家是西班牙的殖民地。历史因素和文化上的共性使西班牙与拉美国家保持着特殊的关系。在苏亚雷斯当政时期（1976—1981），西班牙的外交政策发生了重大的变化，对拉美的关注度进一步上升。苏亚雷斯首相和卡洛斯国王都访问了拉美。经贸领域的交往也与日俱增。更为引人注目的是，在 1982 年马岛战争期间，尽管西班牙反对阿根廷的军政府，但支持阿根廷对马岛提出的主权要求。

1982 年西班牙工人社会党上台后，进一步重视与拉美发展关系。当时的外交大臣莫兰（Fernando Moran）曾说过，西班牙能对欧洲和美国施加多少影响力，取决于西班牙与欧美以外的地区（尤其是拉美）保持着什么

① “Ending the longest trade dispute in history: EU initials deal on bananas with Latin American countries”, http: //europa. eu/rapid/pressReleasesAction. do? reference = IP/09/1938.

② Lisbon Treaty benefits Latin America: Portuguese PM. （http: //english. cctv. com/20091130/102614. shtml）

样的关系。为此，工人社会党在 1985 年制订了一个给予拉美国家大量援助的计划。此外，西班牙还积极参与孔塔多拉集团为解决中美洲冲突而开展的政治对话。

在卡洛斯国王的倡议下，西班牙、葡萄牙和安道尔与 19 个官方语言为西班牙语和葡萄牙语的拉美国家于 1991 年在墨西哥瓜达拉哈拉召开了首届伊比利亚首脑会议。此后会议每年召开一次。毫无疑问，这一会议进一步密切了西班牙和葡萄牙与拉美国家的关系。

虽然西班牙的不同执政党对拉美国家的政策不尽相同，但总的说来，西班牙始终把发展与拉美国家的关系作为其战略重点。西班牙甚至还希望在中国与拉美国家的关系中发挥“桥梁”作用（见专栏 4—1）。

专栏 4—1

西班牙在中拉关系中的“桥梁”作用

2005 年 7 月 21 日至 23 日西班牙政府首相萨帕特罗在访华时表示，西班牙愿意为中拉关系的发展发挥“桥梁”的作用。2005 年 11 月 13 日至 15 日中国国家主席胡锦涛在访问西班牙时，两国发表了联合公报。公报指出，双方表达了将在全球其他地区，尤其是拉丁美洲地区加强合作的坚定意愿。

西班牙愿意帮助中国发展与拉美国家的关系这一意愿，既符合西班牙的外交政策目标，也符合中国企业的“走出去”战略；既有利于中拉关系的发展，也能推动中国与西班牙的关系，因而具有重要的积极意义。

西班牙有能力发挥这一“桥梁”作用。首先，在文化和外交等领域，西班牙与拉美国家的关系非常密切。在许多重大国际问题上，双方有着相同或相似的看法。其次，西班牙与拉美国家的经济关系由来已久。尤其是自 20 世纪 90 年代以来，西班牙利用拉美国家开放市场和私有化的良机，进一步密切了与拉美国家的经济关系。再次，西班牙企业深谙拉美的市场条件，并在那里建立了完善的市场营销网络。最后，西班牙企业对拉美投资环境的了解，也是中国企业所望尘莫及的。

西班牙的“桥梁”作用能在以下几个方面推动中拉关系的发展：一是利用西班牙的语言优势，帮助中国和拉美国家增进相互了解。二是与中国企业合作，在拉美兴建一些合资企业。三是利用因特网的有利条件，建立一个为中国、西班牙和拉美国家三方服务的市场信息平台。四是与中国建立一个面向拉美的投资基金。五是进一步提升西班牙驻华使馆在各个领域的作用，使其成为这一“桥梁”的“桥头堡”。

（二）拉美与中国的关系

拉美与中国的关系源远流长（见专栏4—2）。进入21世纪后，中国在拉美多元化外交战略格局中的地位快速上升，中拉关系取得了前所未有的快速发展。这一特点主要体现在以下几个方面：

第一，高层互访更加频繁。例如，2004年11月胡锦涛主席访问拉美后，曾庆红副主席在2005年年初也访问拉美。两次访问间隔时间仅为2个月左右。2008年11月胡锦涛主席访问拉美后，习近平副主席在2009年年初也访问拉美，两次访问间隔时间同样只有2个月左右。① 一个国家的主席和副主席在如此短的时间内访问拉美，在世界上是绝无仅有的。这充分说明，中国非常重视与拉美发展关系。

第二，经贸合作快速发展。2003年，中拉双边贸易额仅为268亿美元，2007年超过了1000亿美元，2009年高达1259亿美元。② 自2004年以来，中国对拉美的出口和进口的增长率都高于同期中国的进出口贸易增长率。与此同时，中国在拉美的投资也在稳步上升。2004年，中国在拉美的直接投资存量为82.7亿美元，③ 至2008年，这一数额已上升到320亿

① 在访问秘鲁时，胡锦涛主席提出了进一步发展中拉关系的5点建议：继续密切政治关系；深化经贸互利合作；加强国际事务中协调配合；重视社会领域互鉴共进；丰富人文对话交流。

② http：//www.gov.cn/jrzg/2009－03/29/content_ 1271754.htm.

③ 《2004年度中国对外直接投资统计公报》，第12页。

美元。[①]

第三，中国在2008年11月发表了《中国对拉丁美洲和加勒比政策文件》。中国发表这一政策文件的重要意义在于：（1）使中国外交政策目标更加完备和充实。中国在2003年10月发表了《中国对欧盟政策文件》，在2006年1月发表了《中国对非洲政策文件》，因此，"拉美政策文件"的发表不仅使中国外交政策的目标更加透明，而且还填补了我国外交政策领域中的一个空白。（2）有利于推动中拉关系的进一步发展。这一文件既提出了今后努力的方向，又提出了明确的政策目标，即："互尊互信、扩大共识"，"互利共赢、深化合作"，"互鉴共进、密切交流。"这一目标既符合和平共处五项原则，也体现了全球化时代南南合作的原则。（3）有助于消除国际社会的误解。中国以发布政策文件的形式向全世界表明，中国"从战略高度看待对拉关系，致力于同拉丁美洲和加勒比国家建立和发展平等互利、共同发展的全面合作伙伴关系"。因此，这一政策文件的发表有助于增加中国外交政策的透明度。

第四，除贸易和投资以外，中国与拉美国家在政党、文化、教育、体育、军事和科技等领域的合作也全面展开。在气候变化、粮食安全、能源安全、金融安全、多边贸易体系、联合国千年发展目标等全球性问题上，中国与拉美国家的沟通和磋商也在不断增加。迄今为止，中国与多个拉美国家建立了包括战略伙伴关系在内的多种形式的伙伴关系，已有15个拉美国家承认中国的市场经济地位，20个拉美国家成为中国公民的旅游目的地。

第五，在多边领域的合作也取得了较快的发展。美洲国家组织是美洲地区最大和最重要的政治组织，在拉美的国际事务中居于举足轻重的地位。2004年5月，中国成为美洲国家组织的第60个观察员国。这一特殊的身份使中国与美洲国家组织的关系取得了更快的发展，互利合作的前景更加广阔。[②] 美洲开发银行是世界上成立最早和最大的区域性多边开发银

---

① 《2008年度中国对外直接投资统计公报》，第7页。

② 中国成为美洲国家组织的观察员国后，为表示合作诚意，中国政府决定出资100万美元，设立一个为期5年的"中国—美洲国家组织合作基金"，用于促进美洲社会经济发展、中国与美洲国家间的友好交流项目以及双方商定的其他合作项目。2009年6月，中国决定将该基金延期5年，基金总额仍为100万美元。（http：//www.china.com.cn/international/txt/2009－06/03/content_17877506.htm）

行，在拉美的经济发展进程中扮演着重要角色。2009 年 1 月，中国正式加入美洲开发银行，成为该组织的第 48 个成员国。中国的加入不仅能够提升该行的影响力，而且还能使中国与拉美国家的关系更加密切。此外，中国与南方共同市场、里约集团和其他一些区域性组织的关系在这一阶段也取得了稳步的发展。

专栏 4—2

源远流长的中拉关系

许多中外学者认为，美洲大陆是由中国人“发现”的。中国史籍《梁书》记载的公元 458 年中国佛教大师慧深出海远航到达的“扶桑国”，就是墨西哥。另据考证，自我国明朝万历三年（1575）起，我国的丝绸、瓷器和棉纱等物品开始通过“马尼拉帆船之路”，进入墨西哥和秘鲁等地。那里的银元则通过商品交换大量流入我国，从而在一定程度上促进了我国的币制改革。拉美印第安人的一些农作物（如玉米、土豆、花生、向日葵、西红柿和烟草等）传入我国后，在一定程度上推动了当时我国的农业发展，也使人民生活受益匪浅。

据中外文献记载，早在 16 世纪末和 17 世纪前期，即我国明清之际，就有一些中国商人、工匠、水手和仆役，沿着中国—马尼拉—墨西哥航线，赴墨西哥和秘鲁等地谋生。但是自 19 世纪初起，由于拉美一些地区的经济开发需要大量劳动力，中国沿海地区的许多人作为“契约华工”，被强制性地贩运到大洋彼岸。他们在异乡受尽折磨，但他们也增进了中拉人民之间的交往和友谊，并促进了当地的经济和社会发展。

19 世纪后期，在西方列强的侵略下，中国的清朝政府被迫放弃长期奉行的闭关自守政策。因此，至 20 世纪初，清政府已先后与秘鲁、巴西、墨西哥、古巴和巴拿马建立了外交关系。这是中拉关系史上的第一次建交。应该指出的是，这些国家都是主动提出与中国建交的，目的是招募更多的华工和发展贸易关系。

新中国成立后，由于以美国为首的西方国家对新中国采取敌视政策，处在美国势力范围内的拉美国家也不承认中华人民共和国，因此中国巧妙地采取了大力推动民间外交的策略。

古巴是与中国建交的第一个拉美国家。中古建交使中国更为关注和支持拉美的民族民主运动和反帝斗争。但是，受冷战的影响，美国在西半球极力抵御所谓“共产主义影响”，加之中国与拉美的相互了解极为有限，因此，直至20世纪70年代初，中国与拉美的关系仍然以民间交往为主。中古建交使中拉关系出现了重大的变化。

中国重返联合国以及中美关系的改善为中国与拉美国家发展关系提供了机遇。至70年代末，中国已与12个拉美国家建立了外交关系。

1978年中国实施改革开放战略后，中拉关系进入了新的发展阶段。中国领导人通过频繁出访拉美，阐述了中国对拉美的政策，提出了进一步发展中拉关系的建议。

（三）拉美与俄罗斯的关系

如前所述，在冷战时期，拉美是美苏争霸的重要场所之一。为了抗衡美国的全球战略攻势，苏联与许多拉美国家保持着较为密切的关系。在冷战末期，戈尔巴乔夫在拉美外交攻势上有所收敛。苏联解体后，俄罗斯在拉美的影响几乎荡然无存。

普京当政后，俄罗斯对拉美的兴趣与日俱增，并将扩大在拉美的存在作为其全球战略的重要组成部分。概而言之，俄罗斯对拉美的攻势具有以下几个特点：

第一，敢于同委内瑞拉等左派当政的拉美国家发展关系。委内瑞拉等国家与美国的关系十分紧张。俄罗斯利用这一契机，大力发展与这些国家的政治、经济和军事关系，以抗衡北约东扩以及美国在捷克和波兰部署反导系统。毫无疑问，俄罗斯在拉美的战略意图得到了委内瑞拉等国的积极支持。委内瑞拉不仅购买了俄罗斯的大量军火，而且还在不久前与俄罗斯进行联合军事演习。拉美的另一个左派当政的国家尼加拉瓜则是继俄罗斯之后承认阿布哈兹和南奥塞梯独立的第二个国家。

第二，大力发展军火贸易。俄罗斯拥有世界上先进而庞大的军事工业生产体系。因此，军火贸易历来是俄罗斯获取外汇收入的重要来源之一。自20世纪90年代末以来，一些拉美国家为加强国防而增加了军费开支。这为俄罗斯扩大向拉美出口军火提供了机遇。仅在2006年，委内瑞拉就定购了30亿美元的俄罗斯军火，其中包括10万支步枪、24架苏30战斗机和54架战斗直升机。[①] 此外，俄罗斯还计划在委内瑞拉建造一个年产5万支步枪的军工厂。

俄罗斯向拉美出口大量军火的目的，一是增加出口收入，二是扩大俄罗斯在拉美的影响。随着军火出口量的增加，俄罗斯与拉美国家的军事交流也随之展开。俄罗斯不仅向拉美派遣大量维修和保养尖端武器的军事技术人员，而且还与巴西等国签署了军事合作协议。尤其在委内瑞拉等国家，俄罗斯的军事存在已超过任何一个国家。

第三，积极开发拉美的资源。虽然俄罗斯拥有丰富的石油和天然气资源，但它仍然希望与拉美国家在能源领域开展合作。迄今为止，俄罗斯天然气工业股份公司和卢克石油公司等能源企业已与委内瑞拉、玻利维亚和巴西等国达成了协议，共同开发这些国家的能源资源。

（四）拉美与印度的关系

印度独立后不久就与一些拉美国家建立了外交关系。但是，在此后的半个世纪中，印度与拉美的关系发展缓慢。进入21世纪后，印度的国际地位稳步上升，经济开放度不断扩大。在这一过程中，除了进一步巩固其在南亚的大国地位以外，印度还希望通过提升与其他发展中国家的关系来扩大其国际影响和实现对外经济关系的多元化。拉美国家的自然资源丰富，市场潜力庞大，经济发展前景乐观，因此，印度在推动其对外经济关系的过程中，越来越重视拉美的重要性。

最近几年拉美与印度的关系呈现出以下几个特点：

第一，注重首脑外交。最近几年印拉关系的发展是从首脑外交起步的。智利总统拉戈斯、委内瑞拉总统查韦斯、巴西总统卢拉和墨西哥总统卡尔德隆等主要拉美国家的领导人先后应邀访问印度。在访印期间，这些

---

① http：//www. coha. org/the-russian-arm% E2% 80% 99s-merchant-raps-on-latin-america% E2% 80%99s-door/.

拉美国家的领导人及其率领的企业家受到了高规格的礼遇，双方签署了多个经贸合作协议。2008 年 4 月，印度总统普拉蒂巴·帕蒂尔对巴西、墨西哥和智利进行了为期 13 天的国事访问。陪同她访问的还有众多印度企业家。印度与这些拉美国家签署了在贸易、投资、信息技术、能源和航空等领域加强合作的多个协议。印度媒体称，帕蒂尔总统在 2008 年 7 月就任后的第一次国事访问就去拉美，充分说明拉美在印度外交战略格局中的地位得到了提升。

第二，强调经济外交。最近几年，随着改革开放的不断深入，印度经济的活力不断释放，对资源的需求越来越大。此外，印度很希望发挥自身的比较优势，进一步开拓拉美市场。因此，印度与拉美国家的关系是以经贸合作为基础的。

第三，在发展经贸关系时力求迎合拉美的要求。拉美国家的要求是少进口与其竞争的工业制成品，多吸引直接投资。印度除了进口拉美的资源以外，还进行较大规模的投资。2007 年，印度与拉美的贸易额不足 50 亿美元，而印度在拉美的投资存量则已达 70 亿美元。而且，印度在拉美的投资企业愿意与拉美企业分享技术，愿意雇用当地劳动力，因此很受东道国的欢迎。美国《洛杉矶时报》（2007 年 6 月 9 日）的一篇文章说，这一切使得拉美国家不是把印度视为竞争者，而是合作伙伴。

第四，重视巴西的大国地位。2003 年 6 月，印度、巴西和南非成立了“印度—巴西—南非三国对话论坛”。迄今为止，该论坛已召开了两次首脑会议。自该论坛问世以来，印度在其中发挥了重要的作用。

二　合作与对抗构成了美拉关系的基调

在冷战期间，维护国家安全是美国外交政策的首要议事日程。冷战使拉美成了美国和苏联对峙的“战场”之一。尤其在古巴导弹危机爆发后，美国更是明确地将抵御苏联的“共产主义影响”视为其西半球安全战略的当务之急，并为此而采取了一系列措施。例如，在经济上，肯尼迪总统实施了“争取进步联盟”，向拉美国家提供多种形式的经济援助。为了推翻拉美地区的反美政权，美国不惜穷兵黩武，推行强权政治。为了打击左翼力量，美国大力培植亲美的右翼独裁政权。

作为美国决策者的一项重要考虑，输出美国式的民主制度和价值观始终存在于美国对落后国家的政策之中，美国对拉美政策中更是体现出这方面的内容。[①] 因此，冷战时期美国还通过向拉美国家输出好莱坞电影和书刊、宣传美国式的消费方式以及招收拉美留学生等途径，向拉美国家推销美国文化和西方式民主。

冷战后，美国与拉美的关系发生了重大的变化。由于苏联不复存在，美国关注拉美的重点从安全领域转向经济领域。在这一转变的过程中，美拉关系中的合作态势越来越明显。迄今为止，美国已与拉美国家召开了5次美洲国家首脑会议。在每一次首脑会议上，美国都提出一些加强美拉关系的建议和设想。1998—2009年，美国与拉美的双边贸易额增长了82%，高于美国进出口贸易增长率（64%），也高于美国与亚洲以及与欧盟的双边贸易额增长率（分别为72%和51%）。美国与墨西哥的双边贸易额占美国对外贸易总额的11.7%，是美国在拉美最大的贸易伙伴（占美拉贸易总额的58%）。[②] 美国已与11个拉美国家（墨西哥、哥斯达黎加、萨尔瓦多、危地马拉、洪都拉斯、尼加拉瓜、多米尼加、智利、秘鲁、巴拿马和哥伦比亚）签署了自由贸易协定。[③] 2008年9月24日，美国联手加拿大，与10个拉美国家（智利、哥伦比亚、哥斯达黎加、多米尼加、萨尔瓦多、危地马拉、洪都拉斯、墨西哥、巴拿马和秘鲁）提出了“走向美洲繁荣之路倡议”。根据这一倡议，美国将与拉美国家进一步加强经贸合作，推动社会发展，强化法制和巩固民主。[④]

必须指出的是，美拉关系中的对抗也不时出现。换言之，虽然拉美在多个领域依赖美国，但拉美并非丧失了独立性和原则性。最典型的例子就是2003年许多拉美国家反对美国入侵伊拉克。[⑤] 当时墨西哥和智利是联合国安理会的非常任理事国。它们对未能在联合国框架内通过外交手段解决伊拉克问题感到遗憾，并对美、英等国动武提出了批评。墨西哥总统福克斯说：“我们赞同美国的目标和价值观，但不同意美国解除伊拉克武装的

---

① 王晓德：《关于美国向拉美“输出民主”的历史思考》，《美国研究》1995年第2期。

② J. F. Hornbeck, *U. S. -Latin America Trade: Recent Trends and Policy Issues*, Congressional Research Service, June 25, 2010.

③ 与巴拿马和哥伦比亚签署的自由贸易协定有待美国国会批准。

④ http://panama. usembassy. gov/pr092308. html.

⑤ 拉美国家在美伊战争问题上有分歧。哥伦比亚、厄瓜多尔、洪都拉斯、尼加拉瓜、萨尔瓦多和巴拿马等国支持美国动武。洪都拉斯、尼加拉瓜、萨尔瓦多和巴拿马甚至撇开伯利兹、哥斯达黎加和危地马拉三国，在中美洲一体化的框架内发表了一个联合声明，支持美国动武。相比之下，更多的拉美国家反对美国对伊拉克动武。

时机和方式。”他说：“墨西哥希望用多边手段来解决争端。世界必须继续遵从联合国宪章的精神。”墨西哥外交部长说，墨西哥应该像加拿大那样，与美国发展“成熟的外交关系”，而非处处听从美国的安排。他甚至认为，拉美很幸运，因为态度鲜明的墨西哥和智利代表拉美地区在安理会中担任非常任理事国。一些墨西哥学者也指出，美国对伊拉克动武意味着布什总统废除了近60年联合国为建立多边主义而作出的努力，而且，在可预见的将来，国际治理难以实现。①

智利总统拉戈斯始终主张通过外交手段来解决伊拉克问题，并表示，智利作为联合国安理会非常任理事国，将与国际社会一道，尽力避免战争。2003年3月5日，拉戈斯总统在接到布什总统的电话时重申，智利希望联合国武器核查人员在伊拉克继续进行工作。数日后，拉戈斯总统宣布，智利将在联合国安理会提出一项关于伊拉克问题的新决议案，内容是要求伊拉克在规定的三周时间内满足销毁其大规模杀伤性武器的有关条件。智利总统的这一提议得到了阿根廷等国的支持。智利的宗教界人士在一个有关伊拉克问题的声明中指出，虽然联合国有这样那样的缺陷，但它能表达人类的进步。智利政府的一些官员指出，单边主义始终是布什的政策。他上台以来美国已单方面地废除了《京都协议》和其他一些国际条约。在伊拉克问题上，智利与法国或德国一样，具有很强的独力性。

巴西总统卢拉表示，他不同意美国等西方国家在得不到联合国授权的条件下对伊拉克动武。事实上，此前几个月，巴西政府就明确表示，巴西一贯反对随意诉诸武力，美国不应该在未经联合国安理会同意的情况下对伊拉克动武，伊拉克问题只能在国际法的范围内加以解决。

在1991年的海湾战争中，阿根廷曾派兵参战。但在2003年3月，阿根廷政府明确表示，阿根廷不仅不会派兵参与战争，甚至反对通过武力手段来解决伊拉克问题。盖洛普的民意测验结果表明，83%的阿根廷人反对在任何情况下对伊拉克动武。在被调查的五大洲41个国家中，阿根廷的反战比例最高。阿根廷前驻美大使德罗萨斯在分析这一调查结果时说，这一民意测验结果并不令人感到意外，因为许多阿根廷人不仅反对战争，而

---

① 但是必须指出，此前墨西哥的立场不明朗，因此它一度成为美国和法国竞相争取的对象。由于墨西哥国内的反战情绪日益上升，福克斯总统为了在7月的国会中期选举中处于有利地位而决定不支持美国，与法国和德国站在一起。

且还把当前的经济困难归咎于美国。

古巴和委内瑞拉是反对美国霸权主义最有力的两个拉美国家，因此它们强烈反对美国对伊拉克动武。古巴共产党的机关报《格拉玛报》对事态给予大量报道，并发表了大量评论性文章。委内瑞拉外交部长也多次表示，反对美国在盛产石油的中东地区制造事端。

2003 年 3 月 5 日，南方共同市场成员国外长在乌拉圭首都蒙得维的亚举行了一次特别会议。会议发表的声明指出，联合国安理会是维护世界和平与安全的机构，只有它才能决定是否对伊拉克动用武力。声明要求安理会给予武器核查人员充足的时间，以便他们完成在伊拉克的武器核查任务。

在许多拉美国家，除政府明确表示反对美国对伊动武以外，民众的反战情绪也十分高涨，不同规模的反战游行在拉美此伏彼起。在游行队伍中，民众高举萨达姆的画像或古巴和巴勒斯坦的国旗，并高呼“布什是法西斯”、“布什是恐怖主义者”等口号。

在建立美洲自由贸易区这个问题上，拉美国家与美国之间的分歧和矛盾同样是前所未有的。建立美洲自由贸易区的设想由来已久（见专栏 4—3）。有些国家对美国的这一大胆设想持积极支持的立场，但更多的拉美国家则不赞成或强烈反对。在这个问题上，美拉之间的分歧主要是：第一，美国希望在所有领域开展谈判，并要求加快谈判进程和缩短实施自由贸易的时间表。而巴西等国则希望采取一种渐进的谈判方式。第二，美国要求将劳工权力和环境保护纳入谈判日程，而大多数拉美国家则担心美国会利用这两个问题来强化其保护主义，因而不同意美国的主张。第三，拉美的小国家认为其经济规模小，因而必须有更长的过渡期。而美国则主张一视同仁。第四，在农业补贴、知识产权等问题上，美国与拉美也有分歧。

2005 年 11 月，第四届美洲国家首脑会议在阿根廷海滨度假胜地马德普拉塔召开。在这一次首脑会议上，反对建立美洲自由贸易区的呼声达到了高潮。美国提出的建立美洲自由贸易区的设想终于在查韦斯总统和阿根廷球星马拉多纳等人发出的“埋葬美洲自由贸易区”的呼声中烟消云散。在这一次首脑会议后，美国改变了贸易谈判战略，与一些拉美国家签署了双边自由贸易协定。

1999 年查韦斯当选委内瑞拉总统意味着拉美左派终于东山再起。拉美政治舞台上的这一重大变化也对美拉关系产生了不容低估的影响。2005

年，玻利维亚左翼政党争取社会主义运动领导人、古柯叶种植者协会领导人莫拉莱斯在总统选举中取胜。此后，越来越多的国际媒体宣传，西半球已出现了一个以查韦斯、莫拉莱斯和卡斯特罗为核心的“反美轴心”。莫拉莱斯宣传，他的当选无疑是美国的“一个噩梦”。查韦斯则更是在国内外的许多场合抨击美国，甚至在联合国讲坛上骂布什总统为“魔鬼”。

专栏 4—3

建立美洲自由贸易区的设想

建立美洲自由贸易区的设想是美国提出的。1991 年 11 月，克林顿在一次演讲中说：“我们应该力求同除墨西哥以外的所有拉美国家达成自由贸易协定，因为富国帮助其他国家变成其强大的贸易伙伴后，会变得更富。”当选后，克林顿在多个场合进一步表达了在整个西半球范围内开展自由贸易的想法。

1993 年，克林顿在与拉美国家领导人进行的历次会晤中，更加直言不讳地提到建立美洲自由贸易区的想法。例如，在 6 月阿根廷总统梅内姆访问华盛顿期间，克林顿对新闻记者说：“我愿意立即与阿根廷、智利和其他一些合适的国家进行讨论，探讨按照北美自由贸易协定的模式，扩大贸易关系的可能性。我一直认为，北美自由贸易协定应该是囊括所有拉美民主国家和市场经济国家的模式。”

1993 年 12 月，戈尔副总统访问墨西哥。他在国家大礼堂所作的一次讲演中说：“围绕北美自由贸易协定展开的辩论表明，消除与拉美有关的神话和偏见是重要的。我们也清楚地看到，我们必须重新审视我们与新出现的拉美打交道的方式。在我们走向 21 世纪的时候，克林顿政府已全面地评估了美国对拉美的政策。……今天，我代表（克林顿）总统在此宣布：明年，美国将邀请北美洲、中美洲、南美洲和加勒比的通过民主选举出来的国家元首参加西半球首脑会议。”

1994年12月，美洲国家首脑会议在美国佛罗里达州的迈阿密市举行。在这一会议上，克林顿正式提出了在2005年建立美洲自由贸易区的设想。

伊朗是美国的“眼中钉、肉中刺”，但一些拉美国家则敢于同伊朗发展关系。迄今为止，委内瑞拉已与伊朗达成了200多个经贸合作协定。当伊朗承诺在玻利维亚天然气工业投资11亿美元后，玻利维亚总统莫拉莱斯表示，玻利维亚在中东的唯一的使馆将从开罗迁往德黑兰。玻利维亚甚至给予伊朗人豁免签证的优惠。①

三　拉美国家之间的关系发生重大变化

拉美民族英雄西蒙·玻利瓦尔当年曾梦想把南美洲国家整合成一个大家庭。按照他的想法，南美洲国家应该建立一个南美洲合众国。在当时的条件下，这一愿望显然是难以成为现实的。

拉美是发展中国家开展区域经济一体化的先驱。早在1958年，一些中美洲国家就签署了《中美洲工业一体化条约》和《中美洲自由贸易和经济一体化多边条约》。在这两个条约的基础上，危地马拉、洪都拉斯、尼加拉瓜、萨尔瓦多和哥斯达黎加于1962年8月建立了中美洲共同市场。这是发展中国家成立的第一个共同市场。

20世纪80年代，由于拉美经济陷入了债务危机和经济危机，加之各个经济一体化组织的成员国无法处理利益分配不均等问题，区域经济一体化跌入低谷。但在20世纪90年代，随着经济的复苏和改革开放的不断深化，拉美的区域经济一体化再度兴起。早期成立的区域经济一体化组织恢复了活动，南方共同市场等组织也应运而生。② 这在一定程度上彰显了拉美国家加强团结的愿望和勇气。

---

① Cynthia Arnson et al (eds.), *Iran in Latin America: Threat or "Axis of Annoyance"?* Woodrow Wilson International Center for Scholars, 2010, pp. 1—2.

② 1991年3月26日，阿根廷、巴西、巴拉圭和乌拉圭4国总统在巴拉圭首都亚松森签署了关于建立南方共同市场的《亚松森条约》。1995年1月1日，南方共同市场正式启动。

进入21世纪后，拉美的区域一体化呈现出两个显著的特点：

第一，政治取向相同或相似的拉美国家加快了合作的步伐。如在2001年12月11日召开的加勒比国家联盟第三届首脑会议上，查韦斯提出了建立“美洲玻利瓦尔替代计划”的设想，以替代美国倡导的美洲自由贸易区。2004年12月14日，委内瑞拉与古巴在哈瓦那发表联合声明，宣布“玻利瓦尔替代计划”正式启动。玻利维亚和尼加拉瓜分别于2006年4月和2007年1月加入该计划。根据查韦斯总统的设想，委内瑞拉将向“美洲玻利瓦尔替代计划”的成员国提供大量援助。援助的形式包括提供廉价石油、建造医院和学校、派遣医生和教师、建造炼油厂或提供信贷等。

第二，一体化从经济领域向政治领域拓展。例如，在巴西总统卡多佐的倡议下，首届南美洲国家首脑会议于2000年9月在巴西举行。与会者一致认为，面对全球化的各种机遇和挑战，南美洲国家必须加快区域经济一体化进程。2002年7月在厄瓜多尔举行的第二届南美洲国家首脑会议重申了进一步推动南美洲地区一体化的愿望和决心。2004年12月9日，第三届南美洲国家首脑会议在秘鲁历史古城库斯科落下帷幕。与会的12国元首签署了《库斯科宣言》，南美洲国家共同体正式成立。

正如当时的秘鲁总统托莱多所说的那样，南美国家共同体的成立是一个伟大的“历史性事件”，体现了南美人民推动一体化和加强团结的意愿。委内瑞拉总统查韦斯则认为，南美洲国家共同体的成立意味着拉美人民正在实现玻利瓦尔当年提出的梦想。阿根廷前总统杜阿尔特甚至说：“南美洲国家共同体将像欧盟一样，拥有统一的货币、共同的议会和政治联盟。这个过程可能需要几十年，但我们正在迈出第一步。”2007年4月16日，南美洲国家共同体改名为南美洲国家联盟。

2007年12月9日，阿根廷、巴西、巴拉圭、玻利维亚、厄瓜多尔、乌拉圭和委内瑞拉在阿根廷首都布宜诺斯艾利斯举行了成立南方银行的签字仪式。根据上述7国领导人的设想，拥有70亿美元启动基金的南方银行将使拉美国家减少对国际货币基金组织和世界银行的依赖，削弱这两个国际金融机构对拉美国家的影响力。

2010年2月23日，在第23届里约集团首脑会议上，与会者决定成立一个将美国和加拿大排除在外的、囊括拉美所有33个国家的地区性组织，名称暂定为拉美和加勒比共同体。① 据估计，这一组织将在 2011 年 7 月正式成立。里约集团轮值主席墨西哥总统卡尔德隆在该首脑会议闭幕式上发表主席声明时说，拉美和加勒比共同体的建立将进一步巩固并加强拉美和加勒比国家作为一个整体在国际上的地位和影响力。在这一次首脑会议上，卢拉总统自豪地说："我们已实现了玻利瓦尔的梦想。"墨西哥总统卡尔德隆说："我们不能不团结，我们的未来不能建立在差异性之上。现在，我们终于能在不放弃差异性的前提下团结起来。团结的基础是我们的共性，共性大大超过了差异性。"在 2010 年 2 月的一次访谈中，玻利维亚总统莫拉莱斯说，拉美和加勒比国家有必要建立一个不包括美国和加拿大的区域性组织。他认为，这一共同体将成为拉美国家"反击帝国主义的武器"②。

但是，不容否认，在拉美国家加强团结的过程中，也出现了不团结的现象。如在 2003 年 10 月，乌拉圭政府准许一家西班牙公司在临近乌拉圭河的弗赖·本托斯地区建造一个造纸厂。2004 年 2 月，乌拉圭政府又批准一家芬兰造纸厂在同一地区建造一个造纸厂。阿根廷声称，这两个造纸厂将对乌拉圭河的生态环境造成不可逆转的污染和破坏，也将影响阿根廷当地居民的捕鱼、休闲和旅游开发活动。环境造成破坏，使该地区的阿根廷居民受害。此外，阿根廷还对乌拉圭违反两国政府达成的有关协议、擅自批准在乌拉圭河地区建造造纸厂表示不满。由于多次协商未果，阿根廷在 2006 年 5 月向国际法院提起控诉，指控邻国乌拉圭单方面批准在乌拉圭河附近建造两个造纸厂的做法违反了两国在 1975 年签订的共同保护乌拉圭河的条约。

造纸厂事件曾使阿根廷与乌拉圭的双边关系跌入低谷。乌拉圭甚至一度阻挠阿根廷前总统基什内尔出任南美洲国家联盟秘书长。2009 年 6 月，国际法院就本案举行了公开听证，并在 2010 年 4 月 20 日作出判决。法院认为，乌拉圭在没有告知阿根廷的情况下批准建厂，违反了阿根廷与乌拉

---

① 拉美有 5 种语言，即英语、西班牙语、葡萄牙语、法语和荷兰语。因此这一共同体的名称有 5 种语言：英文名称为 Community of Latin American and Caribbean States；西班牙语名称为 Comunidad de Estados Latinoamericanos y Caribeños；葡萄牙语名称为 Comunidade de Estados Latino-Americanos e Caribenhos；法语名称为 Communauté des États Latino-Américains et Caribéens；荷兰语名称为 Gemeenschap van de Latijns-Amerikaanse en Caribische landen。

② 转引自 http：//en. wikipedia. org/wiki/Community_ of_ Latin_ American_ and_ Caribbean_ States。

圭在1975年签署的条约，但没有违反条约规定的保护界河环境的实质性义务，因此，法院决定驳回阿根廷提出的乌拉圭必须拆除已建造纸厂、对阿根廷承受的经济损失予以赔偿等诉求。[①] 2010年7月28日，阿根廷和乌拉圭政府签署协议，同意对位于两国边境地区的造纸厂进行联合监督，从而解决了困扰两国多年的造纸厂纠纷。

历史上，拉美国家之间曾爆发过多次战争或武装冲突。[②] 自1968年洪都拉斯与萨尔瓦多之间的"足球战争"以来，拉美国家之间基本上没有爆发过战争。但边境争端导致的国与国之间的紧张关系则时有发生。[③] 如在2004年7月，秘鲁向智利提出了重新划分两国间3万平方千米海域的要求，智利断然拒绝。8月初，智利在其北部靠近秘鲁边境的伊基克沙漠地区举行大规模军事演习。演习以秘鲁支持玻利维亚为争夺出海口而入侵智利北部为假设前提，这导致秘鲁强烈不满，两国关系曾一度处于紧张状态。

2004年10月，哥斯达黎加前总统罗德里格斯因丑闻而辞去美洲国家组织秘书长。美洲国家组织成员国就新任秘书长人选进行了磋商。美国支持墨西哥外交部长德韦斯，而巴西和委内瑞拉等国则支持智利内政部长因苏尔萨。2005年4月11日，美洲国家组织成员国曾为选举新任秘书长举行了5轮投票，结果在每轮投票中因苏尔萨和德韦斯都分别获得17票。经过多方协调，德韦斯于4月29日宣布退出角逐，因苏尔萨成为唯一的候选人。在5月2日的投票中，因苏尔萨顺利当选。据报道，当因苏尔萨当选的投票结果公布后，美洲国家组织的几乎所有成员国的代表都起立鼓掌，以示祝贺，唯独墨西哥代表静静地在座位上纹丝不动。一些国际媒体认为，"作为事实上的南美洲国家的召集人，巴西对因苏尔萨的支持是非常重要的"[④]。

---

① http：//www. un. org/chinese/News/fullstorynews. asp？ NewsID = 13332.

② 这些战争包括：1825—1828年阿根廷与巴西之间的战争、1836—1839年智利与秘鲁—玻利维亚联邦之间的战争、1864—1870年的巴拉圭战争、1879—1883年的太平洋战争、1932—1935年的查科战争、1941年厄瓜多尔与秘鲁之间的战争、1968年的足球战争。（*The Cambridge Encyclopedia of Latin America and the Caribbean*, Second Edition, Cambridge University Press, 1992, pp. 308—310）

③ 委内瑞拉与圭亚那之间、哥斯达黎加与尼加拉瓜之间、危地马拉与伯利兹之间、巴西与乌拉圭之间、玻利维亚与智利之间、秘鲁与智利之间、哥伦比亚与委内瑞拉之间，都有悬而未决的边境争端。

④ http：//www. miami. com/mld/miamiherald/news/columnists/andres _ oppenheimer/11590836. htm.

20 世纪 90 年代以来，里约集团在讨论地区性事务和其他一些国际问题等方面发挥着重要的作用。墨西哥是这个区域性组织中的一个重要角色，因此墨西哥对南美洲国家在巴西的倡导下成立南美洲国家共同体并不满意。据报道，墨西哥还对巴西提出的“拉美就是南美洲”这一概念表示反感。巴西认为，美洲地区是由南美洲和北美洲组成的。墨西哥认为，这一界定实际上是为了把墨西哥排除在拉美大家庭之外。

在联合国改革的问题上，一些拉美国家之间的分歧似乎尤为引人注目。2005 年 3 月 21 日，联合国秘书长安南向联合国大会提交了题为《大自由：为人人共享发展、安全和人权而奋斗》的联合国改革报告。安南说，这次改革的一号方案是增加 6 个没有否决权的常任理事国以及 3 个经选举产生的非常任理事国，其中非洲和亚太地区各有 2 个常任席位，欧洲和美洲各增加 1 个常任席位。① 日本、印度、巴西和德国当天联合发表声明，对安南提出的联合国改革报告表示欢迎。在 2004 年 9 月的第 59 届联大一般性辩论期间，日本、印度、巴西和德国宣布结成同盟，相互支持对方竞争新的安理会常任理事国席位。但作为“咖啡俱乐部”的主要成员，墨西哥和阿根廷与其他国家一起，竭力反对上述 4 国“入常”。

此外，阿根廷还对巴西在外交舞台上的咄咄逼人也颇有微词。2005 年 4 月厄瓜多尔爆发政治危机后，巴西曾出面调停，但巴西事先并没有与阿根廷磋商，阿根廷对此颇为不满。阿根廷总统基什内尔曾对阿根廷媒体说：“如果 WTO 中有一职位，巴西想得到它；如果联合国中有一空缺，巴西想填补它；如果联合国粮农组织中有一空职，巴西也想要。巴西甚至希望圣保罗大主教克劳蒂奥·胡梅斯能做上教皇。”②

一些国家的内政有时也影响了拉美国家之间的关系。2004 年 12 月 13 日，哥伦比亚警察秘密地进入委内瑞拉领土，逮捕了哥伦比亚反政府游击队组织的国际发言人戈兰达。委内瑞拉政府认为，哥伦比亚的这一行动侵犯了委内瑞拉的主权，要求哥伦比亚道歉。哥伦比亚则认为，委内瑞拉不应该庇护恐怖主义分子，因而拒绝道歉。2005 年 1 月 15 日，委内瑞拉召回其驻哥伦比亚大使，并宣布冻结两国经贸关系。委内瑞拉政府决定停止

---

① 安理会改革的二号方案是：增加 8 个任期 4 年、可连选连任的半常任理事国和 1 个非常任理事国，非洲、亚太、欧洲和美洲将分别获得 2 个半常任席位。两套方案的共同点在于，新增的常任理事国或半常任理事国都不拥有否决权。

② http://www.miami.com/mld/miamiherald/news/columnists/andres_oppenheimer/11590836.htm.

实施两国天然气和输油管道合作项目，停止向哥伦比亚边境地区供电和出售汽油，并关闭了两国边境。这些惩罚性措施使哥伦比亚部分边境地区出现了电荒和油荒，居民生活受到很大影响，当然委内瑞拉也失去了一部分出口收入。

2008 年 3 月 1 日，哥伦比亚政府军采取空中及地面联合行动，越过哥伦比亚与厄瓜多尔的边境线，击毙了哥伦比亚革命武装力量二号人物及其手下的 16 名武装人员。2 日，查韦斯总统致电厄瓜多尔总统科雷亚，表示委内瑞拉将无条件地支持厄瓜多尔的任何行动。3 日，查韦斯总统宣布，委内瑞拉立即与哥伦比亚断交。由于哥伦比亚总统乌里韦当面向厄瓜多尔总统科雷亚道歉，委内瑞拉在 9 日决定恢复与哥伦比亚的外交关系。

2010 年 7 月 15 日，哥伦比亚国防部长称，哥伦比亚拥有的确凿证据表明，哥伦比亚革命武装力量（FARC）领导人在委内瑞拉境内与该组织其他几名头目会面。22 日，哥伦比亚驻美洲国家组织的代表在该组织的一次特别会议上说，哥伦比亚革命武装力量和哥伦比亚民族解放军（ELN）在委内瑞拉境内有 1500 人之多。他要求成立一个国际调查组，对委内瑞拉与这些人的关系展开调查。同日，委内瑞拉总统查韦斯宣布与哥伦比亚断交，以抗议哥伦比亚的指控。

在影响拉美国家之间关系的外部因素中，美国的角色不容低估。如在 2006 年 4 月 22 日，委内瑞拉政府正式宣布退出安第斯共同体。其理由是，安第斯共同体成员国哥伦比亚和秘鲁与美国达成了自由贸易协定，从而使委内瑞拉处于不利地位。① 国际舆论认为，该事件是安第斯共同体自 1969 年成立以来遭遇的最为严重的危机，同时它也给当前的拉美一体化进程带来了很大的负面影响。同年 11 月 19 日，委内瑞拉外交部发表新闻公报，宣布委内瑞拉正式退出与墨西哥和哥伦比亚组成的“三国集团”。委内瑞拉认为，哥伦比亚是其重要的贸易伙伴，但是，由于委内瑞拉已退出安第斯共同体，因此，“三国集团”失去了存在的意义。

2009 年 8 月，哥伦比亚与美国结束了旨在加强安全与防卫合作的双边

---

① 美国自 2004 年 5 月起开始同秘鲁、哥伦比亚和厄瓜多尔三个安第斯国家进行自由贸易谈判。2005 年 12 月 7 日，美国与秘鲁达成了自由贸易协定；2006 年 2 月 27 日，美国与哥伦比亚达成自由贸易协定。拉斐尔·科雷亚于 2006 年 11 月当选厄瓜多尔总统后表示，他反对厄瓜多尔与美国达成自由贸易协定，因此两国的谈判已停止。

军事协议谈判。根据该协议，哥伦比亚将允许美军使用其军事基地。绝大多数南美洲国家反对哥伦比亚的这一讨好美国的行为。厄瓜多尔总统科雷亚说，美国希望将哥伦比亚的军事基地变成美军南方司令部在南美地区进行战略部署的前沿阵地，这是南美国家不能接受的。乌拉圭总统巴斯克斯说，乌拉圭一直反对外国军队在南美地区建立军事基地。乌拉圭历史上从来不允许国外军队使用其军事基地，也不希望其他南美国家的军事基地向外国军队敞开大门。

委内瑞拉总统查韦斯认为，美国在哥伦比亚的军事存在必将对委内瑞拉的国家安全构成极大的威胁，因为美国曾有过对拉美国家动用武力的不光彩纪录。巴拿马领导人诺力加就是在1989年被入侵的美军生擒活捉的。无怪乎查韦斯总统极力反对这一军事协议，并多次称哥伦比亚前总统乌里韦为美国在南美洲的“走狗”、“傀儡”。此外，美国坚持将“哥伦比亚革命武装力量”和“哥伦比亚民族解放军”视为恐怖主义组织，并为哥伦比亚政府打击这些武装组织提供军事上和经济上的援助。但查韦斯则对这些组织表达同情之心。他曾呼吁国际社会将这些武装力量从“恐怖主义组织”的黑名单中除名。毋庸置疑，委内瑞拉与哥伦比亚的关系之所以经常陷入困境，在很大程度上是因为美国与哥伦比亚的关系非同一般。

第二节　影响拉美对外关系发展趋势的决定性因素

影响一国对外关系发展前景的决定性因素是多方面的，既有外部因素，也有内部因素。外部因素常常不依人的意志为转移，而内部因素则与这个国家的国际地位密切相连。拉美对外关系的发展前景将取决于以下几个决定性因素：

一　世界格局能否继续向多极化的方向发展

世界格局是一种由世界上各种力量经过不断博弈和磨合后形成的国际关系结构。世界格局并非一成不变。冷战的结束意味着两极世界格局不复存在。美国试图凭借其强大的经济实力、军事实力和软实力，构建一个由其主导的单极世界。但事实表明，美国的这一愿望难以成为现实，只有多极化才能成为“后冷战”时代世界格局的基础。

许多人认为，由于冷战结束后美国和苏联争霸世界的格局不复存在，因此“第三世界”也应该随之退出历史舞台。甚至世界银行行长佐利克也声称，“第三世界”走向了“终结”（见专栏4—4）。

且不论“第三世界”是否存在，可以肯定的是，“第三世界的终结”并不意味着所有发展中国家（穷国）都变成了发达国家（富国）。事实上，最近一二十年，发展中国家的分化在不断加剧。一方面，有些穷国取得了快速的经济发展，以至于它们被叫作“新兴市场”；另一方面，有些穷国在发展道路上原地踏步，停滞不前，有些甚至沦落为“失败国家”。可见，发展中国家之间的差距不是在缩小，而是在扩大。

专栏4—4

佐利克的“第三世界终结论”

1952年，法国人口学家A. 索维（Alfred Sauvy）在《观察家》杂志上发表的一篇文章将1789年法国革命前“无权无势”的穷人称为“第三等级”的人（tiers monde），以区别于“僧侣”和“贵族”。在1955年的万隆会议上，一些与会者借用“第三等级”这一名词，称亚非拉为“第三世界”。1956年，索维所在的人口研究所中的一些研究人员出版了一本名为《第三等级》（*Le Tiers-Monde*）的书。1959年，法国经济学家F. 佩勒（Francois Perroux）创办了一本同名杂志，探讨欠发达问题。

在冷战期间，“第三世界”这一概念开始进入政治领域。尤其在1964年不结盟运动问世后，西方媒体开始将参加这一组织的发展中国家视为介乎于共产主义国家和发达资本主义国家之间的“第三类”国家，尽管不结盟运动中的一些国家依然采取了亲美或亲苏的立场。1974年2月22日，毛主席在会见赞比亚总统卡翁达时提出了划分“三个世界”的观点。自那时起，“第三世界”越来越成为一个尽人皆知的术语。

冷战结束后，国内外许多人认为，“第二世界”不复存在，因此“第三世界”这一提法也应该放弃了。2010 年 4 月 14 日，世界银行行长佐利克在美国伍德罗·威尔逊国际学者中心发表的题为“面向多极化世界：实现多边主义的现代化”的讲演中称：“如果说 1989 年意味着‘第二世界’随着苏东国家的演变而寿终正寝，那么 2009 年则标志着所谓‘第三世界’概念的终结。我们正处于一个快速发展变化的新的多极化世界经济中。一些发展中国家正在成为新兴经济强国，一些发展中国家逐渐成为新的经济增长极，还有一些国家正努力在这一新的体系内发挥出他们的潜力。因此，南与北、东与西仅仅是指南针上的四个标志而已，不再是经济命运了。”

在这一讲演中，佐利克还提到了发展中国家在多个领域中的重要地位和作用。他说：“发展中国家不是造成危机的根源，而是解决危机的重要组成部分。……在全球 GDP 总额中，以购买力平价计算，发展中国家所占比重从 1980 年的 33.7% 增加到了 2010 年的 43.4%。在今后 5 年或更长的一段时间内，发展中国家经济可能会强劲地增长。”从来没有一个世界银行行长如此夸奖发展中国家，如此看重发展中国家的作用。

拉美国家之间的差距也在扩大。这会对拉美对外关系的发展前景产生一定的影响。巴西等国在国际问题上的地位持续上升，而中美洲国家、加勒比国家以及南美洲的一些小国家则仍然处于边缘化的地位。

迄今为止，世界格局尚未最后成形。有人认为，单极世界最稳定，两级世界次之，多极世界最不稳定。这一论调完全是错误的。众所周知，在人类社会的发展进程中，确实出现过单极世界格局下的稳定。但这种稳定不是建立在民主化的基础上，而是一种以霸权主义和强权政治为手段、以牺牲世界上大多数国家的利益为代价的稳定。多极化不等于国际舞台上的各种力量相互残杀，而是在和平共处的基础上展开合作和良性竞争，实现国际政治民主化。

在各种力量不断博弈和磨合的过程中，拉美国家和其他发展中国家要求平等地参与国际事务的愿望日益强烈，要求实现国际关系民主化的呼声也在不断增强。无论在道义上还是在现实中，国际事务无法由某个大国主宰。而发展中国家的崛起无疑使世界格局多极化的前景更加明朗。

发展中国家的崛起具有重大的现实意义，并对世界格局的演化产生了不容忽视的影响。这些影响主要包括以下几个方面：

一是有利于解决全球问题。人类社会的发展伴随着全球问题的层出不穷。一方面，有些全球问题的根源在发展中国家；另一方面，源自发达国家的全球问题也使发展中国家受害匪浅。因此，在应对全球问题的过程中，没有发展中国家的参与是难以奏效的。

令人欣慰的是，发达国家已认识到发展中国家的这一作用。2007 年 6 月在德国海利根达姆举行的八国集团（G8）首脑会议一致同意德国提出的加强与新兴发展中国家合作的"海利根达姆进程"。根据这一倡议，G8 首脑将与中国、印度、巴西、南非和墨西哥 5 个发展中国家领导人定期举行会晤，使 G8 +5 的对话以机制化的形式固定下来，以寻求共同全球问题的解决方案。德国外交部网站刊载的一篇介绍"海利根达姆进程"的文章指出，"无论是八国还是那些主要的发展中国家，都无法单方面地应对全球经济的挑战"①。法国总统萨科齐在 2007 年 8 月 28 日说："八国集团的领导人不应该仅仅在八国峰会期间与中国、墨西哥、巴西、南非和印度的领导人会谈 2 小时，这几个发展中国家应该加入八国集团。"②

二是有利于推动联合国改革。作为最具普遍性、代表性和权威性的政府间国际组织，联合国是实践多边主义的最佳场所，是集体应对各种威胁和挑战的有效平台。③ 随着世界格局的调整，联合国面临的国际关系发生了重大变化，因此，对其职责、功能、行为方式和组织机构等方面进行改革是十分必要的。毫无疑问，改革联合国的目的不是削弱其作用，而是进一步提升其地位。

发展中国家的崛起为联合国改革提供了动力。巴西和印度甚至与德国和日本组成了所谓"四国联盟"。然而，必须指出，在联合国改革的问题上，发展中国家与发达国家的目标是不尽一致的。例如，巴西和印度希望通过改革来成为联合国安理会常任理事国。俄罗斯希望改革在最广泛共识

---

① http：//www. g-8. de/Content/EN/Artikel/_ _ g8-summit/2007 - 06 - 08-heiligendamm-prozess _ en. html.

② http：//en. wikipedia. org/wiki/Heiligendamm_ Process.

③ 《中国关于联合国改革问题的立场文件》，2005 年 6 月 7 日。

的基础上进行，安理会的崇高地位及其行动的合法性应得到无条件的维护。中国希望改革能推动多边主义，提高联合国的权威和效率，以及应对新威胁和挑战的能力。而美国的目标是希望通过联合国改革来建立一个由美国主导的多边组织，使联合国为美国的外交战略服务。

三是有利于加快世界经济的发展。在全球化时代，国与国之间的相互依赖不断增强。在市场、资金和技术等领域。发展中国家必须依赖发达国家，但发达国家也离不开发展中国家。毋庸赘述，发展中国家的繁荣必然会使发达国家获得更多的商机。2008—2009 年爆发的国际金融危机再次证明，发展中国家的崛起有利于加快世界经济的发展。在一定程度上，正是因为发展中国家成功地应对了这一危机，所以世界经济才能在 2010 年开始出现复苏。①

四是有利于联合国“千年目标”的实现。在 2000 年 9 月 25 日召开的联合国千年首脑会议上，世界各国领导人就消除贫穷、饥饿、疾病、文盲、环境恶化和对妇女的歧视，确定了一套有时限的目标和指标。发展中大国是发展中国家的主体，这些国家的崛起意味着经济和社会发展进程的步伐在加快。因此，发展中国家的崛起有利于联合国“千年目标”的实现。

五是有利于推动人类社会的科技进步。人类社会的进步离不开科技进步。发展中国家的崛起同时也意味着这些国家的科学技术水平在不断提高。巴西的酒精燃料生产技术和飞机制造技术在世界上名列前茅。由此可见，发展中国家的崛起为人类社会的科技进步作出了重大贡献，也为缩小发展中国家与发达国家之间的科技鸿沟发挥了重要作用。

六是有利于加快国际金融体系的改革步伐。布雷顿森林体系是指战后以美元为中心的国际货币体系。诚然，在第二次世界大战后的数十年时间内，这一体系为世界经济发展作出了贡献，但其弊端也是十分明显的。2008—2009 年爆发的国际金融危机再次说明，改革国际金融体系已到了刻不容缓的地步。

发展中国家曾是布雷顿森林体系的受益者，但最后却成了受害者。因

---

① 2009 年 7 月 22 日国际货币经济组织发表的一个报告认为，中国采取的反危机措施为世界经济稳定作出了贡献。2009 年 11 月 12 日在新加坡闭幕的亚太经合组织部长级会议也赞扬中国在全球经济复苏的过程中发挥了杰出的作用。世界银行行长佐利克更是在多个场合赞扬中国的成就。

此，改革国际金融体系同样是发展中国家的强烈愿望。这一愿望构成了改革国际金融体系的动力。巴西、墨西哥和阿根廷不仅积极参与二十国集团的有关会议，而且还大胆地提出了改革方案。2009 年 9 月 1 日巴西、印度和南非三国外交部长发表的联合公报为改革国际金融体系提出了一系列具体的措施，其中包括加强金融监管，重新确定银行的资本充足率，避免过多的杠杆，扩大国际货币经济组织的资金规模，加快改革该机构的配额制度、代表制度和投票制度。①

七是有利于推动南南合作。始于万隆会议的南南合作取得了不少成就，但有时也进展缓慢，“雷声大而雨点小”。这一状况的原因是多方面的，其中之一就是缺乏足够的资金。发展中国家的崛起使这些国家有能力为开展南南合作提供更多的资金。

八是有利于加强世界各国的文化交流。文化的力量与经济实力密切相关。长期以来，发达国家以雄厚的经济实力为后盾，成功地向世界各地传播其文化。发展中国家的崛起使其有能力向世界展示其悠久的历史文化，从而促进了世界上不同文化之间的交流和融合。

总之，未来的世界格局将继续向多元化方向发展。这一趋势非常有利于拉美国家继续奉行多元化外交战略。

二　美国能否维系其在拉美的传统势力范围

虽然多元化外交将继续成为拉美对外关系的基调，但美国仍然会成为拉美各国外交的重中之重。因此，在一定程度上，美国在拉美的传统势力范围不会减弱。

美国能否维系其在拉美的传统势力范围取决于两个重要因素：一是美国有无这样的主观愿望，二是美国有无达到这一目的的能力。

美国国务院主管拉美事务的副助理国务卿查尔斯·夏皮罗曾感慨道：“在我 35 年外交生涯中，美国对拉美的政策经常受到各种各样的批评。当我们重视拉美时，有人会批评美国干预拉美事务，当我们把注意力移开拉美时，有人会批评美国忽视拉美。我真不知道如何是好。”② 夏皮罗的话固然是为美国对拉美的政策进行辩护。然而，可以肯定的是，不论国际格局

① http：//www. dfa. gov. za/docs/2009/ibsa0902. html.

② 2005 年 9 月 30 日夏皮罗在《迈阿密先驱报》主办的“美洲大会”午餐会上的讲演。

发生什么变化，美国是不会忽视拉美的。换言之，虽然许多人认为美国在“9·11”事件后越来越“冷落”或“疏忽”拉美，但任何一届美国总统都不可能无视拉美在美国全球战略中的地位，也不可能轻视拉美在美国国家安全中的重要性。

概而言之，拉美的重要性体现在以下几个方面：

一是拉美地大物博。该地区拥有世界上40%的动植物和27%的水资源。全地区47%的土地被森林覆盖。南美洲的森林面积达920万平方公里，占世界森林总面积的23%。墨西哥和委内瑞拉是世界石油生产大国。巴西的铁矿储藏量名列世界第六，智利和秘鲁的铜矿储藏量分别居世界第二位和第四位。墨西哥的银和硫黄、智利的硝石、古巴的镍以及哥伦比亚的绿宝石等矿产品的储藏量，在世界上也是名列前茅的。此外，拉美还拥有良好的农业生产条件。

拉美是一个拥有近4.1万亿美元国内生产总值和5亿多人口的大市场。[1] 2009年，美国与拉美的进出口贸易总额超过5000亿美元（见表4-1）。拉美在美国出口贸易中的比重高达14.4%。可见，在美国获得的每7美元的出口收入中，都有1美元是来自拉美的。[2]

表4-1　**美国与拉美的双边贸易额**　（单位：亿美元）

类别＼国别	拉美	墨西哥	巴西	委内瑞拉	哥伦比亚	智利
美国出口	2260	1290	262	94	95	94
美国进口	2758	1765	201	281	113	60
总额	5018	3055	463	375	208	154

资料来源：美国统计署，转引自 http：//www. latinbusinesschronicle. com//app/article. aspx? id =3991。

---

① United Nations Economic Commission for Latin America and the Caribbean, *Statistical Yearbook for Latin America and the Caribbean*, 2009, p. 81.

② 2009年，美国的出口贸易总额为1.57万亿美元。http：//www. census. gov/foreign-trade/data/index. html。

拉美还是美国的能源基地。以 2010 年 5 月为例，墨西哥、委内瑞拉、哥伦比亚、巴西和厄瓜多尔 5 国在美国石油进口总量中的比重高达 28%（见表 4－2）。如果加上特立尼达和多巴哥、巴哈马、阿根廷和加勒比未独立地区对美国的出口，拉美在美国进口石油中的比重可能高达 30%。墨西哥和委内瑞拉在世界上所有向美国出口石油的国家中名列前两位。

表 4－2　**拉美占美国石油进口总量的比重（2010 年 5 月）**（单位：万桶、%）

进口来源	墨西哥	委内瑞拉	哥伦比亚	巴西	厄瓜多尔	全世界
数量	4426	3437	977	993	496	37511
占美国石油进口总量比重	11.8	9.2	2.6	2.6	1.3	

资料来源：U. S. Energy Information Administration，http：//www. eia. doe. gov/dnav/pet/pet_ move_ impcus_ a2_ nus_ ep00_ im0_ mbbl_ m. htm。

二是美国的反恐斗争需要得到拉美的支持。虽然拉美不是美国反恐斗争的“前沿阵地”，但是，由于拉美在地理上临近美国，因此美国不会轻视这样一种可能性：世界上其他地区的恐怖主义组织可能会通过拉美向美国发动攻击。据报道，当年本·拉登的“基地”组织曾通过巴拿马等地的离岸金融中心转移资金。此外，在阿根廷、巴西和巴拉圭三国的“三角地带”，有一些被美国视为恐怖主义组织的力量在活动。

三是非法移民问题尚未得到解决。美国的非法移民在 1200 万人至 2000 万人之间，其中相当一部分来自拉美。① 长期以来，来自拉美国家的非法移民一直是美拉关系中的一个棘手问题。毫无疑问，为了解决这个问题，美国必须要得到拉美国家的配合。

四是美国的拉美裔（Hispanic）已成为影响美国政治的一支重要力量。2008 年，美国的拉美裔总人口已高达 4689 万人，占美国总人口的 15.4%。② 在每一次总统选举和国会选举中，拉美裔都是候选人大力拉拢的对象。

五是毒品问题仍然对美国社会构成威胁。在进入美国的可卡因毒品中，哥伦比亚、秘鲁和玻利维亚这几个安第斯国家生产的毒品占 85%。为

---

① http：//www. usimmigrationsupport. org/illegal-immigration. html.

② http：//en. wikipedia. org/wiki/Hispanic_ and_ Latino_ Americans.

了打击毒品生产和走私，美国向一些拉美国家提供了大量经济援助和军事援助，其中最引人注目的就是“哥伦比亚计划”。

总之，虽然近几年美国对外政策的重点是反恐，但它不会忽视拉美。而且，美国在拉美的战略目标也不会发生变化。在2005年9月28日的一次听证会上，美国国务院主管西半球事务的副助理国务卿查尔斯·夏皮罗说，美国对拉美的政策是建立在一种积极和建设性的目光之上的，其目标是推动该地区的自由和繁荣。美国支持拉美的民主和法治，以确保拉美人能够获得其应该得到的政治权力和经济权力。美国将自由市场经济视为推动经济发展的永久性动力。美国愿意与拉美国家一道共同努力，以改善所有人的生活。夏皮罗认为，美国与拉美国家的经贸关系促进了该地区的繁荣、民主和法制。在进入拉美的外国直接投资中，美国资本占30%；在拉美经营的跨国公司中，一半以上来自美国。夏皮罗说：“虽然我们不能大胆地说我们的所有目标都已达到，但在许多领域已取得了成就。通过军队与军队之间的交往，我们提高了在西半球进行安全合作的基础。西半球的贫困人数在总人口中的比重正在减少，尽管由于受到人口增长和收入分配不公的影响，贫困人数在增长。”①

美国既有维系其在拉美的传统势力范围的主观愿望，也有实现这一目标的条件和能力。诚然，最近几十年，美国的相对实力有所下降，美国难以在拉美为所欲为，但美国仍然是世界上唯一的超级大国。在政治、经济、外交、军事、文化和其他领域，美国对拉美的影响不容低估。例如，委内瑞拉力图成为2007年度联合国安理会非常任理事国的努力未能成功，因为有些拉美国家在美国的压力之下并没有站在委内瑞拉这一边。又如，在美国的大力帮助下，哥伦比亚总统乌里韦有力地打击了毒品走私，大大缩小了反政府军的活动领域。美国还千方百计地出谋划策，使乌里韦在2006年5月的总统大选中成功连任。再如，在美国的干预下，2004年年初海地爆发的政治动荡因阿里斯蒂德总统辞职到海外避难而得到平息。一些国际媒体认为，阿里斯蒂德是在美国的要求下辞职的，也是被美国强行推上飞机后背井离乡的。

奥巴马上台后，表示要改变布什政府对拉美的政策，进一步发展美拉

---

① http：//ciponline. org/facts/050928shap. pdf.

关系。[①] 2009 年 4 月 17 日，第五届美洲国家首脑会议在特立尼达和多巴哥首都西班牙港开幕。奥巴马将这一会议视为改善美拉关系的良机。除了在会前放松对古巴的制裁以外，奥巴马还在发言中向与会的拉美国家领导人说，美国要与拉美国家建立“平等伙伴关系”。他承认美国在布什总统当政时犯了不重视拉美的“错误”。从奥巴马登上讲台到发言结束，会场上多次响起掌声。

引人注目的是，在这一会议的会场上，奥巴马甚至还在会议开幕前主动与查韦斯总统打招呼，尔后两人亲切握手。奥巴马还用西班牙语对查韦斯说：“你好吗？”在会场上，奥巴马接受了查韦斯赠送的乌拉圭人爱德华多·加莱亚诺所著的《拉丁美洲：被切开的血管》一书。2009 年 6 月 25 日，美国和委内瑞拉宣布，两国政府已决定从即日起互派大使，全面恢复外交关系。[②]

也是在这一次首脑会议上，美国总统奥巴马对拉美国家的领导人说：“美国为促进西半球的和平和繁荣而做了许多事情，但我们有时也袖手旁观，有时还（对拉美）发号施令。现在我承诺，我们将力图（与拉美）建立一种平起平坐的伙伴关系。在我们的关系中，没有老大哥和小弟弟之分，只有以相互尊重、共同利益和同一种价值观为基础的接触。”[③] 2010 年 6 月 8 日，美国国务卿希拉里·克林顿在厄瓜多尔发表演讲时也表示：“美国、奥巴马政府、奥巴马本人和我，都决心（在西半球）建立一个共同体。这一共同体将关注如何提高人民生活水平，如何承认和保护西半球的多样性，使其变成推动进步的力量，因为我们所处的西半球具有巨大的潜力。”[④]

应该指出的是，尽管奥巴马总统表达了进一步重视拉美和加快发展美拉关系的愿望，拉美国家也期望奥巴马能调整美国对拉美的政策。但在现

---

① 有人认为，20 世纪下半叶的美拉关系中，似乎民主党更容易给拉美国家以好处，如肯尼迪实施了“争取进步联盟”，卡特解决了巴拿马运河问题，克林顿在 1994 年提出了建立美洲自由贸易区的倡议。而共和党或忽视拉美，或使用武力。例如，里根和布什总统分别出兵格林纳达和巴拿马，里根总统还干预中美洲事务，支持南美洲的军政府等。但可以肯定的是，美国政治格局的这一变化不会给美国对拉美的政策带来太大影响，美国政府不会放弃“巩固民主”、“推动经济发展”和“维护地区安全”这几个基本原则。

② 2008 年，玻利维亚总统莫拉莱斯以美国驻玻大使支持反对派为由下令将其驱逐，委内瑞拉总统查韦斯也驱逐美国驻委大使，以表示委内瑞拉支持玻利维亚的行为。作为报复，美国也驱逐了玻利维亚和委内瑞拉驻美大使。

③ 转引自 http：//www. foxnews. com/politics/2009/04/17/obamas-opening-remarks-summit-americas/。

④ 这一演讲被一些国际媒体视为奥巴马政府对拉美政策的“宣言”。http：//www. americasquarterly. org/hillary-clinton-quito-speech.

实中，美国似乎再次使拉美失望。正如美国学者 A. 洛文索尔所说的那样，奥巴马执政一年后，美国的学术界和智库以及拉美国家的领导人（包括左派领导人）都认为美国对拉美的政策并没有发生实质性的变化，改善与拉美的关系仅仅是一种华丽的辞藻而已。[①]

三　拉美国家能否进一步提升其国际地位

任何一个国家的外交政策都与其国际地位密切相关。不断上升的国际地位能使这个国家制定并实施在国际上有影响力的、充满自信的外交政策，而低下的国际地位则难以使这个国家实现其外交目标。

在过去的几十年，拉美在国际舞台上发挥了不容低估的作用。这一作用主要体现在以下几个方面：

一是捍卫本国海洋权。早在 20 世纪 50 年代初，一些拉美国家就发表了《关于领海的圣地亚哥宣言》，宣布对 200 海里的海域拥有主权和管辖权。1970 年 8 月，20 个拉美国家联合发表了《拉美国家关于海洋法的宣言》，有力地向世界表达了自己的愿望和要求。由于拉美国家反对海洋霸权主义的斗争得到了其他发展中国家的支持，1982 年 4 月召开的第三届海洋法会议第十一次会议终于通过了能在一定程度上体现拉美国家和其他发展中国家利益的《海洋法公约》。

二是呼吁建立一种新的国际经济秩序。拉美国家深受不合理的国际经济秩序之苦。1964 年，拉美国家与其他地区的发展中国家共同努力，促成了联合国贸发会议的成立，阿根廷经济学家普雷维什担任该机构的第一任秘书长。在第一次贸发会议上，20 个拉美国家与其他地区的发展中国家一道，成立了“77 国集团”。1974 年，墨西哥与其他发展中国家团结一致，使第六届特别联大通过了《关于建立国际经济新秩序的宣言》和《行动纲领》。同年 12 月，第 29 届联大又通过了墨西哥倡议的《各国经济权利和义务宪章》。

三是发起成立多个初级产品生产国组织和出口国组织。拉美国家盛产多种初级产品，因此，改善自身的贸易条件、扩大出口市场和捍卫自然资源的所有权是十分必要的。1960 年，委内瑞拉与中东国家一起，创建了世界上第一个原料出口国组织“欧佩克”（OPEC）。70 年代初，委内瑞拉和

---

① Abraham F. Lowenthal, “Obama and the Americas: Promise, Disappointment, Opportunity”, *Foreign Affairs*, August 2010.

厄瓜多尔与欧佩克中的其他成员国联合起来，用“石油武器”与发达国家作斗争，赢得了胜利。此后，拉美国家又参与或发起成立了 10 多个与初级产品的生产和出口有关的组织。

四是积极推动南北合作和南南合作。1981 年，在墨西哥总统波蒂略和奥地利总理克赖斯基的共同倡议下，14 个发展中国家和 8 个发达国家召开了“国际经济合作和发展会议”（即坎昆会议）。2000 年 4 月，“77 国集团”发起的首届南方国家首脑会议在古巴首都哈瓦那举行。2002 年 3 月，联合国“发展筹资会议”在墨西哥的蒙特雷举行。

五是积极参加不结盟运动。1979 年，不结盟运动第六次首脑会议在哈瓦那举行。这是首次在拉美举行不结盟运动首脑会议。1995 年，不结盟运动第 11 次首脑会议在哥伦比亚的卡塔赫纳举行。目前有 20 个拉美国家加入了不结盟运动。

进入 21 世纪后，全球问题和非传统安全越来越引起世界各国的关注。从应对气候变化到推动多哈回合谈判，从打击恐怖主义到遏制全球范围内的毒品生产和走私，从防治各种传染病到应对厄尔尼诺现象，从保护生态环境到开发新能源，从实现联合国的“千年目标”到维系粮食安全，从联合国改革到重塑国际金融机构，没有拉美国家的积极参与都是难以想象的。这也在一定程度上说明，未来拉美的国际地位将不断上升。2010 年 11 月 29 日至 12 月 10 日，墨西哥成为《联合国气候变化框架公约》第 16 次缔约方会议的主办国。

在国际机构和多边组织中，拉美的存在也颇为引人注目。例如，墨西哥、智利和秘鲁加入了亚太经济合作组织，墨西哥和智利分别在 1994 年和 2010 年加入了经济合作与发展组织。在二十国集团中，拉美有 3 个成员国（巴西、墨西哥和阿根廷）。

此外，拉美的国际地位还因该地区拥有丰富的自然资源而将不断提高。诚然，在未来的世界经济发展中，科学技术的进步能使一些工业生产活动减少资源的使用或提供资源的利用率，但是人类社会对资源的依赖性不会减弱。因此，拉美拥有的这一比较优势将更为引人瞩目。

毫无疑问，拉美的国际地位也取决于该地区未来的经济发展。如前所述，未来拉美经济的发展趋势是美好的。巴西、墨西哥、智利和阿根廷等国家在世界经济舞台上有望发挥更加重要的作用。

综上所述，通过分析“后冷战时期”拉美对外关系的特点以及影响拉美对外关系发展前景的决定性因素，我们可以得出以下结论：拉美国家的对外关系将继续向多元化的方向发展，美国将继续成为拉美对外关系中的重中之重，团结合作将继续构成拉美国家之间相互关系的主流。

第三节　中国与拉美国家关系的发展前景

马克思认为："人们奋斗所争取的一切，都同他们的利益有关。"他还说："追求利益是人类一切社会活动的动因，利益对政治权力具有决定作用。"[①] 邓小平也认为："我们都是以自己的国家利益为最高准则来谈问题和处理问题的。"[②] 中国在发展与拉美国家的关系时，同样是为了使其国家利益最大化。[③]

中国在拉美的利益主要包括：第一，拉美的自然资源十分丰富。中国经济快速发展所需的大量资源，完全可以从拉美进口。第二，拉美为中国的出口商品提供了一个巨大的市场。此外，在中国企业"走出去"的过程中，拉美的重要性不容忽视。第三，在构建和谐世界的过程中，拉美能发挥重要的作用，因为中国与拉美有较多的共同语言和许多相同或相似的立场。此外，在联合国这样的多边舞台上，中国也能寻求拉美的支持。第四，拉美是中国台湾的所谓"外交重地"。实现祖国的完全统一，是海内外中华儿女的共同心愿，是中华民族的根本利益所在。目前，中国台湾与世界上 23 个国家有所谓"邦交国"关系，其中 12 个在拉美地区。

1988 年 5 月 15 日，邓小平在会见来访的阿根廷总统劳尔·阿方辛时说："过去我们曾经对战争有较大的忧虑。以后我们改变了观点，发现和平力量超过了战争力量。现在出现了对话代替对抗的新潮流，和平解决国际争端的趋势正在发展。现在人们常说，21 世纪将是太平洋世纪。我看这个说法为时过早，最大的缺陷是 10 亿人口的中国还落后，这个地区还有约 15 亿人口处于不发达状态。所以说，太平洋时代肯定要到来，但不是

---

① 《马克思恩格斯全集》第 1 卷，人民出版社 1996 年版，第 187 页。

② 《邓小平文选》第 3 卷，人民出版社 1993 年版，第 330 页。

③ 关于中国在拉美的利益，见 Jiang Shixue, "The Chinese Foreign Policy Perspective", in Riordan Roett and Guadalupe Paz (eds.), *China's Expansion into the Western Hemisphere Implications for Latin America and the United States*, The Brookings Institution Press, 2008; Jiang Shixue, "China, Latin America, and the Developing World", in P. Smith, K. Horisaka and S. Nishijima (eds.), *East Asia and Latin America: The Unlikely Alliance*, Rowman & Littlefield, 2003。

现在。真正的太平洋时代的到来至少还要50年。那时也会同时出现一个拉美时代。我希望太平洋时代、大西洋时代和拉美时代同时出现。”[①] 他还说：“中国的政策是要同拉美国家建立和发展良好的关系，使中拉关系成为南南合作的范例。”[②]

2008年11月5日中国政府发表的《中国对拉丁美洲和加勒比政策文件》指出：“拉美历史悠久，地大物博，经济社会发展基础良好，发展潜力巨大。拉美各国积极探索符合本国国情的发展道路，政局保持稳定，经济持续增长，人民生活不断改善。各国有着联合自强的强烈愿望，致力于促进本地区和平、稳定、发展，整体实力不断壮大，国际影响力不断增强。各国积极参与国际事务，为维护世界和平、促进共同发展作出了积极贡献，在国际和地区事务中发挥着日益重要的作用。”该政策文件还指出：“作为世界上最大的发展中国家，中国始终不渝走和平发展道路，始终不渝奉行互利共赢的开放战略，愿在和平共处五项原则的基础上，同所有国家发展友好合作，推动建设持久和平、共同繁荣的和谐世界。”[③]

拉美国家的领导人同样认识到发展拉中关系的重要意义。例如，巴西总统卢拉于2004年5月访华时表示，中国在巴西对外关系中占有非常重要的地位。他说他率领阵容庞大的代表团，充分体现了巴方对巴中关系重要性的认识。卢拉总统还对两国在政治、经贸、科技等各领域合作的前景充满了信心，希望双方进一步加强在农业、能源、矿产、科技、空间和信息技术、基础设施建设等各领域的合作，以深化两国战略伙伴关系。[④] 2004年6月15日，来华访问的阿根廷总统基什内尔在与胡锦涛主席会谈时说，阿中两国虽相距遥远，但阿人民对中国始终抱有友好情谊。阿根廷政府将继续坚持一个中国政策，希望进一步巩固和深化与中国在政治、经贸、文化等各领域的互利合作。两国经济有着很强的互补性，发展潜力巨大。中国的市场经济发展迅速，尤其在实现经济社会平衡方面取得了显著成就。阿根廷对此高度赞赏，并愿进一步了解中国的政策和做法，借鉴中国的经验。[⑤] 2005年9月12日，墨西哥总统福克斯在会见来访的胡锦涛主

---

① http：//www. china. com. cn/zhuanti2005/txt/2004 –08/02/content_ 5625138. htm.

② http：//www. china. com. cn/zhuanti2005/txt/2004 –08/02/content_ 5625177. htm.

③ http：//news. xinhuanet. com/newscenter/2008 –11/05/content_ 10308177. htm.

④ http：//news. xinhuanet. com/newscenter/2004 –05/24/content_ 1488072. htm.

⑤ http：//ar. china-embassy. org/chn/xwdt/t141415. htm.

席时引用了“海内存知己，天涯若比邻”的诗句，并认为墨中都迫切希望进一步加强两国关系，双方将携手合作共创美好未来。他说，墨中都是历史悠久的发展中大国。两国对加强双边关系和对当前国际事务的看法立场完全相同。墨政府坚定奉行一个中国政策，愿全面深化墨中战略伙伴关系。[①] 2009 年 4 月 8 日，在华访问的委内瑞拉总统查韦斯表示，委中两国人民之间充满友好情谊。目前，世界秩序正在发生重大变化，经济危机扩散和蔓延。中国为世界摆脱危机发挥了重要的积极作用。委方愿同中方在新的形势下加强合作，共同应对金融危机的挑战。[②] 2010 年 7 月阿根廷总统克里斯蒂娜·德基什内尔在访华时说，阿根廷高度重视同中国的战略伙伴关系。当前，两国关系站在一个新的历史起点上，阿方愿意同中方一道，共同推动两国关系不断取得新发展。她还强调，阿中都是二十国集团成员，在重大国际和全球性问题上有着相同或相似立场，阿方完全赞同胡锦涛主席在二十国集团多伦多峰会上阐述的重要意见，愿意同中方进一步加强在多边领域的沟通与合作，维护发展中国家共同利益。阿根廷愿意继续推动中国同拉美地区组织关系发展。[③]

拉美的许多有识之士认为，“中国因素”对拉美经济增长的积极贡献不容忽视。例如，曾在 1992—1993 年任委内瑞拉计划部长、现任美国哈佛大学肯尼迪学院国际发展研究中心主任的里卡多·霍斯曼教授认为，在过去的 5 年中，我们从未见过世界经济会如此快地发展。这一增长得益于中国。如果中国经济继续快速发展，拉美将受益匪浅。[④] 哥伦比亚人、美洲开发银行研究部经济学家爱德华多·劳拉认为：“拉美国家实际上得益于中国对初级产品的巨大需求。我们不能认为中国的发展使拉美受到了损失，相反，中国的发展在一定程度上迫使拉美国家调整产业结构，作出恰如其分的应对，以保护其在世界市场上的份额。从另一角度说，如果中国的发展速度慢，拉美的情况不见得能够得到改善。换言之，拉美遇到的这样那样的问题，与中国没有关系。”[⑤]

2010 年 9 月联合国拉美和加勒比经济委员会出版的题为《世界经济中

---

① http：//news. xinhuanet. com/world/2005 －09/13/content_ 3481543. htm.

② http：//www. chinadaily. com. cn/zgzx/2009 －04/09/content_ 7662900. htm.

③ http：//pic. people. com. cn/GB/165652/165653/12136836. html.

④ 2008 年 4 月 15—16 日在世界经济论坛拉美分会（墨西哥坎昆）专题讨论会上的发言。

⑤ 《参考消息》2004 年 11 月 18 日。

的拉美和加勒比》的报告中在分析拉美经济前景时指出，中国经济未来的发展速度尤为引人关注。正如美国对墨西哥、中美洲国家和加勒比国家来说非常重要那样，中国经济发展趋势这一变量对南美洲国家的对外贸易而言更加有意义。该报告认为，人民币汇率的逐步升值可能会减少其对外部门的顺差，并为世界上其他国家的产品创造需求；反之，突发性的升值会导致中国经济的过热。①

不少拉美企业家也充分肯定中国经济发展对拉美带来的各种机遇。例如，在2008年世界经济论坛拉美分会上，以制造瓷砖、洁具和餐具等瓷器产品为主的哥伦比亚科洛纳公司首席执行官迪亚斯认为，“中国是拉美的伙伴，不是拉美的竞争者。因此，拉美的工商界应该利用各国商会的不同渠道，开拓巨大的中国市场”。墨西哥最大的饼干制造商之一、饼帛集团的首席执行官塞维特基认为，智利和哥伦比亚业已进入了与中国开展经贸合作的“快车道”，其他拉美国家应该急起直追，充分认识到中国经济快速发展后带来的多种机遇，进一步发展与中国的经贸关系。②

总之，中拉关系的发展前景是美好的。但在进一步提升中拉关系的过程中，必须关注和积极应对以下几个问题：

一是如何加强相互了解。

在国际交往中，加强相互了解具有至关重要的意义。只有加深了解，中国和拉美才能接受对方政治制度、社会制度和文化上的巨大差异，才能消除偏见，才能进一步提升双边关系。令人遗憾的是，目前，中国对拉美的了解缺乏深度，拉美对中国同样所知甚少。为了改变这一状况，双方的有关政府部门应该采取以下措施：扩大文化交流；扩大本国媒体对对方的宣传报道；设立更多的语言教学项目；加强学术交流；多向本国人民介绍对方的文艺作品；增加留学生交流项目；积极利用因特网的优势，将各种市场信息上网公布；举办更多的招商引资会和商品交易会。

二是如何进一步扩大合作领域。

2001年4月6日，江泽民主席在拉美经委会发表演讲时说：“中国愿同拉美各国共同努力，推动中拉在新世纪建立和发展长期稳定、平等互利

---

① United Nations Economic Commission for Latin America and the Caribbean, *Latin America and the Caribbean in the World Economy 2009—2010*, Briefing paper, September 2010, p. 9.

② 2008年世界经济论坛于2008年4月15—16日在墨西哥旅游城市坎昆举行。

的全面合作关系。”为此，他提出了以下四个努力的方向：第一，增进理解，平等相待，成为彼此信赖的朋友。第二，加强磋商，相互支持，在国际上维护中拉正当权益。第三，互利互惠，共同发展，努力扩大经贸合作。第四，面向未来，着眼长远，建立广泛全面的合作关系。

2004 年 11 月 12 日，胡锦涛在巴西国会发表了题为《携手共创中拉友好新局面》的重要演讲。他在这一演讲中提出了中拉关系的发展目标：第一，政治上相互支持，成为可信赖的全天候朋友。第二，经济上优势互补，成为在新的起点上互利共赢的合作伙伴。第三，文化上密切交流，成为不同文明积极对话的典范。为实现上述目标，胡锦涛主席提出了以下三点倡议：第一，深化战略共识，增强政治互信。在中国同拉美主要地区组织现有对话机制的基础上，逐步建立涵盖范围更广的合作平台，同原有机制互补互益。我们真心希望同所有拉美和加勒比国家都建立正常的国家关系，从而为中国同这一地区各国开展全面互利合作创造更加良好的条件。这既符合时代潮流，也符合各方利益。第二，着力务实创新，挖掘合作潜力。不断优化贸易结构，着力发展高新技术和高附加值产业方面的合作。同时，把扩大相互投资作为近中期提高双方经济合作水平的优先方向。在条件成熟时，通过谈判建立自由贸易区或达成其他互惠安排。按照世贸组织规则，秉承公正合理原则，加强交流沟通，理性应对贸易摩擦，积极维护双边经贸合作的大局。第三，重视文化交流，增进相互了解。通过互设文化中心、促进旅游合作、加强大众传媒交流、交换留学生和组织中拉青年节等活动，不断增进中拉人民友谊。

拉美国家的领导人也提出了类似的倡议。由此可见，双方领导人的表态是拓展合作领域的政治基础，今后双方应该采取实际行动，将领导人的倡议付诸实施，使双边关系的内涵更加丰富。

三是如何消除“中国威胁论”在拉美的传播。

“中国威胁论”在拉美有一定的市场。尼加拉瓜参加美国与中美洲自由贸易协定谈判的首席代表卡洛斯·佐尼伽说：“中国是一个正在觉醒中的巨兽，能吃掉我们。”① 巴西圣保罗州工业协会主管贸易问题的高级官员

① *La Prensa*, March 10, 2004, 转引自 Kevin P. Gallagher and Roberto Porzecanski, “China Matters: China's Economic Impact in Latin America”, *Latin American Research Review*, No. 1, 2008。（http://muse.jhu.edu/journals/latin_american_research_review/v043/43.1gallagher.pdf）

罗伯托·吉亚内蒂·达丰塞卡说：中国不是巴西的“战略伙伴”，中国仅仅“想购买附加值低的原料，同时向我们出口消费品”①。墨西哥外长路易斯·艾尔奈斯特·德尔贝斯说：“13亿中国人同5亿拉美人争夺就业、投资和全球市场上的财富。这使拉美人不寒而栗。”② 墨西哥易斯塔巴拉巴自治大学教授卡布里埃拉·克莱阿·劳贝斯和墨西哥克里马大学经济学系主任胡安·冈萨雷斯·加尔西亚认为，中国有时以“伙伴”的面目出现，但在更多的时候，中国则是以一个非常有力的竞争者出现在拉美。在贸易和投资领域，中国的竞争使拉美吃尽苦头。③ 阿根廷国立罗萨里奥大学教授埃德华多·丹尼尔·奥维多认为，“一方面，中国用‘战略伙伴关系’、‘互补’和‘南南合作’等辞藻来修饰中拉关系；另一方面，拉美国家政府根据不干涉内政的原则，避而不谈与中国有争议的政治问题。……虽然中国在拉美的霸权还不完整，……但这一霸权的影响越来越明显；……因此，拉美国家政府在制定外交政策时要注意各霸权之间的争夺和合作，在美国霸权、日趋下降的欧洲霸权和不断上升的中国霸权三者之间谋求平衡，寻找‘国际的夹缝’”④。在2003年11月举行的一次讨论美洲自由贸易区谈判进程的部长级会议上，墨西哥政府一高级官员说：“为了抵御中国的出口产品，我们必须加快建立美洲自由贸易区的步伐。”巴拿马政府一高级官员说：“美洲国家之所以能推动美洲自由贸易区，主要是因为我们都想加快发展，都害怕中国。”美洲国家组织的一位与会者也认为：“这里充满了害怕中国的气氛。中国的挑战不仅来自廉价劳动力，而且还体现在熟练劳动力、技术和引进外资等方面。”

这些论点完全是站不住脚的。众所周知，由于中国进口了大量初级产品，国际市场上初级产品价格的上升使拉美受益匪浅。世界银行、拉美经委会及经济合作与发展组织等国际组织的大量研究成果表明，国际金融危机之前拉美经济连续保持6年的快速增长得益于中国经济的发展。

著名的阿根廷经济学家劳尔·普雷维什曾断言，由于发展中国家出口

---

① *Economist*, August 4, 2005. (http://www.economist.com/world/americas/displaystory.cfm?story_id=4249937)

② 转引自 http://www.politica-china.org/?p=70。

③ Gabriela Correa López, Juan González García, “La Inversión directa: China como competidor y socio estratégico”, *Revista Nueva Sociedad* 203, Mayo/Junio 2006, p. 116.

④ http://www.kas.org.ar/DialogoPolitico/Dialog/2006/DialPol2_06/Oviedo.pdf.

的初级产品价格呈长期性下降趋势，而发达国家出口的工业制成品价格不断上升，因此发展中国家面临的贸易条件始终是十分不利的。但中拉经贸关系的发展在一定程度上改变了普雷维什的论断。一方面，中国对初级产品的巨大需求使其价格维持在较高水平上，另一方面，中国向拉美出口的劳动力密集型产品价廉物美。因此，中拉经贸关系是一种双赢的南南合作。

四是如何处理经贸领域中的摩擦。

在国际经济关系中，贸易摩擦必然会随着贸易活动的增加而增加。这一规律同样适用于中拉经贸关系。最近几年，随着中拉双边贸易额的直线上升，贸易摩擦也在不断产生。事实上，拉美已成为对中国出口产品实施“反倾销”调查最多的地区。

在以反倾销手段打击我国出口商品的拉美国家中，墨西哥是一个最为典型的例子。墨西哥对我国实施的反倾销始于1993年4月15日。迄今为止，墨西哥已对4000多种中国商品实施反倾销，而且税率很高，一般在200%—500%之间，最高的达1105%。

拉美对中国的“反倾销”具有以下特点：“反倾销”税率高；在确定是否存在“倾销”时采用第三国的产品价格作为参照价格；有些“反倾销”调查不符合世界贸易组织（WTO）的规则。

2007年8月17日，阿根廷采取了一系列措施来限制中国产品的出口。这些措施包括实施新的安全和质量标准、加强海关监管、控制低价报关、实施特别关税、入关商品商业发票经驻华使馆认证。此外，阿根廷海关还决定停止办理所有来自中国及部分东南亚国家的集装箱货柜及散货的通关手续。[①] 受阿根廷限制的中国产品包括轮胎和轮毂、服装、玩具、皮革、鞋、纺织品、自行车和电脑等。中国商务部新闻发言人表示，作为世界贸易组织的创始成员之一，阿根廷无视世界贸易组织规则，阻碍中国产品合法进入阿根廷市场，违背了其应履行的多边义务，损害了世界贸易组织赋予中方的权益。对于阿根廷事先不通告、突然限制中国产品的做法，中国感到不理解也无法接受。中方对此表示严重关注，并保留采取进一步措施的权利。

诚然，解决贸易摩擦不是单方面的责任。但是，作为一个新兴经济大

---

① 2007年8月23日，阿根廷海关开始逐步恢复对来自亚洲国家集装箱货柜的通关手续，但海关对有关消费品进口报关价值的审核比以前更为严格。

国，中国应该更加积极而主动地采取一些措施，将贸易摩擦减少到最低限度。这些措施包括：规范企业行为，禁止其通过竞相压价的方式来扩大其在拉美的市场规模；调整出口商品结构，进一步减少低附加值商品在出口商品总额中的比重；积极利用 WTO 的争端解决机制，应对不合理的“反倾销”行为；力求使更多的拉美国家承认中国的市场经济地位；努力缩小与墨西哥等国的贸易逆差；[①] 力所能及地扩大从拉美的进口；与更多的拉美国家签订自由贸易协定；扩大对拉美的直接投资。[②]

五是如何应对“美国因素”。

拉美始终被美国视为其“后院”。如前所述，历史上，美国为抵御欧洲势力进犯其在拉美的势力范围而提出了“门罗主义”。最近几年，中拉关系的发展使美国异常警觉。2004 年以来，美国国会已举行多次关于中拉关系的听证会，分析中拉关系的发展对美国的影响。在一次听证会上，众议员丹·伯顿曾露骨地说：“美国在拉美的传统目标一直是促进政治稳定、推动民主、提供市场准入和遏制霸权的崛起。中国会不会遵守公平贸易的规则？会不会负责任地参与跨国问题的解决？在我们得到肯定的答案以前，我认为我们应该谨慎地把中国的崛起视为与我们在拉美的目标背道而驰，因此我们应该遏制它。可能我们还应该把中国在拉美采取的行为看作是一个霸权在我们西半球的活动。”[③]

美国之所以对中国与拉美国家发展关系表现出忧虑和警觉，主要是因为美国有以下几个担心：第一是担心自己在拉美的势力范围会受到影响。第二是担心中国与拉美的军事交往会损害西半球的安全。[④] 第三是担心中

① 由于统计方法不同，中墨两国的贸易逆差数额有着很大的差别。墨西哥认为，2000 年，墨西哥对中国的逆差为 27 亿美元，2004 年急剧上升到 134 亿美元，而在 2007 年，这一逆差已高达 279 亿美元。但是，根据中国商务部的统计，2007 年中国享受的贸易顺差为 84 亿美元，不足墨方统计数字的 1/3。

② 迄今为止，我们在发展中拉经贸关系时较多地重视扩大对拉美的出口。一方面，拉美对中国的廉价的劳动力密集型出口对其中小企业的打击十分忧虑；另一方面，拉美国家非常希望中国扩大对拉美的投资。因此，随着中国经济实力的不断增强，扩大在拉美的投资已成为可能。这既是有利于中国企业“走出去”的重大举措，也是满足拉美的要求的必要手段。

③ http：//americas. irc-online. org/am/389.

④ 美国国务院中主管西半球事务的副助理国务卿查尔斯·夏皮罗在 2005 年 9 月美国国会举行的一次关于中拉关系的听证会上说：“美国担心中国出口到拉美的武器会被转移到影响西半球和平与安全的非法武装力量手中。”他还认为，美国没有掌握中国向拉美提供军事援助的确切数据，但美国鼓励中国采纳美国向拉美提供军事援助时奉行的基本原则，即有利于强化政府的管理能力和提高透明度。

国支持拉美的左派力量。第四是担心中拉关系的快速发展会影响中美关系。第五是担心中国在美国轻视拉美的时刻“乘虚而入”①。第六是担心巴拿马运河被中国控制。②

美国对中拉关系的发展忧心忡忡完全是多余的。首先，中国与拉美发展双边关系不针对任何一个第三方。中国没有必要，也不可能通过提升中拉关系来减少美国在拉美的势力范围。其次，中国和拉美国家的经贸关系和政治关系是南南合作的组成部分之一。这一关系的发展有利于推动拉美的多元化外交，有利于维护世界和平。再次，20 世纪 90 年代以来，拉美对世界上所有地区、不同社会制度的国家都奉行开放政策，中国仅仅是拉美寻求的众多贸易伙伴之一。而且，在一定程度上，拉美与日本、韩国和欧盟成员国的关系比拉美与中国的关系更加密切。最后，中拉军事关系是正常的双边关系的组成部分之一，并不针对任何一个第三方。美国哈佛大学教授毫尔赫·多明戈斯在 2006 年 6 月完成的一个论述中拉关系的研究报告中说，没有证据能够证明中国在拉美的存在具有军事目的，因此其他国家没有必要感到担忧。他认为：“中国与拉美国家的有限的军事关系是中拉经济关系的发展带来的迟到的结果。唯一的例外可能是中国与巴西联合发射人造卫星。这两颗卫星或许能帮助中国获得一些有用的军事数据。”③

总之，美国没有必要担心中拉关系的发展会损害其在拉美的利益。正如 2004 年 5 月 26 日美洲国家组织常设理事会决定接纳中国为美洲国家组织常任观察员后时任中国驻美国大使杨洁篪所说的那样：“中国和美洲国家虽然远隔重洋，但这并不能阻碍双方加强交流、增进友谊、取长补短、

---

① 《华尔街日报》（2004 年 9 月 3 日）认为：“除了布什总统于 2001 年 9 月向墨西哥总统表示友好以及（美国）国务院在 2004 年 8 月祝贺委内瑞拉举行公投以外，拉美从白宫的雷达上消失了。大多数美国人可能没有注意到这一点，但北京注意到了，而且它正在慢慢地进入这个真空。”

② 1997 年，李嘉诚拥有的和记黄埔集团（Hutchison Whampoa）下属的和记港口集团（Hutchison Port Holdings）通过国际竞标获得了对巴拿马运河两端的克里斯托瓦尔港（大西洋一端）和巴尔博亚港（太平洋一端）为期 25 年的特许经营权，并成立了管理这两个港口的巴拿马港口公司（Panama Ports Company）。2005 年 10 月，巴拿马港口公司又与巴拿马政府签署了一项投资 10 亿美元的协议，用于克里斯托瓦尔港和巴尔博亚港的扩建工程。美国媒体和一些国会议员声称李嘉诚与中国有着密切的联系，因此，和记黄埔集团拥有巴拿马运河的两个港口就意味着中国控制了巴拿马运河，美国对巴拿马运河的主导权将不复存在。

③ Jorge I. Domínguez, *China's Relations With Latin America*: *Shared Gains*, *Asymmetric Hopes*, June 2006.

发展合作。中国和美洲国家组织成员在维护和平、促进发展方面有着广泛的共同利益，双方合作的前景也很广阔。中方将采取实际行动，积极促进与美洲国家组织的合作，实现共同发展。”①

值得注意的是，与前几年相比，目前越来越多的美国人（包括政府官员、国会议员和学者）认为，中拉关系的发展不会对美国在拉美的势力范围构成威胁。例如，美国智库“美洲对话”的高级研究员丹·埃里克森在2008年6月11日国会举行的一次听证会上说：“在过去的8年中，美国和中国是使用巴拿马运河最多的两个国家。中国和美国的有关企业正在与日本企业合作，以拓宽巴拿马运河。鉴于中国利用巴拿马运河的纪录没有问题，而且不间断的运输对中国同样有利，因此中国在巴拿马运河中的作用不会损害美国的利益。”他认为，“没有迹象表明中国正在追求一种将常规军事力量输入西半球的目标。中拉军事合作仅仅是防务领域的人员交往、培训以及在使馆中互派武官而已”。他还指出：“美国的正确的反应应该是强化与拉美的关系，在美国担心的中拉关系问题上与中国保持对话，密切关注中国的动向。美国的目标应该是让中国在拉美成为一个负责任的利益攸关者，使中国为拉美的经济繁荣作出贡献，同时尊重泛美体系中的民主准则。”②

结　论

拉美对外关系的发展前景取决于世界格局能否继续向多极化的方向发展，美国能否维系其在拉美的传统势力范围，拉美国家能否进一步提升其国际地位。

世界格局正在向多极化的方向发展。这一趋势有利于拉美追求其外交关系的多元化。虽然美国有时会不太关注拉美，但它始终将拉美视为其“后院”。无论在主观上还是在能力上，美国都将继续维系其在拉美的传统势力范围。作为第三世界的重要组成部分，拉美的国际地位不容忽视。

通过分析“后冷战时期”拉美对外关系的特点以及影响拉美对外关系发展前景的决定性因素，我们可以得出以下结论：拉美国家的对外关系将

---

① http：//www. fmprc. gov. cn/chn/wjb/zwjg/zwbd/t119724. htm.

② http：//www. thedialogue. org/page. cfm？ pageID = 32&pubID = 1386.

继续向多元化的方向发展，美国将继续成为拉美对外关系中的重中之重，团结合作将继续构成拉美国家之间相互关系的主流。

中拉关系的发展前景是美好的，但在进一步提升中拉关系的过程中，必须关注和积极应对以下几个问题：如何加强相互了解，如何进一步扩大合作领域，如何消除“中国威胁论”在拉美的传播，如何处理经贸领域中的摩擦，如何应对“美国因素”。

下　篇

第五章　巴西的发展前景

1941年，著名的奥地利作家斯蒂芬·茨威格出版了题为《巴西：未来的国家》一书。他在描述巴西的历史、经济、社会和文化时引述了意大利航海家亚美利哥·韦斯普奇发现巴西时说的话："如果地球上真的有天堂，那么这个天堂离这里不会很远。"①

有人认为，巴西的未来永远是明天，但巴西利亚大学教授大卫·弗莱希在2008年5月接受英国《卫报》记者的采访时却认为："巴西的未来已经来临。外国投资蜂拥而入，通货膨胀得到了控制，外汇储备超过了外债，初级产品出口贸易欣欣向荣。"②

美国学者J. 戈尔茨坦认为，"中等大国"（middle power）在国际事务中的影响力不及"强国"（great power）。有些"中等大国"疆域辽阔，但工业化程度不高；有些拥有特殊的能力，但国土面积很小；有些试图在本地区获得主导权，而且确实在本地区有一定的影响力。他认为，为"中等大国"确立一条"底线"很难。但他认为，巴西就是这样一个"中等大国"③。

2006年年初，巴西有关部门在圣保罗召开了一个讨论巴西大国战略的研讨会。与会的巴西学者和政府官员达成了这样一个共识：巴西在国际事务中发挥作用的时机终于来临，巴西应开展全方位外交，完成从"拉美头号强国"变为"全球大国"的角色转换。

---

① http：//kirjasto. sci. fi/szweig. htm.

② Tom Phillips，"The country of the future finally arrives"，*The Guardian*，May 10，2008.（http：//www. guardian. co. uk/world/2008/may/10/brazil. oil）

③ Joshua S. Goldstein，*International Relations*，sixth edition，Peking University Press，2005，p. 80.

第一节　20 世纪 90 年代以来巴西发展进程的特点

在 1991 年的里约热内卢狂欢节上，一所桑巴舞学校表演的节目是“爱丽丝漫游记”。茫然失措的爱丽丝（即巴西）试图探寻其国家的命运。这个节目轻而易举地获得了奖牌。[①] 但自 20 世纪 90 年代起，尤其是卢拉当政以来，巴西似乎确定了它的前进方向，即不断迈向大国地位。

在追求大国地位的过程中，巴西的经济、政治、外交和社会等领域出现了前所未有的变化。总部设在圣保罗的玛纳塔·琼斯·马克尼尼全球战略咨询公司总裁 M. 马克尼尼认为，自 90 年代初以来，巴西已发生了一场“小小的革命”[②]。

90 年代以来巴西发展进程中出现的重大变化具有以下几个主要特点：

一　经济改革成效显著

巴西的经济改革始于 20 世纪 80 年代后期，但全方位的大规模改革则始于 90 年代初。改革的内容是国有企业私有化、贸易自由化和金融自由化。

巴西的国有企业私有化早在 80 年代后期就已开始。截至 1990 年，共有 38 家国有企业实施了私有化，政府获得了 7.23 亿美元的收入。这些企业基本上全部是长期亏损，而且都是一些较小的企业。

1990 年科洛尔上台后，私有化成为政府经济政策的主要组成部分。国家经济与社会发展银行（BNDES）下设的全国私有化计划署将私有化扩展到被前几届政府视为“战略性部门”的领域。在科洛尔当政的 1990—1992 年，15 家较大规模的国有企业被私有化，政府获得了 35 亿美元的收入。在这些企业中，最引人注目的是 1991 年 10 月被私有化的米纳斯吉拉斯钢铁公司，售价高达 23 亿美元。

科洛尔时期的私有化以“股权换债务”为主。在佛朗哥当政时期（1992—1994），私有化的主要方式变为“股权换现金”，即通过出售国有

---

① Thomas E. Skidmore and Peter Smith, *Modern Latin America*, third edition, Oxford, 1992, p. 184.

② Mario Marconini, "Brazil's Competitiveness Paradigm: Openness, Growth and Contestability", Center for Hemispheric Policy, University of Miami, October 1, 2007.

企业来换取现金。佛朗哥政府共出售了18家较大规模的国有企业（其中包括建于1969年的飞机制造公司），获得50亿美元的现金收入。

卡多佐上台后，私有化继续向前推进。政府把私有化的重点转向矿业、能源、交通运输和通信等基础设施部门。在卡多佐政府的私有化计划中，最引人瞩目的是淡水河谷公司于1997年5月被拍卖。

卢拉总统上台前表示，他反对私有化，因为私有化会削弱国家控制经济的权力。但他上台后，态度发生了明显的变化。2004年，卢拉政府对马拉尼昂州银行实现了私有化，获得2660万美元；2005年又对塞阿拉州银行实现了私有化，获得了3.02亿美元的收入。[①]

巴西的贸易自由化进程始于20世纪80年代末。在历届政府的努力下，平均关税从1988年的41.2%下降到2001年的12.9%。[②] 与此同时，大多数非关税壁垒也被取消。

市场的开放以及雷亚尔的坚挺，使得巴西的贸易平衡出现了逆差。[③]因此，从1995年起，贸易自由化的步伐有所放慢。

卢拉上台后继续奉行卡多佐政府的贸易自由化政策。但与卡多佐政府相比，卢拉政府的贸易自由化政策具有以下特点：（1）更为重视如何扩大巴西产品（尤其是农产品）在美国市场上的份额。美国是巴西最大的贸易伙伴。美国占巴西出口贸易的1/5以上和进口贸易的将近1/5。但是，巴西与美国在农产品贸易上的分歧长期得不到解决。（2）更加重视南方共同市场的作用。在卢拉的协调和斡旋下，南方共同市场内部的一些分歧得到了解决，使成员国之间的贸易不断扩大。此外，在巴西的推动下，南方共同市场与安第斯共同体达成了自由贸易协定，[④] 并接纳委内瑞拉为新成员。

南方共同市场是一个关税同盟，因此成员国对外实施统一关税。但成员国有权将一定数量的进口商品种类置于统一关税之外。巴西、阿根廷和

---

① http://www.state.gov/e/eb/ifd/2006/61964.htm.

② 90年代中期，为遏制经常项目逆差越来越大的趋势，政府曾一度提高平均关税水平。

③ 1980—1994年期间，巴西的贸易平衡能保持平均每年100美元的顺差。

④ 早在1998年，南方共同市场就与安第斯共同体签署了框架协议，决定在2000年1月1日建立两集团成员国之间的自由贸易区。但是，由于双方在不少问题上难以达成共识，谈判进展缓慢。在巴西的斡旋下，谈判终于在2003年结束。是年12月，安第斯共同体成员国秘鲁、哥伦比亚、厄瓜多尔和委内瑞拉外长在出席南方共同市场第25届首脑会议期间，与巴西、阿根廷、乌拉圭和巴拉圭正式签署自由贸易协议。根据该协议，两个一体化组织将在未来10—15年时间内逐步取消关税。

乌拉圭的数量为300种，巴拉圭为399种。换言之，巴西可对300种进口商品不实行统一关税。

作为南方共同市场的成员国，巴西执行该组织制定的原产地规则。根据这一规则，如果成员国生产的产品的价值达到一定的比例，该产品可在成员国之间进行自由贸易。鉴于成员国的发展水平和市场规模有着很大的差异，适用于原产地价值标准的比例也不尽相同，巴西和阿根廷为60%，乌拉圭和巴拉圭为50%。

20世纪90年代之前，巴西的“金融压抑”非常严重。在90年代以来的改革中，巴西历届政府采取了以下措施：减少政府对金融部门的干预；将那些效益低下的国有银行实行私有化；对外国银行开放；组建多功能银行；逐步放松对资本项目的管制；增强中央银行的独立性。卢拉当政后，继续奉行金融自由化政策。但在增加中央银行独立性方面，卢拉政府的决心和成效似乎不及卡多佐政府那样显著，因为各种利益集团的压力很大，卢拉政府在这个问题上常常举棋不定。

财政改革是巴西历届政府面临的“老大难”问题。卡多佐政府把财政改革的重点放在以下几个方面：一是通过压缩公务员工资和减少公共投资等手段来控制财政开支；二是强化税收体系，打击偷税漏税；三是完善社会保障体系。由于这些改革措施涉及包括国会议员、政府部门工作人员等利益集团的切身利益，因此，改革计划在国会遇到了极大的阻力。

2003年1月卢拉上台后不久就向国会提交了财政改革计划。改革的内容包括：把各州的增值税合并为全国统一的增值税，① 逐步降低工资税，调整对公司征收的社会保障体系融资税（COFINS），减少税种，等等。

由于财政改革计划可能会减少各州的财政收入，因此，联邦政府与各州在如何弥补损失这一问题上展开了讨价还价的谈判。由于双方分歧较大，各州州长提出了新的财政改革计划。根据这一替代方案，州政府在财政总收入中的分成比例应该增加。联邦政府、州政府和市政府三级财政收入分配的比例是70%、26%和4%。联邦政府不接受这一计划。为了使财政改革计划中更为重要而紧迫的内容得到通过，联邦决定将计划分解成不同的步骤。被确定为当务之急的改革步骤是：将征收金融交易税（CPMF）的时间延长到2007年；允许总统自由支配预算收入的20%；把过去对公

---

① 各州的增值税种类多达27种。

司征收的社会保障体系融资税改变成不具有累积性的税收；出口商、资本货生产企业和小企业可享受一定的税收优惠。推迟出台的改革措施包括：统一各州的增值税、增加对州政府和市政府的财政转移以及弥补州政府和市政府因财政改革而蒙受的损失等措施将在今后考虑。

国会原定在2005年通过新的财政改革方案。但是，由于2005年下半年曝光的多起腐败丑闻引发了政治危机，卢拉政府提出的财政改革方案再次陷入僵局。①

巴西的经济改革取得了不少积极的成效。首先，在90年代以来的大多数年份中，巴西经济能保持较高的增长率。其次，90年代以前久治不愈的恶性通货膨胀问题得到解决，从而使宏观经济形势得到了改善。再次，对外贸易大幅度增长，与世界经济接轨的程度越来越密切。最后，在微观经济层面上，改革的积极成效也是显而易见的。例如，国有企业私有化提高了企业的效益，并使政府减轻了向亏损的国有企业提供补贴的财政负担。又如，金融自由化使绝大多数银行提高了效率，使资本市场得到了快速的发展，使企业的融资渠道得到改善。毫无疑问，在上述成就中，卢拉的贡献是功不可没的。

2008年7月19日出版的西班牙《国家报》在评价巴西的政治经济形势时称巴西是“拉美地区的美女”。接受该报采访的巴西经济学家若泽·曼努埃尔·马丁内斯说，卢拉总统力求在保持宏观经济稳定的前提下解决社会问题，这一模式正在被拉美地区其他国家效仿。②

二　货币危机后国民经济快速复苏

1999年，巴西爆发了震惊世界的货币危机（见专栏5—1）。这一危机的根源是多方面的，其中包括：财政赤字得不到控制；长时间用高利率政策维系雷亚尔的汇率稳定；未能及时扭转雷亚尔币值高估的趋势，进而影响了巴西的国际竞争力；债务负担越来越沉重；政党之争打击了外国投资者的信心；短期资本的投机性助长了金融风险。

---

① http://www.americas-society.org/coa/events/2006events/BSG2006/Background%20Notes%20on%20Tax%20Reform.pdf.

② 《西班牙〈国家报〉称赞巴西政治经济所取得成就》，http://www.bxqw.com/news/2008/0722/2/4983.shtml。

专栏5—1

1999年巴西货币危机

1999年1月5日，议会开始辩论卡多佐政府提出的财政改革计划。但就在这一天，米纳斯吉拉斯州州长、前总统伊塔马尔·佛朗哥突然宣布，该州决定在3个月的时间内停止偿还欠联邦政府的135亿美元的债务。这一新闻立即在国内外投资者中引起了恐慌。他们担心米纳斯吉拉斯州的“倒账”将使卡多佐政府的财政改革计划难产，使联邦政府的财政陷入更加困难的境地，进而诱发联邦政府“倒账”。

在此后的5天内，圣保罗股市持续下滑，平均每天有近10亿美元左右的资金逃离巴西。而巴西央行行长古斯塔沃·佛朗哥因“健康原因”辞职后，更多的资本逃离巴西，股市狂跌。尽管卡多佐政府立即干预外汇市场，并扩大了雷亚尔汇率的波动范围，但金融恐慌并没有减退。鉴于外汇储备数量有限，巴西央行于15日停止干预外汇市场，允许雷亚尔自由浮动。翌日，巴西政府官员飞抵华盛顿，寻求国际货币基金组织和美国的援助。令人惊奇的是，美国财政部的官员却要求巴西提高利率，而非降低利率。或许是因为受到这一建议的影响，巴西政府于18日宣布，利率保持不变。翌日的巴西媒体甚至猜测，巴西政府可能会为了稳定局势而实施资本管制。这一切都使国内外投资者意识到，巴西金融形势难以在短期内好转。

1月29日，雷亚尔的汇率下跌到1美元:2.10雷亚尔。这是金融动荡爆发以来的最低点，因此这一天被媒体誉为“黑色的星期五”。社会上到处在传播银行将被关闭的小道消息。鉴于央行行长洛佩斯始终主张要不惜一切代价地捍卫雷亚尔，而“黑色星期五”正是他的错误政策导致的结果，因此，洛佩斯在2月2日被免职，成为巴西历史上任期最短的央行行长（在任不足3周）。接替他的是曾在国际金融投机家索罗斯手下工作过的阿米尼奥·弗拉加。

自1999年5月起，资本外逃的势头开始减缓，雷亚尔的汇率逐步稳定，巴西的经济形势开始逐步好转。巴西之所以能在比较短的时间内渡过危机，与以下几个因素密切相关：一是卡多佐政府的一些应急措施较为得力；二是美国和国际金融机构的支持不容忽视；三是雷亚尔的贬值有利于扩大出口和减少进口；四是巴西的经济规模比较大，因此回旋余地也大；五是外国投资者依然看好巴西经济的潜力；六是消费者、企业家和商家在稳定物价等方面发挥了积极作用。

由于卡多佐政府采取了有效的措施，加之国际社会在危机爆发后提供了及时的援助，巴西货币危机的“桑巴效应”并非如国际社会最初所预料的那样严重。更为重要的是，这一危机既没有阻碍巴西的经济改革，也未能影响巴西经济的长期增长势头。如图 5－1 所示，在 2000—2009 年期间，巴西的国内生产总值增长率能保持较高的增长率，其中 5 年的增长率超过了拉美的平均水平。

20 世纪 90 年代以前，巴西的通货膨胀率一度高达 4 位数。1994 年实施的“雷亚尔计划”成功地遏制了居高不下的通货膨胀率，通货膨胀率从 1994 年的 929.3% 下降到 1995 年的 22%，1996 年降到 10% 以下。自那时以来，除 2002 年以外，巴西的通货膨胀率一直保持在个位数，2006 年仅为 3%，2010 年估计为 5.2%。[①]

20 世纪 70 年代，巴西实施负债发展战略。不断加重的外债负担终于使巴西在 80 年代初陷入了债务危机。2005—2006 年，巴西外债大幅度减少，但 2005 年以来又有明显的增加（见表 5－1）。据联合国拉美经委会统计，截至 2008 年，巴西外债总额预计为 1984 亿美元，其中短期外债为 365 亿美元。外债相当于国内生产总值的比重从 2004 年的 30.4% 下降到 2008 年的 12.6%。外债相当于出口收入的比重从同期的 180.6% 减少到 85.6%。

---

① United Nations Economic Commission for Latin America and the Caribbean, *Economic Survey of Latin America and the Caribbean 2009—2010*, Briefing paper, July 2010.

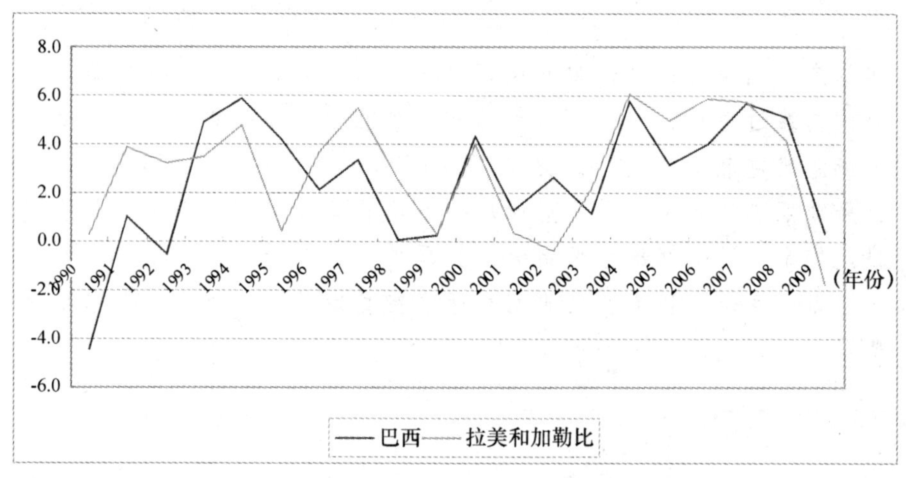

图5-1　1990—2009年巴西的国内生产总值增长率

资料来源：United Nations Economic Commission for Latin America and the Caribbean, *Statistical Yearbook for Latin America and the Caribbean, 2009*。

表5-1　**巴西的外债总额**　（单位：亿美元）

年份	1999	2000	2001	2002	2003	2004	2005	2006	2007	2008	2009
外债	2256	2169	2099	2107	2149	2014	1695	1726	1932	1984	1982

注：2009年为预计数。

资料来源：United Nations Economic Commission for Latin America and the Caribbean, *Preliminary Overview of the Economies of Latin America and the Caribbean*, December 2008; *Economic Survey of Latin America and the Caribbean, 2009—2010*, Briefing paper, July 2010。

三　国际地位不断上升

巴西宪法规定，巴西外交政策的原则是维护国家独立、保护人权、民族自决、不干涉他国内政、国与国之间平等、捍卫和平、用和平手段解决争端、反对恐怖主义和种族主义、为了人类的进步而与其他国家进行合作、提供政治避难。巴西认为，只有在一个和平而公正的世界上，不同国家之间以及一国内部的社会和经济领域中的差距才能被缩小。此外，巴西还主张建立一个多极化世界，通过制定全球规则、开展对话和谈判来解决人类面临的挑战。

巴西认为，由于美国奉行强权政治，经常干预他国内政，因此当前的世界并没有实现和平。巴西呼吁发展中国家团结起来，齐心协力地反对霸权主义。巴西始终认为，在国际范围内反恐是必要的，但反恐不能完全依靠武力，而是要尊重国际法。卢拉总统曾表示，他不同意美国等西方国家在得不到联合国授权的条件下对伊拉克动武，伊拉克问题只能在国际法的范围内加以解决。

巴西呼吁发达国家（尤其是美国）尊重弱小国家的主权。在1990年第45届联合国大会上，巴西代表在发言中指出，人权问题在我们的共同议事日程上越来越重要。鉴于目前民主理想在不断延伸，国际上对人权问题的考虑的广度和深度也在增加。巴西政府坚决支持这一趋势。这位巴西官员还指出，侵犯人权的事件无论在什么地方都必须受到谴责，我们必须与之开展不屈不挠的斗争。通过国际社会的努力，我们能够创造条件，确保在最广泛的意义上尊重人权。各国应该义不容辞地承担新的义务，保证每一个人都能享有跨越国界的行动自由，清除一切歧视，保护外国人的权利。

作为西半球最大的发展中国家，巴西始终追求在国际舞台上发出更大的声音。尤其在2002年卢拉上台后，巴西的国际地位更是得到了前所未有的提升。

第一，巴西力图成为联合国安理会的常任理事国（即“入常”）。

2005年3月21日，联合国秘书长安南向联合国大会提交了题为《大自由：为人人共享发展、安全和人权而奋斗》的联合国改革报告。安南说，这一改革的A方案是增加6个没有否决权的常任理事国以及3个经选举产生的非常任理事国，其中非洲和亚太地区各有2个常任席位，欧洲和美洲各增加1个常任理事国席位。[①] 巴西、日本、印度和德国当天联合发表声明，对安南提出的联合国改革报告表示欢迎。在2004年9月第59届联大召开一般性辩论期间，巴西、日本、印度和德国宣布结成同盟，相互支持对方竞争新的安理会常任理事国席位。

巴西支持联合国为维护世界和平和建立国际新秩序所作的努力。巴西认为，联合国改革与安理会重组是不能分割的。而且，安理会必须增加透明度和更大规模的代表性。这意味着安理会的席位必须增加，不同地区的

---

① 安理会改革的二号方案是：增加8个任期4年、可连选连任的半常任理事国和1个非常任理事国，非洲、亚太、欧洲和美洲将分别获得2个半常任席位。两套方案的共同点在于，新增的常任理事国或半常任理事国都不拥有否决权。

发展中国家应该获得常任理事国或非常任理事国席位。在联合国改革的过程中，巴西声称不会放弃其应该承担的责任。① 此外，巴西还认为，它成为联合国安理会常任理事国的愿望，既符合国际社会的理想，也会使联合国的合法性和代表性更加完善。②

第二，积极推动南南合作。

巴西认为，发达国家为解决发展问题而提出的各种方案并非完全与发展中国家关心的问题有关。因此，发展中国家关心的原料和农产品贸易，并没有被发达国家视为迫切需要解决的全球性问题。全球化为第三世界提供了发展的机遇和挑战，或许挑战多于机遇。发展是国际安全的重要组成部分。在实现了一体化的世界经济中，只有所有国家都取得了发展，一个国家才能生存。③

巴西赞同在西半球建立一个自由贸易区，但在谈判过程中坚持捍卫拉美国家的利益。巴西认为，如果美国不愿意在农产品补贴问题上作出让步，不愿意对拉美国家的农产品开放市场，巴西就会联合其他一些拉美国家抵制“被美国主导”的谈判。由于遭到巴西等国家的反对，美国希望在2005 年 1 月 1 日建立美洲自由贸易区的计划未能实现。

巴西认为，加强南美洲国家之间的联合符合各国家利益。因此，巴西在建立南美洲国家共同体和南方共同市场的过程中发挥了重要的主导作用。

除了与美国和欧盟保持传统的关系以外，最近几年巴西还积极发展与其他发展中国家的关系。例如，卢拉总统在其任内曾十多次访问非洲。在巴西的倡议下，第一届南美洲和阿拉伯国家首脑会议于 2005 年 5 月 10—11 日在巴西首都巴西利亚举行，④第二届于 2009 年 3 月在卡塔尔首都多哈举行。

---

① http://www.mre.gov.br/ingles/politica_externa/discursos/discurso_detalhe.asp?ID_DISCURSO=2704.

② http://www.brasil.gov.br/ingles/about_brazil/brasil_topics/foreign/categoria_view.

③ http://www.mre.gov.br/ingles/politica_externa/temas_agenda/desenvolvimento/desenvolvimento.asp.

④ 第一届南美洲和阿拉伯国家首脑会议是卢拉总统在 2003 年 12 月访问中东和非洲时提议召开的。卢拉的提议得到了包括埃及前总统穆巴拉克和阿拉伯联盟秘书长穆萨等阿拉伯国家和组织领导人的积极响应。共有来自 12 个南美洲国家和 22 个阿拉伯国家的领导人参加了第一届首脑会议。会议通过了旨在加强双边政治和经济合作的《巴西利亚宣言》。

巴西是南方共同市场的创始国之一，在推动南锥体国家的南南合作的过程中发挥了重要作用。巴西还是葡萄牙语国家共同体的成员国，与葡萄牙、安哥拉、莫桑比克、几内亚比绍、佛得角、圣多美和普林西比以及东帝汶保持着较为密切的关系。

巴西历届政府重视与中国进行全方位的双边合作。卢拉总统在其当政的 8 年时间内曾 3 次访华。他多次表示，巴西坚定奉行一个中国政策，支持中国在台湾、人权等问题上的立场。2004 年，巴西承认中国的市场经济地位。据中国海关统计，2009 年双边贸易额为 424 亿美元，其中中方出口 141.2 亿美元，进口 282.8 亿美元。中国成为巴西第一大贸易伙伴、第一大出口对象国和第二大进口来源国。

第三，积极参加与八国集团的对话。

巴西曾于 2003 年 6 月、2005 年 7 月和 2006 年 7 月参加在法国埃维昂、英国格伦伊格尔斯和俄罗斯圣彼得堡举行的八国集团领导人与发展中国家领导人举行的南北对话会议。巴西认为，目前国际贸易领域中的竞争在加剧，经济协调、环境保护和安全领域中的全球性挑战在增加。在这样的形势下，八国集团领导人与发展中国家领导人举行对话是有利的。虽然八国集体机制有一定的局限性，但它有助于对如何建立国际新秩序这个问题展开讨论。八国集团面临的挑战是一个全球性问题。这一问题的解决需要得到全世界各国的参与。

在赴俄罗斯圣彼得堡参加南北对话会议前夕，卢拉总统说："无论是作为劳工组织的领导人，还是作为政治家，我的人生的进步都得益于对话和谈判。我懂得，只有通过真诚的对话，看着对方的眼睛，同时不放弃自己的信念，才能消除分歧，扩大共识。"①

巴西认为，八国集团应该讨论一些重大的问题。能源安全是国际社会需要解决的另一个问题。虽然不同的国家有不同的能源需求，但各国在以可接受的价格获取能源时面临的挑战和机遇是相同的。例如，生物能源的开发有助于世界范围内能源问题的解决。为了充分发挥生物能源的优势，世界各国应该寻求新的合作模式。巴西认为，每一个国家都能够生产或消费不同的生物能源，因此不存在如何将世界划分为生产国或进口国的问

---

① http://www.mre.gov.br/ingles/politica_externa/discursos/discurso_detalhe.asp?ID_DISCURSO=2877.

题，也不会产生一种新的依附关系的可能性。巴西将为推广技术和开放世界市场方面与其他国家一道作出努力。为此，它建议设立一个由生物能源的生产者和消费者共同参与的论坛，确定与生物能源的生产和供给有关的技术标准。目前，巴西与美国占世界上生物能源总产量的70%以上，因此巴西希望与美国在这一领域展开更密切的合作。

巴西认为，八国集团领导人需要考虑的另一个问题是如何推动创新。巴西政府的有关官员在许多场合指出，（1）它为其他发展中国家培训教师的一部分费用应该由八国集团负担。（2）发展中国家的债务应该被转化为对教育事业的投资。（3）国际社会应该建立一个国际性的筹资核心机制，为发展中国家的病人购买治疗艾滋病、疟疾和结核病的药。药费可通过对飞机票征收额外的税收来筹措。①

第四，积极推动多边外交。

在全球化时代，多边外交的重要性越来越突出。多边外交既有利于全球问题的解决，也有利于提升自身的国际地位。因此，巴西十分热衷于开展各种形式的多边外交活动。

2001年，高盛公司经济学家吉姆·奥尼尔在预测世界经济的未来时，认为巴西、俄罗斯、印度和中国（BRIC，“金砖四国”）将在世界经济舞台上发挥更为重要的作用。自那时起，“金砖四国”成了国际社会高度关注的一个术语，这四个国家的知名度也与日俱增。2009年6月，首次“金砖四国”首脑会议在俄罗斯举行。会议发表的《“金砖四国”领导人俄罗斯叶卡捷琳堡会晤联合声明》指出：“我们将以循序渐进、积极务实、开放透明的方式推动四国对话与合作。‘金砖四国’对话与合作不仅符合新兴市场国家和发展中国家的共同利益，而且有利于建设一个持久和平、共同繁荣的和谐世界。”联合声明还指出，“俄罗斯、印度、中国欢迎巴西愿意于2010年承办下一次‘金砖四国’领导人会晤”。

2010年4月，第二次“金砖四国”首脑会议在巴西首都巴西利亚举行。巴西为这一会议做了大量的准备工作，使会议取得了圆满的成功。

如果说巴西对“金砖四国”的兴趣来自高盛公司的研究报告，那么

---

① 在2006年2月28日—3月1日巴黎主办的题为“团结互助与全球化：发展融资新机制”的国际会议上，巴西与其他12个国家承诺自2006年年底开始征收机票税。

“伊巴斯论坛”的问世则与巴西有着密切的关系。[①] 2003 年 6 月，巴西总统卢拉、印度总理瓦杰帕伊、南非总统姆贝基在法国埃维昂参加八国集团领导人与发展中国家领导人的南北对话会议期间，就加强三国之间的合作进行了磋商。在卢拉总统的提议之下，三国决定设立一个对话论坛，以加强三国在各个领域的合作。6 月 6 日，巴西、印度和南非三国外交部长在巴西利亚会晤，在与设立“伊巴斯论坛”有关的问题上达成了广泛的共识，并签署了《巴西利亚声明》，宣告论坛正式成立。

“伊巴斯论坛”宗旨是：在重大国际问题上加强三国之间的协调和合作，以促进南南合作。迄今为止，“伊巴斯论坛”举行了多次首脑会议和部长级会议，在协调立场和发展三边经贸关系等方面发挥了重要作用。

第五，努力推动多哈回合谈判。

巴西支持世界各国建立一个公正的、以规则为基础的、面向市场的多边贸易体制。巴西外长阿莫林在 2003 年 9 月 11—14 日的第五届世界贸易组织部长会议（坎昆会议）上说，WTO 有利于推动世界经济的一体化，因为国际贸易的发展对创造就业机会、提高经济增长率和改善人民生活条件来说是十分重要的。

阿莫林认为，农产品贸易中的扭曲使发展中国家失去了许多市场机会，因而是有害于发展中国家的。发达国家的补贴压低了国际市场上的农产品价格，减少了发展中国家的出口收入，并损害了发展中国家的食品安全。

阿莫林认为，农业和发展是多哈回合的核心。发展中国家的人口占世界总人口的一半以上，他们正在为改变农产品贸易中的不公平而团结起来。但巴西关注的并不仅仅是这两个问题。巴西愿意与其他发展中国家团结在一起，努力实现多哈回合的目标。二十国集团就是为了实现这一目标而成立的。[②] 发达国家应该聆听发展中国家的声音，而非与其对抗。[③]

卢拉总统认为，巴西将为打破多哈回合的僵局而作出力所能及的让步。他希望其他国家也会作出同样的努力。他说：“如果我们不能实现国

---

① “伊巴斯”一词来自印度、巴西和南非三国的英文名称 IBSA。

② 二十国集团的成员国是：阿根廷、玻利维亚、巴西、智利、中国、古巴、埃及、危地马拉、印度、印度尼西亚、墨西哥、尼日利亚、巴基斯坦、菲律宾、南非、坦桑尼亚、泰国、乌拉圭、委内瑞拉和津巴布韦。

③ http：//www. mre. gov. br/portugues/imprensa/nota_ detalhe. asp？ID_ RELEASE = 1831.

家社会（尤其是穷国）的正当的理想，历史不会宽恕我们。”他还认为，亚非拉国家在二十国集团内的协调，对推动多哈回合是至关重要的。多哈回合如能成功，它将使5亿人口摆脱贫困。①

在2006年3月访问英国期间，卢拉总统在记者招待会上说，他与英国首相布莱尔都认为，应该尽快召开全世界的政府首脑或国家元首会议，以推动多哈回合。

2006年7月多哈回合谈判破裂后，巴西外交部网站发表了二十国集团的声明。该声明指出，多哈回合的失败意味着，减少发达国家农业补贴的机会消失了。发达国家的农业补贴政策使发展中国家失去了国内市场和国际市场，因此，发展中国家的农民的生活将继续受到不利影响。②

第六，公开表态支持伊朗。

伊朗核能源开发活动开始于20世纪50年代，当时得到美国及其他西方国家的支持。1980年美国与伊朗断交后，美国曾多次指责伊朗以“和平利用核能”为掩护秘密发展核武器，并对其采取“遏制”政策。2003年2月，伊朗宣布已提炼出能为其核电站提供燃料的铀。自那时起，美国等西方国家一直指责伊朗以和平利用核能为由，秘密发展核武器。

2009年11月23日，伊朗总统内贾德对巴西进行了为期一天的正式访问。这是50年来伊朗总统首次访问巴西。卢拉与内贾德在3小时的闭门会谈后对媒体说：“我们承认伊朗有权在符合国际协议的前提下发展以和平为目的的核计划。”③

2010年5月15日，卢拉总统抵达伊朗。16日，伊朗最高精神领袖哈梅内伊和总统艾哈迈迪·内贾德在德黑兰分别会见了卢拉总统。哈梅内伊称赞巴西近年来始终奉行独立自主的政策，并一直站在美国的对立面，是拉美和世界舞台上一个有影响力的国家，伊朗愿与巴西就单边和国际问题展开合作。艾哈迈迪－内贾德在会见卢拉时指出，牢固的伊巴关系将为所有独立国家改变现有不平等的世界秩序树立榜样，“某些国家不但主宰了政治和经济中心，而且掌控了全球媒体，它们不希望其他国家进步，但我们可以团结起来消除这些不平等现象”。在访问伊朗期间，巴西与伊朗签

---

① http：//www. mre. gov. br/ingles/politica_ externa/discursos/discurso_ detalhe. asp？ID_ DISCURSO＝2877.

② http：//www. mre. gov. br/portugues/imprensa/nota_ detalhe. asp？ID_ RELEASE＝3901.

③ http：//www. gmw. cn/content/2009－11/25/content_ 1012575. htm.

署了8个合作文件，双方将在能源、采矿、进出口贸易等方面加强合作。[①]

2010年5月17日，伊朗外交部发言人迈赫曼帕拉斯特在德黑兰宣布，经过数小时的紧张谈判，伊朗已经与土耳其、巴西签署了核燃料交换协议。根据该协议，伊朗同意将本国约1200公斤纯度为3.5%的浓缩铀运往土耳其，用以交换120公斤纯度为20%的浓缩铀，用于从事医学研究和核电燃料使用。18日，美国、英国、法国、中国、俄罗斯和德国宣布，六国已就安理会制裁伊朗最新决议草案达成一致，并向安理会全体理事国散发了草案文本。23日，伊朗政府正式向国际原子能机构递交信函，向该组织通报17日伊朗与土耳其、巴西在德黑兰签署的核燃料交换协议内容。

巴西始终反对制裁伊朗。卢拉总统认为，制裁伊朗不会取得效果。他表示，他可以与伊朗领导人进行磋商，并希望能说服联合国安理会常任理事国，不要采取制裁措施。他说："我们认为巴西有能力在这方面发挥作用。"[②] 但在2010年6月9日，联合国安全理事会以12票支持、两票反对和一票弃权，通过了制裁伊朗的决议案。[③] 巴西和土耳其对决议案投了反对票。

卢拉总统不仅在核问题上支持伊朗，而且还在其他问题上关心伊朗。2010年8月13日，巴西宣布，经巴西总统卢拉受命，巴西经由其驻伊朗大使发出正式请求，希望伊朗当局能把对一名伊朗妇女的投石死刑判决，改为缓刑，并表示巴西愿意为这位妇女提供避难所。此前，卢拉总统在一次集会上说："我呼吁伊朗领导人内贾德允许巴西为这名妇女提供庇护。如果我和伊朗总统之间的友谊和我对他的尊敬还值点钱的话，如果这位妇女引起了世人的不适，那么我们愿意接收她。"[④] 据报道，在卢拉总统的请求下，伊朗司法部门已经取消了对阿什蒂亚尼的石刑判决，改用其他方式来执行死刑。

四　政治生态发生了重大变化

在1889—1930年期间，巴西的总统主要来自生产咖啡的圣保罗州和

---

① "伊朗领导人会见巴西总统卢拉"（http：//news. xinhuanet. com/world/2010 - 05/17/c_12107543. htm）。

② http：//www2. irna. ir/ch/news/view/line - 54/1004290152132133. htm.

③ 这是自2006年以来，联合国第四次对伊朗实施制裁。

④ http：//news. sina. com. cn/w/2010 - 08 - 15/032120899399. shtml.

生产牛奶的米纳斯吉拉斯州。巴西人称之为“咖啡和牛奶的政治”。第二次世界大战后，随着进口替代工业化的实施和现代化进程的加快，这一政治生态发生了重要变化。但1964年的军事政变却使巴西建立了威权政治体制。直到1985年军人还政于民之后，巴西才实现了民主化。

2002年，巴西的政治生态再次发生重大变化。在当年的总统选举中，劳工党领袖卢拉当选为巴西历史上第40任总统，同时也成为巴西历史上通过合法竞选而当选总统的第一位工人领袖。美国学者大卫·塞缪尔斯认为，卢拉的当选意味着军人下台后出现的巴西民主化进程宣告结束，同时也意味着始于20世纪70年代后期的将中间阶层和下层阶层纳入巴西政治发展进程的任务终于完成。①

与其他巴西总统相比，卢拉有以下两个显著的特色：首先，他出身贫寒，毫无显赫的家庭背景可言（见专栏5—2）。但他依靠自己的努力，终于获得了国家的最高权力。卢拉的成功为身处社会底层的穷人彰显出积极的示范效应。其次，与巴西政治舞台上众多传统政党不同的是，卢拉在1980年2月创建的劳工党主要由城乡劳动者、工会领导人和知识分子组成。该党主张加快政治改革步伐，保障劳动者的权益；公平分配财富，各国相互尊重、加强国际合作，维护世界和平。因此，劳工党被认为是一个地地道道的左翼政党，卢拉也被视为“非共产主义”的左翼（non-communist left）政治家。

专栏5—2

在工伤事故中失去半个手指的总统

1945年10月27日，卢拉出生在巴西东北部伯南布哥州内地的一个贫穷的农民家庭。为了谋生，卢拉的父亲在他很小的时候就到

---

① David Samuels, *Brazilian Democracy under Lula and the PT*。作者向美国华盛顿美洲对话组织主办的题为“构建民主治理研讨会”（2006年9月28—29日）提交的论文。http://www.einaudi.cornell.edu/latinamerica/conference/leftturn/pdf/Samuels.pdf。

外地打工。卢拉直到五岁时才见到自己的父亲。卢拉七岁那年，母亲带着八个子女背井离乡，到一个名叫桑托斯的港口城市去寻找丈夫。

由于家境贫寒，卢拉仅受过五年小学教育。12岁那年，卢拉到一家洗染店当学徒，14岁成为一家五金厂的童工。18岁时，在一次工伤事故中，卢拉失去了半个手指头。

卢拉的哥哥是巴西共产党的党员。1969年，在卢拉24岁时，在哥哥的动员下，卢拉进入了他所在的那家五金厂工会的董事会。这一职务可以被视为卢拉政治生涯的起点。

1975年对卢拉来说是一个值得纪念的年份。这一年，卢拉当上了那家工厂的工会主席。在工会的领导下，卢拉组织了几次成功的罢工，为工人谋取了不少好处。

1980年，卢拉与其他一些工会运动的积极参与者和激进的知识分子创建了劳工党。当时，巴西仍然是一个军政权国家，因此劳工党被政府定性为非法党。1983年，卢拉与他的政治伙伴齐心协力，建立了巴西最大的工会组织“巴西工人统一中央工会”。他领导的工会运动为巴西在1985年实现民主化作出了重要贡献。1986年，卢拉高票当选巴西联邦众议员。

卢拉在政治上并不是一帆风顺的。1989年，卢拉第一次参加总统竞选，结果以比对手科洛尔少6%的选票落选。此后，他参加了1994年和1998年的两次竞选，但都输给了卡多佐。

2002年，不服输的卢拉第四次参加总统大选。他终于击败对手，成为巴西历史上第一位工人出身的总统。

在2002年总统选举之前，由于国际投资者担心卢拉当选后可能会对经济政策作出重大调整，因此进入巴西的外资明显减少，资本外流则大幅度增加，金融市场出现了巨大的恐慌，巴西货币雷亚尔对美元的汇率下跌了一半，金融危机一触即发。资本流入的减少和雷亚尔贬值后导致进口的减少，使经济增长受到很大的影响。

面对这样的信任危机，卢拉在就任总统后立即采取了一系列应对措施。例如，在就职仪式前夕，卢拉公开表示，他支持其前任卡多佐总统与国际货币经济组织达成的稳定计划。上台后，卢拉总统在组阁时任命曾在波士顿舰队金融公司中任职的恩里克·梅雷莱斯为巴西央行行长，任命圣保罗州里贝朗普雷图市前市长安东尼奥·帕洛奇为财政部长。西方国家认为，这两个信奉西方自由市场经济原理的人能够进入卢拉政府的内阁，说明卢拉不会采取极端的左翼政策。此外，卢拉上台后并没有停止偿还巴西的外债。因此，在短短的几个月过去后，外国投资者对巴西的发展前景重新看好，大量外资再次流入巴西。①

劳工党经过短短 20 多年时间的奋斗就成为一个执政党，这在巴西政治生态中是一种前所未有的“奇迹”②。因此，劳工党自卢拉上台之日起就决定以一种“非传统政党”特有的治理模式来影响巴西的政治经济生活。劳工党提出的口号是“创造一种劳工党的执政方式”（modo petista de governar）。这一方式有三个基本要素：鼓励民众参与政治和政府决策，使传统的寡头政治变为民众政治；改变发展模式，政府必须为改变穷人的命运而扩大投资；增加政府的透明度和诚实度。

卢拉在参加 2002 年竞选时提出的口号是“巴西是每一个人的巴西”。这在社会排斥现象非常严重的巴西社会确实有一定的吸引力。为了将其竞选口号付诸实施，卢拉在当选后成立了社会与经济发展委员会（Conselho de Desenvolvimento Econômico e Social）。该机构的宗旨是吸纳民众的意见和呼声，为政府决策出谋划策，其成员包括草根阶层的代表和非政府组织。在寡头政治势力较大的巴西，卢拉的这一理念无疑是难能可贵的。

卢拉在社会发展领域采取的措施更多，其中最为引人瞩目的就是“零饥饿计划”（Projeto Fome Zero）和“家庭补贴计划”（Bolsa Família）。

“零饥饿计划”是卢拉在竞选总统期间提出的。在竞选期间，卢拉说：“如果在我的任期内，能够让每个巴西人一日三餐，那么我就完成了自己的

---

① 由于卢拉上台后实施的经济政策基本上延续了卡多佐政府的政策，因此许多人认为，卢拉仅仅是“卡多佐第二”，卢拉政府仅仅是“第三届卡多佐政府”而已。

② 组建劳工党的设想最早是在 1978—1979 年期间出现的。当时，圣保罗的一些工会组织的领导人认为，为了提升工会组织的政治影响力，并使这一影响力实现制度化，必须创建一个政党。（William C. Smith and Roberto Patricio Korzeniewicz（eds.），*Politics, Social Change and Economic Restructuring in Latin America*, North-South Center Press, 1997, p. 162）

使命。"[1] 他在视察东北部的贫困地区时说："即使在《圣经》上，也不存在一个人在三四天不吃饭的事情，在巴西更不允许这种情况的出现。"[2]

"零饥饿计划"的核心内容是政府为穷人提供免费的或廉价的食品。虽然由于受到政府财政困难的影响，这一计划尚未达到卢拉总统所说的"让每个巴西人一日三餐"的目标，但确实有大量穷人摆脱了饥饿。

"家庭补贴计划"实际上是一种在许多拉美国家流行的"有条件现金转移支付项目"[3]。根据这一计划，人均月收入不足 120 雷亚尔（约合 69 美元）的家庭，每月可获得不超过 95 雷亚尔的现金补贴，条件是必须送子女上学，并定期接受政府提供的免费医疗免疫服务。卢拉政府认为，"家庭补贴计划"能达到"一箭双雕"的目的。就近期而言，政府的现金补贴可使贫困家庭的生活得到改善；就长期而言，让子女受教育和拥有健康的身体是有利于提高巴西的人力资源质量的。据估计，占巴西总人口 1/4的人获得了该计划的补贴。

相比之下，"增加政府的透明度和诚实度"这一承诺则因 2005 年出现的系列腐败丑闻而大为逊色。这些丑闻的主角既有政府官员，也有劳工党的高层领导。反对党则更是不遗余力地将这些丑闻作为攻击卢拉总统的不可多得的"炮弹"。

无论卢拉及其劳工党提出的"创造一种劳工党的执政方式"是否成为现实，可以断言的是，巴西的政治生态已彻底发生了变化。这将对巴西未来的政治发展前景产生一定的影响。

在 2010 年 10 月 3 日的大选中，被认为是卢拉总统"钦定"的劳工党候选人迪尔玛·罗塞夫获得 46.9% 的选票，社会民主党候选人若泽·塞拉获得 32.6%。在 10 月 31 日的第二轮选举中，罗塞夫终于胜出，成为巴西历史上的第一个女总统。国际媒体认为，罗塞夫之所以能当选，一是因为卢拉在位 8 年的政绩有口皆碑，二是因为选民们希望卢拉的政策能得到延续。

---

① http://www.brasembottawa.org/en/social_issues/zero_hunger_prg.html.

② 转引自周志伟《浅析卢拉政府的"零饥饿计划"》，《拉丁美洲研究》2003 年第 6 期，第 51 页。

③ 英国《经济学家》杂志认为，巴西的"家庭补贴计划"是世界上规模最大的"有条件现金转移支付项目"。（"Happy families: An anti-poverty scheme invented in Latin America is winning converts worldwide", *Economist*, *February* 7, 2008）

第二节　影响巴西发展前景的决定性因素

作为南美洲最大的国家，巴西必然会拥有大国心态。2003 年 12 月，卢拉总统在出访阿拉伯联合酋长国时说，巴西要成为第三世界国家之首，不是第一世界国家的尾巴。可见，巴西不是要做配角，而是要做主角。不论巴西是否会成为一个大国，会成为一个什么样的大国，巴西的发展前景将取决于以下几个决定性因素：

一　能否进一步提升综合国力

巴西地大物博，这为其成为一个大国提供了不可多得的物质条件。然而，人类社会的发展史表明，有些国家（如日本和荷兰）资源匮乏、疆域狭小，却依然能成为独领风骚的“大国”。真正发挥重要作用的是综合国力。只有拥有强大的综合国力，这个国家才能成为国际社会刮目相看的大国。

综合国力囊括一个国家的经济、政治、军事和科技等方面的实力。20 世纪 90 年代以来，巴西的综合国力获得了显著的上升。这一成就主要体现在以下几个方面：

第一，国内生产总值从 1980 年的 2373 亿美元上升到 2009 年的 1.57 万亿美元，即在 30 年的时间内增长了 5 倍多。2005 年，巴西的国内生产总值超过了墨西哥（分别为 8820 亿美元和 8461 亿美元）；2009 年，巴西的国内生产总值占拉美地区的 30.1%。[①] 人均国内生产总值从 1980 年的不足 2000 美元上升到 2008 年的 7545 美元。[②] 按照购买力平价计算，2009 年巴西的国内生产总值为 2.01 万亿美元，在世界上排名第九。[③]

第二，巴西在引进外资的同时，也开始对外进行直接投资。2010 年，七家巴西企业进入世界 500 强。它们是：巴西石油公司（第 18 名）、布拉

---

① 1980 年代数据引自 United Nations Economic Commission for Latin America and the Caribbean, *Statistical Yearbook for Latin America and the Caribbean*, 1999；2009 年引自 United Nations Economic Commission for Latin America and the Caribbean, *Economic Survey of Latin America and the Caribbean 2009—2010*, Briefing paper, July 2010。

② United Nations Economic Commission for Latin America and the Caribbean, *Statistical Yearbook for Latin America and the Caribbean*, 1999；2009.

③ International Monetary Fund, World Economic Outlook Database. 转引自 http://en.wikipedia.org/wiki/List_of_countries_by_GDP_(PPP)。

德斯科银行（第 51 名）、巴西银行（第 52 名）、淡水河谷公司（第 80 名）、伊塔乌公司（第 82 名）、巴西电力公司（第 235 名）和国家钢铁公司（第 478 名）。① 在联合国拉美经委会统计的拉美 30 家大公司中，巴西共有 14 家，其中巴西石油公司名列榜首。②

第三，工业生产能力持续扩大。经过数十年的工业化建设，巴西的工业生产能力持续扩大。巴西已拥有在拉美首屈一指的工业体系。这一体系不仅能生产消费品和中间产品，而且还能生产多种资本货产品和高科技产品。据联合国拉美经委会统计，巴西的钢产量从 1980 年的 1534 万吨上升到 3371 万吨；铁产量从同期的 8464 万吨增加到 3. 1 亿吨。③

第四，一些领域的科技水平已名列世界前茅。例如，长期以来，巴西一直致力于推动生物能源的开发，是世界上最早强制性规定在汽车燃料中添加乙醇的国家，是世界上生物燃料普及率最高的国家。④ 2006 年，巴西乙醇产量达 175 亿升，约占全球乙醇产量的 35%。⑤ 巴西的制造支线飞机的技术在世界上处于非常领先的地位。2006 年，巴西首位宇航员与俄罗斯和美国宇航员一起，乘坐俄罗斯“联盟”号宇宙飞船进入太空。据报道，巴西海军核能计划督导马贵斯上校认为，巴西将在 2010 年内掌握完整的核能工业技术。他说，巴西掌握了提炼浓缩铀的每个处理过程，因此，巴西将不再需要依赖其他国家的浓缩铀提炼技术，并确保国内核能发电厂和未来建造完成核潜艇（预计 2020 年开始运作）所需的核子燃料。迄今为止，世界上只有 6 个国家（法国、俄罗斯、加拿大、美国、巴西和伊朗）有条件将“黄饼”（yellow cake）转换成六氟化铀气体，用离心机进行浓缩。⑥

---

① http：//www. mofcom. gov. cn/aarticle/i/jyjl/l/201004/20100406883999. html.

② United Nations Economic Commission for Latin America and the Caribbean, *Foreign Investment in Latin America and the Caribbean*: *2009*, p. 62.

③ United Nations Economic Commission for Latin America and the Caribbean, *Statistical Yearbook for Latin America and the Caribbean*, 2009.

④ 巴西拥有乙醇生产的技术和经验，但缺乏资金。巴西政府有关部门估计，巴西乙醇生产部门在今后五年内将需要 150 亿美元的投资。为了克服这一障碍，巴西对美国提出的发展乙醇燃料计划一拍即合。目前，巴西与美国占世界上生物能源总产量的 70% 以上。因此，巴西与美国在这一领域的合作前景非常可喜。

⑤ http：//www. foodmate. com/info/zhuanti/2007/1806. html.

⑥《巴西：年内掌握完整核能工业技术》，http：//www. takungpao. com/news/10/05/25/_ IN-1262778. htm。

必须指出的是，尽管最近几十年巴西的综合国力得到了大幅度的提升，但是，迄今为止，无论是巴西的经济总量还是人均国内生产总值，无论是工业生产能力还是科技水平，无论是以体现在文化中的软实力还是反映在军事中的硬实力，都不足以使巴西成为一个地地道道的大国。

毫无疑问，提升综合国力的关键是加快经济发展。巴西在加快经济发展的过程中遇到的挑战很多，其中最重要的是：

首先，如何消除地区发展不平衡。

由于受到地理条件和历史因素的制约，巴西各地区之间的发展不平衡现象很严重。[①] 最发达的东南部地区与落后的中西部地区对国民经济的贡献以及人民生活水平的差距如此之大，以至于巴西国内出现了“两个巴西”，即“发达的巴西”和“落后的巴西”。东北部地区可谓西半球上最大的贫困地区。[②] 这一差距既与历史因素有关，也与资源禀赋等自然条件密切相关。[③] 历届政府为缩小地区差距的政策已初见成效，但难以一蹴而就。

其次，如何加强宏观经济管理。

宏观经济管理涉及经济政策的多个领域，其中尤为重要的是财政政策和货币政策。目前巴西的财政体制可追溯到1964年军人当政后制定的一种以联邦政府、州政府和市政府为基础的三级管理体制。卢拉当政后，力图加快财政改革的步伐。但政府提出的改革计划在国会遇到了很大的阻力。因此，卢拉当政时期巴西的财政管理体制与卡多佐当政时期相比没有发生重大的变化，联邦政府在全国财政收入的分配中所占比重也继续保持下降的趋势。

巴西的税种很多，而且税率很高。在州政府征收的许多种税中，最主要的是商品与服务流通税（ICMS），占全国税收总额的1/4左右。这是一种增值税，有50多种税率，由各州自行决定。因此，州与州之间的贸易活动要面对多种多样的税种和税率。虽然各州政府为提高征税效率而采取了许多措施，但偷税漏税的情况仍然司空见惯。2003年通过的第42号宪

---

① 吴洪英：《浅论巴西地区经济发展失衡与地区开发》，《拉丁美洲研究》1998年第2期。

② Thomas E. Skidmore and Peter Smith, *Modern Latin America*, third edition, Oxford, 1992, p. 184.

③ 吴洪英：《浅论巴西地区经济发展失衡与地区开发》，《拉丁美洲研究》1998年第2期；杨志敏：《地区发展不平衡不利于和谐社会的建立》，http://finance.sina.com.cn/economist/jingjiguancha/20070405/13133476199.shtml。

法修正案曾对州政府自行制定商品与服务流通税税率的特权加以限制，但各州仍然为谋求本州利益的最大化而设立名目繁多的税种。

虽然商品与服务流通税的种类很多，税率也不低，但在最近几年，州政府征得的实际税款却在下降。这主要是因为各州政府为获得私人投资（包括外国投资和国内投资）而竞相提供税收优惠，从而使州与州之间出现了所谓“税收战”、“财政战”。

巴西国内各地区之间经济发展水平的不平衡也在一定程度上影响了征税的效率。例如，最富有的圣保罗州在本州征收的服务税总额，超过了全国 26 个州中 17 个州征得的商品与服务流通税的总额。

巴西的税收体系具有以下缺陷：（1）许多种税是累积的，即同一种商品或服务要重复纳税。（2）雇主要为雇员缴纳名目繁多的税。为了避税，雇主就与雇员签订非正规的劳动合同，或向雇员支付加班工资，以减少雇员的数量。（3）工商业活动的税负较重，个人所得税和财产税的税负较强。当然中产阶级不承认其税负很轻。（4）税收体系的复杂性导致偷税漏税很严重。

1999 年金融危机爆发后，巴西急于寻求一种适合当时国内财政金融形势的货币政策。1999 年 3 月 4 日组成的银行董事会采取了两个措施：一是平息国内外投资者对巴西金融市场的“恐慌”，二是制定通货膨胀目标制。①

巴西利率之高是举世闻名的。卢拉政府多次表示，利率政策应该实现“去政治化”，价格稳定应该在制度上得到保障，此外，中央银行应该拥有相应的独立性。但在各个利益集团把持的国会中，卢拉政府的上述主张并没有赢得支持。可见，能否制定并实施一种有利于维系宏观经济稳定和促进经济发展的货币政策，依然是巴西政府面临的当务之急。

第三，如何强化资本积累能力。

促进经济发展的必要条件是扩大投资，扩大投资的前提是强化资本积累能力。由于受到经济因素和文化因素的影响，巴西的资本积累能力较弱。从表 5 - 2 中可以看出，长期以来，巴西的固定资本形成相当于国内

---

① 但在当时，无论是在央行还是在财政部内，懂得通货膨胀目标制运转机制的专家寥寥无几。经过几个月的研究和准备，卡多佐总统于 1999 年 6 月 21 日发布第 3088 号行政令，宣布巴西将实施通货膨胀目标制。7 月 1 日，通货膨胀目标制正式启动。

生产总值的比重从未超过20%，均低于拉美的平均水平。

令人欣慰的是，巴西拥有丰富的自然资源，经济发展潜力大。此外，在实施经济改革的过程中，大量国有企业被私有化。因此，巴西历来是外资“青睐”的投资场所。但依赖外资并非上策。20世纪80年代，巴西曾爆发过严重的债务危机。1999年的货币危机实际上也与巴西引进大量投机性较强的短期资本有关。

表5-2　**固定资本形成相当于国内生产总值的比重**　（单位:%）

年份	2001	2002	2003	2004	2005	2006	2007	2008	2009
巴西	16.6	15.4	14.5	15.0	15.0	15.9	17.0	18.4	16.6
拉美	18.0	16.8	16.5	17.5	18.6	19.8	21.0	21.9	20.2

资料来源：United Nations Economic Commission for Latin America and the Caribbean, *Economic Survey of Latin America and the Caribbean 2009—2010*, Briefing paper, July 2010。

第四，如何改善基础设施。

国际投资者经常抱怨巴西的基础设施落后，历届巴西政府也认识到，为了加快经济发展，必须改善基础设施，因为这一问题已影响了巴西的国际竞争力。英国《金融时报》（2010年6月28日）的一篇文章指出，在过去20年，尽管巴西农民的劳动生产率在不断提高，但他们却遇到了基础设施不足的制约。在巴西，大豆从产地到港口的运输费用是每吨103美元，即使在离港口较近的产地，运输费用也高达每吨44美元；而美国的这一费用为22美元，阿根廷仅为17美元。

巴西的大部分地区较为平坦，很适合于铺设铁路。但是，由于投资不足，全国的铁路线不足3万公里，铁路线运输的货物仅占货物总量的25%，公路运输量约占60%。公路、港口、码头和机场等基础设施也不敷需求。

2007年1月，卢拉总统宣布，为改变基础设施不足的局面，政府将在2007—2010年期间实施一个投资额超过2000亿美元的“加速增长计划”（PAC）。① 2010年1月，卢拉总统又宣布，政府将从2010年3月起实施第二个“加速增长计划”。

---

① 据报道，截至2009年8月，“加速增长计划”中只有50%的资金已到位，实际完成的项目仅为32.9%。见《巴西将出台第二个加速发展计划》，http://finance.ifeng.com/roll/20100123/1749103.shtml。

二　能否进一步减缓社会问题的严重性

根据1988年颁布的新宪法，巴西是一个以公民权和人的尊严为基础的民主国家。此外，巴西宪法还规定，法律面前人人平等，任何违反人权的行为都将受到惩罚。[①] 卡多佐总统曾说过，人权实际上就是“自由和民主的代名词”。卢拉总统也曾表达过类似的思想。

诚然，巴西的保护人权的法规是较为完备和齐全的。与军政权统治时期相比，1985年以来的人权得到了很大的改善，然而，违反人权的案例时有发生。尤其在里约热内卢和其他一些大城市，犯罪率的上升使人的生存权和安全权得不到保障。此外，在全国各地，妇女、儿童、无地农民、黑人和印第安人的人权仍然没有得到保障。

卢拉总统经常在许多场合呼吁国际社会齐心协力，努力实现“千年目标”。2005年9月15日，他在联合国大会上说：“千年目标”表达了文明的理想，没有一种目标比它更富有正义和正确性。但他也指出，“在目前的这种融资机制和减少援助的情况下，大多数国家难以实现‘千年目标’，因此我们必须采取大胆的步骤。”卢拉还说，用于消除贫困和饥饿的资源应该增加，应该让穷国获得发展的机遇。如果发达国家有战略眼光，它们会认识到，增加对发展中国家的援助不仅是公正的，而且是非常必要的。否则，世界和平和安全是难以实现的。巴西不希望其他国家都向我们学习，但每一个国家都应该做好自己的事情。

为了表彰地方政府、宗教界、工商界和社会各界对扶贫和“社会团结”作出的贡献，巴西政府设立了一个奖项。巴西政府的工作重点包括以下四个方面：消除饥饿、创造就业机会、促进种族平等和性别平等、保护生态环境。

诚然，卢拉当政后，巴西的社会发展进程在加快，但是社会问题依然很严重。在圣保罗和里约热内卢等地，不断升级的犯罪活动给人民的生命财产造成了巨大的损失，也损害了巴西的国家形象。2010年8月21日，里约热内卢市再次上演警匪枪战一幕，10名被警方巡逻队击溃的武装分子在走投无路之下闯入位于富人区的五星级洲际酒店，劫持35名人质与军

---

① 1996年5月13日，巴西政府制定了《全国人权计划》，对如何保障人权和如何惩罚违反人权的行为作出了详细的规定。

警负隅顽抗。警方虽然最终成功制伏罪犯并解救出全部人质，但也付出了一名路人中弹身亡、两名警员和 6 名人质负伤的代价。① 巴西的媒体担忧，鉴于社会治安不断恶化，巴西可能没有足够的警力确保 2014 年世界杯足球赛在 12 个主办城市安全地举行。②

巴西社会问题的根源之一是收入分配不公。如表 5－3 所示，巴西是 2008 年世界上收入分配最不公正的国家之一。

表 5－3　**巴西的基尼系数**

年份	全国	城市	农村
1990	0.627	0.606	0.548
1993	0.621	0.604	0.589
1996	0.637	0.620	0.578
1999	0.640	0.625	0.577
2001	0.639	0.628	0.581
2004	0.612	0.603	0.552
2005	0.613	0.604	0.542
2006	0.604	0.596	0.541
2007	0.590	0.579	0.563
2008	0.594	0.586	0.534

资料来源：United Nations Economic Commission for Latin America and the Caribbean, *Statistical Yearbook for Latin America and the Caribbean*, 2009。（http://websie.eclac.cl/anuario_estadistico/anuario_2009/datos/1.6.4.xls）

在巴西，影响社会发展进程的另一个障碍是不公正的土地所有制。大量农民无地可种，而少数大地主却拥有万顷良田。尽管政府也曾进行过土改，但巴西的土地问题并未得到解决。2003 年 3 月 23 日凌晨，“无地农民运动”的 200 多名成员闯入卡多佐总统在其家乡的庄园，以抗议政府无视无地农民的要求，迟迟不履行土改的承诺。他们要求政府向无地农民提供

① http://news.xinhuanet.com/world/2010－08/24/c_12478153.htm.

② 《巴西媒体担心 2014 年世界杯安全问题》，http://news.xinhuanet.com/sports/2009－05/31/content_11462034.htm。

土地和贷款，并为农村地区建设学校、卫生站和供水系统。经过谈判，无地农民于24日离开了卡多佐总统的庄园。

大地主也不甘示弱。为了回击无地农民有组织的占地活动，他们成立了“农村民主联盟”（UDR），经常以捍卫私人财产的名义杀害许多农民。毫无疑问，大地主与无地农民之间的针锋相对，更加剧了巴西社会的紧张。

最近几年，“无地农民运动”已开始呈现出政治化倾向。据报道，该组织已提出了以“农村为根据地、在国内发动社会主义革命和夺取政权”的口号。① 2007年6月10—15日，第五届巴西无地农民运动全国大会在巴西利亚召开。来自巴西24个州的17500个无地农民参加了会议，一些外国人权组织的代表也参加了会议。会议发表了致巴西人民的公开信。这一公开信提出了18个要求和主张：（1）通过建立一个网络，动员各种类型的组织，为反对新自由主义、帝国主义和消灭影响巴西人的各种结构性问题而斗争；（2）捍卫无地农民的权力，反对各种损害这一权力的政策；（3）反对私有化，将业已私有化的企业重新回归国家；（4）将所有大地主拥有的财产收归国有，首先要将外国资本拥有的财产收归国有；（5）反对大地主为拓展其财产而砍伐原始森林；（6）反对跨国公司垄断种子的来源；（7）废除奴隶劳动；（8）反对农村地区的任何形式的暴力；（9）限制土地所有制规模，尊重土著人和非洲裔农民获得土地的权力；（10）反对用农作物生产燃料，以保护生态环境；（11）保护本地的种子，反对使用基因种子；（12）保护水资源；（13）保护森林资源和本地的果树资源；（14）为工人阶级提供免费教育；（15）扫除农村地区的文盲；（16）在农村地区建立自由的媒体；（17）强化农民社会运动网络；（18）为拉美地区的民众运动建立一个一体化组织。②

收入分配不公和落后的土地所有制是长期困扰巴西和其他拉美国家的难题。这些问题的解决不仅需要政府有强大的政治意愿，而且还应该在各个政策领域采取一系列大刀阔斧般的措施。因此，在可预见的将来，这些问题将继续成为社会发展进程中的“绊脚石”。

---

① *Veja*, Marcha 26, 2003.

② “Letter to the People from the 5th Brazil-MST National Congress”.（http://www.latinlasnet.org/?q=node/70）

三　能否进一步发挥自然资源丰富的比较优势

巴西拥有丰富的矿产资源，其中铁矿砂储藏量占世界储藏总量的22.5%，产量占世界的20.5%；[①] 铝矾土储藏量和产量分别占世界的7.8%和12.3%；镍储藏量和产量分别占世界的6.1%和3.3%；锰的储藏量和产量分别占世界的2.5%和11.8%。

石油和天然气储量占世界储量的比重不足1%，但最近几年巴西多次宣布在其东部领海深海区域发现油田，其中一个油田的储量高达50亿—80亿桶。这一发现相当于巴西现有石油储量的50%以上，因此巴西有望成为世界主要石油出口国。[②]

目前巴西全国各地正在开采的矿产资源约为80种。2008年，巴西矿业产值达到540亿雷亚尔（约合231亿美元）。在2000—2008年期间，矿业产值增长了4倍多（见图5－2）。

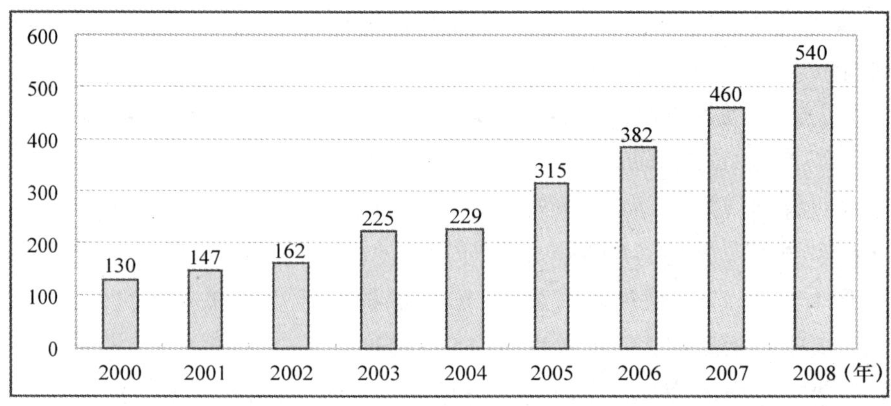

图5－2　巴西矿业产值（亿雷亚尔）

注：2008年雷亚尔对美元的汇率为2.34雷亚尔＝1美元（年末数）。

资料来源：Instituto Brasileiro de Mineração（IBRAM）：*Brazilian Mineral Economics：Information and Analysis*，3 rd edition，2008。

---

① 巴西的铁矿石开采业始于1942年。铁矿砂开采量从20世纪70年代初的不足6000万吨上升到80年代中期的1.86亿吨。2008年已达3.8亿吨，占世界产量的19%，为世界第二大开采国，仅次于中国的6亿吨。

② 巴西的天然气产量很小，因此从玻利维亚进口了大量天然气。

在2008—2009年国际金融危机爆发之前的几年时间内，国际市场上初级产品价格的上升使巴西经济受益匪浅。尽管未来国际市场上初级产品价格的走势很难预料，但可以肯定，就长期趋势而言，自然资源的稀缺性及世界各国需求的不断扩大，必然会使其价格保持在较高的水平。

20世纪下半叶以来，巴西的产业结构发生了重大变化，但自然资源部门在巴西未来国民经济中的地位不会降低。这也在一定程度上说明，为什么巴西政府越来越重视矿业部门在经济发展进程中的重要作用。但是巴西矿业的发展也面临着一些制约因素，其中最突出的是资金匮乏、基础设施落后、深加工不足、对生态环境的破坏较为严重、政府对矿业部门的监督和管理的效率不高以及矿业部门自身的技术创新不力。

淡水河谷公司是巴西“矿业巨头”（见专栏5—3）。然而，即便是这样的大型矿业公司，也面临着投资不足的困境。其结果是，尽管国际市场上初级产品价格在上升，但产量却难以大幅度提高。

专栏5—3

淡水河谷公司

成立于1942年6月1日。当时是巴西联邦政府的一家国有企业。至40年代末，淡水河谷公司已占巴西铁矿砂出口量的80%。自1974年以来，淡水河谷公司一直是世界上最大的铁矿砂出口企业。①

除铁矿砂以外，淡水河谷公司还出口铁矿砂球团、镍、锰、铁合金、铜、铝矾土、氧化铝和瓷土。

1997年，淡水河谷公司在巴西的经济改革计划中被实施私有化。以巴西国民钢铁公司（Companhia Siderúrgica Nacional，CSN）为首的投资集团以31.4亿美元的价格获得了淡水河谷公司41.73%的股份。由于淡水河谷公司在巴西国民经济中占据着举足轻重的地位，它的私有化引起了国内外的极大关注。

---

① 2007年11月，淡水河谷公司将其名称的简称从CVRD改为Vale。

私有化后，淡水河谷公司为提高矿业生产的专业化程度而对其业务重点进行了调整，并在2000—2007年期间放弃了一些非战略性业务，其中包括木浆生产、造纸和炼钢。

为了进一步扩大矿业生产，淡水河谷公司先后并购了国内外的一些矿业公司，其中包括在2006年并购加拿大的第二大镍业公司英科公司（Inco），从而进一步提高了它在国际矿业领域的地位。

除矿业以外，淡水河谷公司还经营物流和发电。生产经营的地域也从原来的东南部地区扩大到东北部、中西部和北部地区。

淡水河谷公司的总部设在里约热内卢，物流业务的总部在圣保罗。此外，该公司还在阿根廷、南非、秘鲁、英国、韩国、中国、新加坡、日本和加拿大等地设立了办事处。

2008年，淡水河谷公司为扩大铁矿砂和其他矿产品产量而投资了110亿美元。这是该公司有史以来在一年时间内投资额最大的一笔投资。

根据1988年颁布的巴西宪法，外国资本在巴西矿业中的股份不得超过50%。1995年修宪后，外资企业与本国企业的“区分”被废除，外资企业可获得国民待遇，限制外资进入的领域大大缩小，对矿业部门中外资企业的股权比率的限制也被取消。这一修宪也为1997年淡水河谷公司的私有化奠定了法律基础。

针对矿业部门资金不足的难题，巴西政府采取了大力吸引外资的措施。应该指出的是，20世纪90年代以来，巴西是吸引外国直接投资较多的新兴市场国家之一。巴西之所以能成功地吸引大量外国直接投资，一是因为它实施了大规模的私有化计划，二是国际投资者看好巴西这个拉美地区大国的发展潜力。

20世纪90年代，大部分外国直接投资进入基础设施和公用事业部门。最近几年，矿业和其他一些自然资源部门吸引了大量外资。此外，零售业、食品加工业、建筑业和金融业也吸引了大量外资。图5－3显示，进入自然资源部门的外国直接投资从2007年的47.5亿美元大幅度上升到

2008 年的将近 130 亿美元。①

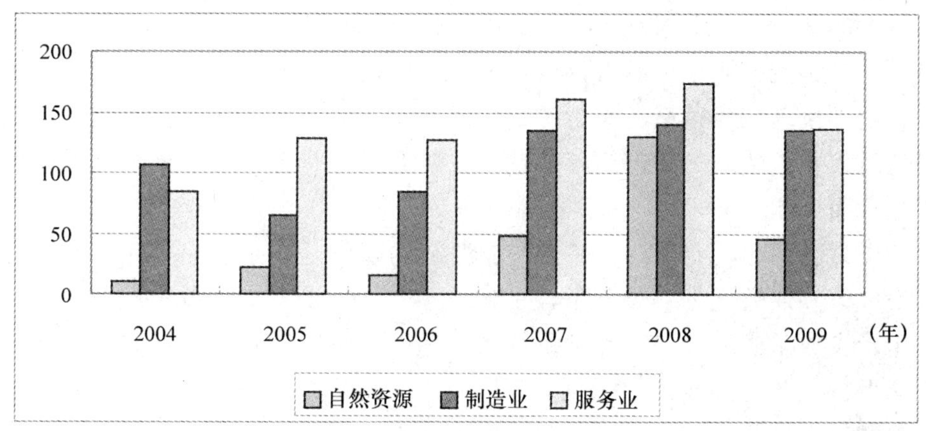

图 5－3　进入巴西的外国直接投资流向（亿美元）

资料来源：United Nations Economic Commission for Latin America, *Foreign Direct Investment in Latin America and the Caribbean, 2009*, p. 67。

长期以来，在巴西矿产资源较为集中的地区，基础设施一直得不到有效的改善。这一弊端对矿产资源的出口带来了许多严重的不利影响。例如，由于道路质量低下，运输矿产资源的车辆无法提高车速，而且还时常发生堵车等情况。又如，由于港口规模无法扩大或装卸设施落后等原因，矿产资源在港口积压的现象较为普遍。再如，由于电能供给不足，一些矿山的开采量受到了制约。卢拉政府早已认识到这些问题的严重性，并已采取了一些措施，其中包括扩大联邦政府和地方政府在矿业领域基础设施的投资，对一些港口实施私有化，以提高其经营管理水平。

巴西出口的大部分矿产资源是未经加工的原料，因此附加值不高。2008 年 9 月，巴西众议院开始审理一项关于对未加工的矿产品出口征收商品与服务流通税（ICMS）的提案。征税的目的是鼓励企业对矿产品进行加工，以增加其附加值。

由于对矿产品出口征税与宪法第 155 条第 7 段的内容相抵触，因此，如要使这一提案通过，就必须对宪法进行修改。但修宪是一个复杂的过

① 2009 年，由于受到国际金融危机的影响，国际市场上初级产品价格下跌，进入巴西自然资源部门的外资大幅度减少。

程。可见，最终能否对矿产品出口征税，目前尚不得而知。

20 世纪 90 年代以来，巴西矿业生产的快速发展对生态环境保护构成了巨大的压力。在许多矿区，水土流失、污染和植被退化等问题较为严重。为了实现矿业生产的可持续发展，卢拉政府加强了环保部门的执法力度，限制技术装备落后的小型矿业公司进行“野蛮”开采。在审批外国投资的过程中，政府有关部门越来越关注矿业生产是否会对当地的生态环境产生负面影响。

作为巴西的政府部门，矿产和能源部的职能是制定国家的矿产和能源开发政策和发展规划。该部下设的国家矿产局（DNPM）负责矿业政策的实施，发放采矿许可证，并承担行业管理的任务。因此，该局直接与矿业公司保持业务上的联系和交往。据报道，巴西矿产和能源部正在筹建一个监督和管理矿业公司的新机构，以取代现有的国家矿产局。新的监管机构将获得更大的权力，其中包括制定矿产税的税种和税率。

矿业部门不仅需要大量资金，而且还需要先进技术。① 巴西有为数不少的矿业研究机构。这些机构主要分为三类：一是矿业公司创办的研究机构，其中最重要的是淡水河谷公司下属的研究与开发中心，位于米纳斯吉拉斯州首府贝洛奥里藏特。二是大学设立的研究机构。目前，巴西的 16 所大学开设地理学、地理物理学、地理化学和地理统计学等矿业课程，有些大学还招收矿业领域的硕士研究生和博士研究生。此外，政府还通过分布在全国各地的工业技术学校，培训矿业工程技术人员。矿产资源丰富的州则开设面向本地的矿业专科学校。三是州政府出资建立的研究机构，如米纳斯吉拉斯州的技术研究中心（CETEC）和南格朗德河州矿业技术中心（CIENTEC）。

上述科研机构为巴西的矿业发展作出了重要贡献，但是，由于受到资金短缺等因素的影响，它们的技术创新尚难满足巴西矿业发展的需求。包括淡水河谷矿业公司在内的所有巴西矿业企业所需的关键技术和机械设备基本上都是从国外进口的。

四　能否进一步提升国际竞争力

国际竞争力的重要性是不言而喻的。一国竞争力的大小与其科技发展水平是息息相关的，而科技发展水平的高低主要与以下两个因素密切相

① 早在 1876 年，米纳斯吉拉斯州的欧罗·普雷托（Ouro Preto）学校就开始培养矿业工程师。

关：一是用于研究和开发的资金，二是教育事业的发达程度。

应该指出的是，在拉美，巴西的科技发展水平是较高的。事实上，在生物技术和飞机制造等领域，巴西的科技已跻身于世界领先的地位。但是，从图5－4中可以看出，在"金砖四国"中，巴西用于研究与开发的资金相当于国内生产总值的比重低于中国和俄罗斯，但高于印度。巴西的这一指标虽然高于墨西哥和南非，但大大低于韩国。

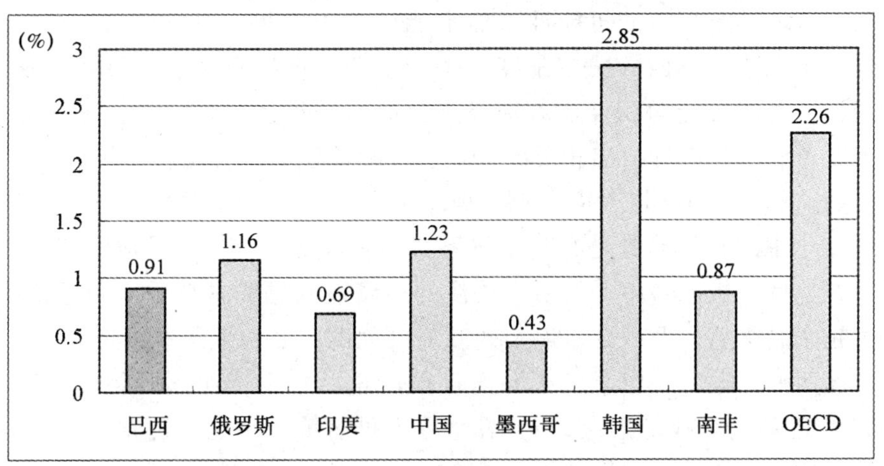

图5－4 用于研究与开发的资金相当于国内生产总值的比重（%）

注：墨西哥为2003年，其他国家均为2004年。

资料来源：Organization for Economic Co-operation and Development（OECD）：*OECD Factbook 2007*：*Economic*，*Environmental and Social Statistics*，http：//www. thepresidency. gov. za/learning/reference/factbook/07－01－01－G01. htm。

巴西拥有较为完善的教育体系，但文盲率仍然高达10%左右。巴西的高等教育事业发展迅速，但初等教育则较为落后。尤其在农村和边远地区，许多贫困家庭的子女根本不能获得义务教育。即使在城市，许多儿童也无法接受高质量的学校教育。英国广播公司的一篇报道指出，在巴西，完成中学教育的人仅占总人口的1/3，发达国家的这一比重高达75%—80%。①

① Paulo Cabral and Liz Throssell，"Brazil's education challenge in bid to be world player" September 27，2010. http：//www. bbc. co. uk/news/world-latin-america-11413590.

五　能否进一步完善民主制度

1964 年巴西的军事政变是这个国家现代化进程的一个重要转折点。[①] 在此后长达 20 多年的时间内，政治民主被威权政治体制取而代之。1985 年军人还政于民后，文人政府对军队的控制力不断强化，军人干政的意愿和动力被削弱。

由于受到《美洲民主宪章》的约束，在巴西这样的拉美大国，通过军事政变获取国家权力的可能性虽然不能被彻底排除，但成功的机遇极小。但这并不意味着巴西的民主制度已十全十美。正如塞缪尔·亨廷顿所言：社会经济变革虽能向积极的方向发展，但未必是社会稳定的因素。相反，这一变革有时却能释放出相反的力量，使政治发展进程出现逆转。[②]

如前所述，20 世纪 90 年代以来，巴西的各个领域发生了重大变化。这一变化中的有些趋势是有利于维系民主制度的，[③] 有些则是反其道而行之。在这些消极趋势中，最引人关注的是腐败问题非常严重、利益集团的势力越来越强盛以及联邦政府与州政府之间的关系长期得不到理顺。

巴西的腐败问题由来已久，而且很严重。根据透明国际组织的统计，2009 年巴西的腐败指数为 3.7，在世界上排名第 75 位。[④] 科洛尔总统就是因接受不法商人的巨额贿赂而在 1992 年 9 月被弹劾。据英国《经济学家》杂志（2010 年 7 月 8 日）报道，在 513 位巴西众议员中，有 147 人在最高法院受到起诉或正在接受调查；在 81 个参议员中，有 21 人在最高法院受到起诉或正在接受调查；在州一级法院受到起诉或接受调查的州议员的人数更是不计其数。这些人从事的违法行为都与竞选活动的“政治黑金”或贪污公款有关。

为了遏制腐败，巴西的有关法律早已被修改，以限制议员享受的豁免权。换言之，根据新的法律规定，从事腐败活动的议员同样应该被绳之以法。此外，法律还规定，被弹劾的议员永远不得竞选议员。然而，有些议

---

① 董经胜：《巴西现代化道路研究：1964—1985 年军人政权时期的发展》，世界图书出版公司 2009 年版，第 187 页。

② ［美］塞缪尔·亨廷顿：《变革社会中的政治秩序》（中文版），华夏出版社 1988 年版。

③ 如在 1985 年，巴西取消了投票权与财产的数量和文化程度“挂钩”的规定。巴西是最后一个取消这一规定的拉美国家。自那时起，一贫如洗的文盲也能参加投票。见 Leslie Bethell, *Latin America: Politics and Society since 1930*, Cambridge University Press, 1998, p. 38。

④ http://www.transparency.org/policy_research/surveys_indices/cpi/2009/cpi_2009_table.

员却在被弹劾以前就自愿地辞职。在下一次选举中再次参加竞选。2010 年 6 月，巴西终于颁布了一个新的法律。根据这一法律，被判重刑的议员或为逃避弹劾而辞职的议员，需在等待 8 年后方可再次竞选公职。

1997 年 12 月 17 日，巴西签署了经济合作与发展组织的《反对在国际商务活动中贿赂外国公职人员公约》。该公约是世界上第一个全球性反腐败行为的公约，要求各缔约国严肃惩治本国公司贿赂外国公职人员的罪行。迄今为止，该组织的 30 个成员国和 6 个非成员国已批准加入了该公约。巴西议会于 2002 年 6 月 11 日批准了这一公约。①

与其他拉美国家相比，巴西的利益集团似乎具有更大的威力。五花八门的利益集团通过多种形式的游说，对各级立法机关和政府施加了重大的影响。由于这些利益集团代表了各行各业的利益，因此，立法机关出台的每一个法律以及政府制定的每一个政策，都会受到或大或小的影响。毫无疑问，也有许多法律或政策在问世之前就因无法抵御利益集团的游说而"胎死腹中"。例如，几乎每一届政府都试图通过土地改革来改变土地所有制中的不合理性，将大地主手中荒芜的土地分配给无地农民，但代表大地主利益集团的游说者总能成功地使议会或政府放弃土改计划。又如，在讨论如何改革社会保障体系的过程中，政府工作人员组成的协会总能通过其游说活动，向议会和政府施加压力，以获得最大限度的优惠。再如，不同农产品的种植者也经常性地通过自己的组织，对政府有关部门进行游说，以获得更多的农业信贷。军人在为获得更多的军费而进行游说时则处于更为有利的地位。

民主制度的完善还应该包括联邦政府与地方政府的关系。这是一个老生常谈的问题。早在 19 世纪末，如何在联邦政府与州政府之间分配权力就开始成为国家政治生活的组成部分之一。虽然 1891 年颁布的宪法及此后实施的相关法律对如何在联邦政府与州政府之间分配权力作出了原则性的规定，但在现实中，长期以来，联邦政府与州政府常在税收和公共资金的征集、分配和使用等领域出现分歧。

在许多情况下，这些经济问题对巴西国内的政治生活也产生了重大影响，有时甚至演变为危机。如前所述，1999 年爆发的货币危机的"导火线"是米纳斯吉拉斯州州长、前总统伊塔马尔·佛朗哥突然宣布该州决定

---

① 这一公约于 1997 年 12 月 17 日在巴黎正式签字生效。

在3个月的时间内停止偿还欠联邦政府的135亿美元的债务。许多分析人士认为，佛朗哥的这一决定实际上是米纳斯吉拉斯州政府与联邦政府之间在如何分配权力等问题上长期存在的分歧和矛盾得不到解决的必然结果。卡多佐政府和卢拉政府试图对财政领域的分权制度进行改革，以规范和完善联邦政府与州政府的权利和义务，但每一次改革均遇到多个州政府的阻挠和抵制。

还应该指出的是，在完善民主制度的过程中，如何进一步推进政治改革也是一个十分紧迫的问题。科洛尔总统被弹劾的表面现象是他从事腐败活动，但在本质上，这一政治危机也表明：首先，科洛尔的政治基础十分薄弱，无法与议会中强大的反对派达成妥协，因而也难以应对通货膨胀率居高不下等经济问题。[①] 其次，巴西的多党制、总统制、联邦制和“三权分立”的制度安排中显然有着多方面的缺陷。在“三权分立”的政治体制下，巴西总统必须得到议会的支持。而巴西议会中政党林立，政治诉求各不相同。有人认为，巴西议会中政党林立导致的“分散化”现象，在世界上是独一无二的。[②]

在可预见的将来，这些缺陷难以彻底消失。因此，在一定程度上，这些缺陷也会成为巴西未来发展道路上的“掣肘”。卡多佐和卢拉能够连选连任的事实表明，他们在政治分化度较高的条件下能夯实自己的政治基础，既与议会中的反动派达成了一定程度的妥协，也能应对经济领域中的各种问题。未来的巴西领导人是否拥有这样实力和才能，尚不得而知。

2007年10月30日，国际足球联合会在苏黎世宣布，2014年世界杯足球赛在巴西举行。在2009年10月2日结束的2016年夏季奥运会举办城市投票中，里约热内卢经过三轮投票，击败马德里、东京和芝加哥，成功获得了2016年奥运会的主办权。这将是现代奥林匹克运动自1894年首次在希腊举办之后，在100多年的时间里首次来到南美洲大陆。巴西人在得知这一消息后欣喜若狂，卢拉总统和球王贝利更是激动得老泪纵横。这两个

---

① J. 哈特林等人认为，试图将民主化实行制度化的国家，都会遇到如何处理多党制与总统制的关系的难题。Leslie Bethell, *Latin America: Politics and Society since 1930*, Cambridge, 1998, pp. 61—62.

② A. Cheibub Figueiredo and F. Limongi, “Presidential Power, Legislative Organization and party Behavior in Brazil”, in Jorge I. Domingues (ed.), *Mexico, Central, and South America: New Perspectives* (Vol. 4: Political Parties), Routledge, 2001, p. 133.

重大赛事确实是巴西国际地位上升的又一重要象征，也使国际社会对巴西的未来充满了憧憬。

结　论

巴西的发展前景取决于这个南美洲大国能否进一步提升综合国力，能否进一步减缓社会问题的严重性，能否进一步发挥自然资源丰富的比较优势，能否进一步提升国际竞争力，能否进一步完善民主制度。

巴西地大物博，政局稳定，工业基础雄厚，发展潜力巨大，必然会成为一个在拉美事务中发挥重要作用的地区大国。但巴西的综合国力尚不足以使其成为一个具有国际性影响的强国。

收入分配不公和落后的土地所有制是长期困扰巴西和其他拉美国家的难题。这些问题的解决不仅需要政府有强大的政治意愿，而且还应该在各个政策领域采取一系列大刀阔斧的措施。因此，在可预见的将来，这些问题将继续成为巴西社会发展进程中的“绊脚石”。

自然资源丰富是巴西的比较优势。在拉美，巴西是既能利用这一比较优势，又能同时进一步提升产业结构的最成功的国家之一。

巴西的国际竞争力在不断上升，但也面临着一系列问题，如研究和开发的资金为数不多，义务教育体系有待完善，等等。

巴西的民主制度日臻完善，但多党制、总统制、联邦制和“三权分立”的制度安排中显然有着多方面的缺陷，联邦政府与地方政府的关系也有待进一步改善。

综上所述，我们可以得出这样的结论：在巴西追求大国地位的过程中，巴西的发展前景是美好的，但它必须加快社会发展进程，努力减缓社会问题的严重性，更好地发挥比较优势，不断提升国际竞争力，进一步完善政治民主制度。

第六章　墨西哥的发展前景

20世纪90年代以来，墨西哥的政治、经济、社会和外交发生了重大的变化，有时甚至还出现一些全球瞩目的新闻事件，如1994年爆发了金融危机，恰帕斯州农民在北美自由贸易协定生效之日揭竿而起，革命制度党在2000年大选中的失败。但这一切并没有阻碍墨西哥深化改革开放的步伐和发展模式的转换。在政治领域，三足鼎立的政党政治也在稳步推进，尽管这一政治格局也面临着不断完善和巩固的艰巨任务。在外交领域，外交政策的独立性和务实性越来越清晰。在社会领域，毒品暴力以及收入分配不公和贫困问题诱发的社会治安恶化不仅对人民生命和财产造成了巨大损失，而且还玷污了墨西哥的国家形象。

一些墨西哥学者认为，墨西哥有望在15年后建成一个“中产阶级社会”。且不论这一预言能否成为现实，可以肯定的是，墨西哥的发展前景将受到多个因素的影响。尽管这些因素并非都是积极的，但墨西哥的未来是充满希望的。

第一节　20世纪90年代以来墨西哥政治、经济、社会和外交的特点

20世纪90年代以来，墨西哥的政治、经济、社会和外交领域发生了翻天覆地的变化。在政治领域，革命制度党在2000年大选中的失败使墨西哥的政治格局形成了三足鼎立的局面。在经济上，声势浩大的改革开放以及北美自由贸易协定的生效，使墨西哥成为世界上最开放的发展中国家之一。在外交上，美国依然是墨西哥对外关系的“重中之重”，但外交关系多元化的趋势开始显现，外交政策的独立性和务实性越来越清晰。在社会领域，严重的社会问题（尤其是不断恶化的社会治安），不仅使墨西哥

人的生命和财产蒙受了巨大损失，而且还损害了墨西哥的国家形象。概而言之，20 世纪 90 年代以来墨西哥的发展进程呈现出以下几个显著的特点：

一　政治格局形成多元化的局面

1910 年墨西哥资产阶级民主革命爆发后，国内出现了党派林立、考迪罗割据的局面。为了稳定政局，卡列斯总统于 1929 年 3 月将 200 个党派和地方政治组织改建为国民革命党。1938 年和 1946 年，该党先后被改组，更名为墨西哥革命党和革命制度党。

革命制度党已执政 71 年，是当时世界上执政时间最长的政党。在此期间内，革命制度党渡过了党内的多次政治危机，避免了一两次军事暴乱，并且克服了 3 次严重的经济危机（30 年代的大萧条、1982 年的债务危机和 1994 年的金融危机）。事实上，墨西哥是唯一没有发生过成功的军事政变的拉美国家。长期以来，墨西哥的政治稳定被认为是发展中国家民主建设的“典范”。

2000 年 7 月 2 日，墨西哥进行了历史性的总统选举，由国家行动党和“绿党”组成的反对派竞选联盟“争取变革联盟”获胜，革命制度党失败。革命制度党在 2000 年大选中失败的原因是多方面的，其中最重要的是：

第一，理论创新背离了革命制度党的指导思想。

革命制度党的指导思想是革命民族主义。革命民族主义的核心是墨西哥革命时期提出的“民族主义与主权”、“自由与民主”、“正义与社会公正”。80 年代以前，革命制度党之所以能得到广大选民的支持，在很大程度上是因为它能坚持革命民族主义思想，较好地处理了对外开放与维护国家主权之间的关系以及经济发展与社会公正之间的关系。

1988 年 12 月萨利纳斯上台后，为了加快经济改革步伐和推动政治改革进程，革命制度党开始进行理论创新。这一创新的核心是逐步放弃革命民族主义，以“社会自由主义”取而代之。1991 年 11 月 1 日，萨利纳斯在国情咨文中正式提出，“社会自由主义”将成为革命制度党的指导思想。虽然他仍然赋予“社会自由主义”以捍卫国家主权、尊重自由、促进公正和发展民主等含义，但是其政府实施的各项政策表明，“社会自由主义”的本质实际上就是早已在拉美流行的新自由主义。

在“社会自由主义”理论的指导下，萨利纳斯政府对 2000 家国有企业实行了私有化，国家在经济生活中的作用被降低到最低限度。墨西哥还把改善与美国的关系作为外交政策的首要任务。更为引人注目的是，反映墨西哥革命成果的宪法第 27 条也被修改。根据这一修改，村社土地可以被私有化，甚至今后不能再进行土改。

由于萨利纳斯的理论创新违背了革命制度党的指导思想和墨西哥革命的宗旨，许多党员以多种方式表达了自己的不满。为纠正错误，巩固执政地位，革命制度党的“十七大”放弃了“社会自由主义”，重新将革命民族主义确立为党的指导思想。然而，萨利纳斯当政时的理论创新，已在一定程度上搅乱了人们的思想，造成了严重的不良后果。

第二，政治改革使革命制度党的地位受到了有力的挑战。

在政治改革的过程中，反对党的力量也得到了壮大。尤其在七八十年代，随着政治改革进程的加快，一大批政党和政治组织相继出现。它们与较早成立的其他反对党一起，对革命制度党的地位构成了有力的挑战。此外，根据《政治组织和选举程序法》，任何公民都可以自由组党，党员人数在 6.5 万人以上的政党可申请长期登记，人数不足 6.5 万人的政党可申请临时登记；登记后的政党均可参加议会选举和总统选举，在竞选中有权使用新闻媒体。由于政治改革使许多反对派合法化，参加 1979 年议会中期选举和 1982 年总统选举的反对党增加到 9 个，革命制度党在国内政治舞台上一统天下的局面从此开始得到改变。

从 1963 年开始，墨西哥曾对选举制度及其法律进行过 7 次或大或小的改革。[①] 2000 年的大选是在 1996 年议会通过新选举法后举行的首次总统选举。根据新选举法，在任总统不再拥有直接干预选举进程的权力，只有全国选举委员会才能行使组织大选的职能。此外，联邦选举法院处理选举中纠纷的权力也得到加强。许多观察家指出，新选举法使参加竞选的各个党派有史以来第一次处于平等的地位，革命制度党已难以利用其执政地位的优势在选举中谋取选票。[②]

---

① Jorge G. Castaneda and Marco A. Morales, “Progress, but What End? 2007 Electoral Reform in Mexico”, *Harvard International Review*, Spring 2008, p. 46.

② 自 1958 年洛佩斯·马特奥斯执政起，以选举制度改革为主要内容的政治改革，一直是墨西哥历届政府的一项基本任务。毋庸置疑，一些政治改革的措施，如 1963 年党派众议员制（又名政党代表制）的确立、70 年代初政治开放的加快、1977 年《政治组织和选举程序法》的颁布及其在 80 年代的多次修改等，都在一定程度上推动了墨西哥的民主进程。

一方面，在政治改革过程中，反对党的力量因政治开放度扩大而壮大；另一方面，革命制度党自身的形象却因党内的争权夺利、腐败、暗杀以及恰帕斯州农民暴动而一落千丈。由此可见，革命制度党与反对党之间的力量对比发生了非常不利于革命制度党的变化。①

第三，革命制度党党内的斗争和矛盾得不到解决。

作为一个长期执政的“老牌”政党，革命制度党时常受到党内派系林立和争权夺利的困扰。保守的元老派既抱怨革命制度党的传统正在丧失，也为自己的特权和既得利益受到削弱而大为不满。而像萨利纳斯这样的受过西方教育的改革派则认为，随着墨西哥经济发展进程的加快，尤其在经济开放的大背景之下，必须使政治改革同步前进。此外，在其他问题上，党内的分歧和矛盾也非常严重。

1987 年，以卡德纳斯（前总统卡德纳斯之子）为首的一批左翼人士，因其要求得不到满足而终于退出革命制度党，后另建民主革命党。卡德纳斯的这一行动使革命制度党的力量受到严重影响，也使党的形象变得黯然失色。卡德纳斯认为，政府的经济政策是“反宪法”的，因为它保护了金融资产阶级，冷落了工人阶级，并使墨西哥进一步依附于美国，国家主权受到了极大的损害。此外，卡德纳斯还批评革命制度党利用其政治地位来操纵大选程序，甚至指责它在多次大选中有作弊行为。

在 1988 年的大选中，革命制度党候选人萨利纳斯虽然以 51% 的微弱多数获得了胜利，但卡德纳斯则以 31% 的选票创造了历史上反对党总统候选人的最高得票纪录。美国前国务卿基辛格认为，这一次大选表明，“墨西哥出现了可以真正取代革命制度党的左翼组织”。

诚然，1988 年的总统选举被认为是革命制度党走向衰落的标志，因为该党候选人萨利纳斯仅以微弱多数票获得了大选胜利。这次大选彻底打破了革命制度党一统天下、稳操胜券的传统模式，也动摇了总统制这一墨西哥政治体制的核心。总统不再是国内政治和经济生活中的唯一权威。在许多重大问题上，总统不得不与反对派商讨和协商。此外，总统不能再像过去那样轻而易举地修改宪法。

1988 年大选后，革命制度党内的分歧和矛盾进一步表面化。一些保守

---

① 事实上，长期以来，革命制度党一直面临着一种两难选择：如果不进行政治改革，美国和反对党就会不断施加压力；而改革的推进却使反对党的力量不断增强。

的政治元老和强硬派反对在政治上进一步向反对党退让。而以萨利纳斯总统为首的改革派则认为，革命制度党的衰落就是由这些保守派长期故步自封造成的，只有继续推进政治改革和经济改革，才能摆脱革命制度党威信下降、群众基础薄弱的困境。

在萨利纳斯当政期间，一方面，政府官员的腐败问题日益严重，不断受到反对派的猛烈攻击与指责；另一方面，革命制度党内的矛盾和冲突进一步发展，党内分歧的表面化已达到非常严重的地步。如在 1996 年初，2/3 的革命制度党众议员联名要求塞迪略总统改变现行经济政策。

革命制度党党内矛盾和斗争的加剧，终于导致了更为可怕的局面：1994 年，该党总统候选人科洛西奥和总书记马谢乌先后遭暗杀。据调查，这两起流血事件均与革命制度党内的争权夺利有关，甚至与萨利纳斯及其胞兄有牵连。

第四，经济改革的“社会成本”削弱了革命制度党的群众基础。

革命制度党下台的直接原因无疑是选民在大选中抛弃了它。80 年代以前，革命制度党在大选中的得票率一般都在 70% 以上，有时高达 90%。而在 2000 年的大选中，它的得票率不足 40%。革命制度党之所以得不到选民的支持，显然与经济改革带来的“社会成本”密切相关。

为了摆脱 80 年代初爆发的债务危机和经济危机的双重打击，墨西哥从 80 年代后期起开始进行以减少国家干预和扩大对外开放为主要内容的经济改革。墨西哥被国际社会誉为发展中国家经济改革的“先锋”和“榜样”。

应该说，墨西哥经济改革的积极成效是显而易见的。例如，改革使墨西哥经济走出了债务危机和经济危机的阴影，通货膨胀率大幅度下降，外资源源不断地流入。然而，这一经济改革的“社会成本”却十分巨大。首先，改革不仅没有消除根深蒂固的贫困问题，反而使收入分配变得越来越不公。墨西哥的亿万富翁在增加，与此同时，贫困人口也在大幅度增加。其次，由于开放经济的速度过快，国内中小企业纷纷倒闭，使失业问题变得日益突出。再次，私有化虽然减轻了政府的财政负担，但资本的集中和垄断更为突出。此外，私有化还使革命制度党失去了原国有企业工人的支持。第三，在农村，随着宪法第 27 条的修改，土地可以自由买卖，村社制度面临严重的挑战，许多村社社员从革命制度党的支持者变为反对者。最后，在文教和卫生等社会发展领域，由于政府的许多作用被市场取而代之，广大劳动群众的福利水平大幅度下降。

尤为引人注目的是，1994 年初，恰帕斯州的印第安农民因不满政府的发展政策而揭竿而起。无怪乎一些西方媒体说，福克斯的获胜，在一定程度上要归功于恰帕斯州的印第安人。

第五，萨利纳斯和塞迪略当政的 12 年使革命制度党的威信大大下降。

墨西哥政治制度的特点之一是总统的权力非常大。总统既主管国家的政治、经济、外交和革命制度党的党内事务，又可以通过提名本党总统候选人的方式来指定接班人。由于革命制度党长期执政，因此，总统的所作所为直接关系到选民对革命制度党的好恶感。

虽然萨利纳斯当政期间墨西哥经济改革的步伐快，范围广，影响大，但腐败问题却越来越严重。据报道，萨利纳斯胞兄劳尔·萨利纳斯通过各种不正当手段积聚的财富高达数十亿美元。萨利纳斯本人则因涉嫌多起腐败事件而在下台后不得不背井离乡。

萨利纳斯的接班人塞迪略虽然比较廉政，但许多墨西哥人认为他缺乏必要的治国经验，充其量只是革命制度党内的一个官僚。尤其使墨西哥人感到不满的是，塞迪略上台后不久，墨西哥就爆发了震惊全球的金融危机。金融危机爆发后，通货膨胀率大幅度上升，实际工资急剧下跌。消费者无法偿还住房贷款和其他贷款，大量企业倒闭，失业人口猛增。墨西哥选民显然会将这一切归咎于革命制度党的。

更使墨西哥选民感到气愤的是，金融危机爆发后，萨利纳斯和塞迪略相互指责对方应该对危机负责。例如，萨利纳斯指责塞迪略事先泄露贬值的机密，对危机的爆发没有采取有效的对策。而塞迪略则认为，萨利纳斯如能在其任职后期就将比索贬值，那么危机就不会发生。

还应该指出的是，在塞迪略当政期间，恰帕斯州农民暴动问题不仅没有得到解决，有时反而变得更为恶化。无怪乎许多墨西哥人问道，革命制度党究竟有无能力解决恰帕斯危机。

总之，在萨利纳斯和塞迪略当政的十二年期间，虽然墨西哥经济取得了发展，但金融危机、腐败和社会动荡则玷污了革命制度党的形象。

第六，福克斯的竞选战略和个人因素不容忽视。

为了赢得 2000 年的大选，革命制度党推举一向以“温和”、“稳健”著称的内政部长弗朗西斯科·拉瓦斯蒂达为总统候选人。拉瓦斯蒂达是 60 年代加入革命制度党的老党员，曾先后担任过州长、能源矿业部部长和农业部部长。他的经济学知识较为丰富，且具有长期的从政经验。尽管他在选举中多次表示要继续对革命制度党进行改革，大力发展经济，但在许多选民心目中，他只不过是个天天穿着深色西装、不苟言笑、高高在上的老牌政治家。他的温和而稳健的形象虽然迎合了少数选民的“求稳”心态，但使大多数具有“求变”心态的选民大失所望。

相比之下，福克斯则始终以一种改革派的新面目出现在选民中间。这位身高2米的单身汉，曾经是可口可乐公司墨西哥分公司的总裁，也担任过州长，因而他既有商人的精明，也有政治家的口才。据报道，在竞选中，他经常头戴宽檐草帽，身着休闲服，脚蹬牛仔靴，处处给人以朝气蓬勃的感觉，深得选民（尤其是女性选民）的欣赏。在竞选中，福克斯还指责革命制度党的领导权掌握在一帮死板和不思进取的老朽手中，并猛烈抨击与革命制度党长期执政有关的种种弊端。他还声称，如果他能在大选中获胜，他将“给墨西哥一个新面貌”，继续实行私有化，但也主张发挥国家在市场经济中的指导作用。他还提出了“要公正、不要腐败”和“法律至上”等口号，深得许多选民的赏识。

革命制度党的下台既是其他政党壮大的必然后果，同时也为其他政党的进一步发展提供了机遇。2006年7月2日，墨西哥举行了革命制度党下台后的第一次大选。国家行动党总统候选人卡尔德隆赢得简单多数，呼声最高的民主革命党候选人奥夫拉多尔以0.58个百分点的微弱劣势屈居第二。虽然奥夫拉多尔不承认这一计票结果，并向联邦选举法院提起上诉，要求进行人工计票，但墨西哥这一次大选充分说明，墨西哥的政治格局终于形成了多元化的局面。

二　发展模式实现了较为彻底的转换

如同其他拉美国家那样，20世纪80年代以前墨西哥奉行的是进口替代工业化发展模式。这一模式有两个显著的特点：一是国民经济缺乏外向性；二是市场机制的作用较为有限，而国家干预则十分有力。这些缺陷与80年代初外部因素的不利变化结合在一起，终于使墨西哥在1982年爆发了债务危机。为克服债务危机，墨西哥实施了以压缩进口、控制财政开支为主要内容的紧缩性调整。这一调整导致国民经济陷入了危机。因此，80年代的墨西哥蒙受了债务危机和经济危机的双重打击。

萨利纳斯在1988年上台后，实施了大刀阔斧般的改革。[①] 改革的内容主要包括：实施贸易自由化，扩大对外资的开放，对大量国有企业实行私有化，实行金融自由化。

上述改革措施使墨西哥获得了“发展中国家改革开放的榜样”的美誉。在1994年12月初举行的美洲国家首脑会议上，克林顿总统也不遗余力地称赞墨西哥的改革，并要求其他一些拉美国家的领导人向萨利纳斯学习。世界银行在《1993年世界银行年度报告》中说：“拉美地区的几乎所有国家正在实施调整计划。智利和墨西哥已确立了一种使人均收入持续增长和通货膨胀率下降的趋势。这两个国家是最为明显的成功的例子。”萨利纳斯甚至想竞选世界贸易组织的首任秘书长。

但是，在萨利纳斯下台后不久，墨西哥就爆发了金融危机。1994年12月19日，由于恰帕斯州农民再次发动武装进攻，外国投资者抽走了30亿美元资金。翌日，财政部部长塞拉在与工商界和劳工组织的领导人紧急磋商以后，突然宣布：比索对美元汇率的浮动范围将被扩大到15%。尽管财政部部长塞拉表示，比索汇率浮动幅度的这一变动是为了使货币当局在管理比索的币值时拥有更多的灵活性，但是塞迪略政府未曾预料的不良后果终于不期而至。在“羊群行为”的刺激下，大量资金逃离墨西哥。墨西哥中央银行的干预不仅无济于事，反而使外汇储备急剧减少。22日，即在塞拉宣布比索贬值两天后，政府被迫允许比索自由浮动。这使得事态进一步恶化，因为自由浮动后比索又贬值了15%，更多的外资纷纷逃离墨西哥。与此同时，股市也大幅度下跌。一场震惊全球的金融危机终于成为现实。

这一危机的根源是多方面的：一是用短期外资弥补经常项目赤字；二是以“汇率锚”为基础的反通货膨胀计划高估了比索的币值；三是在经济开放的过程中金融部门的活力没有得到相应的增强。

由于墨西哥塞迪略政府采取了有效的反危机措施，加之美国向墨西哥提供了大量而及时的援助，比索的大幅度贬值也提升了墨西哥的出口贸易，因此，墨西哥在不到一年的较短时间内就稳定了经济形势。

有必要指出的是，1982年墨西哥债务危机爆发后，政府为限制进口而

---

① 萨利纳斯是1910年墨西哥革命以来的革命制度党的第三代领导人。与前两代领导人不同的是，萨利纳斯在哈佛大学获得了硕士和博士学位，因而很崇拜西方自由市场经济思想。事实上，他的决策班子中的大多数人也获得过许多美国名牌大学经济学专业的硕士或博士学位。

将关税提高到100%，此外还实施了多种非关税壁垒。① 1994 年金融危机后，塞迪略政府（1994—2000）并没有停止改革的步伐，福克斯政府（2000—2006）也不断深化改革。毫无疑问，塞迪略政府和福克斯政府的改革措施在很大程度上使 1994 年金融危机后的墨西哥经济取得了较快的发展，有些年份的增长率超过 6%（见图 6－1）。

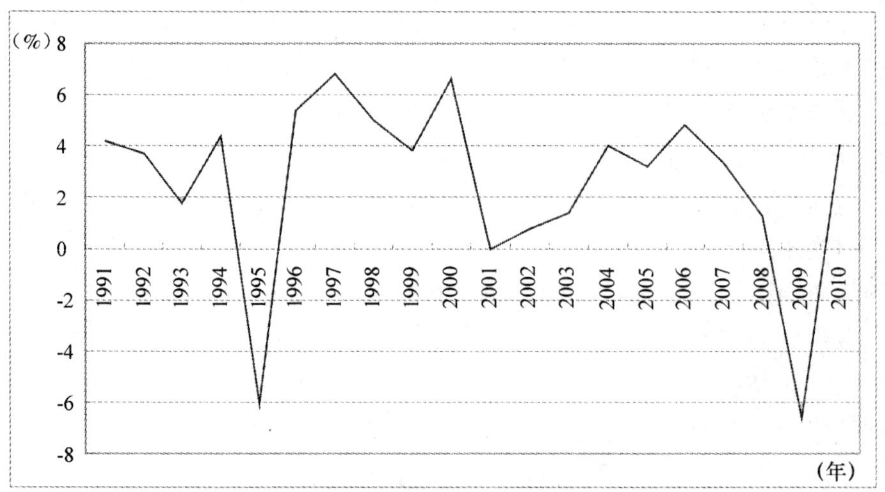

图 6－1　1991—2010 年墨西哥国内生产总值增长率

注：2010 年为预计数字。

资料来源：United Nations Economic Commission for Latin America and the Caribbean, *Economic Survey of Latin America and the Caribbean 1999—2000*, August 2000; *Economic Survey of Latin America and the Caribbean 2009—2010*, Briefing paper, July 2010。

国际货币基金组织的一个报告指出，1982 年债务危机和 1994 年金融危机爆发之后，墨西哥的投资下降幅度大致相同，但危机后投资的复苏却有明显的差异。1982 年债务危机爆发后，墨西哥的投资直到 1991 年才回复到危机前的水平，而在 1994 年金融危机之后，投资在 1997 年就达到了危机前的水平。②

① Lourdes Casanova, *Global Latinas: Latin America's Emerging Multinationals*, Palgrave Macmillan, 2009, p. 64.

② M. A. Kose, G. M. Meredith and C. M. Towe, *How Has NAFTA Affected the Mexican Economy, Review and Evidence*, IMF Working Paper, April 2004.

此外，20世纪90年代以来，墨西哥久治不愈的通货膨胀问题也得到了解决。墨西哥的通货膨胀问题由来已久。埃切维利亚政府（1970—1976）实施的扩张性财政金融政策使墨西哥的通货膨胀率居高不下。债务危机爆发后，生产的停滞不前曾使通货膨胀率上升到接近200%。但在90年代，由于财政纪律得到加强，生产发展和贸易自由化导致进口商品增加，从而使市场供应大为改善，因此通货膨胀率大幅度下跌（见图6－2）。

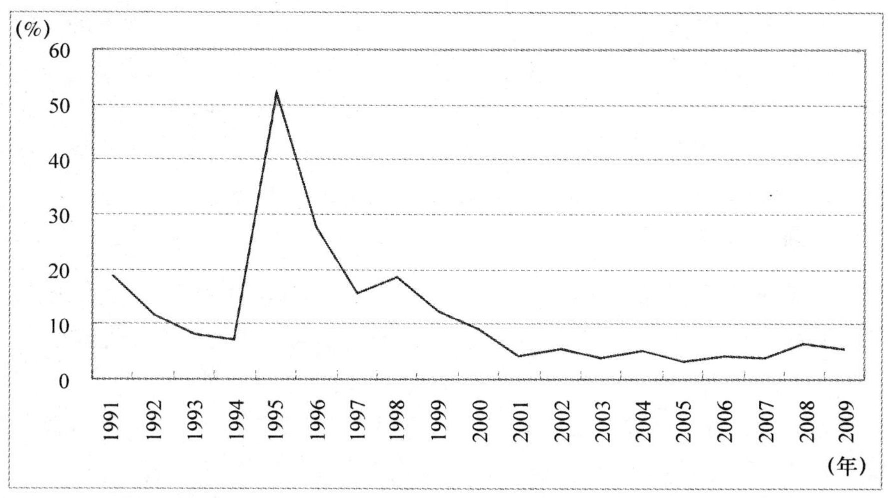

图6－2 1991—2009年墨西哥的通货膨胀率

资料来源：United Nations Economic Commission for Latin America and the Caribbean，*Economic Survey of Latin America and the Caribbean 1999—2000*，August *2000*；*Economic Survey of Latin America and the Caribbean 2009—2010*，Briefing paper，July 2010。

众所周知，墨西哥是一个“石油之国”。2009年底，墨西哥已探明的石油储藏量为16亿吨（117亿桶），占世界总储量0.9%；同年的日产量为297.9万桶（在世界上排名第6位），占世界总产量的3.9%。[①] 改革开放的推进和发展模式的转换也使墨西哥的经济结构发生了显著变化。石油

① http：//www.bp.com/liveassets/bp_ internet/globalbp/globalbp_ uk_ english/reports_ and_ publications/statistical_ energy_ review_ 2008/STAGING/local_ assets/2010_ downloads/statistical_ review_ of_ world_ energy_ full_ report_ 2010.pdf.

出口收入占出口总额的比重从1982年的78%下降到2007年的16%。[①] 与此同时，工业制成品的出口则取得了快速的发展。

三　北美自由贸易协定的双重作用越来越明显

早在20世纪80年代，美国就提出要与墨西哥达成一个自由贸易协定的建议，但遭到了墨西哥的拒绝，因为当时的墨西哥总统德拉马德里担心自由贸易协定会使墨西哥经济进一步依赖美国。1988年萨利纳斯当政后，最初也不主张与美国达成自由贸易协定。但是，1989年年中的欧洲之行在两个方面改变了他的看法。一是萨利纳斯并没有从欧共体那里得到很多经济援助；二是萨利纳斯注意到，希腊等国原来的经济发展水平较低，而在参与欧共体后，从区域经济一体化中受益匪浅，经济发展水平得到了显著的提高。因此，萨利纳斯回国后就多次向美国表达了签署自由贸易协定的想法。

对于墨西哥的"主动"，美国却有点犹豫不决，因为美国担心它与墨西哥的谈判可能会影响自己在乌拉圭回合最后阶段中的作用。美国的一些官员甚至对墨西哥究竟有无诚信、有无能力进行自由贸易表示怀疑。

异常积极的萨利纳斯总统不仅派出有关部门的高官赴华盛顿游说，甚至亲自打电话给布什总统，以表达墨西哥与美国进行自由贸易的迫切愿望。

1990年6月11日，布什总统和萨利纳斯总统同时宣布，美国和墨西哥将就达成一个自由贸易协定而开始进行谈判。[②] 同年11月，布什总统访问墨西哥。他在萨利纳斯家乡发表的演说中，不仅强调了美国与墨西哥两国之间的友谊，而且还将他本人与墨西哥的关系提高到了前所未有的层次。他说："我们的儿子杰布一直生活在你们的国家。他的妻子科隆芭就出生在贵国。……他们的结合使芭芭拉和我有了3个可爱的孙子孙女。所以，当我谈到美国人和墨西哥人时，我只能说，我们是一个家庭。"杰布

---

① 1982年数据引自"Mexico：Exports"（http：//www. country-data. com/cgi-bin/query/r-8757. html），2007年数据引自Economist Intelligence unit，*Country Profile 2008*：*Mexico*，2008。

② 白宫的声明指出，布什总统已在前一日（6月10日）将此决定电话告知加拿大总理马尔罗尼。显然，当时的美国和墨西哥似乎并没有指望加拿大参与，或至少不希望立即建立包括美、加、墨3国在内的NAFTA。但马尔罗尼总理并不仅仅满足于了解美、墨两国的谈判进展情况，而是要参与谈判进程。1990年9月24日，加拿大决定与美、墨两国一起，就建立NAFTA的问题展开谈判。

是老布什总统的另一个儿子，任佛罗里达州州长。

为了加快北美自由贸易协定的谈判进程，萨利纳斯总统在国内不厌其烦地对政界、工商界和媒体宣传自由贸易的好处，在国外也采取了一些措施，其中最重要的是，墨西哥外交部在 1992 年扩大了墨西哥驻美国使馆的编制，并在使馆官员中增加了大量精通贸易谈判问题的专业人士。此外，墨西哥政府还花费 3000 万美元，在国会和工商界进行游说，以打消美国对北美自由贸易协定的疑虑。①

北美自由贸易协定对墨西哥的积极影响是显而易见的。

首先，它有利于进一步密切墨西哥与美国的经贸关系。美国既是墨西哥最大的贸易伙伴，又是在墨西哥投资最多的国家（墨西哥引进的约 2/3 的外国投资来自美国）。然而，墨西哥产品在进入美国市场时，也面临着不低的贸易壁垒。即使在墨西哥于 1986 年加入关税及贸易总协定后，美国仍然对墨西哥产品采取各种贸易保护主义手段。因此，如果美国能根据北美自由贸易协定的要求对墨西哥开放市场，墨西哥的出口贸易将获得大幅度的增长。

其次，北美自由贸易协定将极大地增强墨西哥对外资的吸引力。对外国投资者而言，北美自由贸易协定具有一种“跳板”作用，即外国投资者可利用墨西哥临近美国的优势，在符合原产地规则的条件下，进入美国市场。

当然，北美自由贸易协定对墨西哥而言并非全部是“福音”。例如，墨西哥市场开放后，竞争力相对弱小的墨西哥企业处于非常不利的地位。此外，墨西哥的多种农产品无力与美国农产品竞争，因此为数不少的墨西哥农民的处境每况愈下。

还有人认为，虽然北美自由贸易协定对墨西哥的影响是利大于弊，但这一利益比最初墨西哥预料的要小得多。如在 1999—2009 年期间，墨西哥的国内生产总值每年平均增长了 2.7%，低于美国（3.3%）和加拿大（3.6%）的增长率。美国彼得森研究所的一些学者认为，在北美自由贸易协定生效后的十多年，墨西哥经济的增长率是令人失望的，但他们不是把

---

① Victor Bulmer-Thomas (ed.), *Mexico and North American Free Trade Agreement: Who Will Benefit?* The Macmillan Press, 1994, p. 230. 转引自孙若彦《论 80 年代后墨西哥对外战略的转变》，博士学位论文，中国社会科学院研究生院，1999 年，第 67 页。

这一不佳的业绩归咎于北美自由贸易协定，而是怪罪于墨西哥经济开放度的低下。[①]

北美自由贸易协定甚至对墨西哥政治也产生了一定的影响。众所周知，美国经常对墨西哥的“一党制”说三道四。因此，当墨西哥与美国和加拿大进行北美自由贸易协定的谈判时，美国的许多政治家和学者指出，美国必须使自由贸易谈判取得成功，因为自由贸易协定能使墨西哥经济改革的大趋势在自由贸易协定的框架下无法扭转；而经济改革的推进必然会导致墨西哥出现更大的政治开放，从而改变革命制度党一统天下的局面。中国台湾学者向骏认为，北美自由贸易协定的附加条款规定，墨西哥商人可在美国或加拿大提起诉讼，以获得公正的裁决。这就导致墨西哥执政党不得不对境外势力作出让步。这一经济大环境的变化既降低了墨西哥公务员自行裁量权力的能力，也促使民众要求政府部门依法行政的呼声日益上升。这对改变墨西哥人民习惯于一党独大的政治文化有相当大的影响。[②]

综上所述，北美自由贸易协定对墨西哥的影响是双重性的，但总的说来是利大于弊。

四　社会问题越来越突出

墨西哥的收入分配很不公平。2005 年，占总人口 20% 的穷人在全国总收入中的比重仅为 3.7%，而占总人口 20% 的富人所占比重则高达 57.6%。[③] 根据拉美经委会的统计，2008 年墨西哥的基尼系数高达 0.515。此外，墨西哥的贫困问题也很严重。同年的贫困率为 34.8%，极端贫困率为 11.2%。[④] 在首都墨西哥城和其他一些大城市的城乡结合地带，贫民窟随处可见。

收入分配不公和贫困化等弊端产生了极为严重的社会问题，其中尤为突出的是社会治安恶化。中国驻墨西哥使馆在 2008 年 9 月 27 日发布

---

① 转引自 http://www.cfr.org/publication/15790/naftas_economic_impact.html。

② 向骏主编：《拉丁美洲研究》，台湾五南图书出版公司 2001 年版，第 119 页。

③ Fernando Calderón, "A Historic Turning Point: Political Change and the Socio-institutional Situation in Latin America", *CEPAL Review*, No. 96, December 2008, p. 128.

④ United Nations Economic Commission for Latin America and the Caribbean, *Statistical Yearbook for Latin America and the Caribbean, 2009.*

的“中国公民赴墨西哥须知”中指出：“墨西哥社会治安欠佳，入室抢劫、拦路抢劫、绑架案件时有发生。到墨西哥旅游、经商和访问的中国公民，请务必照看好护照、行李和随身贵重物品，在机场、商店和旅游景点等公共场所尤其要注意。护照应随身携带，不要放在行李包中。将护照资料页和墨西哥签证页复印备份连同几张护照照片与证件原件分开放置。尽量避免去人员稀少和社会治安不好的地方，尤其晚上不宜单独外出。墨西哥城针对游客的多发事故地区有：中心城区（Centro Histórico）、改革大道—华雷斯（Reforma-Juárez）、波兰科区域（las zonas de Polanco）、玫瑰区（Zona Rosa）、查普特佩克公园（Bosque de Chapultepec）等地，这些地区一般都有警察巡逻，维护治安，但游客仍需多加小心。”[①] 美国国务院在为美国公民发出的“告诫”中同样描述了墨西哥社会治安的可怕性。[②] 一些墨西哥的地方报纸有时居然以“昨天本市无人被杀”为头条新闻的标题。

由此可见，社会治安问题不仅使墨西哥人民的生命和财产蒙受巨大损失，而且还损害了墨西哥的国家形象。

导致墨西哥社会治安不断恶化的原因是多方面的。首先，墨西哥的社会问题根深蒂固，日积月累，最终必然使社会治安不断恶化。其次，包括墨西哥在内的拉美国家的毒品问题长期得不得解决（见专栏 6—1）。虽然墨西哥本国生产的毒品不多，但是，由于墨西哥紧邻美国，毒品走私活动非常猖獗。由此引发的重大刑事案件不计其数。再次，对犯罪活动打击不力，从而在一定程度上怂恿了犯罪活动。最后，墨西哥警察的月薪在285—400 美元之间。为获得“外快收入”，一些警察遂与犯罪分子同流合污，为其充当“保护伞”[③]。

卡尔德隆政府认为，毒品生产和走私活动是导致墨西哥社会治安恶化的最重要根源。因此，他上台后不久就发起了一场大规模的扫毒战争。除投入大量警察力量以外，政府还动用了军队。[④]

---

① http://www.embajadachina.org.mx/chn/lsfw1/lbqw/t515538.htm.

② http://travel.state.gov/travel/cis_pa_tw/tw/tw_4755.html.

③ http://en.wikipedia.org/wiki/Crime_in_Mexico.

④ 也有分析人士认为，卡尔德隆是在美国的压力下开展这一扫毒战争的。

专栏 6—1

拉美国家的毒品问题

哥伦比亚前总统巴尔科曾说过："供给与需求的法则是无法无天的毒品卡特尔唯一没有违反的法规。"虽然美国本土也种植不少毒品植物，但这一"供给"远远满足不了居高难下的"需求"；而地理位置上的优势则使拉美成为美国所需毒品的主要来源。据估计，在进入美国毒品市场的毒品中，80%的可卡因和90%的大麻是由拉美生产或通过拉美转运的。

不仅毒品卡特尔的头目获取了暴利，一般的毒品植物种植者（主要是农民）也是不容忽视的受益者。盛产毒品的安第斯国家在战后获得了较快的经济增长，但贫富悬殊问题却始终得不到解决，尤其在政府重工轻农经济政策影响下，农民生活未见明显改善。迫于生计，饥寒交迫的农民只得种植被视作"穷人的命根子"的毒品植物。在安第斯地区，从事毒品生产人数多达150万人。由于这一行当能在经济上带来明显的好处，地方官员总是很不愿意响应政府的扫毒号召。

滚滚而来的"毒品美元"使毒品卡特尔演变成一个个坚不可摧的暴力集团。它们拥有精良的武器和先进的通信及运输工具，并且还训练了一支敢于与政府的扫毒力量决一雌雄的武装部队。它们还采用了"胡萝卜"加"大棒"的斗争策略。一方面，它们用重金贿赂政府、司法、军队和警察部门中的要员，以削弱政府扫毒力量；另一方面，毒品卡特尔残忍地杀害主张严厉扫毒的任何人。

与强大的毒品卡特尔相比，许多拉美国家的政府在打击毒品活动时却感到力不从心。例如，毒品植物一般都种植在人迹罕至的山区，而毒品的提炼和生产都是在秘密工厂中进行的，因此政府军和警察难以发现和摧毁所有毒品生产基地。

虽然美国和拉美国家都认为，毒品问题对整个美洲地区构成了威胁，但是它们在这个问题上又存在着较大分歧。美国认为，解决毒品问题的关键是切断"供给"，从而使毒品价格上涨和"需求"下降。因此，美国除了督促拉美国家更加有力打击毒品生产和非法交易外，还提出动用美国军队、扩大美国缉毒人员在拉美的活动范围和未经许可即可引渡拉美嫌疑犯等有损于拉美国家主权的要求。拉美国家则认为，毒品问题已成为国际性问题，作为世界最大的毒品消费国，美国应努力降低毒品需求，以实现切断供给的目标。拉美国家还反对美国在毒品问题上干涉他国内政和损害他国主权。这些分歧影响了政策的协调和实施，使毒品卡特尔的活动更加猖狂和隐蔽，并成功地生产出毒性强、价格低、便于运输的新毒品。从而为开拓新的毒品市场创造了条件。

扫毒战争的成效不容低估，多个毒品卡特尔被粉碎，数十名大毒枭被击毙或活捉。但是，毒品卡特尔不甘示弱，有些大毒枭则表示愿意与政府"和谈"，停止谋杀警察和法官。

自卡尔德隆总统发动扫毒战争以来，已有2.8万人死于非命。[①] 此外，政府还投入了大量财力和物力。扫毒斗争的成本如此之大，以至于许多墨西哥人提出了可否允许毒品合法化的问题。事实上，早在2006年，福克斯总统就曾提出允许毒品合法化的议案。根据这一议案，拥有5克大麻、5克鸦片、25毫克海洛因和500毫克可卡因的行为不属于"违法"。但是，由于当时反对毒品合法化的声音很大，这一法案最终不了了之。

2010年8月3日，墨西哥总统卡尔德隆表示，应该深入讨论是否允许毒品合法化的问题。数日后，墨西哥前总统福克斯也在其博客上明确表示："我们应该考虑使毒品生产、分配和销售合法化。"[②]

墨西哥的扫毒斗争也对墨美关系产生了一定的影响。美国指责墨西哥扫毒不力，而墨西哥则批评美国的枪支管理不严。

2009年4月美国总统奥巴马访问墨西哥时，两国领导人讨论的重大问题之一就是美墨边境地区的扫毒斗争及与毒品有关的社会治安问题。奥巴

① http://www.china.com.cn/international/txt/2009-04/16/content_17617054.htm.

② http://www.qstheory.cn/gj/gjgc/201008/t20100812_42501.htm.

马称赞墨西哥总统卡尔德隆在打击美墨边境地区的毒品走私活动时做了大量“英勇而出色的工作”，并表示美国可以成为打击毒品暴力的“可靠帮手”。他还说，美国不仅会控制从墨西哥流入美国的毒品，而且还将采取措施，遏制从美国流向墨西哥的枪支走私活动和洗钱活动。[①]

五　外交政策中的独立性和务实性越来越清晰

20世纪70年代，墨西哥发现了大量石油，从而使墨西哥对自己的未来充满了信心。1973年世界石油危机爆发后，墨西哥成为向美国提供石油的主要国家。这也在一定程度上使墨西哥体会到了它在国际舞台上的重要性，也能说明为什么埃切维利亚政府（1970—1976）敢于提出建立一个国际经济新秩序的主张。墨西哥外交政策的政治化倾向一直延续到萨利纳斯上台。

与埃切维利亚不同的是，萨利纳斯似乎更为信奉经济外交。萨利纳斯还认为，墨西哥的当务之急是扩大墨西哥出口商品在世界市场上的份额。此外，他还认为，为了进一步扩大开放，长期指导墨西哥对外经济关系的民族主义应该被重新界定。在萨利纳斯当政时期，除与美国和加拿大达成美洲自由贸易协定以外，墨西哥还与委内瑞拉和哥伦比亚达成了三边自由贸易协定，与玻利维亚达成了双边自由贸易协定。更为引人瞩目的是，萨利纳斯在墨西哥加入经济合作与发展组织后，宣布退出七十七国集团。

塞迪略政府似乎延续了萨利纳斯的外交政策，但福克斯总统则对外交政策的基本原则作了一些修改。例如，此前墨西哥对外关系的基本原则是所谓“埃斯特拉达主义”[②]，而福克斯总统任命的外交部部长豪尔赫·卡斯特涅达则主张墨西哥应该在国际舞台上发挥更大的作用，而且应该进一步发展与美国的关系。这一主张曾被称作“卡斯特涅达主义”。但在现实中，“卡斯特涅达主义”对福克斯总统的外交政策并未产生重大的影响。

毫无疑问，在地缘政治因素的影响下，墨西哥始终将美国视为其对外

---

① http：//www.china.com.cn/international/txt/2009－04/16/content_17617054.htm.

② 埃斯特拉达是奥尔蒂斯政府（1930—1932）的外交部部长。他提出的不干涉他国内政、尊重他国主权、用和平手段解决国际争端的原则，被视为指导墨西哥外交政策走向的“埃斯特拉达主义”。

关系的“重中之重”。而且，除经济合作以外，墨西哥还力图在安全领域与美国建立一种制度化的合作机制。2005 年 3 月 23 日，墨西哥、美国和加拿大三国领导人在美国得克萨斯州会晤后发表声明，决定建立北美洲安全和繁荣合作伙伴关系。[①] 三国领导人表示，这一伙伴关系将使他们通过实施“共同边境安全”战略，共同抵御“外部威胁”，更有力地维护北美洲的安全。[②] 一些分析人士认为，美、加、墨三国试图通过建立这样一种伙伴关系来建立一个类似欧盟的共同体。[③]

诚然，墨西哥历届政府都奉行亲近美国的政策，但这并不意味着墨西哥完全听从美国的指挥。在一些重大的原则性问题或涉及墨西哥国家利益的问题上，墨西哥也会表现出较强的外交独立性。例如，墨西哥反对美国入侵伊拉克。作为当时联合国安理会的非常任理事国，墨西哥的这一正义感赢得了国际社会的赞赏。2006 年 10 月 26 日，布什总统签署了一项法案，批准在美墨边境修建隔离墙。对此，福克斯总统曾多次表示反对和不满。在移民问题上，墨西哥对美国的指责和批评也时有所闻。

六　国际地位有所上升

墨西哥退出七十七国集团后，同时不再承认自己是第三世界国家。虽然国际社会对墨西哥的这一言行有多种多样的评论，但 20 世纪 90 年代以来墨西哥国际地位确实在上升。这主要体现在以下几个方面：

第一，经济实力显著增强。

如表 6 - 1 所示，墨西哥的国内生产总值从 1980 年的 1948 亿美元上升到 2009 年的 8721 亿美元，即在 30 年时间内增长了约 3. 5 倍；1980 年的人均国内生产总值为 3284 美元，2008 年超过了 1 万美元，即在 30 年时间内增长了 2 倍。

---

① Joint Statement by President Bush, President Fox, and Prime Minister Martin. （http：//aspan. fox. presidencia. gob. mx/archives/53/Declaracion%20de%20WACO%20_ ingles_ . pdf）

② 据报道，2009 年 8 月，美国政府开设的关于“北美洲安全和繁荣合作伙伴关系”（SPP）的网站称，这一伙伴关系将停止运作。（http：//rabble. ca/news/2009/09/spp-dead-lets-keep-it-way）

③ Security and Prosperity Partnership of North America，http：//aspan. fox. presidencia. gob. mx/archives/53/Declaracion%20de%20WACO%20_ ingles_ . pdf.

表 6-1　　　　1980—2009 年墨西哥国内生产总值　（单位：亿美元、美元）

年份	1980	1985	1990	1995	2000	2005	2009
GDP	1948	1845	2627	2862	5808	7684	8721
人均 GDP	3284	2807	4030	3416	6387	8104	10034（2008）
对外贸易	502	554	1007	1714	3703	4729	4640

注：2009 年一栏中的人均国内生产总值为 2008 年数据。

资料来源：United Nations Economic Commission for Latin America and the Caribbean, *Statistical Yearbook for Latin America and the Caribbean*, 1999; *Statistical Yearbook for Latin America and the Caribbean*, 2006; *Economic Survey of Latin America and the Caribbean 2009—2010*, Briefing paper, July 2010。

第二，在引进外资的同时，墨西哥也进行对外投资。

根据联合国贸易和发展会议的统计，截至 2009 年，墨西哥的对外直接投资总额已达 535 亿美元。[①] 墨西哥水泥公司（Cemex）和宾堡食品公司（Bimbo）已成为国际知名的跨国公司。

第三，在多边国际舞台上发挥着重要作用。

1993 年，墨西哥加入了在世界舞台上日益活跃的亚太经济合作组织，成为该组织的第一个拉美国家，1994 年 3 月加入了被誉为“富国俱乐部”的经济合作与发展组织，2009—2010 年当选联合国安理会非常任理事国。此外，墨西哥还积极参与在美洲国家组织、二十国集团、八国集团 +5 和里约集团等多边组织开展的各项活动。[②]

第四，墨西哥还是一些重要的国际会议的东道国。

如在 2002 年 3 月，联合国发展筹资国际会议在北部工业城市蒙特雷举行。会议通过的最后文件《蒙特雷共识》指出，发达国家和发展中国家应该建立一种新的伙伴关系，全面落实《联合国千年宣言》中提出的旨在实现消除贫困、改善社会状况、提高生活水平和保护环境等各项可持续发展目标。2010 年 11 月 29 日至 12 月 10 日，《联合国气候变化框架公约》第 16 次次缔约方会议在旅游胜地坎昆举行。

第五，在联合国改革的问题上发挥重要作用。

墨西哥反对巴西成为联合国安理会常任理事国，因此积极参与“咖啡

---

① http://www.unctad.org/Templates/Page.asp?intItemID=2441&lang=1.

② 八国集团 +5 是指八国集团同中国、印度、巴西、南非和墨西哥 5 国的对话。

俱乐部”的活动。[①] 事实上，墨西哥还是这一阵线的主要角色之一。例如，当联合国前秘书长安南在 2005 年 3 月提出为联合国改革设立时间表的设想后，墨西哥与韩国、巴基斯坦、阿根廷和意大利等“咖啡俱乐部”成员国一起，于 2005 年 4 月 11 日在纽约罗斯福酒店召开了有一百多个国家的常驻联合国的代表参加的会议，讨论如何应对安南的提议。

应该指出的是，尽管墨西哥反对巴西“入常”，但它积极支持联合国改革。墨西哥认为，联合国改革的重点不应该局限于安理会常任理事国的扩大，而是要关注其他领域的问题，如加强联合国大会的功能和进一步发挥经社理事会的作用，等等。此外，墨西哥还认为，安理会改革的目的应该是建立更有效的集体安全机制，推动多边主义。墨西哥希望限制安理会常任理事国使用否决权，并根据地区平衡原则增加非常任理事国名额，以提高安理会的代表性。

2009 年 9 月，墨西哥外长埃斯皮诺萨在联合国大会上发言时再次呼吁加快联合国改革的步伐。她说，1945 年以来，世界发生了重大的变化。面对这样的变化，联合国不应该成为一个“静止”的机构。她承诺，墨西哥将为推动联合国改革作出应有的贡献。[②]

第二节　影响墨西哥发展前景的主要因素

墨西哥学者埃克托尔·阿吉拉尔·卡明和豪尔赫·卡斯塔涅达在其 2010 年出版的《墨西哥的未来》（*Un futuro para Mexico*）一书中指出，为了使墨西哥在 15 年后成为一个“中产阶级社会”，必须采取以下措施：首先，必须通过扩大对外资的开放和提高竞争力等手段来加快发展经济；其次，必须在世界版图中找到一个恰如其分的位置，即墨西哥应该进一步发展与美国的关系，还是应该进一步靠近拉美；再次，必须建立一个公正而公平的社会，使全社会 2/3 的人都能分享经济发展的成果；最后，必须强

---

① 20 世纪 90 年代中期，日本和德国希望成为联合国安理会常任理事国，持反对立场的意大利和韩国等国家经常在咖啡馆协调立场，商讨对策。国际媒体称该阵线国家为“咖啡俱乐部”。迄今为止，“咖啡俱乐部”已有数十个成员，其中大部分是发展中国家。墨西哥和阿根廷针对的是巴西，巴基斯坦针对的是印度。

② “Mexico calls for further integral UN Security Council reform negotiations”, http://news.xinhuanet.com/english/2009-09/29/content_12123164.htm.

化制度建设，因为墨西哥的民主是一种“有残疾”的民主。[①] 墨西哥能否在未来建成一个“中产阶级社会”尚不得而知，因为影响墨西哥发展前景的因素是多方面的，其中尤为重要的是以下几点：

一 能否进一步巩固和完善政治格局多元化

如前所述，2000 年总统选举后，墨西哥政治格局多元化的趋势以前所未有的速度向前推进，但 2006 年 7 月 2 日的总统选举充分说明，这一格局既不牢固，也不完善。

2006 年 7 月 2 日大选的投票结束后，墨西哥联邦选举委员会主席乌加尔德在电视讲话中宣布，由于民主革命党候选人洛佩斯·奥夫拉多尔和国家行动党候选人卡尔德隆的得票率非常相近，最终结果将在重新计票后宣布，但奥夫拉多尔和卡尔德隆却都向自己的支持者宣称，已获得大选胜利。[②] 当联邦选举委员会在 7 月 6 日宣布卡尔德隆以 0.58 个百分点的优势击败奥夫拉多尔后，奥夫拉多尔的 100 多万名支持者于 7 月 16 日从全国各地会集到首都墨西哥城，举行大规模游行示威，抗议总统选举中的舞弊行为，要求联邦选举法院重新计票。

11 月 20 日，奥夫拉多尔在墨西哥城举行就职仪式，宣布自己为墨西哥的“合法总统”，并表示要与当选总统卡尔德隆斗争到底。[③] 在 12 月 1 日举行的总统宣誓就职仪式上，卡尔德隆仅用 30 秒钟便宣誓完毕，整个就职仪式持续了 5 分钟。民主革命党议员与国家行动党议员在会场上相互谩骂，甚至发生肢体冲突。国际媒体认为，这是墨西哥历史上最短暂，也是最混乱的一次总统就职仪式。2007 年 7 月，即在大选后一周年之际，奥夫拉多尔出版了《强盗从我们手中夺取了总统职位》一书。此外，他还在墨西哥城的一个广场组织了一次示威活动。然而，参加者人数与一年前相

---

① 这两位墨西哥学者还建议在 2012 年大选时就墨西哥的未来进行一次民意测验。

② 福克斯上台后，墨西哥的经济能保持较高的增长率，甚至贫困人口也从 54% 下降到 47%。这些业绩是墨西哥选民有目共睹的。因此，卡尔德隆的竞选口号“更多的投资，更多的就业”能够得到选民的赞赏。而在不少选民眼中，奥夫拉多尔主张的“更多的社会公正”则显得比较空泛。相比之下，年轻人更喜欢卡尔德隆的实实在在的竞选纲领。

③ 奥夫拉多尔及一些媒体认为，前总统萨利纳斯和福克斯在一些企业家的帮助下，采用非法的向投票箱中塞选票的方法和其他一些违法手段，使卡尔德隆取胜。墨西哥前外交部部长卡斯特涅达认为，这些指控缺乏事实根据。见 Jorge G. Castaneda and Marco A. Morales, “Progress, but What End? 2007 Electoral Reform in Mexico”, *Harvard International Review*, Spring 2008, p. 45。

比大大减少。墨西哥媒体认为，随着时间的流逝，奥夫拉多尔及其支持者的抗议会逐渐消退。[①]

值得注意的是，许多选民将奥夫拉多尔比作“墨西哥的查韦斯”，认为他上台后会使墨西哥与美国的关系出现不利的变化。然而，事实上，奥夫拉多尔本人并不主张墨西哥应该疏远美国，而且还多次表示，他本人并不需要查韦斯对他“指手画脚”。无怪乎在许多场合，奥夫拉多尔有意与查韦斯拉开距离。

卡尔德隆与奥夫拉多尔之争在一定程度上也说明，由于墨西哥的政治格局发生了重大的变化，一个政党一统天下的局面早就不复存在，因此，仅靠一次投票决胜负，必然会出现得票率不超过50%的情况。这对当选者执政地位的合法性是一个巨大的挑战。包括前总统福克斯在内的许多墨西哥政治家和国际上的一些分析人士认为，墨西哥应该修改有关法律，对选举制度进行调整，实行两轮选举，即在第一轮选举中得票率第一和第二的两位候选人在第二轮投票中决一胜负。还有人认为，考虑到墨西哥是一个人口大国，进行两轮选举的成本很高，因此，它也可以仿效爱尔兰的做法，在选票上作出第一和第二选择。

还应该指出的，在三足鼎立的政党格局中，革命制度党的地位在下降。在大选前，国际社会对革命制度党能否在这一次大选中东山再起有多种多样的预测。一方面，由于福克斯当政6年期间有较好的业绩，另一方面，由于代表革命制度党与绿色生态党联盟提出的竞选纲领“深化改革、改善社会治安”似乎少有新意，因此，其候选人马德拉索仅得到约28%的选票。

墨西哥的多元化政治格局还面临着其他一些不容忽视的问题。例如，“买票”仍然是政治家惯用的伎俩。一些无党派组织的调查或民意测验表明，在不少地区，尤其在农村，用三四百比索“买”一张选票是比较普遍的。一些分析人士认为，相比之下，民主革命党的“买票”行为不及另外两个政党那样大胆。

总之，“三足鼎立”的多元化政治格局形成后，党派之争越来越激烈。

---

① 不同年龄层次的选民有着不同的价值取向。奥夫拉多尔的民主革命党被认为是左翼党。它代表着中老年人的利益，因此，中老年人基本上都是投奥夫拉多尔的票。而墨西哥却是一个青年人越来越多的国家。据统计，他们中的大部分人选的是卡尔德隆。

尤其在竞选期间，党派之争达到了白热化的程度，不择手段地抨击对手似乎已成为提升自身实力的必要手段。候选人拉票的手法越来越多样化，[①] 因特网、媒体和广告宣传的重要性越来越突出。无怪乎许多选民说，墨西哥正在向美国学习，用大量资金换取选民的认同和支持。

二　能否正确处理对外经济关系多元化与“美国优先”的关系

墨西哥与美国之间的边境线长达3141公里。因此，两国关系非常密切。历史上，美国倚强凌弱，用武力霸占了墨西哥的许多领土。无怪乎墨西哥人感叹道：可怜的墨西哥，离上帝那么远，离美国那么近。进入20世纪后，随着两国关系的不断改善，墨西哥在美国对拉美政策中的地位日益上升，美国则越来越成为墨西哥对外关系中的“重中之重”。

许多人认为，墨西哥与美国之间的关系是一种“遥远的邻居”（distant neighbors）之间的关系。在经济领域，两国关系非常密切，而在其他领域，有时候两国之间的分歧却有天壤之别。正如墨西哥前外交部部长豪尔赫·卡斯特涅达所说的那样，墨美两国之间有两种时常“大起大落”、“飘忽不定”的力量：一方面，墨西哥始终对美国怀有疑心，并提防美国干涉墨西哥事务。这种敏感性牢牢扎根于墨西哥的民族主义历史中。另一方面，墨西哥与美国之间有着无数正式的或非正式的经济关系，这一关系使两个国家难舍难分。卡斯特涅达认为，墨西哥对美国的政策之所以时常有相互矛盾之处，就是因为上述两股力量经常性地此消彼长。[②]

墨西哥与美国之间的这种非常紧密的地缘经济关系显然使墨西哥受益匪浅。1997年东亚金融危机和2001年阿根廷金融危机爆发后，美国的反应极为迟缓和不情愿。而1994年墨西哥金融危机爆发后，美国立即给予大量援助，从而使墨西哥在较短时间内克服了危机。美国深知，如果墨西哥金融危机长期得不得解决，进入美国的墨西哥非法移民会更多，美墨边境地区的稳定也会难以得到保障，甚至通过墨西哥进入美国的毒品也会增加。无怪乎一些俄罗斯人在苏联解体后抱怨美国不愿意向俄罗斯等转轨国

① 例如，在2006年大选前夕，墨西哥足球队出征德国世界杯。对足球运动不感兴趣的三位候选人经常在不同的场合把自己伪装成球迷，以争取得到众多真正的球迷的选票。

② Jorge G. Castañeda, “The Mexican Government”, in Robert A, Pastor and Jorge G. Gastañeda (eds.), *Limits to Friendship: The United States and Mexico*, Alfred A. Knopf, 1988, p. 114. 转引自左晓园《抗争与妥协：埃切维里亚执政时期的墨美关系》，博士学位论文，南开大学，2008年。

家提供更多的经济援助时说：多么幸运的墨西哥，虽然离上帝那么远，但离美国那么近。

然而，对美国经济的严重依赖也使墨西哥经济的脆弱性暴露无遗。每当美国经济面临衰退或危机时，墨西哥经济也随之陷入困境。例如，美国次贷危机爆发后，墨西哥是世界上最早受到影响的国家之一。2008 年，墨西哥的国内生产总值增长率仅为 1.5%，2009 年甚至为 -6.5%，下降幅度在拉美主要国家中居首位。①

应该说，长期以来，墨西哥始终在追求对外经济关系的多元化，而且已取得不小的成效。迄今为止，墨西哥已与世界上 41 个国家达成了 11 个自由贸易协定。②

欧盟在世界经济版图中居于十分显赫的地位，因此，2000 年 3 月 23 日墨西哥与欧盟达成的自由贸易协定，对墨西哥而言可能是一个重要性仅次于北美自由贸易协定的双边自由贸易安排（见专栏 6—2）。

专栏 6—2

墨西哥与欧盟的自由贸易协定

墨西哥—欧盟自由贸易协定的由来可追溯到 20 世纪 90 年代中期。1995 年 5 月 2 日，欧盟与墨西哥宣布，为了进一步发展双边关系，双方将开展政治对话，并为建立自由贸易区创造条件。1997 年 12 月 8 日，双方签署了《经济伙伴、政治协调和合作协定》以及《关于贸易和与贸易有关的问题的临时协议》。根据这些协议，欧盟与墨西哥之间的自由贸易谈判于 1998 年 7 月 14 日正式开始。经过 3 轮谈判，双方终于在 1999 年 11 月 24 日达成了协议。

---

① United Nations Economic Commission for Latin America and the Caribbean, *Economic Survey of Latin America and the Caribbean 2009—2010*, Briefing paper, July 2010.

② M. Angeles Villarreal, *Mexico's Free Trade Agreements*, United States Congressional Research Service, July 12, 2010.

墨—欧自由贸易协定几乎涉及双边经贸关系中的各个方面。例如，该协定既与一般的产品和服务业贸易有关，也对投资、政府采购和知识产权保护等方面作出了规定。此外，协定中还确立了解决争端的机制。

工业产品在欧盟与墨西哥双边贸易中的比重高达92.8%。根据该协定，墨西哥为来自欧盟成员国的工业产品提供与美国和加拿大在墨西哥市场上享受的同等待遇。至2003年1月1日，欧盟出口到墨西哥的工业产品中的52%不受关税限制，其余部分的关税从35%下降到最高不超过5%。例如，2000年7月1日协定生效后，墨西哥对欧盟汽车的关税从20%下降到3%，2003年降为零。至2007年，欧盟出口到墨西哥的所有工业产品都享受免税。而墨西哥对欧盟的出口则在2003年就可享受免税优惠。

农产品在欧—墨双边贸易中仅占7%左右。根据自由贸易协定，62%的双边农产品贸易将实现自由化。墨西哥生产的浓缩橘子汁、鲜花和鳄梨等产品能自由进入欧盟市场，但对欧盟成员国比较敏感的一些农产品（如肉类、奶制品和粮食）则被规定在自由贸易协议之外。根据协定，欧盟和墨西哥将在为期10年的时间内逐步实现金融、电信、销售、能源、旅游业和环境等服务业部门的自由贸易，但不包括声像制品服务业、海运和空运。尤为引人注目的是，欧盟成员国的银行和保险公司将在墨西哥市场上享受与美国和加拿大业已得到的同等待遇。

与其他自由贸易协定相比，墨—欧自由贸易协定具有以下两个特点：其一，当时，墨西哥是世界上唯一与北美洲和欧盟两个发达经济区域达成自由贸易协议的国家。其二，这是欧盟与欧洲以外的国家达成的涵盖面最为广泛的自由贸易协议，同时也是欧盟与拉美国家达成的第一个自由贸易协定。

由于历史上和文化方面的关系，欧盟与墨西哥的关系一直比较密切。但是，墨西哥与美国和加拿大达成的北美自由贸易协定生效后，欧盟成员国出口到墨西哥市场的产品很难与美国和加拿大的出口产品展开竞争。因此，欧盟在墨西哥对外贸易中的比重已从1991年的10.6%下降到1999年的6.5%。欧盟希望通过签署自由贸易协定这一制度性安排来巩固其在墨西哥市场的份额。

此外，欧盟还希望通过与墨西哥达成自由贸易协定来达到其他目的。例如，墨西哥在地理位置上具有邻近美国和加拿大的独特优势。尽管北美自由贸易协定内有较为详尽的原产地规则，但欧盟国家仍然希望自己能够利用墨西哥的“跳板”功能，进入美国和加拿大市场。又如，拉美经济改革创造了许多商机。欧洲人士认为，欧盟如想在经济领域中重振其历史上在拉美大陆的“威风”，就必须立即行动起来，抢占有利地形。

综上所述，墨西哥在发展其对外经济关系时，既要充分利用邻近美国这一天独厚的优势，又要减少对美国经济的过度依赖，努力实现多元化。任何一种偏颇都会事倍功半。

三　能否正确处理国家干预与市场调节的关系

墨西哥的国家资本主义经济建立于20世纪30年代。民族主义色彩较为浓烈的卡德纳斯政府在1938年通过实施国有化，有力地壮大了国有经济。此外，政府还动用国家资本，兴建了不少国有企业。因此，国家投资在全国总投资中的比重由20年代的7%增加到40年代初的30%。[①] 第二次世界大战后，随着进口替代工业化的全面展开，墨西哥的国家资本主义经济获得了更快的发展。

国家资本主义经济的发展打击了外国资本在墨西哥的势力范围，有力地促进了经济民族主义的发展，而经济民族主义的发展进而助长了墨西哥捍卫民族经济权益、限制外国资本的决心。但是，国家资本主义经济的发展和壮大也在一定程度上遏制了市场机制的发育成长。从墨西哥人主食玉米饼的生产和定价到全国各地劳动力市场的运转，从银行贷款的发放到国有企业的生产计划，从石油产品的销售到基础设施领域各种服务的提供，都有国家干预这一“看得见的手”在发挥重要作用。

---

① 陈芝芸:《墨西哥的国家资本主义经济》,《世界经济》1978年第4期。

“一个社会的兴衰在某种程度上取决于其政府所选择的公共政策。”① 有人将拉美国家的政府说成是“没有责任心”、“缺乏民主”和“无能”的。② 这一评价显然言过其实。但是不容否认，在战后的拉美经济发展进程中，政府一直发挥着重要的作用。其特点是：（1）政府不仅是经济部门的“管理者”，而且还通过国有企业发挥着“生产者”的作用。（2）尽管政府的作用似乎无处不在，但它运转的效率十分低下，甚至难以发挥其基本功能。（3）政府的行为经常受到利益集团的牵制，因此政府部门和官员的腐败行为司空见惯。

确实，在墨西哥和其他一些拉美国家，“经济决策的倾向……是一种钟摆，在市场与国家干预两者之间摆动”③。在如何处理国家干预与市场调节的关系这个问题上，萨利纳斯政府从一个极端走向了另一个极端。萨利纳斯政府主要通过国有企业私有化的方式来限制国家的作用。这一私有化有两个显著的特点：一是“速度快”。仅在1989—1992 年期间，私有化的收入就超过195 亿美元，占国内生产总值的6.3%。与经济合作与发展组织成员国相比，这一比重仅次于新西兰和英国。二是“范围大”，即私有化不仅进入制造业、矿业、农业、银行业、交通运输业和旅游业等部门，而且还涉及不少大型企业。其中最大的一笔“买卖”是于1991 年成交的墨西哥银行，成交额为32亿美元。此外，政府还将一些公路、港口和码头等基础设施的经营管理权交给私人。经济合作与发展组织的一个专题报告认为，墨西哥的国有企业私有化可被视为“世界上最大的私有化计划之一”④。

不仅如此，在墨西哥历届政府实施改革开放的过程中，国家在社会发展进程中的作用也被大大降低。例如，为了改善国家的财政状况，政府对文教卫生事业的投资未见增长，一些直接面向低收入阶层的价格补贴被取消。因此，对弱势群体而言，“看不见的手”已成为“看不见的拳头”。而在人类社会发展的历史进程中，自古以来，政府在社会发展领域发挥重

① ［美］N. 格里高利·曼昆：《经济学原理》（中文版），三联书店、北京大学出版社 1999年版，第5页。

② Jorge G. Castaneda：La utopia desarmada, Mexico：J. Mortiz/Planeta, c1993. 转引自 Menno Vellinga：The Changing Role of the State in Latin America, Westview Press, 1998, p. 5.

③ Rosemary Thorp, *Progreso, pobreza y exclusión: una historia económica de América Latina en el siglo XX*, pp. 279—281. 转引自苏振兴主编《拉美国家现代化进程研究》，社会科学文献出版社 2006 年版，第373页。

④ Organization of Economic Cooperation and Development, *OECD Economic Survey: Mexico*, 1992.

要作用的例子不胜枚举。从古罗马的提供清洁用水及卫生设施系统到21世纪的消灭天花病战役的成功，都与政府的作用有关。

综上所述，在墨西哥未来的发展进程中，在处理“看得见的手”和“看不见的手”的关系时，不能从一个极端走向另一个极端。尤其在社会发展领域，国家的作用不是应该被降低，而是要更加有力地加以强化。

四　能否加快农业发展

墨西哥是玉米的故乡。因此，自古以来，农业在墨西哥经济中始终占据着重要的地位。1910年墨西哥革命爆发前夕，农业占国内生产总值的35.9%，农村人口占全国人口的71.7%。① 四五十年代后，随着进口替代工业化进程的加快和石油工业的崛起，农业在国民经济中的重要性开始下降。无论是该部门在国内生产总值中的比重还是农村人口在总人口中的比重，都有较大幅度的下降。2009年，农业占国内生产总值的比重估计仅为4.3%（见图6-3）。2008年，农村人口仅占全国总人口的33%。②

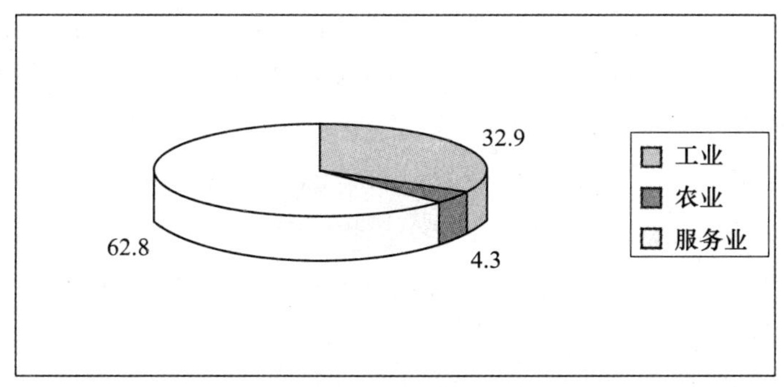

图6-3　墨西哥国内生产总值的部门构成
（占国内生产总值的比重，2009年）

资料来源：United States Central Intelligence Agency, *CIA World Factbook*, 2009。

应该指出的是，墨西哥历届政府都认为，农业发展缓慢构成了进一步

---

① Leopoldo Solis, *La realidad economica Mexicana: retrovision y perspectives*, Mexico, Siglo XXI, 1997. 转引自徐世澄《墨西哥政治经济改革及模式转换》，世界知识出版社2004年版，第209页。

② United States Central Intelligence Agency, *CIA World Factbook*, 2009. https://www.cia.gov/library/publications/the-world-factbook/geos/mx.html.

加快经济发展的“瓶颈”，而农业发展缓慢的原因之一就是资金投入不足。为了解决这一问题，墨西哥政府于50年代成立了农村信用社。该机构不是直接向农民提供信贷，而是将资金以极为优惠的利率提供给商业银行，再由商业银行以较低的利率提供给农民。

20世纪60年代，墨西哥从粮食出口国变为进口国，而且进口量不断上升。为了扩大食品生产，减少粮食进口，墨西哥政府于1979年实施了“墨西哥食品计划”（SAM）。为了配合该计划的实施，全国农村信贷银行向村社和小农提供了大量信贷，信贷额从1976年的182亿比索增加到1981年的267亿比索，受益的农民从67万人上升到150万人，受益的农田从390万公顷扩大到690万公顷。

1976年，政府将3家面向农村经济的国营金融机构合并成一家，取名为全国农村信贷银行（BANRURAL）。与农村信用社相比，全国农村信贷银行的贷款条件较为宽松，利率也较低，因而深受农民的欢迎。

1982年爆发债务危机后，墨西哥政府大幅度削减了对农村金融事业的支持，“墨西哥食品计划”也就半途而废。在1982—1987年，无论是全国农村信贷银行，还是私人商业银行，都无力提供更多的农村信贷。

80年代末，墨西哥政府在农村金融领域采取了两个重要的措施：一是把农业生产者和生产单位划分成不同的类别，不同的类别只能在不同的金融机构获得贷款。例如，大农场不能再获得全国农村信贷银行的优惠信贷，只能在商业银行筹措资金，中小规模的农场主和村社可以继续得到农村信用社的贷款，只有那些自给自治的小农还可以继续得到全国农村信贷银行的优惠信贷。二是在1989年成立了诚信信用社（CAP），向那些无法从全国农村信贷银行和私人商业银行那里获得信贷的占地不足3公顷的小农提供资金。诚信信用社提供信贷的条件仅仅是小农作出口头承诺，保证将资金用于农业生产，而且必须在农作物收成后立即偿还。在1995—2000年期间，平均每年有将近61万个小农获得了诚信信用社的贷款，平均每公顷的贷款额为350比索。这一数额虽然不大，但它对生产规模小、筹措资金难的小农而言，却能解决不少问题。①

① 为了进一步扩大农村金融的覆盖面，诚信信用社在1993年拨出专款，在19个州建立了49个信贷互助会。这些互助会一般都建立在边远地区，资金规模很小，服务对象基本上是本地的小农。由于借款条件宽松，审批手续简化，这种非正式的金融机构深受小农的欢迎。至2000年，全国已建立了216个信贷互助会。

1994 年爆发的金融危机对农村金融事业产生的不利影响是巨大的。首先，政府对农村金融事业的支持力度减弱。其次，许多商业银行因资金周转困难而减少了农业信贷的发放。再次，许多农户无法偿还贷款，增加了诚信信用社和其他一些农村金融机构的呆账和坏账数额。上述负面影响直到 90 年代末才彻底消失。

由于商业银行不愿意在边远地区和经济发展水平较低的地区开展业务，墨西哥政府于 2001 年成立了全国储蓄和金融服务银行（BANSEFI）。其服务对象主要是农村地区。它鼓励农民将政府提供的各种现金补贴在银行中开设账户，以便将这些分散的资金集中起来，向需要资金的农业生产者提供贷款。2002 年，墨西哥政府关闭了机构臃肿、效率低下、亏损严重的全国农村信贷银行，成立了一家新的国有农业银行，名为农村金融银行。该金融机构不接受存款，因此其最初的资金来源完全依赖于政府的财政拨款。但政府规定，它必须做到自负盈亏。此外，根据农村金融银行确定的贷款政策，凡是未能偿还全国农村信贷银行的借款人不得向农村金融银行申请信贷。

除发展农村金融事业以外，墨西哥历届政府还实施了其他一些旨在推动农村发展的计划，如萨利纳斯政府的"直接支持农村计划"（1993）、塞迪略政府的"农村联盟计划"（1996）以及福克斯政府的"全国农村协议"（2003）。[①] 虽然这些计划未能实现全部目标，但确实在一定程度上避免了农业部门进一步衰落的不良局面。

然而，墨西哥的农业发展不仅取决于政府的决心及其实施的各种发展计划，而且还与能否解决毫无公正性可言的土地所有制有着密切的关系。诚然，20 世纪上半叶，墨西哥政府曾实施过不同规模的土地改革，其中尤为著名的就是卡德纳斯政府在 30 年代开展的土改，但土地所有制中的分配不公依然未能得到根本性的解决。[②] 萨利纳斯当政时期宪法第 27 条的修改使土地问题变得更为严重。可以断言，正是因为土地所有制中分配不公的问题难以得到彻底解决，所以墨西哥农业发展的前景不容乐观。

---

① 自 2004 年起，随着国际市场上粮食价格的开始上涨，墨西哥用于进口粮食的费用也在增加。对此，墨西哥政府实施了一些有助于加快农业发展和扩大粮食生产的措施，其中之一就是向农民（尤其是种植粮食作物的小农）提供更多的信贷。

② 这一土改向无地农民分配了 4500 万英亩（约合 18 万平方公里）的土地。http://en.wikipedia.org/wiki/Agrarian_land_reform_in_Mexico。

五　能否减轻各种社会问题的危害性

墨西哥的社会问题非常严重。因此，历届墨西哥政府都为解决这一问题而采取了各种各样的措施。甚至大搞国有企业私有化的萨利纳斯政府也在1988年制定并实施了“全国团结互助计划”（PRONASOL）。[①] 这一以扶贫为主要内容的社会发展计划旨在减少墨西哥的贫困人口，从根本上解决与贫困有关的一切社会问题。据墨西哥政府公布的数据，在萨利纳斯当政期间，政府为实施这一扶贫计划而投入了519亿比索（约合166亿美元）。[②]

1994年塞迪略上台后不久就遭受了金融危机的打击。为减少危机对弱势群体的影响，政府出台了多个专项扶贫项目。1997年，塞迪略总统出台了宏大的“教育、卫生和食品计划”（PROGRESA）。这一计划试图通过发展教育、普及医疗卫生服务和扩大食品供应等手段来解决低收入阶层的缺医少药、营养不良和受教育程度低等问题。最初，该计划仅仅面向农村地区。自2001年起，城乡结合地区的贫困人口也可参与该计划。2002年，该计划扩大到城市穷人，同时改名为“机会”（Oportunidades）。“有条件的现金支付”等内容也被纳入该计划。据估计，墨西哥全国有500多万人得益于该计划。[③] 联合国拉美和加勒比经济委员会认为，墨西哥的名为“机会”的有条件现金转移支付项目已经使这个国家的贫困率下降了1.1个百分点。[④]

墨西哥南部地区的发展水平大大低于临近美国的北部地区。为加快该地区9个州的经济和社会发展，福克斯总统在2001年3月制定了“普埃布拉—巴拿马计划”（Plan Puebla Panamá，PPP）。福克斯政府认为，全国印第安人的70%以上居住在南部地区。该地区与中美洲不仅在地理位置上接壤，而且在文化和社会关系等方面也有密切的联系。同样重要的是，墨

---

① 有人将萨利纳斯的这一扶贫计划看作是墨西哥进行的一场“被动的革命”。见 Susanne Soederberg, “From Neoliberalism to Social Liberalism: Situating the National Solidarity Program Within Mexico's Passive Revolutions”, *Latin American Perspectives*, May 2001, pp. 104—123.

② 徐世澄：《墨西哥政治经济改革及模式转换》，世界知识出版社2004年版，第209—226页。

③ http://evaluacion.oportunidades.gob.mx:8010/en/index.php.

④ United Nations Economic Commission for Latin America and the Caribbean, *Social Panorama of Latin America*, 2005, p. 69.

西哥的南部地区与中美洲国家的发展水平不相上下。因此，福克斯政府认为，如能将墨西哥南部地区的开发与中美洲国家的经济发展联系在一起，促进两地的一体化，那么墨西哥政府的设想还能得到国际社会的认可和支持。

“普埃布拉—巴拿马计划”的内容包括8个方面：能源一体化、交通运输一体化、电信一体化、扩大贸易、推动可持续发展、促进人的发展、开发旅游业以及预防和应对自然灾害。2008年，该计划改名为“中美洲计划”。

该计划遭到了许多人的批判。有人认为，它是一个以市场机制为动力的扶贫计划，因此受益者仅仅是参与该计划的跨国公司；也有人认为，该计划试图通过土地私有化来发展经济，试图通过私人资本来改善基础设施，因此低收入阶层的生活无法得到改善；还有人认为，大规模的经济开发可能会破坏生态环境，为当代人的子孙后代留下遗憾。[①] 而联合国在2001年7月发表的一个文件则认为，实施“普埃布拉—巴拿马计划”的出发点是“认识到墨西哥南部和东南部与墨西哥其他地区的差距愈来愈大，而且困扰着该地区的问题已延伸至中美洲各国。中美洲与墨西哥这一地区在合作谅解和协商一致的相互尊重基础上，为促进发展作出共同努力，对于是否能够提高整个区域居民生活素质是至关重要的。上述计划的目标是立即调整对中美洲产生负面影响的方针，着手扭转长期以来的恶化趋势，从而使其居民能有机会享受较高的生活素质”。该文件还指出，“普埃布拉—巴拿马计划”试图“为人类发展推行新的公共政策；向贫穷宣战；鼓励投资和促进生产性发展；……中美洲各国政府与墨西哥政府的协调行动将大大增加各种潜力，以便更好地集体利用新的机会，面对各种挑战，但同时尊重每个国家的主权决定，为该区域带来新的经济动力”[②]。

2006年上台的卡尔德隆虽然没有提出新的宏大的扶贫计划，但他多次表示，政府将在认真总结经验的基础上，进一步完善现有的各种社会发展计划。

毫无疑问，墨西哥历届政府制定并实施的各种社会发展计划是有利于解决社会问题的，但是，墨西哥的社会问题根深蒂固，很难通过实施一两

---

① http：//en. wikipedia. org/wiki/Puebla-Panama_ Plan.

② http：//www. un. org/chinese/ga/56/doc/a56_ 256. pdf.

个计划来达到一劳永逸的目的。而且，墨西哥的社会问题与经济发展水平和收入分配不公有着密切的关系。因此，为了减缓社会问题和改善社会治安状况，墨西哥必须加快经济发展，同时在消除或缩小收入分配不公等方面采取更为有效的措施。

然而，制约发展水平的因素很多，消除或缩小收入分配不公的难度也很大，因此，墨西哥社会问题的严重性很难在可预见的将来得到减缓。

结　论

影响墨西哥发展前景的决定性因素主要是：能否进一步巩固和完善政治格局多元化，能否正确处理对外经济关系多元化与“美国优先”的关系，能否正确处理国家干预与市场调节的关系，能否加快农业发展，能否减轻各种社会问题的危害性。

无论革命制度党能否“东山再起”，墨西哥政治格局“三足鼎立”的局面不会发生改变。虽然党派之争越来越激烈，但是，随着多党制政治格局的不断完善，墨西哥的民主制度能得到巩固，政局稳定有望得到保障。地缘政治因素和地缘经济因素将继续使墨西哥优先考虑“美国因素”，但谋求对外关系多元化的大方向也不会逆转。改革开放的不断深化、国家作用的重新定位以及政府对农业发展的重视，有利于墨西哥经济保持其活力。由于收入分配不公难以得到改善，墨西哥的社会问题会继续成为阻碍经济和社会发展进程的“绊脚石”。

综上所述，墨西哥的发展前景是令人乐观的，但在各个领域尤其是社会领域面临的挑战也是严峻的。

第七章　阿根廷的发展前景

19 世纪末和 20 世纪初，阿根廷的人均收入在世界上名列前茅。1910 年，尼加拉瓜诗人达里奥写过一首名叫《我为阿根廷歌唱》的诗，以赞美欧洲移民对美好未来的憧憬和热爱。但从此以后，阿根廷的发展进程却停滞不前，甚至一度被视为“失败的国家”。

阿根廷的发展前景将取决于能否进一步完善政党政治制度，能否在发挥比较优势的同时进一步提升产业结构，能否提高政府的治理能力。诚然，丰富的自然资源将是阿根廷加快发展的有利条件，但政治因素将使其发展前景充满不确定性。

第一节　梅内姆当政以来阿根廷的发展进程

1989 年梅内姆当选阿根廷总统后，实施了轰轰烈烈的经济改革。随着改革的不断深化，阿根廷的政治生态和对外关系也出现了显著的变化。但阿根廷在 2001—2002 年遭遇了三重危机（金融危机、政治危机和社会危机）的沉重打击。无怪乎当时许多国际媒体在报道阿根廷形势时经常借用电影《庇隆夫人》的主题曲：“阿根廷，别为我哭泣!”

梅内姆当政以来阿根廷的发展进程可被概况为以下四个方面：

一　在“三重危机”的打击下几乎成为一个“失败的国家”

20 世纪 90 年代末，阿根廷经济陷入了困境。其原因是多方面的。首先，由于美国推行强势美元政策，而阿根廷的货币局汇率制度却又十分僵硬，因此，比索的币值被大大高估，从而打击了阿根廷的国际竞争力。其次，1999 年初爆发的巴西金融动荡对阿根廷经济产生了很大的冲击。阿根廷与巴西是邻国，经济关系非常密切。巴西货币雷亚尔贬值后，阿根廷对巴西的出口深受影响。再次，国际市场上一些初级产品价格的疲软使阿根廷的农产品出口收入得不到大幅度的增长。最后，庞大的财政赤字和沉重的债务负担削弱了阿根廷经济的活力。

2001 年 11 月，国际货币经济组织以阿根廷政府未能实现将财政赤字降低到零的目标为由，决定推迟拨付一笔援助。这一决定进一步损害了国内外投资者对阿根廷克服经济困难的信心，同时也迫使公众争先恐后地到银行提取自己的存款。仅在 11 月 30 日这一天，储蓄者就从银行中提款 13 亿美元，从而使银行系统处于极度危险之中。为了阻止人们挤兑银行和控制资金外逃，德拉鲁阿总统于 12 月 3 日起开始实施金融管制措施。这种被称作“围栏”（corralito）的政策只允许储蓄者每周从银行取款 250 比索。此外，政府还规定，多种类型的美元存款将被冻结到 2003 年。

政府的金融管制措施很不得人心。12 月 18 日，首都布宜诺斯艾利斯等地终于爆发了前所未有的大规模骚乱和暴力哄抢商店的风潮。这一骚乱持续了 3 天，近 30 人死亡，几千家商店被洗劫一空。

12 月 19 日，布宜诺斯艾利斯似乎失去了往日的宁静，人们已听不见悠扬的探戈舞乐曲，取而代之的是抗议者的呼叫和被抢商店店主的哭喊。翌日下午，在夕阳下不时飘过的缕缕催泪弹的烟雾中，总统专用的直升机从总统府起飞，向郊区飞去。而此时此刻，飞机上的德拉鲁阿已不再是拉美第三大国的总统了。

接替德拉鲁阿的萨阿总统上台后就宣布，阿根廷实在无力偿付 1320 亿美元的外债。这是拉美历史上数额最大的一次“倒账”。为了稳定摇摇欲坠的金融体系，政府继续实施严厉的银行管制措施，限制储蓄者提款的数量。这一措施使民众大失所望。他们走上街头，敲着锅碗瓢盆，用燃烧的汽车轮胎堵塞交通，抗议政府的反危机措施。

萨阿总统根本无力使阿根廷经济迅速走出危机，也难以安抚无法在银行随意取出自己的存款的“敲锅者”（Cacerola）。此外，他在一些政治问题上（其中包括他的任期时间）与其他党派有着重大的分歧。因此，在上台一周后，萨阿总统终于被迫宣布辞职，参议员杜阿尔德在 2002 年元旦被议会推举为总统。①

---

① 在两周左右的时间内居然出现了 5 位总统，其中包括两位临时总统和一位代总统。

杜阿尔德总统上任后不久宣布放弃货币局汇率制度，以“双轨制”取而代之：对外贸易实行1.4比索=1美元的固定汇率（即比索贬值29%），非贸易活动实行浮动汇率。①

直到2003年，阿根廷经济才摆脱危机，走上复苏之路。但危机对阿根廷经济、政治、社会留下的“后遗症”却是长期性的。

二　经济发展模式经历了两次重大的转变

20世纪80年代，阿根廷经历了严重的债务危机，国民经济陷入全面衰退，国内矛盾激化，社会问题加剧。1983年上台的阿方辛政府采取了一系列经济调整措施，但仍然未能解决通货膨胀率居高不下和财政困难等问题，最终被迫提前结束任期。

1989年上台的梅内姆总统改变了原有的经济政策，实施了大规模经济改革。② 改革的主要内容是国有企业私有化、贸易自由化以及经济体制市场化。这一改革彻底颠覆了原有的经济发展模式。美国《财富》杂志曾写道：“在当代，世界上没有一个国家像阿根廷那样如此完美无缺地东山再起。它有大自然的恩赐，但庇隆当政以来破坏性的政治领导终于使阿根廷在80年代末跌入了万丈深渊。……接着，选民们把梅内姆推上台。令人惊奇的是，这个叙利亚移民的后代抛弃了他自己的庇隆党主张的国家干预的信条，像墨西哥和智利那样，开始促进市场经济的发展。”③ 国际货币经济组织和世界银行等国际机构也不时赞赏阿根廷的改革。

同样使国际社会感到难以置信的是，梅内姆上台后不久，通过实施别出心裁的“兑换计划”（Convertibilidad），彻底解决了久治不愈的恶性通货膨胀问题（见专栏7—1）。1989年，通货膨胀率高达4924%，1993年居然迅速下降到个位数（见表7-1）。

但是，“兑换计划”并非完美无缺。由于美国奉行强势美元政策，而阿根廷的货币局汇率制度却又十分僵硬，因此，比索的币值被大大高估，

---

① 国际货币经济组织对阿根廷终于放弃货币局制度表示欢迎，但它又对阿根廷采用“双轨制”的做法表示不满。

② 20世纪70年代，当时的阿根廷军政府曾对进口替代工业化模式进行过调整。调整的主要内容是减少对国内市场的保护和减少政府干预。这一调整后因国民经济显然衰退而半途而废。

③ *Fortune*, February 22, 1993, p. 102.

从而打击了阿根廷的国际竞争力。[①] 此外，庞大的财政赤字和沉重的债务负担也削弱了阿根廷经济的活力。这些不利因素终于在2001年酿成了震惊世界的金融危机。

专栏7—1

卡瓦略与“兑换计划”

多明戈·卡瓦略生于1946年。1982年，年仅36岁的卡瓦略出任阿根廷中央银行行长。1991年，卡瓦略被梅内姆任命为经济部部长。卡瓦略认为，阿根廷通货膨胀率之所以长期得不到控制，最根本的原因是政府用开动印钞票机器的方法来弥补巨额财政赤字。因此，如能阻止政府随意增加货币发行量，那么通货膨胀问题就能迎刃而解。基于这一推理，卡瓦略制订了著名的“兑换计划”。1991年4月，国会通过了该计划，并使之成为法律。

该计划的要点包括：(1) 使汇率固定在1万奥斯特拉尔=1美元的水平上。(2) 货币基础完全以中央银行的储备作保证。(3) 中央银行不得弥补政府财政赤字。(4) 经常项目和资本项目交易活动所需的比索可自由兑换。(5) 允许美元成为合法支付工具。(6) 禁止任何契约采用指数化。1992年1月，奥斯特拉尔被比索取代（1比索=1万奥斯特拉尔），比索与美元的汇率定为1:1，外汇的买卖依然不受限制。

可见，“兑换计划”的核心就是货币局汇率制度。这种特殊的固定汇率制在降低通货膨胀率方面是十分成功的。无怪乎国际社会将卡瓦略视为阿根廷的“经济能人”。1998年俄罗斯金融危机爆发后，叶利钦甚至请他赴莫斯科出谋划策。厄瓜多尔政府也曾请他献计献

---

① 一般情况下，在国民经济陷入衰退时，政府可以利用货币政策来刺激经济。但在阿根廷，货币局汇率制度仿佛“砍掉了阿根廷的货币政策这一条胳膊”，政府无法有效地运用降低利率或放松银根等手段来调控经济。

策。梅内姆总统认为，“兑换计划”终于使阿根廷“搭上了世界经济的火车头”。

“兑换计划”不仅解决了久治不愈的通货膨胀问题，而且还以1比索兑换1美元的汇率使阿根廷人觉得出国旅游很便宜。他们无不自豪地认为，“我们是南方国家中的富人”。

表7－1 **阿根廷的通货膨胀率** （单位:%）

年份	通货膨胀率	年份	通货膨胀率
1989	4924	2000	-0.7
1990	1344	2001	-1.5
1991	84	2002	41.0
1992	17.6	2003	3.7
1993	7.4	2004	6.1
1994	3.9	2005	12.3
1995	1.6	2006	9.8
1996	0.1	2007	8.5
1997	0.3	2008	7.2
1998	0.7	2009	6.5
1999	-1.8		

资料来源：CEPAL, *Estudio Económico de América Latina y el Caribe*, 1998—1999, 2009—2010。

金融危机后，阿根廷痛定思痛，再次对梅内姆政府确立的发展模式进行了扬弃。首先，货币局制度被放弃，采用浮动汇率制度。其次，在危机中上台的杜阿尔德政府制定了《经济紧急状态法》，加强了政府对经济的调控力度。根据这一法律，政府无须议会审议即可采取一系列干预经济的措施。再次，在恢复经济增长的过程中，注重社会进步，力求将金融危机的后遗症减少到最低限度。复次，在继续实行经济开放的过程中加强对本国企业和本国市场的保护。最后，调整与国际货币经济组织的关系，以摆脱在经济政策上受到的限制、约束和压力，拥有更大的自主权。

应该指出的是，金融危机后，阿根廷并没有停止改革的步伐。但是，与梅内姆政府相比，金融危机后历届政府的改革措施有以下几个鲜明的特点：一是步伐稳健，不搞轰轰烈烈、大刀阔斧般的改革；二是最大限度地减少改革的社会成本；三是重视国家在经济和社会发展领域中的重要作用；四是在扩大出口贸易和吸引外资的同时努力扩大内需，以增强经济增长的内生力。

三　正义党的分裂步伐加快

正义党是由庇隆在 1945 年创建的，因此它又名庇隆主义党。现有党员 350 万人，是阿根廷的第一大政党，始终在阿根廷政治舞台上发挥着举足轻重的作用。

1999 年，梅内姆曾谋求第三次竞选总统。这一愿望遭到了正义党内许多人的坚决反对，其中之一就是当时担任布宜诺斯艾利斯省省长、正在准备竞选总统的杜阿尔德。梅内姆与杜阿尔德从此反目成仇。德拉鲁阿利用他们之间的分歧，赢得了大选。

2001 年金融危机爆发后，德拉鲁阿总统辞职。正义党内部在谁出任总统这个问题上争执不休。经过反复协商，正义党才决定由萨阿担任代总统。杜阿尔德担任总统后，正义党内部的斗争达到了空前绝后的程度。各派力量都加紧运筹帷幄，企图利用提前举行大选的良机获取总统职位。因此，杜阿尔德在应对金融危机的同时，还不得不想方设法化解政治危机。

2003 年大选前，正义党内部出现了多名候选人同台竞争的局面。直到大选临近时，正义党代表大会才作出决定，不再推选唯一候选人，梅内姆、萨阿和基什内尔三人均可代表正义党参加总统选举。

在 2003 年 4 月 27 日的总统选举中，梅内姆的得票率超过了基什内尔，分别为 24% 和 22%。按照有关法律的要求，梅内姆与基什内尔将进入第二轮角逐。但是第一轮投票结束后几乎所有民意调查都表明，梅内姆的支持率反而不如基什内尔，差距高达 40 个百分点。这或许与梅内姆在 20 世纪 90 年代当政时腐败丑闻不断以及 2001 年的金融危机留下许多“后遗症”有关。

5 月 14 日，梅内姆以“选举方式有问题”为由，决定退出竞选。根据有关法律，梅内姆退出竞选后，基什内尔自动成为总统。但基什内尔对梅内姆退选的决定表示不满，认为这是对选举制度的破坏。基什内尔说，梅内姆在当政时剥夺了阿根廷人工作的权利，然后又使阿根廷人失去了吃饭、受教育的权利，现在他又要令阿根廷人失去最后一个权利，即选举的权利。

2003 年的总统选举再次说明，正义党已彻底分裂为两大派别，即“正统派”和“不同政见派”。大选后，“正统派”继续留在正义党内，而“不同政见派”则离开正义党，自行组织政党。

在参加 2003 年总统竞选的过程中，基什内尔得到了杜阿尔德的有力支持。但在 2005 年，杜阿尔德和基什内尔之间的关系却因争夺党内领导权而破裂，杜阿尔德派也从正统派分离出去，在正义党内形成了另一个重要的派系。2007 年基什内尔卸任后，全力推动正义党改革，力图通过健全组织机构、统一党内思想，将正义党改造成中左民主政党，但未能改变正义党四分五裂的局面。

四　外交政策发生重大变化

在梅内姆当政时期，阿根廷在对外政策上作出了重大调整。调整的重点是改变过去历届政府的反美立场，将与美国的关系视为阿根廷外交政策的重中之重。因此，在重大国际问题上，阿根廷几乎无条件地追随美国，成为美国在南美洲地区最忠实和坚定的盟友之一。例如，阿根廷出兵海湾战争，支持美国入侵海地，加入《拉美禁止核武器条约》，退出不结盟运动等，为美国制裁古巴“帮腔”①。梅内姆任总统期间曾 17 次正式访问美国。② 布什总统和克林顿总统分别在 1990 年和 1997 年访问阿根廷。阿根廷曾于 1982 年为收复马尔维纳斯群岛的主权而与英国发生过武装冲突（见专栏 7—2），阿英两国因此断绝了外交关系。梅内姆上台后，为了显示对西方国家的友好态度，于 1990 年恢复了同英国的外交关系，并于 1998 年访问英国。

---

① 1991 年，阿根廷在联合国人权会议上对美国谴责古巴人权状况的提案投了赞成票。梅内姆还曾希望古巴改变意识形态。

② Andrea Centeno, “Menem: 87 vueltas al planeta en una década”, 15 de agosto de 1999. http://www.lanacion.com.ar/nota.asp?nota_id=149694.

专栏 7—2

马岛战争

马尔维纳斯群岛（简称马岛，英国称福克兰群岛）位于大西洋南端。英国和阿根廷两国对马岛主权的争议，有着复杂的历史背景，也经历了漫长而曲折的斗争。据史料记载，马岛被发现于 16 世纪，但何人何时发现，英国和阿根廷各执一词。20 世纪 70 年代初，马岛南部海域发现有大量石油和天然气资源。此后，英国和阿根廷对马岛的争夺进一步加剧。

1982 年 4 月 2 日，阿根廷总统加尔铁里将军下令出兵，轻而易举地占领了马岛，并宣布它为阿根廷的第 24 个省。当时岛上有 1800 个英国人和 60 万头羊。

英国人发出了“不收回马岛誓不罢休”的呼声。一位英国议员说：“宁可失去 5 个北爱尔兰，也不愿失去一个福克兰。”撒切尔夫人也宣称“福克兰已经成了我的生命、我的血液”。而此时阿根廷还天真地以为英国军队不会为了马岛而漂洋过海。历时 74 天的马岛战争以阿根廷军队的彻底失败宣告结束。

一些分析人士认为，加尔铁里将军之所以敢于收复马岛，主要是因为他希望在阿根廷经济形势不佳的时候，以这一军事行动来分散国内的注意力。此外，他还自信地认为，美国总统里根会支持阿根廷，因为当时阿根廷与美国的关系在不断发展。但事实表明，美国为英国反攻马岛提供了多方面的支持。

在首都布宜诺斯艾利斯，阿根廷最初取得的胜利换来的高涨的爱国热情突然变成了反政府的抗议和示威。人们高声喊道：阿根廷无法获得一场小小的战争的胜利，这些将军们有什么用？加尔铁里辞职后，另一位将军继任总统。他许诺在 1983 年举行大选。马岛战争显然加快了阿根廷和其他拉美国家的军人“还政于民”的进程。

2010 年，英国和阿根廷在马岛主权问题上的争端再次升级。两国均派出军舰在马岛海域游弋，但剑拔弩张只为吓退对方，象征意义大于实际意义。

梅内姆总统也致力于同拉美国家发展关系。例如，在他当政时，阿根廷与巴西、乌拉圭和巴拉圭共同组建了南方共同市场。此外，阿根廷还与智利签署了和平友好条约，最终解决了两国之间存在的边界争端。

1999 年上台的德拉鲁阿政府继续采取亲美政策。“9·11”事件发生后，德拉鲁阿总统立即表示，如有必要，阿根廷愿意出兵参加反恐战争。但是，当阿根廷在 2001 年遇到严重的金融危机后，美国却“见死不救”，甚至说三道四，批判阿根廷政府治理经济的能力差。这一冷漠的态度令阿根廷深感失望和不满，也促使德拉鲁阿政府改变了对美政策。因此，在伊拉克战争、对古巴政策等问题上，阿根廷不再一味追随美国。

2003 年基什内尔当政后，阿根廷的外交政策再次出现了一些变化。[①]变化的主要内容是：

第一，同美国的关系有所疏远。虽然阿根廷仍然重视与美国的关系，但在反恐、美洲自由贸易区谈判以及对古巴政策等问题上，阿根廷都坚持了自己的立场。

第二，在马尔维纳斯群岛的主权问题上采取强硬立场，改变了梅内姆政府搁置主权争议的政策，不断要求英国政府重新谈判马尔维纳斯群岛的归属问题。[②]

第三，同拉美国家的关系得到加强。基什内尔上台后一直强调与巴西发展和改善关系的重要性，并且把巴西作为他就任总统后出访的第一个国家。在南方共同市场内，两国也密切配合，使这一区域经济一体化组织能克服困难，不断前进。在双方的努力下，巴西已成为阿根廷最大的贸易伙伴。[③]

第四，与古巴恢复了正常关系。2001 年，由于古巴批评当时的阿根廷政府对美国一味迎合，阿根廷召回了其驻古巴大使。而基什内尔在竞选时就表示，他反对美国制裁古巴。2003 年，卡斯特罗访问了阿根廷。同年 10 月，阿根廷全面恢复同古巴的外交关系。

---

① 基什内尔在就职演说中说，阿根廷将“把建设一个在政治上稳定、繁荣、团结的拉丁美洲作为阿根廷对外政策的目标”。他表示，阿根廷的对外战略是实施多元化外交政策，与南方共同市场成员国建立战略同盟，与美国和欧盟“保持严肃、广泛、成熟的关系”。

② 但阿根廷的要求一再遭到英国的拒绝。

③ 阿根廷对巴西争取联合国常任理事国席位的愿望颇有微词。此外，阿根廷与乌拉圭之间的造纸厂风波也颇为引人瞩目。

第五，与委内瑞拉保持密切关系。委内瑞拉是近年来与阿根廷关系最为密切的拉美国家之一，双方在金融、能源等各个领域展开了一系列合作。在阿根廷的大力推动下，委内瑞拉作为正式成员加入了南方共同市场。两国还共同参与组建了南方银行。2009 年，双方商定每 3 个月举行一次总统级会谈，以加强双边战略合作关系。

克里斯蒂娜·费尔南德斯上台后，基本上延续了基什内尔的外交政策，但阿根廷与美国的关系却不时出现一些波折。例如，2007 年 12 月 12 日，美国逮捕了 3 名委内瑞拉人和 1 名乌拉圭人，并指控他们与一个名叫安东尼尼·威尔逊的委内瑞拉籍美国商人串通，在 2007 年 8 月向费尔南德斯提供 80 万美元的非法竞选资金。费尔南德斯总统发表了措辞强硬的讲话，指责美国情报部门对她的政府发动"卑鄙的情报战"，以离间阿根廷和委内瑞拉的关系。2009 年 2 月，美国中央情报局新任局长莱昂·帕内塔在回答记者提问时称，经济不稳定有可能引发阿根廷等拉美国家的政局动荡。阿根廷政府认为这一言论是对阿根廷内政的干涉，立刻召见美国驻阿根廷大使，要求其作出解释。同年 12 月，美国国务院负责西半球事务的助理国务卿阿图罗·巴伦苏埃拉在访问阿根廷期间，批评阿根廷投资环境恶化。阿根廷政府官员立刻予以驳斥，两国关系再度紧张。

第二节　影响阿根廷发展前景的主要因素

未来的阿根廷能否"重振雄风"，加快发展，将取决于一系列因素。一位记者写道："在阿根廷南部的火地岛的海滩上，枝繁叶茂的树木虽然在夏风的吹拂下弯身侧腰，但依然不屈不挠地在那里生长。这些树木在一定程度上象征着阿根廷人的精神力量。经过一个多世纪的政治动荡和经济混乱的打击后，阿根廷在进入新世纪时仍然对未来充满希望。"① 但是，阿根廷的发展前景将取决于能否进一步完善政党政治制度，能否在发挥比较优势的同时进一步提升产业结构，能否提高政府的治理能力。

一　能否进一步完善政党政治制度

自 1945 年以来，阿根廷政坛一直由正义党和激进公民联盟把持。在

---

① "Argentina: Forges a new future", http://www.bp.com/liveassets/bp_internet/globalbp/STAGING/global_assets/downloads/B/BPM_04one_P41-47_Argentina.pdf.

军政府统治的前后时期，均由两党交替执政。1989 年，正义党人梅内姆担任总统后，阿根廷政坛发生了很大变化：一是正义党的政治地位进一步提升，二是激进公民联盟江河日下，失去了原有的优势。虽然 2003 年以后出现了一批新的政党，正义党内部也有分裂，但它依然是阿根廷政坛的主角。

自 1989 年梅内姆当选总统以来，阿根廷共产生了 8 位总统，其中包括经济危机时期的两位临时总统和一位代总统。属于正义党阵营的有 7 位，只有 1999 年接替梅内姆的德拉鲁阿来自激进公民联盟。但德拉鲁阿在位时间仅为两年，因为他在金融危机爆发后就被迫辞职。由此可见，在 20 年左右的时间中，激进公民联盟的执政时间只有这两年。

在 1995 年的总统选举中，梅内姆再次获胜，第二次当选总统，而激进公民联盟的候选人只获得 17.1% 的选票，在 18 位候选人中名列第三。这是激进公民联盟有史以来第一次在总统选举中被挤出前两名。[①]

在 1989 年以来的议会选举中，正义党也占据上风。例如，激进公民联盟与国家团结阵线组成的政党联盟仅在 1997 年和 1999 年的两届议会选举中取得了多数席位。在 2005 年和 2007 年的议会选举中，由正义党人基什内尔领导的“胜利阵线”均控制了参众两院，尽管激进公民联盟保住了它在地方上的势力。在 2009 年的议会选举中，激进公民联盟利用费尔南德斯政府支持率下降的有利时机，再次采取了与其他政党联盟的策略，终于获得了 30.7% 的选票，使“胜利阵线”未能取得参众两院的多数席位。

虽然正义党仍然是阿根廷政坛的主角，但自 20 世纪 90 年代以来，其他政治力量的迅速崛起已成为不争的事实。尤其在 2003 年后，各种政治力量进行了一次“重新洗牌”。在这一过程中，党派的分化和组合成为阿根廷政坛的一种普遍现象。具有相同政见的政党纷纷组成联盟，以扩大势力范围。与此同时，一批新兴政治力量开始崛起。所有这一切都打破了阿根廷政坛上正义党与激进公民联盟两强相争的政治格局。

在 2003 年的总统选举中，得票率居第三位和第四位的分别是“重建运动”候选人里卡多·洛佩斯·墨菲和“平等共和国阵线”候选人埃莉

---

① 德拉鲁阿辞职后，激进公民联盟陷入空前危机，无力再与正义党争夺总统职位。在 2003 年的总统选举中，激进公民联盟的候选人仅获得 2.3% 的选票，名列第六位。2007 年，激进公民联盟试图东山再起，但直到大选临近才决定支持党外人士、前经济部长拉瓦尼亚为总统候选人。拉瓦尼亚得到的选票在所有候选人中排名第三，以失败告终。

莎·卡里奥。他们原是激进公民联盟的成员，后脱离该党，自成一派。2007年，卡里奥又联合其他政党，共同组成具有中左翼倾向的“公民联盟”。在2007年的总统选举中，“公民联盟”获得了23.04%的选票，居第二位。在议会选举中，“公民联盟”也取得了不错的成绩，在众议院中占据了35个席位，超过了激进公民联盟。

墨菲在2007年大选失利后离开了“重建运动”。此时，另一个具有中右翼倾向的政党联盟“共和国提议”异军突起。其领导人是在2007年当选布宜诺斯艾利斯市市长的毛利西奥·马克里。“共和国提议”与正义党中的“不同政见派”结盟，在2009年议会选举中获得了18.7%的选票，排名第三。

由此可见，2009年中期选举后，阿根廷政坛形成了三股重要的政治力量。它们均不是独立的政党，都是以政党联盟的形式出现的，其成员的构成也异常复杂。第一股力量是基什内尔领导的“胜利阵线”，由正义党、激进公民联盟中的亲政府派以及其他一些小党组成。第二股力量是由激进公民联盟、“公民联盟”和社会党等政党组成的“公民与社会协定”。第三股力量是“共和国提议”与正义党中的“不同政见派”结成的联盟。

政治力量不断分化和组合使阿根廷的政治格局呈现出多足鼎立的局面。这一局面不足为怪，因为世界上许多发展中国家在推动政党政治发展的过程中都有这样一种现象。问题的关键是，在这一过程中如何使政党政治更加完善，使之为政局的稳定和政治生态的优化作出贡献。在这个问题上，阿根廷面临的挑战不容低估。

政党政治的稳步发展需要一系列条件，其中最重要的是：有无符合民主化程序的“游戏规则”，是否拥有通过政治协商来达成妥协的政治生态，民众是否信赖政治舞台上的各个政党。阿根廷的上述条件似乎并不非常成熟。例如，“游戏规则”虽有轮廓，但尚未彻底成形。又如，“你死我活”仍然是各个政党信赖的斗争哲学。再如，民众对政党缺乏信任。拉美晴雨计的有关民意测验表明，虽然阿根廷民众普遍认为民主是必不可少的，但他们最不信任的却是政党。2003年，只有8%的被调查者认为阿根廷政党是值得信赖的。这一数字低于整个拉美地区的政党“被信赖”的平均数（11%）。[①] 这显然是阿根廷政党政治发展进程面临的一大障碍。

---

① 转引自郭存海《阿根廷的可治理性危机分析》，《拉丁美洲研究》2010年第2期。

二　能否在发挥比较优势的同时进一步提升产业结构

阿根廷拥有丰富的农业资源，就人均土地拥有量、可耕地占国土面积的比重等重要指标而言，阿根廷均优于巴西和智利等国。此外，阿根廷的气候条件和土壤的肥沃程度也优于其他一些拉美国家。

农牧业在国民经济中占有重要的地位（见表7-2）。在历史上，阿根廷曾因出口大量农产品而成为世界富国之一。今天，阿根廷仍然是世界上大豆、小麦和牛肉等农产品的主要生产国之一。20世纪90年代，由于种植面积扩大和引进国外先进技术，阿根廷的农产品产量显著增长。2001年阿根廷金融危机后比索的大幅度贬值在一定程度上也促进了农产品出口。

表7-2　**阿根廷产业结构（占国内生产总值的比重）**　（单位:%）

年份	1993	1995	2000	2005	2008	2009
农业	5.2	5.3	4.7	8.7	9.0	6.9
制造业	18.2	17.2	16.5	21.4	19.5	19.6
服务业	61.1	62.3	63.5	50.9	53.1	56.0

资料来源：阿根廷国家统计和调查局（http://www.indec.mecon.ar）。

进入21世纪以来，国际上对大豆的需求不断攀升，价格也迅速上扬。阿根廷利用这一大好时机，大规模扩大种植面积。据估计，近几年大豆种植面积比20世纪90年代中期扩大了230%，产量增长了4倍。阿根廷已成为世界上第三大大豆生产国（仅次于美国和巴西）。

国际市场上农产品价格的上升使阿根廷受益匪浅。但是，每当价格下跌时，阿根廷获得的出口收入就会减少。这也是阿根廷宏观经济形势和政府财政收入起伏不定的原因之一。

自20世纪30年代起，阿根廷开始实施进口替代工业化政策。[①] 在政府政策的刺激下，工业部门获得了较快的发展。1936年，工业产值首次超过农业。第二次世界大战爆发后，阿根廷利用欧洲国家工业出口下降的有

① 积极倡导进口替代工业化的著名经济学家劳尔·普雷维什就是阿根廷人。在担任联合国拉美经济委员会执行秘书之前，普雷维什曾任阿根廷财政部副部长（1930—1932）和阿根廷中央银行行长（1935—1943）。因此，他的思想不会不对阿根廷的产业政策产生影响。

利时机，加快发展制造业。50 年代以后，阿根廷进入重工业发展时期，钢铁、化工和机械制造等行业取得了较快的发展。至 70 年代，阿根廷已成为拉美地区工业化水平最高的国家之一。但在 80 年代，在债务危机和经济危机的双重打击下，工业部门的投资得不到增长，该部门的发展速度开始减慢。

20 世纪 90 年代的改革开放使阿根廷的工业发展既迎来了难得的机遇，也面临前所未有的挑战。一方面，大量竞争力弱小的中小企业在外国商品的冲击下纷纷减产或倒闭。另一方面，对外开放使许多企业获得了国外的先进技术和管理经验，外资的进入则加强了工业生产能力。此外，私有化在一定程度上使许多企业提高了生产效率。因此，作为一个整体，90 年代以来，工业部门仍然取得了一定的发展，尽管发展的速度并不理想。

长期以来，阿根廷一直在试图增加初级产品的附加值。为此，阿根廷建立了为数不少的农产品加工企业。近几年，加工成豆油、豆粉或其他豆制品后出口的大豆，已占大豆出口总量的 70%。这一比重并不低。

综上所述，阿根廷既很好地发挥了比较优势，又致力于提升产业结构，并取得了显著成效。但是，提升产业结构既不能一蹴而就，也不能一劳永逸。因此，阿根廷在处理两者之间的关系时，还应该关注以下几个问题：

一是如何提高劳动力素质。提升产业结构的一个必要条件是提高劳动力素质。在拉美，阿根廷的教育事业是比较发达的，因此劳动力素质也比较高。但是，90 年代末以来，中小学的教育方法陈旧，校舍基础设施在退化，教师的罢工影响授课，而且师资力量的整体知识水平在下降。因此，无论是公立学校还是私立学校，教育质量都没有得到提高。

为提高全民族的文化水平，阿根廷在 2006 年颁布了一个法律，要求将义务教育的年限提高到 13 年。这一改革对教育投资提出了更高的要求。阿根廷的教育经费相当于国内生产总值的比重为 3.5%，低于巴西（4.1%）和智利（3.7%）。

阿根廷全国有 100 多所大学。在这些大学开设的专业中，较多的是人文社会科学，理工类较少。而且，这些大学均以教学为主，科研活动不多。这就制约了研究与开发活动的开展。一方面，产业结构的提升和高科技产业的发展需要大量人才，另一方面，许多学有所成的科学家或工程师却移居海外。此外，阿根廷用于发展科学技术的经费仅占国内生产总值的

0.4%，低于巴西的0.98%和智利的0.6%。[①]

二是如何完善基础设施。随着农产品出口量的不断扩大，对基础设施的要求也越来越高。无论是大豆还是牛肉，无论是小麦还是葵花籽油，在从产区或工厂运到码头或商店时，都需要道路。阿根廷全国的铁路线长达3.6万公里，居拉美之首。但许多线路因年久失修而难以发挥很好的作用。90%的外贸产品（包括进口商品和出口商品）依赖内河运输和海运。几乎所有港口已被私有化，从而使经营成本有大幅度降低，但有些港口仍然面临着设备老化、技术落后等问题。

三是如何强化工业制成品的国际竞争力。阿根廷虽然建立了较为完备的工业体系，但其工业制成品的国际竞争力并不高。在南方共同市场内，阿根廷的工业产品必须面对巴西的竞争，在国际上面临的竞争更为激烈。但是，除葡萄酒、豆油和一些加工食品以外，阿根廷的传统工业制成品缺乏必要的竞争力。这也是阿根廷制造业得不到长足发展的原因之一。

四是如何恰如其分地运用出口税。征收出口税无可厚非。它可使政府获得更多的财政收入，也可限制出口商品的数量，进而达到增加国内市场供应的目的。但在政府与出口商和生产者之间，征收出口税是一种零和游戏。

阿根廷对多种农产品征收出口税。每当国际市场上初级产品价格上升时，出口税收入也水涨船高，政府的财政收入受益匪浅。如在2007年11月，大豆、小麦和玉米等多种农产品的出口税都被提高。政府官员称，国际市场上农产品价格连续数月大幅度攀升，因此出口税也应提高。此外，每当国内市场供应出现短缺、从而导致通货膨胀压力上升时，政府也会提高某些商品的出口税。如在2006年3月，为控制国内牛肉价格快速上涨的势头，政府出台了禁止牛肉出口的政策。在较短时间后，这一政策就被取消，取而代之的是大幅度提高牛肉的出口税。

然而，出口税这一普通而常见的政策工具却也影响到阿根廷政治生活和社会稳定。如在2008年3月，政府试图对农产品出口税实行浮动税率，以便在国际市场上农产品价格上升时获得更多的税收。这一动机遭到了中小农场主和出口商的反对，各个农业协会或与农产品出口有关的团体也对此强烈不满。他们不仅举行抗议示威活动，而且还堵塞交通，以迫使政府

---

① Economist Intelligence Unit, *Country Profile 2007: Argentina*, p. 18.

就范。政府也组织支持浮动出口税政策的团体举行游行，从而使首都布宜诺斯艾利斯等地的交通和商业活动受到了极大的影响。这样的抗议活动持续了数月。

7月17日，阿根廷参议院否决了费尔南德斯政府提交的关于对农产品出口实施浮动税率的法案，使这位女总统面临执政以来最严重的政治危机。阿根廷的金融市场和股市曾一度出现动荡，比索的汇率也出现了波动。政府为此而不得不动用外汇储备来稳定金融市场和汇率。

三 能否提高政府的治理能力

据说有这样一个笑话：造物主把好东西和坏东西搭配后，分配给世界上不同的国家。他把丰富的资源、肥沃的土地和美丽的风景给予阿根廷。最后剩下一个坏政府没有一个国家要，于是造物主就把它给了阿根廷。这一笑话将阿根廷政府贬为造物主"赐予"的"坏东西"显然是欠妥的。但是，阿根廷政府的治理能力确实被认为是低下的。

在实施进口替代工业化的过程中，阿根廷用大量国家资本建立了许多国有企业。20世纪70年代末，国有企业在阿根廷国内总投资中的比重一度高达20%。它们提供了许多种产品和服务，开发了大量自然资源，创造了无数就业机会，但是，由于管理不善，它们长期不能提高经济效益，从而导致亏损累累，使政府的财政背上了沉重的包袱。这是阿根廷政府治理能力差的最典型的事例。

政府治理能力的低下也反映在宏观经济管理方面。例如，"兑换计划"虽然控制了通货膨胀，但比索被高估的问题却未能得到足够的重视，最终成为2001年金融危机的根源之一。

阿根廷国会曾于1999年9月颁布了《财政责任法》，以控制联邦中央政府和地方政府的财政赤字。然而，这一法律实际上没有发挥重要作用。正如英国《金融时报》所说的那样，阿根廷的政治家具有随意开动印钞票机器来满足政治需要的传统。①

债务管理同样反映了阿根廷政府治理能力的弱化。举借债务（包括外债内债）无可厚非，但阿根廷政府仅仅考虑本届政府的资金需求，很少考虑未来的偿还能力。此外，政府未能正确管理外债的用途，导致大量资金

---

① *Financial Times*, December 12, 2001.

进入消费领域，从而使其无法产生有效生产能力，为债务的可持续性埋下了隐患。更为严重的是，萨阿总统上台后，面对当时严峻的经济形势，政府不是与债权人谈判和协商，而是贸然宣布“倒账”，使阿根廷在国际资本市场上的资信一泻千里，加剧了当时金融形势的恶化程度。

政府部门中的腐败实际上也是政府治理能力低下的体现。腐败在拉美是一个司空见惯的问题，而阿根廷的腐败无疑是较为严重的。除普通的政府工作人员以外，高级政府官员也经常性地从事腐败活动。据报道，梅内姆曾在 1991 年和 1995 年两次向受武器禁运限制的克罗地亚和厄瓜多尔非法贩卖武器，从中大获不义之财。

在应对社会矛盾时，阿根廷政府也表现出显而易见的无能。① 对于长时间堵塞交通的“拦路者运动”和不断恶化的社会治安，政府虽采取了一些软硬兼施的措施，但收效甚微，因此最后似乎只能听之任之。

在一些重大问题上，总统与副总统或其他政府高官之间也经常无法达成共识。这也是阿根廷政府治理能力差的表现。2000 年 10 月 6 日，阿根廷副总统阿尔瓦雷斯因在反腐败问题上与德拉鲁阿总统不能达成共识而辞职。② 此举使德拉鲁阿政府的威信大大下降，因此国际投资者越来越担忧阿根廷会不会公开宣布无力偿还 1500 多亿美元的外债或放弃货币局汇率制度。幸亏国际货币基金组织提供了一笔援助，使阿根廷避免了一场危机。2009 年 12 月，费尔南德斯总统签署紧急行政令，要求动用中央银行 480 亿美元外汇储备中的 65.69 亿美元，以偿还 2010 年到期的部分外债（2010 年阿根廷要偿付 130 亿美元的到期外债）。这一动作遭到了中央银行行长雷德拉多的抵制。雷德拉多称，中央银行应该具有独立性，费尔南德斯总统的决定“践踏”了阿根廷的“制度”，而费尔南德斯则认为，她的举措有利于提升阿根廷在国际资本市场上的资信。2010 年 1 月 7 日费尔南德斯总统解除了雷德拉多的职务后，雷德拉多自己也提出了辞呈，但未被政府接受，因为根据阿根廷的有关法律，中央银行董事会任何一个成员的解职必须得到国会成立的特别委员会的同意后方能生效。

阿根廷政府治理能力的弱小不仅体现在经济领域，而且还反映在外交

---

① Laura Tedesco, “La ñata contra el vidrio: urban violence and democratic governability in Argentina”, *Bulletin of Latin American Research*, October 2000, pp. 527—545.

② 阿尔瓦雷斯要求德拉鲁阿总统免去两位政府部部长的职务，因为他们与一起腐败丑闻有牵连。但总统不同意。

政策上。众所周知，政府既要应对国内的经济、政治和社会问题，也要处理对外关系中的各种问题，包括制定和实施正确的外交政策，处理与大国和邻国的关系。

诚然，随着世界格局的变化，任何一个国家都应该不失时机地调整外交政策。但这一调整应有一基本目标的定位，而且这一目标和定位不能因国家领导人的变化而变化，否则就缺乏连贯性。梅内姆总统在1990年曾说过，“我们想成为第一世界的一部分，这是我们希望加入的唯一世界；……我不喜欢阿根廷属于第三世界，阿根廷应该属于第一世界，这是应该存在的唯一的世界”①。这一判断显然是言过其实的，不仅未能提升阿根廷的国际地位，反而使自己在处理国际事务时限于被动地位。这无疑反映了阿根廷领导人外交才能的不足。

阿根廷与美国关系的变化也在一定程度上反映了阿根廷领导人在处理对外关系时的草率和盲从。梅内姆曾希望进一步密切阿根廷与美国的关系，使之成为一种犹如男女关系那样密切的“肉体关系”（relaciones carnales）。基什内尔及费尔南德斯当政后，阿根廷对美国的政策发生了显著的变化，“肉体关系”几乎成了敌对关系。

2010年1月19日下午，费尔南德斯总统在记者招待会上突然宣布，推迟原定于1月25—28日对中国的国事访问，原因是她不能在此期间把政权交给已经“成为反对派领导人”的副总统科沃斯。她说，为了防止副总统科沃斯在她出国期间滥用职权，她决定推迟对中国的访问。② 费尔南德斯的决定成了阿根廷媒体的头条新闻。这件事不仅反映出一个国家的总统与副总统之间的矛盾，而且还体现了阿根廷政府外交工作中的随意性。

阿根廷政府治理能力得不到提高的原因是多方面的，其中最主要的是：（1）国家领导人多为政治家，擅长政治舞台上的明争暗斗和争权夺利，对如何提高政府治理能力不感兴趣。（2）经济问题政治化，从而使政府出台的一些政策或“虎头蛇尾”或缺乏连贯性。英国经济学家情报社的

---

① Peter H. Smith, *Talons of the Eagle: Dynamics of U. S. -Latin American Relations*, Oxford University Press, 1996, p. 223.

② 科沃斯则表示，他只行使过一次总统权力。2009年3月31日前总统阿方辛去世后，在征得费尔南德斯总统的批准后，科沃斯宣布为阿方辛举行国葬。除此以外，他在费尔南德斯总统出访时，从未签署过任何违背政府政策的法律文件，也没有作出过任何不利于总统的决定。科沃斯还说，中国已是世界经济强国，费尔南德斯访华是双方深化双边友好关系的一个极好机会。他请求总统能够以国家利益为重，重新考虑其访华决定。

一个研究报告认为："货币政策的政治化将使政府为遏制通货膨胀和维系比索汇率的努力变得捉摸不定。"① (3) 总统权力过大，导致"三权分立"流于形式。尤其是梅内姆总统，他自以为个人魅力高不可攀，在决策时很少考虑国会和反对党的意见，从而使政府的决策缺乏科学性和可行性。(4) 党内矛盾和党际矛盾牵制了国家领导人的大量时间和精力，使其无法有效地处理国家大事。

毫无疑问，导致阿根廷政府治理能力低下的根源与这个国家的政治制度和国家领导人的素质有关。而一个国家的政治制度和国家领导人的素质在较短时间内是很难改观的。由此可见，阿根廷政府治理能力在较短时间内难以得到根本性的改善。

四　能否进一步加快社会发展进程

阿根廷是拉美民众主义的发源地之一。众所周知，在庇隆当政时，政府用大量公共资金用于社会发展，以换取工人阶级和贫困阶层对庇隆的支持。这在一定程度上说明为什么庇隆是一个"克里斯玛型"领导人。虽然各种扶贫计划的实施加重了政府的财政负担，但"正义主义"确实在社会发展领域得到了很好的体现。

梅内姆总统在推动经济改革时，较少关注社会发展。国有企业私有化和市场开放使少数人受益匪浅，但弱势群体则承受着巨大的社会成本。2001—2002 年的金融危机使更多的人陷入贫困，收入分配也更加不公。基尼系数从 1990 年的 0. 50 上升到 2002 年的 0. 59。②

基什内尔上台后，多次强调社会正义的重要性，提出要把反贫困作为政府的首要工作重点。因此，除了继续实施针对特殊人群的社会救济政策以外，还多次提高最低工资和养老金、努力扩大再就业。

2004 年 2 月，基什内尔政府开始对劳动力市场进行改革。改革的重点是扩大了雇工应该享受的权利。但这一改革遭到了企业主的反对。为安抚企业主，政府将享受税收优惠的中小企业员工数量由 40 人增加到 80 人。这意味着更多的企业可享受这一优惠。

2005 年以来，政府多次试图加大改革劳动力市场的力度，以更好地保

---

① Economist Intelligence Unit, *Country Report*: *Argentina*, September 2010, p. 3.

② CEPAL, *Panorama social de América Latina 2006*, *2009*.

护工人的权益。由于遭到企业主的反对，政府的设想最终都不了了之。

费尔南德斯上台后，继续推动养老金体制的改革。2008 年，政府决定对养老金管理公司实施国有化，取消个人账户，建立由国家统一管理的现收现付制度。这一改革的目的是扩大社会保障的覆盖面，减轻国家的财政负担。虽然这一改革方案遇到了很大的阻力，但最终还是在国会获得了通过。

根据联合国拉美和加勒比经济委员会的统计，2006 年阿根廷的基尼系数已下降到 0.52，与 2001—2002 年金融危机时期相比已有显著的改善。但是，超过 0.5 的基尼系数意味着，阿根廷的收入分配仍然很不公平。这是许多社会问题得不到根治的主要原因之一。

除收入分配以外，贫困问题也是掣肘社会发展进程的根源。贫困问题是由多种原因导致的，其中之一就是失业问题。受 2001—2002 年金融危机的影响，2002 年阿根廷的城市失业率接近 20%。最近几年的失业率大幅度下降，但在 2009 年仍然高达 8.7%（见图 7-1）。

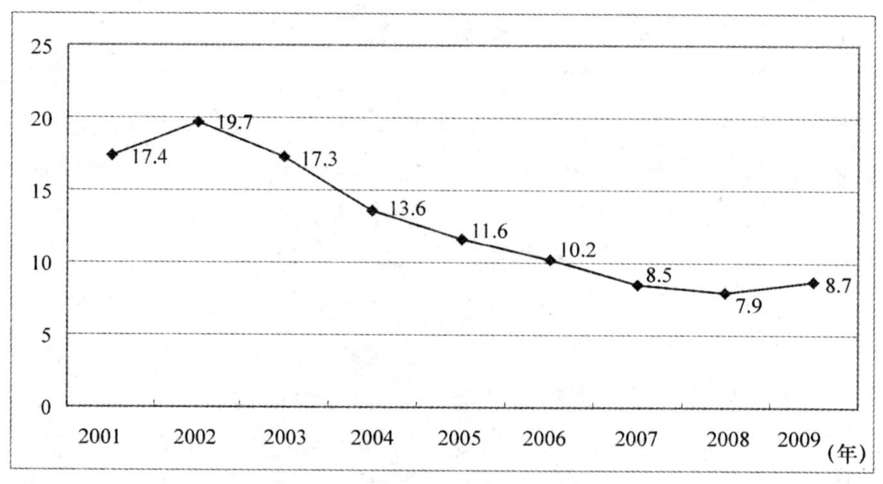

图 7-1　阿根廷的城市失业率

资料来源：United Nations Economic Commission for Latin America and the Caribbean, *Economic Survey of Latin America and the Caribbean 2009—2010* (Briefing Paper), July 2010。

应该指出的是，并非所有社会问题都是经济因素导致的。阿根廷的一些有识之士认为，最近几十年，在阿根廷的青年人中，宗教信仰的热情在减退，精神虚无主义在占上风。这使得许多人沾上了吸毒的恶习。

综上所述，梅内姆时期以来阿根廷的社会发展进程充分说明，经济形势以及政府在社会发展领域中的作用对能否遏制社会问题的严重性有着很大的影响。令人欣慰的是，阿根廷政府似乎已经认识到加快社会发展进程的重要性和必要性，并在不断地采取一些措施。因此，如果未来阿根廷经济能保持一定的增长速度，从而使政府在应对各种社会问题时有足够的经济实力，那么阿根廷的社会问题可能会有所缓解，至少不会急剧恶化。

结　论

阿根廷的发展前景将取决于能否进一步完善政党政治制度，能否在发挥比较优势的同时进一步提升产业结构，能否提高政府的治理能力，以及能否进一步加快社会发展进程。

正义党仍然是政治舞台上的主角，但政治格局已开始呈现出多足鼎立的局面。这是阿根廷政党政治进一步发展的动力。但是，阿根廷政党政治的“游戏规则”尚未彻底成形，“你死我活”仍然是各个政党信赖的斗争哲学，而且民众对政党缺乏信任。

阿根廷既很好地发挥了比较优势，又致力于提升产业结构，并取得了显著成效。但是，提升产业结构既不是一蹴而就，也不能一劳永逸。因此，阿根廷在处理两者之间的关系时，还应该关注以下几个问题：如何提高劳动力素质，如何完善基础设施，如何强化工业制成品的国际竞争力，如何恰如其分地运用出口税。

导致阿根廷政府治理能力低下的根源与这个国家的政治制度和国家领导人的素质有关。而一个国家的政治制度和国家领导人的素质在较短时间内是很难改观的。因此，阿根廷政府治理能力在较短时间内难以得到根本性的改善。

如果未来阿根廷经济能保持一定的增长速度，从而使政府在应对各种社会问题时有足够的经济实力，那么阿根廷的社会问题可能会有所缓解，至少不会急剧恶化。

综上所述，丰富的自然资源将是阿根廷加快发展的有利条件，但政治因素将使其发展前景充满不确定性。

第八章　委内瑞拉的发展前景

查韦斯就任委内瑞拉总统以来，这个南美洲国家的政治、经济、外交和社会等领域发生了翻天覆地的变化。查韦斯总统的政绩是有目共睹的。但委内瑞拉的发展前景仍将取决于能否将“21 世纪社会主义”进行到底，能否维系政局的长期稳定，能否调整产业结构，能否加快农业发展的步伐，能否解决通货膨胀问题，能否改善投资环境，能否使对外关系更好地为经济建设服务。

第一节　查韦斯总统的政绩

20 世纪中叶委内瑞拉实现民主化后，其政治舞台基本上由民主行动党和基督教社会党把持。[①] 尤其在基督教社会党赢得 1968 年 12 月的大选后，委内瑞拉进入了一个由两党轮流执政的时代。在相当长的一段时间内，它甚至被视为南美洲国家中的“民主的榜样”[②]。例如，美国学者约翰·马茨认为，1958 年推翻希门尼斯的独裁统治后，委内瑞拉奉行的以政党为基础的政治制度一直是拉美最有活力和最具竞争力的制度。[③]

这样一种两党轮流执政的局面固然使委内瑞拉的民主化得以在一个体制化的框架内得以延续，但是，两党政治格局滋生的“精英政治”使两党

---

① 国外学术界认为，两党达成的“菲霍角协议”（Punto Fijo Pact）为巩固民主作出了贡献。见 Carolina Pagliacci and Jorge Portillo, Recent Political Economy in Venezuela, in Philip Arestis and Malcolm Sawyer（eds.）, *Political Economy of Latin America: Recent Economic Performance*, Macmillan, 2007, p. 160.

② Kathryn B. Sanderson, “Venezuela: The Party System from 1963 to 2000”. http://www.janda.org/ICPP/ICPP2000/Countries/3-SouthAmerica/39-Venezuela/Venezuela63－00.htm.

③ Jan Knippers Black（ed.）, *Latin America: Its Problems and Its Promise*, Westview Press, 1991, p. 427.

在腐败等问题上相互包庇，治理能力得不到提高，也使民众（尤其是印第安人和妇女）无法参加国家的政治生活，[①] 其他政治力量参与国家政治事务的空间也微乎其微。

面对委内瑞拉政治体制中的种种弊端和腐败现象，查韦斯于 1992 年 2 月 4 日发动了一场政变。政变部队虽然控制了盛产石油的苏利亚州，但最终还是惨遭失败，查韦斯被关进监狱，两年后才获释。

出狱后，查韦斯不辞辛劳地走访贫困地区，在低收入阶层中宣传自己的“闹革命”的思想。在他的努力下，“玻利瓦尔革命运动—200”终于发展成一个政党。但是，委内瑞拉的有关法律不准以民族英雄玻利瓦尔的名字命名政党，因此，“玻利瓦尔革命运动”于 1997 年 7 月被改名为“第五共和国运动”。

“第五共和国运动”提出了消除腐败和倡导社会公正等口号。在 1998 年 11 月的地方选举中，它一跃成为全国第二大党。在 1998 年 12 月 6 日的总统大选中，查韦斯作为“第五共和国运动”和其他一些政党组成的竞选联盟“爱国中心”推举的候选人，以 56. 5% 的得票率当选总统。

查韦斯当政以来，在各个方面取得了引人瞩目的政绩：

一　提出了建设“21 世纪社会主义”的口号

2002 年 4 月 11 日，查韦斯的反对派在美国的支持下发动政变。但在 47 小时后，查韦斯却奇迹般地重新回到了总统府。这一惊心动魄的未遂政变既没有削弱查韦斯总统反美的勇气，也没有降低其消除社会不公和改善穷人生活状况的决心。相反，未遂政变使查韦斯认识到，为了更快地推动委内瑞拉的社会发展进程，更加有力地反击美国的霸权主义，他必须提出一个响亮的口号，以进一步壮大自身的力量，夯实群众基础。因此，从 2002 年下半年起，查韦斯开始在许多场合表示，他将领导委内瑞拉人民进行一场深刻的“玻利瓦尔革命”。

2005 年 1 月 30 日，查韦斯参加了在巴西南部城市阿雷格里港举行的“世界社会论坛”。他在发表演讲时说：“我越来越坚信，我们需要越来越

---

① 如在 1958—1988 年期间，国会中女议员占议员总数的比重不足 5%，政党的重要决策者很少由妇女担任。Elisabeth J. Friedman, “Paradoxes of Gendered Political Opportunity in the Venezuelan Transition to Democracy”, *Latin American Research Review*, No. 3, 1998. 转引自王鹏《查韦斯现象研究》，博士学位论文，中国社会科学院研究生院，2010 年。

少的资本主义，越来越多的社会主义。我毫不怀疑超越资本主义的必要性。但我必须补充一点，即资本主义不会从内部超越自己。资本主义需要通过社会主义道路来实现超越。超越资本主义强权的道路在于真正的社会主义、平等和正义。”① 这是查韦斯第一次较为明确地表明他对社会主义和资本主义的爱憎分明的立场。

在这次演讲中，查韦斯还严厉地抨击了美国。他说：“美国通过各种手段残酷地压迫我们：搞经济破坏，在媒体上进行恶意中伤，制造社会动荡；从事恐怖主义，安放炸弹，煽动暴力，造成流血和死亡；策划军事政变，操纵各机构制造国际压力，等等。美国企图通过美洲国家组织将委内瑞拉变为一个附属国；美国企图扶植一个只知道每天发布新闻的殖民总督；美国企图建立一个凌驾于我们的法律、制度和宪政之上的跨国政权。所有这些，都被我们抵制了。”

同年 5 月 1 日，查韦斯领导的“第五共和国运动”在首都加拉加斯组织了一次规模庞大的庆祝五一国际劳动节的集会。在这次集会上查韦斯说：“要在资本主义的范围内达到我们的目标是不可能的，要找到一条中间道路也是不可能的。我现在请求全体委内瑞拉人民在新世纪走社会主义道路。我们必须为 21 世纪建立新的社会主义。”这是查韦斯总统首次公开使用“21 世纪社会主义”的提法。

在 2006 年 12 月 3 日举行的总统大选中，查韦斯以 63% 的得票率蝉联总统。12 月 15 日，在为庆祝大选胜利而举行的一次大规模群众集会上，查韦斯说，在目前新的形势下，委内瑞拉需要一个能够为革命和社会主义服务的政治工具。他宣布，支持“21 世纪社会主义”的所有政党将被合并成一个新的政党，名为“统一社会主义党”。这一新的政党将领导委内瑞拉人民开展“玻利瓦尔革命”，进行“21 世纪社会主义”建设。

2007 年 1 月 10 日，查韦斯在全国最高立法机构全国代表大会宣誓就职。在就职演说中，查韦斯说，从他 1999 年当政至 2006 年，是“玻利瓦尔革命”的一个“过渡”阶段。如今这一阶段已顺利完成，因此，委内瑞拉将进入一个新的历史时期。这一新阶段的名称是“2007—2021 年全国西蒙·玻利瓦尔计划”。这一计划的最终目标是在委内瑞拉建立“玻利瓦尔

---

① “Venezuela’s Chavez Closes World Social Forum with Call to Transcend Capitalism”, January 31, 2005. http://www.venezuelanalysis.com/news.php? newsno = 1486.

社会主义”。他之所以选定2021年，是因为那是委内瑞拉独立200周年华诞。

查韦斯说，“2007—2021年全国西蒙·玻利瓦尔计划”的核心内容是五台“发动机”。这些“发动机”实际上就是查韦斯将要采取的以下5项措施。第一，使全国代表大会通过《委任立法权法案》。根据这一法律，查韦斯总统可以发布实施国有化的总统行政命令。第二，修改宪法，取消中央银行的独立性，取消总统任职届数的限制。第三，开展全民教育，彻底消除文盲现象。第四，改革国家的政治机构。第五，在全国范围内建立由200—400个家庭组成的合作社，并授予其一定的权力，以便使每一个人都能参与国家的政治民主进程。

二　推动政治改革

早在步入政坛之初，查韦斯就坚持认为，委内瑞拉面临的一切问题（包括经济问题和社会问题）都是政治问题导致的，而政治问题的核心就是具有寡头政治特点的“两党政治”。在“两党政治”的格局下，一是宪法不能反映人民的利益，二是政府官员和政治家的腐败司空见惯，三是立法机关被一大批无所作为的政客把持，无法高效率地运作，四是寡头政治遏制了民众参与政治民主化进程的空间。因此，查韦斯上台后就大刀阔斧地实施政治改革，以彻底粉碎这一腐朽没落的政治机器。他采取的改革措施主要包括：

第一，颁布新宪法。

宪法是一个国家的根本大法。查韦斯认为，他上台后面对的宪法（即1961颁布的、1811年独立后制定的第26部宪法）是为委内瑞拉寡头政治服务的，不能满足委内瑞拉的现实需要，因此必须被一部真正能为人民利益服务的新宪法取而代之。

查韦斯上台后签署的第一个总统行政命令就是举行一次全民公决。这一公决在1999年4月19日举行。选民需要回答两个问题：是否需要建立一个制宪议会？制宪议会是否应该听从总统提出的建议？这两个问题得到的赞同票分别占参与公决的选民人数的92%和86%。

1999年7月25日，由131人组成的制宪议会成立。其职责是起草新宪法和行使有关立法权。然而，这一新的权力机构与原有的立法机关在权力归属等问题上出现了严重的分歧和对立。经过艰难的讨价还价，两个机构终于在9月10日达成妥协，即在新宪法生效之前，制宪议会与原有的国民议会可“同时存在”，各自发挥作用。

1999年12月15日，新宪法在全民公决中以71.7%的“赞同”票被通过。12月20日，新宪法正式生效。新宪法体现了拉美民族英雄西蒙·玻利瓦尔的思想，因此查韦斯称之为“玻利瓦尔宪法”①。

新宪法共有350条，据说是世界上最长的宪法。根据新宪法，委内瑞拉的国名从原来的“委内瑞拉共和国”（República de Venezuela）变为“委内瑞拉玻利瓦尔共和国”（República Bolivariana de Venezuela），总统的任期由原来的5年延长至6年，并增设一位副总统。除了常见的“三权”（立法权、司法权和行政权）以外，新宪法还增加了“选举权”（poder electoral）和“公民权”（poder ciudadano），实行所谓“五权分立”。立法机关由原来的两院改为全国代表大会，其代表由全国大选直接选举产生，任期6年。与此同时，新的立法机关的许多权力被转移到总统手中。

此外，新宪法还规定，享受免费医疗服务是每一位委内瑞拉公民都应该获得的一种“根本性的社会权利”。

第二，赋予查韦斯以“委任立法权”。

2007年1月31日，委内瑞拉全国代表大会举行特别会议。大多数会议代表在发言中强调，为了建设“21世纪社会主义”，必须授予查韦斯总统以特殊的权力。他们指出，委内瑞拉人民希望查韦斯总统获得这样一种权力。这一权力既能推动委内瑞拉的民主化，又能抵御反对派的进攻。会议最终通过了授予总统查韦斯为期18个月的“委任立法权”的法案。根据该法案，查韦斯总统有权在此后18个月的时间内，在能源、金融、财政、政府机构、国家安全和国防等11个领域颁布与国家的法律同等效力的行政命令。换言之，查韦斯总统可以利用这种至高无上的权力，在政治、经济和国家安全等领域强行推动改革，包括实行能源国有化。

全国代表大会第二副主席埃尔南德斯在特别会议上说，“委任立法权”能使查韦斯总统以“最快的速度”解决委内瑞拉的问题。副总统罗德里格斯回击了国内反对派和一些外国势力指责查韦斯“搞独裁”的说法。他认为，“委任立法权”的通过有助于查韦斯政府“播种民主，播种和平和社会主义”。但反对派认为，“委任立法权”可以使查韦斯的每一句话成为委

---

① 新宪法还吸收了古巴思想家何塞·马蒂以及秘鲁马克思主义者马里亚特吉的思想。

内瑞拉的法律，因此，“委任立法权”巩固了查韦斯的“独裁”地位，是“民主的倒退”。一些国际媒体也认为，“委任立法权”将使查韦斯总统以更有力的强权手段、以更加肆无忌惮的方式推动其“专制政策”。

第三，延长总统任期。

2007年12月2日，委内瑞拉就宪法改革举行全民公投。修宪的内容除延长总统任期至7年、总统可无限次连任以外，还包括加强社会福利、将每日工作时间减少至6小时以及政府在“紧急”情况下可加强对媒体的管制，等等。查韦斯提出的修宪提案以49.29%比50.70%的微弱差距未获通过。公投结果公布后，查韦斯总统表示，他尊重民众的意愿。

但在2009年2月15日的全民公决中，查韦斯提出的宪法修正案被通过。根据这一修正案，总统、州长、市长和议员等由选举产生的公职人员可以无限期地连任。这意味着查韦斯可参加今后的每一次总统竞选。反对派称这是委内瑞拉民主的倒退，而许多低收入者则认为，宪法修正案的通过有助于查韦斯总统继续推进其社会发展进程。美国国务院发言人杜吉德在2月17日发表谈话，称公投是一个“民主行动”，“完全符合民主程序”①。

第四，实施法律改革。

查韦斯认为，作为正义的象征，法律必须为国家和人民服务，不能成为少数人牟取私利的工具。2003年，查韦斯废除了第一行政法庭。该法庭主要受理公民起诉政府的案件。查韦斯认为，该法庭对一些案件的判决明显偏袒他在政治上的反对派。2004年通过的《最高法庭法》将最高法官的人数从20位扩大到32位。且法官的任命只需得到全国代表大会的简单多数票即可（此前为2/3）。一些分析人士认为，《最高法庭法》的颁布意味着查韦斯力图用行政权来影响最高法院的判决，因此，一些分析人士认为，委内瑞拉的“五权分立”是名不副实的。

三　强化国家在经济生活中的作用

在查韦斯上台之前，委内瑞拉就已开始实施经济改革（见专栏8—1）。改革的重要措施之一就是国有企业私有化。私有化固然消灭了许多亏损累累的国有企业，从而减轻了政府的财政负担，但国家的作用也被大大

---

① http：//news. xinhuanet. com/world/2009－02/18/content_ 10836626. htm.

削弱。

专栏 8—1

查韦斯上台之前委内瑞拉的经济改革

1989 年 2 月 1 日，第二次当选委内瑞拉总统的佩雷斯宣誓就职。他上台一个月以后就开始实施其经济改革计划。这一改革的主要内容包括：对国有企业实施私有化，对玻利瓦尔进行贬值，大幅度减少政府对食品和交通运输的补贴，废除一部分带有保护主义色彩的贸易政策，鼓励出口，取消价格管制，为压缩公共部门的开支而解雇大量政府工作人员。

国际货币基金组织和世界银行对佩雷斯政府的改革措施大为赞赏。然而，这些措施出台不久，首都加拉加斯就爆发了大规模的抗议示威活动和骚乱。政府派出的军队与民众发生了冲突，数百人死亡。

这一流血事件并没有阻止佩雷斯总统推行其改革措施。同年 9 月，佩雷斯总统宣布了新的改革方案，其中包括多家国有企业的私有化。

1993 年 5 月，佩雷斯总统因腐败问题被披露而停职。8 月，国会罢免了他的总统职务。在同年 12 月举行的大选中，卡尔德拉获胜，第二次担任委内瑞拉总统。

为了克服严重的经济危机和社会危机，卡尔德拉总统被迫于 1999 年初与国际货币基金组织谈判。尽管他事先表示“绝不向国际货币基金组织屈服”，但最后还是接受了国际货币基金组织提出的加快国有企业私有化、取消价格管制、实行利率市场化和压缩政府开支等措施。这些措施再次引发了民众的抗议，但与 1989 年相比，骚乱的规模是有限的。

查韦斯总统认为，在建设“21世纪社会主义”的过程中，国家必须发挥主导作用。因此，他不仅在政治领域不断强化总统的权力，而且在经济领域通过实施国有化和土改来加强政府对经济生活的干预。

早在20世纪初，委内瑞拉就开始开采石油。然而，委内瑞拉的石油工业长期受外资控制。1976年，委内瑞拉政府对石油工业实施国有化。但国有化后管理和技术水平无法满足石油工业发展的需要，因此石油产量无法大幅度提高。1993年，政府不得不在石油工业中实施开放政策，欢迎外国投资者进行勘探和冶炼。

查韦斯上台后，发誓要降低外国公司在委内瑞拉石油工业中的至高无上的地位，“使委内瑞拉人民获得石油价格上升带来的好处”。为此，查韦斯政府提高了外国公司与委内瑞拉政府在石油收入中的分成比例，并要求外国公司将一部分股权转让给委内瑞拉国营石油公司。

2007年2月27日，查韦斯总统宣布，他已签署新的总统行政令，决定自5月1日起，对委内瑞拉国土上最后一个被外国公司控制的石油生产基地实施国有化。这一生产基地位于奥里诺科地区，以盛产重油闻名于世。根据总统的行政令，在5月1日正式实施国有化以前，外国公司可以与委内瑞拉政府就国有化的条件举行谈判。

5月1日，查韦斯总统如期宣布，委内瑞拉已完成石油工业的国有化进程。[①] 他还表示，在委内瑞拉，所有能国有化的，都要被国有化。因此，除石油工业以外，查韦斯政府还在电信业、金融业等领域实施了一些国有化措施，从而大大提高了政府在国民经济中的地位。

在强化国家作用的过程中，国家发展基金（Fondo Nacional de Desarollo，FONDEN）的作用功不可没。该基金成立于2005年9月9日，其宗旨是“改变石油收入的分配方式，以加快经济和社会的协调发展”。

国家发展基金的资金来源是超过“合理”的国际储备数额的“多余”部分。政府没有公布如何计算“合理”和“多余”的国际储备的方法。2008年4月，全国代表大会通过一项法律，要求石油公司在油价超过70美元后向委内瑞拉政府设立的国家发展基金缴纳特殊税。这一税收包含两

---

① 查韦斯总统实施的国有化不同于20世纪六七十年代其他拉美国家实施的国有化。当时的国有化主要是拉美国家用极低的补偿金将外国公司收归国有。而今天查韦斯实施的国有化仅仅是提高分成比例和减少外国公司的股权。尽管如此，查韦斯的国有化仍对外资产生重大影响，引起了许多外国投资者的担忧。

种税率：（1）当油价超过70美元后，税率为超过部分的50%；（2）当油价超过100美元后，税率为超过部分的60%。这一笔特殊税必须用外汇缴纳。

国家发展基金成立之时的资金为60亿美元。迄今为止，已有100多亿美元的外汇储备被转移到该基金。此外，国家石油公司也向该基金提供资金（2006年每周平均提供约1亿美元）。2007年5月16日，委内瑞拉财政部部长罗德里戈·卡韦萨斯在全国代表大会上说，该基金已从中央银行和国营石油公司那里获得了273亿美元。据报道，国家发展基金已拥有400亿—500亿美元的资金。①

该基金已在基础设施、能源部门、国防、住房和卫生等领域投入了202亿美元，其中基础设施和能源部门分别占17%，国防占11%，住房占9%，卫生事业占4%。

四　大力实施扶贫计划

查韦斯总统的政治权力基础在于低收入阶层，因此，他上台后不久就实施了多个扶贫计划（misiones），其中包括开设面向穷人的特价商店，向失业者提供各种就业机会，在穷人区建造学校和医院，等等。②

查韦斯总统的扶贫计划显然得益于源源不断的石油美元。据美国的一个非政府组织的网站报道，在2006年的财政预算中，政府原计划向社会发展领域拨款8.6亿美元。后来由于石油价格大幅度上涨，委内瑞拉获得的石油出口收入急剧增加，是年的社会开支实际上高达70亿美元。在委内瑞拉，“公共工程项目随处可见，其中包括从加拉加斯到瓦伦西亚的地铁线以及奥利诺科河上的大桥。这个国家的2500万人就近即可找到新建的医疗诊所。……过去，委内瑞拉的文盲率一度高达10%，而今已基本上

---

① 英国牛津分析公司（Oxford Analytica）认为，国家发展基金拥有的巨额资金是一笔用途不详、不受审计、不受立法机关监督的预算外收入；而且，其中相当一部分资金并不在国内。但卡韦萨斯部长认为，国家发展基金经常发表财务报告，因此其资金运转程序完全是透明的。他还说，从2007年5月21日起，国家的审计机关对国家发展基金进行了审计。

② 一些外国学者认为，由于反对派试图通过全民公决的方式来罢免查韦斯总统，因此政府在2003年特意推出了许多社会发展计划，以争取更多选民的拥护。见 Carolina Pagliacci and Jorge Portillo, Recent Political Economy in Venezuela, in Philip Arestis and Malcolm Sawyer (eds.), *Political Economy of Latin America: Recent Economic Performance*, Macmillan, 2007, p. 166.

为零。婴儿死亡率从过去的21‰下降到目前的16‰"[①]。

自1999年查韦斯当政以来，委内瑞拉的贫困率大幅度下降。1999年，委内瑞拉的贫困率比拉美平均水平高出5.5个百分点，但2005年则比拉美低2.8个百分点。这一对比充分说明，委内瑞拉在降低贫困率方面的业绩优于其他一些拉美国家。[②]

查韦斯总统的社会发展计划有3个引人注目的特点：一是与古巴合作，共同实施"石油换医生和教师的计划"。根据这一计划，委内瑞拉向古巴提供廉价石油，古巴向委内瑞拉的贫困地区派遣医生和教师。[③] 这一互惠计划既解决了古巴的能源短缺问题，也推动了委内瑞拉的社会发展。二是国家发展基金在实施社会发展计划的过程中发挥重要作用。三是委内瑞拉国营石油公司必须将一定量的资金划拨给国家发展基金，以满足社会发展计划的资金需求。2004年，国营石油公司用于社会发展计划的经费为43亿美元，而用于本公司的石油勘探和石油生产的投资仅为29亿美元。[④]

五　重视农业发展

委内瑞拉拥有较丰富的土地资源和水资源，但农业在国内生产总值中的比重仅为4%，[⑤] 农业劳动力在全国劳动力总数中的比重仅为10%。由于农业得不到发展，委内瑞拉70%的食品需求靠进口。进口的农产品主要包括饲料、菜油、小麦、土豆、食糖和奶制品。

针对农业部门的落后状况，查韦斯总统在多个场合说过，委内瑞拉要进行一场"农业革命"。这一"革命"的主要内容包括：

第一，开展土地改革。

---

① http：//www. commondreams. org/headlines06/1002 –06. htm.

② United Nations Economic Commission for Latin America and the Caribbean, *Social Panorama of Latin America*, 2006.

③ 古巴向委内瑞拉提供了2300万人次的医疗服务，惠及1700万委内瑞拉的穷人。引自［古］奥斯瓦尔多·马丁内斯《垂而不死的新自由主义》（中文版），当代世界出版社2009年版，第43页。

④ David R. Mares and Nelson Altamirano, *Venezuela's PDVSA and World Energy Markets: Corporate Strategies and Political Factors Determining Its Behavior and Influence*, The James A. Baker III Institute for Public Policy, Rice University, March 2007, p. 78. http：//www. rice. edu/energy/publications/docs/NOCs/Papers/NOC_ PDVSA_ Mares-Altamirano. pdf.

⑤ 在哥伦比亚、阿根廷和巴西，农业占GDP的比重分别为13%、10%和9%。Economist Intelligence Unit, *Country Profile 2007: Venezuela*, p. 34.

查韦斯认为，不合理的土地所有制是委内瑞拉农业长期得不到发展的重要原因之一。他还说，中国之所以用有限的土地解决了13亿人的吃饭问题，就是中国政府很好地解决了土地问题。

20世纪50—70年代，委内瑞拉曾实施过土地改革。根据当时政府制定的土改法，三种土地必须被收归国有：（1）闲置土地；（2）佃农间接耕种的土地；（3）用于放牧的可耕地。土地被收归国有后，政府向土地所有者支付一定量的补偿。在1960—1980年期间，约850万公顷的土地被分配给15.5万户无地农户。但土地所有权高度集中的状况并没有得到根本性的解决。

2001年11月，委内瑞拉颁布了《土地法》，力图通过土改来实现耕者有其田的目标。根据这一法律，土地所有者必须在规定时间内如实申报土地数量，长期被闲置的土地将被政府收购后分配给无地农民。根据政府的统计，1999年，大地主拥有的土地达600万公顷。迄今为止，政府已将200万公顷的土地收归国有，其中60%的土地已分配给10多万户农民。其他统计数字表明，查韦斯当政以来，政府已将分布在全国各地的大地主闲置的24.7万公顷土地收归国有，从而使大地主拥有的土地减少了32%。查韦斯说，没有大地主的这一天早晚要到来！

第二，加大对农业的扶持力度。

过去，虽然农民在土改中获得了土地，但他们缺少耕种土地所需的资金，因此无法购买足够的农业资料。其结果是，在耕种若干年后，农民只能将土地闲置。为改变这种状况，查韦斯政府先后发布了7个行政命令，增加了对小农的扶持力度。自查韦斯当政以来，政府已向农业提供了1.28亿美元的补贴。1999年颁布的宪法甚至将农民获得政府补贴作为其应有的“权利”。

为减少对进口种子的依赖，委内瑞拉自2006年起实施了“国家种子计划”。经过3年的努力，委内瑞拉已培育了484万公斤种子。为了发展畜牧业，委内瑞拉从古巴、阿根廷和尼加拉瓜引进了一些优良品种。为了提高农业机械化程度，委内瑞拉从阿根廷、巴西和白俄罗斯进口了许多农业机械。

第三，兴建农业合作社。

查韦斯说，玻利瓦尔革命有五台“发动机”，其中之一就是城乡劳动者建立的合作社。委内瑞拉的农业合作社一般由十多户农户组成，劳动力人数在40—70人之间。每个合作社拥有的土地基本上都是政府在土改中分配给农民的，有些生产资料也是用政府提供的信贷购买的。每个合作社都可通过民主选举的方式产生若干位领导人。合作社的生产计划和农产品的分配等事务均由合作社自行决定。由于合作社能在一定程度上扩大生产经营规模，提高劳动生产率，因此，大多数合作社的经营状况较好。

六　努力提升委内瑞拉的知名度和国际地位

查韦斯当政后，委内瑞拉的知名度和国际地位不断上升。这既与查韦斯在国内推行的一系列大刀阔斧的改革措施有关，也与他在国际舞台上的言行密不可分。例如，他不顾美国的禁令，长途跋涉，到巴格达会见当时的伊拉克总统萨达姆。他称古巴领袖卡斯特罗为“慈父”，以很低的价格向古巴出口石油，同时把大量古巴医生和教师送到委内瑞拉的贫困地区，为那里的贫困大众服务。他对古巴的同情如此之强烈，与卡斯特罗的关系如此之密切，以至于一些国际媒体称查韦斯为古巴的“大救星”。他与足球明星马拉多纳肩并肩地在2005年11月举行的第四届美洲国家首脑会议的会场外高呼“埋葬美洲自由贸易区”的口号。他敢于在联合国讲坛上骂布什总统为“魔鬼”，在其他一些场合称美国国务卿赖斯为“胡说八道的小妹妹”。他说美国有意入侵委内瑞拉，因此，他号召委内瑞拉民兵用当年印第安人对付西班牙殖民主义者的毒箭来回击“美国佬”。

2007年4月30日晚，查韦斯在庆祝五一国际劳动节集会上的讲话再次引起国际社会的关注。他说：“我们将不必再去华盛顿，也不必再去国际货币基金组织或者世界银行，我们要退出这些组织。”

为了构建“反美轴心”，查韦斯以石油美元为“后盾”，对古巴、玻利维亚、尼加拉瓜等国提供了大量援助。设在委内瑞拉首都加拉加斯的一个经济研究中心称，自1999年查韦斯上台至2006年，委内瑞拉共提供了250亿美元的对外援助，平均每年达36亿美元。[①] 美国的一些媒体认为，查韦斯上台以来提供给拉美国家的援助大大超出同期美国给予拉美的援助。无怪乎查韦斯在拉美地区的影响力大有超过布什总统之势。

---

① 转引自 Juan Forero, “Chávez, Seeking Foreign Allies, Spends Billions”, *The New York Times*, April 4, 2006.

委内瑞拉与俄罗斯保持着较为密切的关系。查韦斯曾说过："为了我们的社会经济发展，为了我们大陆上的人的生活，为了和平，我们需要俄罗斯。不仅委内瑞拉需要俄罗斯，而且整个拉美也需要像俄罗斯这样的朋友。"迄今为止，查韦斯已6次访问俄罗斯。两国在能源领域的合作稳步推进。委内瑞拉国家石油公司已与俄罗斯的3家能源公司签署了在委内瑞拉奥利诺科地区勘探和开采石油的合作协议。

2006年以来，伊朗总统艾哈迈迪内贾德已3次访问委内瑞拉。国际媒体认为，艾哈迈迪内贾德拉美之行的目的不是经济合作，而是要联手拉美的"反美轴心国"，共同对抗美国。

七　积极推行能源外交

委内瑞拉拥有丰富的石油资源，石油出口收入源源不断。这为查韦斯总统推行能源外交创造了雄厚的物质条件。

2001年12月，加勒比国家联盟第三届首脑会议在委内瑞拉的玛格丽塔岛举行。[①] 在这次会议上，查韦斯提出了建立"玻利瓦尔替代计划"的设想，以替代美国倡导的美洲自由贸易区。2004年12月14日，委内瑞拉与古巴在哈瓦那发表联合声明，宣布"玻利瓦尔替代计划"正式启动。2009年6月24日，根据委内瑞拉的倡议，该组织更名为美洲玻利瓦尔联盟。[②] 目前，该联盟拥有9个成员国：委内瑞拉、古巴、玻利维亚、厄瓜多尔、尼加拉瓜、多米尼克、安提瓜与巴布达、圣文森特和格林纳丁斯。[③] 这些成员国的总人口近7000万人，领土总面积250多万平方公里，国内生产总值约为6365亿美元，人均9156美元。[④]

2010年1月27日，该联盟的成员国开始使用一种名为苏克雷的虚拟货币，并计划在不久的将来使之成为一种硬通货。7月6日，委内瑞拉与厄瓜多尔在进行贸易结算时不再使用美元，而是使用苏克雷。

2005年6月，"77国集团+中国"第二届南方首脑会议在卡塔尔首都

---

① 1994年7月24日，加勒比地区25个国家和12个未独立地区的总统、政府首脑或外长在哥伦比亚的卡塔赫纳签署了《加勒比国家联盟成立公约》，加勒比国家联盟（Association of Caribbean States）正式成立。总部设在特立尼达和多巴哥首都西班牙港。

② 英文名称为 The Bolivarian Alliance for the Peoples of Our America，西班牙语名称为 Alianza Bolivariana para los Pueblos de Nuestra América（ALBA）。

③ 格林纳达、海地、巴拉圭和乌拉圭是该组织的观察员。洪都拉斯于2010年初退出。

④ http://en.wikipedia.org/wiki/Bolivarian_Alliance_for_the_Americas.

多哈举行。在这次会议上，查韦斯提出了组建南方银行的倡议。他说，长期以来，拉美国家因过度依赖国际金融机构的贷款而遭遇金融危机。因此，南方银行的建立能使南美洲国家实现“金融独立”，摆脱国际货币基金组织和世界银行的束缚。查韦斯还表示，南方银行的资金总额将高达70亿美元，其中14亿美元将来自委内瑞拉。

2007年12月9日，南方银行成立，成员国有7个（阿根廷、巴西、巴拉圭、玻利维亚、厄瓜多尔、乌拉圭和委内瑞拉）。银行的总部设在委内瑞拉首都加拉加斯，在阿根廷首都布宜诺斯艾利斯和玻利维亚行政首都拉巴斯设分部。最高决策机构是管理委员会，其成员由各国财政部部长或经济部部长担任。

在查韦斯总统的倡议下，委内瑞拉与13个加勒比国家在2005年6月签署了“加勒比石油协议”（Petro Caribe）。[①] 根据该协议，委内瑞拉向缔约国提供廉价石油，50%的货款用现金结算，50%的货款转换为长期信贷（利率为1%），或用加勒比国家盛产的香蕉、大米和糖等产品进行易货贸易。迄今为止，“加勒比石油协议”的缔约国已增加到18个成员。

根据2008年7月召开的第五次“加勒比石油协议”缔约国特别首脑会议的决议，在石油价格高于每桶100美元时，支付现款的比重下降到40%（付款期限为90天），其余60%转换为长期贷款。如果油价进一步上涨，支付现款的比重将下降到30%，长期信贷的比重则上升到70%。

委内瑞拉政府公布的数据表明，“加勒比石油协议”问世以来，委内瑞拉共为缔约国提供了5900万桶石油，从而使其节省了9.21亿美元的石油进口费用。

美国的媒体和智库认为，“加勒比石油协议”大大提升了委内瑞拉在加勒比地区和中美洲地区的影响力，损害了美国在该地区的传统势力范围。

第二节　影响委内瑞拉发展前景的主要因素

美国企业研究所的一位研究员在题为“回到委内瑞拉的未来”的文章

① 这13个国家是：古巴、安提瓜和巴布达、巴哈马、伯利兹、多米尼克、多米尼加、格林纳达、圭亚那、牙买加、苏里南、圣卢西亚、圣基茨和尼维斯、圣文森特和格林纳丁斯。

中写道："委内瑞拉正在走向社会主义吗？查韦斯说是的，但了解委内瑞拉历史的人知道，委内瑞拉发生的一切并不新鲜。"[①] 一位名叫劳伦·斯蒂菲的美国专栏作家在其题为"查韦斯在抵押委内瑞拉的未来"一文中不仅批评了委内瑞拉的国有化政策，而且对委内瑞拉的未来作出了悲观的预测。[②] 2004 年 8 月委内瑞拉的反对派试图罢免查韦斯总统的全民公决结束后，英国广播公司曾就"委内瑞拉的未来"这一问题采访过 8 位知名人士（其中包括一位委内瑞拉学者和一位委内瑞拉前政府官员）。这些人的回答大相径庭。委内瑞拉学者充满了自信，并希望美国不要干涉委内瑞拉内政，而其他人则持非常消极和悲观的立场。[③]

毫无疑问，不同的人对委内瑞拉的发展前景的判断必然是各不相同的。事实上，委内瑞拉的发展前景取决于一系列政治因素和经济因素，其中最重要的是：

一　能否将"21 世纪社会主义"进行到底

古巴国务委员会主席菲德尔·卡斯特罗的"口头禅"是"不要社会主义，毋宁死"！自从查韦斯提出"21 世纪社会主义"以来，他也经常在各种场合高呼"不要社会主义，毋宁死"！

必须指出的是，如以马克思主义的原理作为衡量标准，查韦斯的"21 世纪社会主义"与科学社会主义相差甚远，查韦斯本人也不是一个马克思主义者。在 2005 年 10 月 2 日的"总统你好"的电视节目中，查韦斯说："我有许多马克思主义朋友，但'21 世纪社会主义'不是一个马克思主义计划。"2004 年 8 月 18 日，查韦斯总统在接受美国 CNN 电视台采访时说："我不是一个共产主义者。如果我是的话，那我会毫不犹豫地说我是一个共产主义者。如果委内瑞拉有一个马克思主义计划的话，那么我从我踏入政坛后的第一天就会这样说。我认为我亲近社会主义者和进步思想，但我不是一个马克思主义者。"[④]

---

① Mark Falcoff, "Back to the future in Venezuela", http://www.american.com/archive/2007/january/back-to-the-future-in-venezuela/.

② http://www.chron.com/disp/story.mpl/business/steffy/4774312.html.

③ "Viewpoints: Venezuela's future", http://news.bbc.co.uk/2/hi/americas/3569674.stm#Marco.

④ 转引自 Mary Pili Hernandez, "Just what is 21st-Century Socialism?" http://www.venezuelanalysis.com/articles.php?artno=1940。

令人遗憾的是，“21世纪社会主义”缺乏扎实的理论基础，甚至其含义也是模糊不清的。查韦斯的“智囊团”和“思想库”也未能给出详尽而具体的诠释。但是，为了寻找“21世纪社会主义”的理论武器，查韦斯经常看马列的书，对毛泽东著作尤为喜爱。他甚至能背诵若干段毛主席语录。2007年4月，查韦斯总统下令，政府部门的工作人员，在军队、学校、国有企业和私人企业中的雇员，都要学习马列主义理论，且每周的学习时间不得少于4小时。委内瑞拉劳动部部长何塞·拉蒙·里韦罗说，学马列是“强制性的”。他还透露，查韦斯将使用全国代表大会赋予总统的特殊权力，颁布一项学马列的行政命令。

为了确保“21世纪社会主义”拥有强有力的“政治基础”，查韦斯在获得2006年大选胜利后表示，要“将所有支持玻利瓦尔革命的政党团结起来”，组成一个新的政党，取名为委内瑞拉统一社会主义党。他认为，这个政党将团结一切可以团结的力量，与国内外的敌对势力作斗争，发挥“21世纪社会主义”“领导者”的作用。

2007年4月29日，委内瑞拉统一社会主义党开始在全国范围内进行党员登记。截至6月3日登记工作结束，约500万名委内瑞拉人注册为该党党员。2008年2月，在委内瑞拉统一社会主义党第五次代表大会第二次会议上，1861名与会代表一致任命查韦斯总统为这个政党的主席。

为了动员全体人民参与“21世纪社会主义”的建设，查韦斯政府加大了建立合作社的力度。[①] 查韦斯认为，合作社是一种有利于提高生产力的生产组织，也是动员劳动者参与国家政治民主生活的有效方式。2001年，委内瑞拉颁布了《合作社法》。在政府的扶持下，截至2006年底，全国约有18万个合作社，[②] 其中80%的合作社分布于服务业，其余的合作社分布于生产领域。合作社的规模不等，多则数百人，少则5人。在合作社内，无论是领导还是群众，都是平等的。

许多委内瑞拉人（尤其是低收入者）拥护查韦斯，因而使查韦斯在2006年的大选中获得了超过60%的选票。但是，他们对“21世纪社会主

---

① 早在100年前，委内瑞拉就建立了第一个合作社。在20世纪50年代，即在希门尼斯的独裁统治时期，合作社数量急剧减少。查韦斯上台时，委内瑞拉全国仅有762个合作社。

② 据英国《金融时报》（2007年11月20日）报道，18万个合作社这一数字是委内瑞拉政府公布的官方数字。http：//www.ft.com/cms/s/0/e9e91e4a－96db－11dc-b2da－0000779fd2ac.html?nclick_check＝1。

义”的含义不理解，甚至缺乏热情。其他社会阶层对查韦斯的内政外交则颇有微词。这显然会增加查韦斯总统实施“21 世纪社会主义”的难度。

此外，委内瑞拉缺乏一个强有力的马列主义政党。国际共产主义运动的历史进程表明，社会主义事业必须由一个坚强的马列主义政党来领导。查韦斯总统也深刻地认识到，为了与得到美国支持的反对派作殊死的斗争，必须通过建立一个政党来团结各种政治力量。但是，一方面，委内瑞拉共产党的政治影响力十分有限，另一方面，查韦斯希望建立的统一社会主义党能否发展成一个马列主义政党，还是一个未知数。

二　能否维系政局的长期稳定

查韦斯的上台彻底改变了委内瑞拉的政治格局，使寡头政治的既得利益者成了坚定的反对派。2002 年 4 月政变事件后，查韦斯总统与其反对派之间的矛盾更加不可调和。

同年 12 月 2 日，反对派发动了长达 2 个月的大罢工。这一以石油部门为主的大罢工使委内瑞拉经济蒙受巨大损失。然而，查韦斯不仅没有屈服，反而加强了对国家石油公司的控制。例如，查韦斯在 2004 年 11 月 20 日任命能源与矿业部部长拉米雷斯（Rafael Ramírez Carreño）为国家石油公司董事长。此外，政府还在 2002 年 12 月至 2003 年 2 月的大罢工后解雇了 1.8 万人，其中包括大量技术人员。技术水平的下降是此后几年国家石油公司石油产量得不到提高的主要原因之一。

大罢工结束后，反对派希望通过征集签名和举行公民表决的方式来罢免查韦斯总统。根据 1999 年颁布的宪法，在总统和其他公职人员的任期过半后，委内瑞拉公民可通过全民公决来决定其是否可以继续执政，但同意举行全民公决的人数必须超过全国选民总数的 20%。

2003 年 11 月 28 日至 12 月 1 日，反对派大张旗鼓地在全国范围内征集支持全民公决的签名。2004 年 6 月 3 日，全国选举委员会宣布，反对派征集到 254 万个有效签名，超过了宪法规定的 20%（即 243.6 万个有效签名）的标准。6 月 8 日，全国选举委员会宣布，8 月 15 日举行全民公决，以决定查韦斯能否继续执政。8 月 16 日，全国选举委员会宣布，查韦斯总统以 59.3% 的“拥护”票在 15 日举行的全民公决中胜出（见表 8 - 1）。这意味着反对派试图将查韦斯赶下台的努力再告失败。

表 8－1　　2004 年 8 月 15 日罢免查韦斯总统的全民公决的结果

选民人数	参加投票人数	有效票数量	未投票人数占选民比率	反对查韦斯的票数	拥护查韦斯的票数
14027607	9815631	9789637	30.2%	3989008（40.5%）	5800629（59.3%）

资料来源：委内瑞拉选举委员会，转引自 Philip Arestis and Malcolm Sawyer（eds.），*Political Economy of Latin America：Recent Economic Performance*，Macmillan，2007，p. 166。

这一次全民公决后，查韦斯采取了“秋后算账”的措施。凡是签名要求举行全民公决的人，都被列入政府有关部门设立的一个“黑名单”。这个“黑名单”中的任何人不得应聘政府部门的工作岗位。毫无疑问，查韦斯的这一措施引起了许多人的强烈反对。反对派控制的舆论工具提高了攻击查韦斯总统的声调。

2007 年 5 月 28 日零点，一家有 50 多年历史的私人电视台因其营业执照未被政府续签而被关闭。政府不予续签的原因是，在 2002 年 4 月的政变中这家电视台“散布谣言”、“鼓动民众上街抗议查韦斯政府”。而电视台的工作人员认为，查韦斯政府的措施是压制言论自由。对此指责，查韦斯政府认为，对于进行蛊惑人心的舆论宣传的媒体，政府将给予毫不留情的打击。

在美国的支持下，反对派不择手段地与查韦斯作对，而查韦斯则以强硬手段予以回击。这种针锋相对的斗争不仅影响了委内瑞拉的政局稳定，而且还使为数不少的专业人才移居国外，其中许多人或不满查韦斯政府的政策，或受到政府的排挤，或对委内瑞拉的前途失去信心。毫无疑问，大量人才的外流严重影响了委内瑞拉的技术创新。作为国民经济的支柱，石油工业也因缺乏技术工人而无法提高产量。

三　能否调整产业结构，减少对石油工业的依赖

委内瑞拉拥有丰富的石油资源，2009 年已探明的储量为 248 亿吨（1723 亿桶），占世界总储量的 12.9%，在世界上排名第二位（仅次于沙特阿拉伯）；同年的日产量为 243.7 万桶（在世界上排名第 11 位），占世界总产量的 3.3%。①

① http：//www.bp.com/liveassets/bp_ internet/globalbp/globalbp_ uk_ english/reports_ and_ publications/statistical_ energy_ review_ 2008/STAGING/local_ assets/2010_ downloads/statistical_ review_ of_ world_ energy_ full_ report_ 2010.pdf.

石油工业是委内瑞拉经济的支柱，约占国内生产总值的30%。出口收入的90%以及财政收入的50%来自该部门。[①] 查韦斯当政前夕，石油出口收入占委内瑞拉出口收入的比重不足70%。由此可见，委内瑞拉经济对石油工业的依赖越来越大。

国民经济对石油工业的高度依赖产生了一系列弊端。例如，一旦石油产量下降，出口收入和财政收入就会受到很大的影响，经济增长率也会下跌。2002年4月的军事政变以及2002年12月至2003年2月的石油工业大罢工曾使石油产量从2002年11月的每天330万吨下降到2003年1月的每天70万桶。其结果是，2002年和2003年的国内生产总值增长率分别下跌了8.9%和7.8%。[②]

除产量以外，价格的下跌同样会使委内瑞拉的石油出口收入蒙受损失。例如，由于美国次贷危机诱发的国际金融危机打击了世界各国的需求，石油价格一路下滑。从图8-1中可以看出，石油价格下跌对委内瑞拉的影响是不容低估的。2008年第3季度，委内瑞拉的石油出口收入为300亿美元，2009年第1季度仅为92亿美元。自2009年第4季度开始，随着石油价格的回升，委内瑞拉的石油出口收入也随着增加。

2008年12月，查韦斯总统在谈到2008—2009年金融危机对委内瑞拉的影响时说："没有一丝风吹到我们身上，而欧洲和美国则被暴风摧毁了。"2009年3月，委内瑞拉能源与石油部部长拉米雷斯对媒体说，在当前的国际金融危机下，委内瑞拉并不缺乏资金。他说，委内瑞拉的国家发展基金拥有570亿美元，因此，政府的投资计划不会受到影响。

但是，2008年初PFC能源咨询公司发表的一个研究报告认为，为了满足委内瑞拉的进口需求，2008年的石油价格必须在每桶94美元以上，2009年的价格不应该低于97美元。德意志银行的一个研究报告认为，委内瑞拉如要满足庞大的政府开支和对外援助需求，石油价格必须保持在每桶95美元的水平上。2009年委内瑞拉的财政预算是按每桶60美元的价格制定的。而国际金融危机爆发后，需求的疲软使石油价格一度跌破每桶40美元。因此，一些国际媒体认为，在拉美地区，受国际金融危机打击最大

---

① United States Central Intelligence Agency, *World Factbook*, https: //www. cia. gov/library/publications/the-world-factbook/geos/ve. html.

② United Nations Economic Commission for Latin America and the Caribbean, *Economic Survey of Latin America and the Caribbean 2009 - 2010*, Briefing paper, July 2010.

的国家是严重依赖石油出口的委内瑞拉。

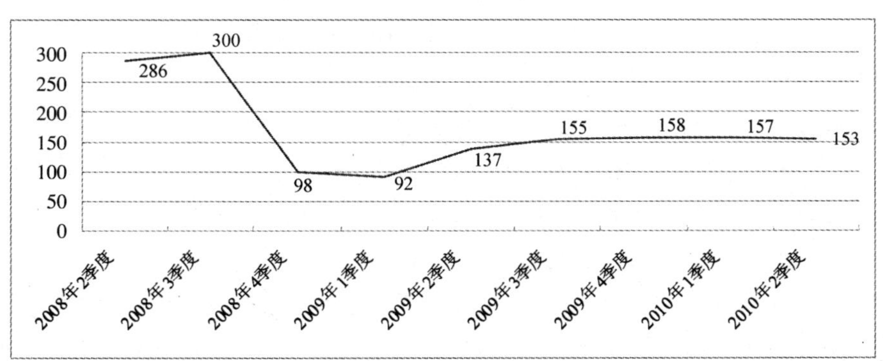

图 8－1　国际金融危机对委内瑞拉石油出口收入的影响（亿美元）

资料来源：Economist Intelligence Unit，*Country Report*：*Venezuela*，October 2010，p. 16。

石油出口收入减少对委内瑞拉产生的负面影响主要包括：

一是不利于委内瑞拉政府实施社会发展计划。查韦斯当政后奉行民众主义政策，将大量石油出口收入用于扶贫和其他一些社会发展领域。这一开支相当于国内生产总值的比重已从 1998 年的 8.2% 上升到 2006 年的 13.6%。针对石油价格的大幅度下跌，查韦斯总统说，委内瑞拉有足够的外汇储备，因此，石油出口收入的减少不会影响用于社会发展项目的开支。但是，许多国际媒体认为，由于石油出口收入减少，政府投入社会发展领域的开支明显减少。

查韦斯总统的支持者以低收入阶层为主。如果政府的社会发展计划因石油出口收入减少而受到不良影响，查韦斯的执政基础将被削弱，反对派的力量会进一步壮大，社会治安也会进一步恶化。

二是不利于查韦斯推行其慷慨的对外援助计划。为了扩大国际影响，委内瑞拉以巨大的石油出口收入为依托，经常性地向与之保持友好关系的国家提供大量援助。例如，委内瑞拉每天向古巴等国提供 30 万桶低价石油，甚至还向美国提供廉价取暖用燃料，向英国提供廉价公共汽车燃料油。国际媒体认为，委内瑞拉今后能否继续提供这些石油将是一个未知数。2007 年 6 月，查韦斯在访问尼加拉瓜时曾出席委内瑞拉援建的一个石油冶炼厂的奠基仪式。这一冶炼厂位于雷昂市，总投资额高达 39 亿美元。但是，迄今为止，这一工程仍然处于待开工的状态。尼加拉瓜国会议员弗朗西斯科·阿圭雷说，由于石油价格大幅度下跌，“尼加拉瓜等国已难以获得查韦斯总统曾许诺的慷慨援助了”。据美联社报道，委内瑞拉政府的一位官员也认为，委内瑞拉援助厄瓜多尔的一个石油冶炼厂的开工日期也可能被推迟。

三是不利于查韦斯政府实施国有化。为了推行其“21 世纪社会主义”，查韦斯在经济领域实施了引人注目的国有化。这一国有化并不意味着委内瑞拉可以无偿地将外国公司彻底收归国有，而是政府出资，获取其50%以上的股份。2007 年以来，查韦斯政府对水泥制造、银行业、冶金和能源等领域中的一些外国公司实施了国有化。据估计，为了完成这一国有化，查韦斯政府需要出资数百亿美元。石油出口收入的减少将使委内瑞拉在筹措这一笔巨资时遇到困难，因此委内瑞拉的国有化进程会受到一定程度的影响。

查韦斯政府认识到了调整产业结构的重要性和必要性，但又不得不充分发挥石油资源丰富这一比较优势。如在 2005 年，委内瑞拉制定了《2005—2030 年石油播种计划》。该计划分两个阶段实施。第一阶段为 2005 年至 2012 年，第二阶段为 2013 年至 2030 年。第一阶段的投资总额为 560 亿美元，其中国家承担 70%，其余部分来自私人部门。在第一阶段，投资重点包括以下 6 个领域：石油和天然气资源的勘探、奥里诺科重油带的开发、加勒比三角地带的天然气开发、冶炼、基础设施建设以及能源合作。根据《2005—2030 年石油播种计划》，2012 年的石油产量将达到每天 580 万桶。

可以预料，为了最大限度地发挥石油资源丰富的比较优势，同时也是为了使社会发展计划和能源外交取得成功，查韦斯政府在可预见的将来不会减少对石油工业的依赖。

四 能否加快农业发展的步伐

查韦斯上台以来，委内瑞拉的产业结构发生了一些变化，农业和服务业在国内生产总值中的比重有所下降，工业则显著上升（见图 8－2）。这也在一定程度上说明，石油工业的地位在提高。

毫无疑问，委内瑞拉产业结构的这一变化使农业部门的重要性进一步降低，也使历届政府试图调整产业结构、减少对石油工业的依赖的愿望落空。

委内瑞拉的农业产区主要分布在奥里诺科平原、瓦伦西亚盆地和巴里纳斯地区。20 世纪初“石油繁荣”出现以前，农业是委内瑞拉经济的支柱，农业占国内生产总值的比重超过 20%，农业劳动力占全国劳动力总数的比重高达 30% 。随着石油工业的兴起，农业在国民经济中的地位不断下降。至 20 世纪末，农业占国内生产总值的比重仅为 5%，农业劳动力总数的比重下降到 13%。根据联合国粮农组织的统计，委内瑞拉的可耕地面积从 20 世纪 70 年代末和 80 年代初的 290 万公顷减少到 2003 年的 260 万公顷。只有 81 万公顷长期种植农作物。与大多数其他拉美国家不同的是，委内瑞拉的土壤不太肥沃。大部分农田用于种植经济作物。

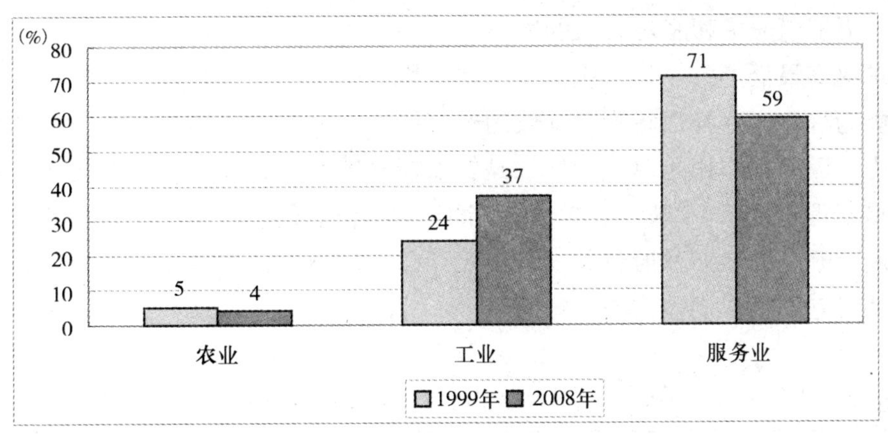

图 8 - 2　委内瑞拉的产业结构（占国内生产总值的比重）

资料来源：United States Central Intelligence Agency, *World Factbook*, 有关年份。

委内瑞拉农业发展面临的主要问题是国际学术界所说的“荷兰病”，即政府在发展石油工业的过程中轻视农业，从而使其在整个国民经济中处于不利的地位。其结果是，委内瑞拉人消费的基本食品（如玉米、大米、糖、牛奶、牛肉、鸡肉和菜豆等）都不能自给自足。

农业发展的滞后不仅使委内瑞拉用大量外汇进口农产品，而且还导致城乡差距不断扩大，大量农村居民流入城市，从而加剧了社会问题的严重性。

虽然查韦斯政府已为发展农业而采取了多种措施，但这些措施与农业部门长期存在的问题相比，确实有杯水车薪之虞。在可预见的将来，委内瑞拉的农业仍然将陷入一种委靡不振的困境。

五　能否解决通货膨胀问题

在经济领域，除了产业结构畸形以外，委内瑞拉还面临着通货膨胀率居高不下的问题。

查韦斯当政后，在高油价的刺激下，政府开支持续扩大，工资水平快速上升，消费热不断加温。而商品供应则不敷需求，从而加大了通货膨胀压力，使委内瑞拉成为通货膨胀率最高的拉美国家。如表 8－2 所示，委内瑞拉的通货膨胀率大大高于拉美的平均水平。2010 年的通货膨胀率高达 32%，创 1998 年以来的最高纪录。价格上涨幅度较大的商品和服务主要是食品、饮料、饭馆和旅馆的服务以及医疗卫生服务。

为抵消通货膨胀对收入的影响，查韦斯政府采取了以下措施：一是每年都提高最低工资，每一次提升的幅度均在 20%—30% 之间。这一措施固然能为许多人弥补通货膨胀导致的经济损失，但同时也增加了通货膨胀的压力，因而其作用是双重的。二是查韦斯总统发布行政命令，规定大米的价格不得超过 2. 15 玻利瓦尔（相当于 1 美元）。但多种食品的价格仍然在不断上升。查韦斯政府将其归咎于农产品生产商和供应商抬高价格，并表示要对它们采取制裁措施。

表 8－2　　委内瑞拉的通货膨胀率　　（单位：%）

年份	2000	2001	2002	2003	2004	2005	2006	2007	2008	2009	2010
拉美	8. 0	6. 1	12. 2	8. 5	7. 4	6. 1	5. 0	6. 5	8. 2	4. 6	5. 9
委内瑞拉	13. 4	12. 3	31. 2	27. 1	19. 2	14. 4	17. 0	22. 5	31. 9	26. 9	32. 0

资料来源：2009 年引自国际货币基金组织：*World Economic Outlook*, April 2009；其他年份引自 United Nations Economic Commission for Latin America and the Caribbean, *Preliminary Overview of the Economies of Latin America and the Caribbean*, December 2008；United Nations Economic Commission for Latin America and the Caribbean, *Economic Survey of Latin America and the Caribbean 2009—2010*, Briefing paper, July 2010。

2008 年 1 月 1 日起开始采用一种新的货币，名为“强势玻利瓦尔”。新货币与旧货币玻利瓦尔之间的兑换率为 1 强势玻利瓦尔 = 1000 玻利瓦尔。政府为宣传这一新货币而使用了这样的口号：“强势经济！强势玻利瓦尔！强势国家！”（Una economía fuerte, un bolivar fuerte, un país fuerte）

然而，新货币的问世并没有遏制通货膨胀。2008年，委内瑞拉的通货膨胀率比拉美的通货膨胀率平均数高出20个百分点左右。

2009年1月13日，查韦斯总统在向议会提交的2008年度报告中说，62.9%的委内瑞拉人在“食品市场网络”中购买了或多或少的商品。由于这些连锁店得到了政府的价格补贴，因此，它们出售的商品的通货膨胀率为零。查韦斯认为，其他商店出售的商品之所以经常涨价，是因为不法商人在囤积商品和哄抬价格。

2009年3月初，查韦斯政府对美国嘉吉食品公司实行国有化，因为该公司在大米中加入人工添加剂，以达到提高大米价格的目的。此前不久，政府派出军队，进驻国内最大的私人食品公司北极公司。军队在检查中发现，该公司囤积了1.8万吨大米。政府向北极公司发出警告：如果它继续囤积大米或不能完成大米加工量指标，政府将对其实施国有化。查韦斯还表示，在对食品公司和其他一些战略部门中的企业进行国有化时，政府不会向其支付现金，而是以债券代替。

在一般意义上，通货膨胀问题的本质是“过多的货币追逐较少的商品”。而在委内瑞拉，通货膨胀率居高不下的根源既与这一货币现象有关，也与“荷兰病”密切相连；既是宏观经济形势不佳的表现，也是制造业和农业长期得不到长足发展的必然结果；既体现了委内瑞拉经济中的结构性缺陷，也反映出政府管理经济的能力不佳。由此可见，在近期内，委内瑞拉的通货膨胀问题很难得到彻底解决。

六　能否改善投资环境

根据世界银行公布的181个经济体的“2008年营商环境指数”（Doing Business Index），委内瑞拉排名第175位，在世界上倒数第七位。可见，根据这一指数，委内瑞拉的投资环境是较差的。

投资者的抱怨主要是社会治安和国有化政策。委内瑞拉的犯罪率和谋杀率被认为是世界上最高的，而且很难破案。在公共交通工具上或在马路上，光天化日之下的抢劫和偷窃司空见惯。甚至在旅游区，暴力抢劫也经常发生，位于城乡结合部的贫民区更为危险。[①]

据英国《经济学家》杂志（2011年11月18日）报道，自1999年查

① http://travel.state.gov/travel/cis_pa_tw/cis/cis_1059.html#crime.

韦斯当政以来，已有400家工商业企业和300万公顷土地被实施国有化。[①] 诚然，国有化有利于发展中国家捍卫民族经济权益。但是，过度的经济民族主义则无益于改善投资环境，因而也会打击投资者的积极性。

委内瑞拉于1975—1976年对石油工业实施了国有化，建立了国家石油公司（见专栏8—2）。90年代，委内瑞拉对石油工业的上游实施了“开放”（apertura）政策，与22家外国公司签署了32个服务协定。根据这些协定，国家石油公司购买外国公司开采的石油，价格盯住国际市场。此外，国家石油公司还与外国公司达成协议，在8个产油区采用“风险和利润分成制”，并与6家外国公司建立了开采超重油的“战略关系”。

专栏8—2

委内瑞拉国家石油公司（PDVSA）

根据“拉美商业大事记”网站的统计，2007年国家石油公司的收入为962.42亿美元（比2006年减少了3%），利润为62.73亿美元（比2006年增加了15%）。国家石油公司的收入在拉美十大能源公司中名列第二，在拉美500家大公司中同样位居第二，均仅次于墨西哥石油公司（PEMEX）。在该网站所列的利润率最高的拉美十大公司中，国家石油公司名列第三，仅次于巴西石油公司和巴西的淡水河谷公司。根据《能源情报周刊》的统计，国家石油公司是世界上第四大石油公司，仅次于沙特阿拉伯国家石油公司（Saudi Aramco）、伊朗国家石油公司（NIOC）和美国的埃克森美孚石油公司（Exxon Mobil）。

1998年，即在查韦斯总统当政之前，国家石油公司的石油产量达320万桶/日。而在2008年，这一产量已下降到240万桶。

① “Towards state socialism: A wave of nationalisation promises scarcity and decline”, *Economist*, November 18, 2010.

委内瑞拉政府为国家石油公司确定的“战略方向”是：“为国家的利益开采能源资源，为提升委内瑞拉在国际舞台上的地缘政治地位和促进委内瑞拉的自主性发展作贡献。”根据委内瑞拉宪法第302款和第311款以及《碳氢化合物组织法》（Ley Orgánica de Hidrocarburos）第5款的规定，国家石油公司必须参与国家的社会发展，支持基础设施建设（包括兴建文教卫生设施），在农业等领域进行投资。

一些国际媒体认为，查韦斯不时将PDVAS用作“政治工具”。国家石油公司董事长拉米雷斯也承认：“国家石油公司处于推动国家前进的社会斗争的中心位置。我们已把它改造为社会斗争的主要组成部分。”

由于石油价格下跌导致国家石油公司的收入减少，该公司拖欠的应付款在2008年第1—3季度上升了39%。这些应付款主要是外国企业向国家石油公司提供服务的费用，其中包括钻井费。

进入2009年后，由于国家石油公司继续拖欠钻井费，一些外国钻井公司决定停止作业。例如，一家名为海默里奇－佩恩（Helmerich & Payne）的美国钻井公司在1月底宣布，由于国家石油公司未向该公司支付约1亿美元的钻井费，它决定在2月暂停5口井的钻井作业。如果国家石油公司继续拖欠，这一美国公司将在7月停止所有11口井的钻井业务。一家名为恩斯科国际（Ensco International）的美国公司因国家石油公司拖欠其3500万美元的钻井费而在2月停止作业。而国家石油公司则以该美国公司“单方面违约”为由，强行接管了它的所有钻井作业，以“维护公共利益和社会利益”。

2007年1月查韦斯开始其第三任总统后，经济政策中的激进化趋势越来越明显。根据委内瑞拉的国有化政策，20世纪90年代“开放”时期与外国公司达成的协议作废，国家石油公司必须在所有石油项目中拥有大多数股份。在与委内瑞拉建立“战略关系”的6家外国公司中，法国的道达尔公司（Total）和挪威的国家石油公司（Statoil）被迫缩小自身的规模，以便使国家石油公司拥有更多的股份；美国康菲石油公司（Conoco Phillips）和美国埃克森美孚石油公司完全终止协议。只有美国雪佛龙公司（Chevron）和英国石油公司（BP）的地位没有发生变化。

查韦斯政府也认识到，国有化政策打击了投资者的积极性，从而使石油部门面临的资金短缺问题变得越来越突出。为此，从2008年开始，委内瑞拉开始加大了吸引外资的力度。2008年2月，能源与矿业部部长拉米雷斯说："我们已经完成了国有化进程，因此现在我们要开始吸引私人资本了。"此前不久，国家石油公司与皇家荷兰壳牌公司（Royal Dutch/Shell）、法国道达尔公司和挪威国家石油公司签署了石油勘探协议。此外，委内瑞拉还对奥里诺科重油带的有关区块进行招标。这是20世纪90年代委内瑞拉开发石油工业后进行的第一次招标。

查韦斯既是一个左翼政治家，也是一个民族主义者。他高举民族主义大旗，实施了轰轰烈烈的国有化。国有化政策固然使委内瑞拉的经济主权得到维护，但国内外私人投资者的积极性受到了打击。无怪乎最近几年进入委内瑞拉的外国投资不断减少，本国私人资本外逃的现象越来越严重。表8-3显示，在2001—2009年期间，有4年的外国直接投资净流入量是负数。

表8-3 **进入委内瑞拉的外国直接投资净额** （单位：亿美元）

年份	2001	2002	2003	2004	2005	2006	2007	2008	2009
投资净额	34.8	-2.4	7.2	8.6	14.2	-20.3	9.8	-9.2	-49.4

资料来源：United Nations Economic Commission for Latin America and the Caribbean, *Economic Survey of Latin America and the Caribbean 2009—2010*, Briefing paper, July 2010。

此外，基础设施的不足也制约了国民经济的复苏。例如，由于干旱导致水电供给不足，政府要求削减用电量20%。① 这使得许多地方实行用电配给制，工厂无法正常开工。因此，虽然国际市场上石油价格在回升，但国民经济仍然难以彻底摆脱衰退。

七 能否使对外关系更好地为经济建设服务

众所周知，外交是内政的延续，外交应该为本国经济发展服务。因

① http://www.bloomberg.com/news/2010-05-25/venezuelan-recession-deepens-in-first-quarter-as-latin-american-rebounds.html.

此，对外关系的走向也会在一定程度上影响一国经济发展。

委内瑞拉似乎有反美的传统。1958年4月，美国副总统尼克松在访问南美洲八国之一的委内瑞拉时，走下飞机后见到的第一眼就是一面大白旗，上面写着："再见，尼克松，我们不留你。"当尼克松在委内瑞拉外交部部长的陪同下走向汽车准备离开时，示威者从夹道上向尼克松吐唾沫，扔鸡蛋、石子和烂水果。①

查韦斯当政以来，委内瑞拉与美国的关系始终是国际媒体关注的新闻。由于查韦斯在各种场合抨击美国政府，并与古巴保持密切的关系，经常性地拜访古巴领导人卡斯特罗，因此，查韦斯常被美国视为"卡斯特罗第二"。

有证据表明，美国中央情报局在2002年4月的政变中为反对派出谋划策。这无疑增添了查韦斯对美国的仇恨。

必须指出的是，尽管委内瑞拉和美国的政治关系和外交关系极为紧张，查韦斯总统和布什总统甚至在许多场合"唇枪舌剑"，但在经济上，两国却依然保持着良好的关系。根据美国中央情报局公布的数据，美国是委内瑞拉的最大贸易伙伴，占委内瑞拉进出口贸易的比重分别为24%和35%。②此外，美国离不开委内瑞拉的石油。委内瑞拉是美国出口石油的第二大来源，占美国进口石油总量的9.2%。③ 美国油轮仅需一周时间就可把委内瑞拉马拉开波湖的石油运到美国本土，而从中东海湾地区运输石油则需一个多月的时间。与此同时，对委内瑞拉出产的重油而言，美国的冶炼设备是必不可少的。这种经济上的相互依赖决定了委内瑞拉与美国之间的"政冷经热"。

查韦斯敢于抨击美国霸权主义政策，为其他发展中国家领导人不畏强暴树立了一个榜样。这无疑是难能可贵的。但是，如果委内瑞拉与美国的政治关系和外交关系能够得到改善，两国的经贸关系必将进一步发展。这无疑是有利于委内瑞拉经济发展的。

---

① 徐世澄、张文锋、焦震衡：《美国和拉丁美洲关系史》，社会科学文献出版社1995年版，第178页。

② United States Central Intelligence Agency, *World Factbook*, https://www.cia.gov/library/publications/the-world-factbook/geos/ve.html.

③ U.S. Energy Information Administration, http://www.eia.doe.gov/dnav/pet/pet_move_impcus_a2_nus_ep00_im0_mbbl_m.htm.

查韦斯当政以来，委内瑞拉与哥伦比亚的关系不时出现纠纷，而每一次纠纷都与哥伦比亚国内的名为“哥伦比亚革命武装力量”和“哥伦比亚民族解放军”等反政府武装力量有关。

20 世纪 60 年代出现的“哥伦比亚革命武装力量”和“哥伦比亚民族解放军”等反政府武装力量以巨额毒品、美元为后盾，在全国各地建立了多个基地，从事绑架、暗杀、抢劫和爆炸等恐怖主义活动。哥伦比亚历届政府采取了镇压、谈判、寻求美国援助和拉拢等一系列软硬兼施的策略，但迄今为止，这些武装组织仍然控制着不少地区，成为影响哥伦比亚社会稳定的最大障碍。不仅民众的安全得不到保障，而且总统候选人、检察官和法官也常被暗杀。2010 年 8 月 7 日下台的哥伦比亚总统乌里韦之父就是在 1983 年被“哥伦比亚革命武装力量”策划的一次绑架事件中被杀害的。因此，他在 2002 年就任哥伦比亚总统后，发誓要与反政府武装力量决一雌雄，以报杀父之仇。

乌里韦总统的强硬手段十分奏效。在他当政的 8 年中，反政府武装力量的多个领导人被抓或被杀，他们占据的地盘也不断缩小，哥伦比亚的社会治安也有所改善。这也是乌里韦能连任两届总统的原因之一。

美国坚持将“哥伦比亚革命武装力量”和“哥伦比亚民族解放军”视为恐怖主义组织，但查韦斯则对这些组织表达同情之心。他曾呼吁国际社会将这些武装力量从“恐怖主义组织”的黑名单中除名。

不容否认，在委内瑞拉与哥伦比亚的外交纠纷中，美国因素不容忽视。美国人消费的绝大多数毒品来自哥伦比亚和其他一些安第斯国家。因此，长期以来，美国在经济上、军事上和外交上对哥伦比亚提供了有力的支持。这就是为什么查韦斯称哥伦比亚是“美国在南美洲的傀儡”的根本原因。

委内瑞拉与哥伦比亚两国之间的边境线超过 2000 公里。每天有数十万人穿越边境线，从事各种各样的经贸活动。因此，两国边境地区的稳定与繁荣，既有利于哥伦比亚经济，也有利于委内瑞拉经济。

总之，委内瑞拉在提升其国际地位和知名度的过程中，应该更加巧妙地运用外交艺术，使对外关系更好地为本国经济发展服务。

结　论

委内瑞拉的发展前景取决于能否将“21 世纪社会主义”进行到底，

能否维系政局的长期稳定，能否减少对石油工业的依赖，能否加快农业发展的步伐，能否解决通货膨胀问题，能否改善投资环境，能否使对外关系更好地为经济建设服务。

查韦斯的“21 世纪社会主义”是发展中国家探索新的发展道路的一种可贵的尝试，但是他为“21 世纪社会主义”描绘的图画是模糊不清的。而且，委内瑞拉缺乏一个强有力的马列主义政党来引领“21 世纪社会主义”的实践。

委内瑞拉的反对派犹如散沙一盘，但在美国的支持下却依然对查韦斯政权发起有力的挑战。这是委内瑞拉政局难以保持稳定的根本原因。在可预见的将来，查韦斯政权与反动派之间的对峙很难得到缓解。

委内瑞拉经济对石油资源的过度依赖由来已久。查韦斯总统在加强国家干预的过程中，在实施宏大的社会发展战略和外交战略时，必然会对公共财政提出更高的要求。因此，石油工业将在委内瑞拉国民经济中继续发挥举足轻重的作用，农业发展将仍然处于一种较为不利的地位。

委内瑞拉的通货膨胀问题既是一种反常的货币现象，也是“荷兰病”的一种症状；既是宏观经济形势不佳的表现，也是制造业和农业长期得不到长足发展的必然结果；既体现了委内瑞拉经济中的结构性缺陷，也反映出政府管理经济的能力不佳。由此可见，在近期内，委内瑞拉的通货膨胀问题将很难得到彻底解决。

查韦斯总统不会放弃“21 世纪社会主义”，不会放弃强化国家作用的原则，也不会在近期内使基础设施得到大幅度的改善。因此，委内瑞拉的投资环境很难出现显著的变化。

委内瑞拉在提升其国际地位和知名度的过程中，应该更加巧妙地运用外交艺术，使对外关系更好地为本国经济发展服务。

综上所述，委内瑞拉的发展前景具有较多的不确定性。查韦斯总统在推动社会发展方面取得的政绩会进一步巩固其执政地位。但是，他也将继续面临反对派和美国的作对，因此其执政道路将是崎岖不平的，“21 世纪社会主义”的发展前景也不会一帆风顺。

第九章　智利的发展前景

在拉美，智利被认为是最成功的国家之一。例如，国内外学术界在比较拉美与东亚的发展模式时，常把拉美视为“失败”的同义词，但智利却是一个例外。无论是经济发展还是社会进步，智利的业绩都是有口皆碑的。无怪乎智利被认为是与东亚“四小龙”齐名的“拉美虎”。

第一节　皮诺切特“还政于民”以来智利发展进程的特点

1973 年皮诺切特发动的军事政变是智利近代史上最重要的事件之一。在新自由主义理论的影响下，军政府实施了声势浩大的经济改革。这一改革对智利和整个拉美地区产生了深远的影响，也使智利的发展进程呈现出以下几个特点：

一　长期保持政局稳定

1973 年 9 月 11 日，陆军司令奥古斯托·皮诺切特发动军事政变，推翻了具有“社会主义倾向”的阿连德政府（见专栏 9—1）。翌年 6 月，皮诺切特就任总统。他中止宪法，解散国民议会，禁止一切政党的政治活动，实行高压的独裁统治。

专栏 9—1

智利的“9·11”

1970 年，六个政党组成的人民团结阵线（Unidad Popular）推举萨尔瓦多·阿连德参加大选。他是一个医生，也是一个忠实的马克思主义者和民主主义者，曾参加过4次总统竞选。这一次他终于取得了胜利。智利人民深信，阿连德的取胜向全世界表明，社会主义革命可以在没有暴力和武装斗争的情况下进行。

阿连德政府对外国企业实行国有化，并进行土地改革。他提高了工人的工资，为穷人提供低息房贷，向学生提供免费午餐，建造了大量幼儿园和医院。在他当政的第一年，由于国际市场上铜价较高，智利政府有足够的财力实施上述社会发展项目。政府还印刷了大量货币，用于进口粮食。但在1971年，由于国际市场上铜价下跌，粮价上升，智利的出口收入快速减少，进口费用却开始增加。

在阿连德上台之初，美国就对其怀有戒心。美国国务卿基辛格说道："我不懂为什么我们必须抱着胳膊坐在这里，看着一个国家因为自己的人民不负责任而滑向共产主义。"尼克松总统命令："让（智利）经济哀叫起来。"美国中央情报局用800万美元支持阿连德的反对派，包括支持工人罢工以及对智利的《信使报》进行渗透。美国不再向智利提供贷款，而且还要求其他国家也不要提供资金。

自1972年年中开始，智利经济出现了危机的迹象。与此同时，社会动荡也开始加剧。1972年8月，店主举行了一天的罢市，以抗议政府的经济政策；10月，一系列抗议活动席卷全国。1973年，铜矿工人、卡车司机、律师、医生和中产阶级家庭的妇女都相继上街游行或罢工。

1973年9月11日，陆军参谋长皮诺切特以阿连德政府无法治理国家为由，发动了军事政变。阿连德拒绝了要求他流亡海外的请求。他说："智利总统不会坐飞机出逃。正如他知道士兵怎样行动那样，我知道我作为共和国的一个总统如何履行我的职责。"

9月11日中午，智利空军的猎鹰式飞机用火箭向总统府发动了攻击。曾目睹了多次和平交权的这一建筑物被笼罩在黑烟中。阿连德死在里边。是自杀还是被进攻的军人击毙这一问题至今仍然是一个谜。

为了对国际上要求智利实现民主化的要求作出反应，皮诺切特答应在1988年10月5日就他的统治地位举行一次全民公决。反对派团结起来，在媒体上呼吁尽快结束军人统治。全民公决的结果是：55%的选民反对皮诺切特继续执政。

智利实现民主化后，"民主联盟"理智地分析了国内政治形势，吸取了阿根廷文人政府的教训，[①] 没有对皮诺切特和其他军政府领导人进行审判，而是选择了全国和解，以避免各派政治力量的对峙和社会分裂。但文人政府不忘安抚受军政府迫害的家属，为其提供生活补贴或为其子女提供免费教育。此外，文人政府还为在1973年9月11日政变中身亡的阿连德总统举行公开葬礼。事实表明，"民主联盟"的和解政策缓和了国内各派的政治对立和社会矛盾，为经济建设创造了良好的政治环境。

2005年9月，智利对1980年宪法作了58处实质性修改，取消终身参议员和指定参议员，确认总统拥有对军队和警察的绝对领导权和指挥权，取消国家安全委员会跨越总统权力的特权等。时任智利总统德拉戈斯认为，宪法改革使智利成为"完全的民主国家"[②]。

"民主联盟"政府十分重视廉政建设，把建立廉洁有效的政府作为一项长期的任务。为实现这一目标，它采取了以下措施：建立全国反腐败委员会，积极加强腐败的预防工作；制定《行政机构章程》、《廉洁行政法》等法规，从制度上杜绝和预防腐败；实行普遍的财产申报；从制度上完善腐败监督机制，在政治、司法、行政、群众组织、新闻媒体等各个环节加强对腐败行为的监督；树立政府廉洁形象。

根据透明国际组织的统计，2009年智利的"腐败认知指数"为6.7（巴西为3.7），在世界上排名第25位（巴西为第75位）。

二　经济改革不断深化

1973年皮诺切特上台时，智利经济处于严重的危机中。最初，皮诺切

① 在阿根廷军政府统治时期，许多人死于非命或受到军政府的各种各样的迫害。军政权交权后，文人政府在受害者的强烈要求下曾对军政府中的一些军官进行审判。结果，在阿根廷的主要城市里连续发生爆炸事件。面对军人的不满，文人政府不得不作出让步，宣布对前军人政府时期的作恶者进行赦免。

② 转引自袁东振《智利中左翼政府执政的基本经验》，载江时学主编《2006—2007年拉丁美洲和加勒比发展报告》，社会科学文献出版社2007年版。

特并无治理经济的良策，仅仅实施一些以控制通货膨胀为主要目标的正统的经济稳定计划，但收效甚微。[①]

1975 年中，国际市场上铜价下跌，智利的出口收入大幅度下降，通货膨胀率高达 343%，国内生产总值下降了 12.9%。为使智利经济早日摆脱危机，军政府决定迅速实施新的经济政策。在这样一种背景下，军政府启用了一大批所谓“芝加哥弟子”，对智利经济实施大刀阔斧般的改革。改革的内容主要包括以下几个方面：（1）贸易自由化。除了大幅度减少关税壁垒以外，非关税壁垒也被降低。其结果是，除不符合卫生标准、道德标准的产品外，几乎所有外国产品均可自由进口。皮诺切特上台时，智利的平均关税为 105%，有些进口商品的关税高达 700%。4 年后，关税被降低到 10%。[②]（2）私有化。大量亏损的国有企业被出售给国内外的私人投资者，在阿连德当政时被收归国有的 241 家企业被退给原来的主人。[③] 1973 年，智利有国有企业 596 家；至 1989 年仅剩下 45 家。（3）修订外资法。大幅度减少外资不得进入的所谓“战略部门”，以进一步扩大对外资的开放。[④]（4）价格自由化。政府在短短一个月内就迅速放开了原来由政府控制的 3000 多种商品的价格。至 1978 年，受价格管制的商品仅剩下不足 10 种。[⑤]（5）建立新的个人养老储蓄金资本化制度，实行公立与私营医疗机构分摊医疗服务的混合医疗保健制度。[⑥]（6）金融自由化。在对国有银行实行私有化后，利率管制被取消，进入银行业的“门槛”被降低，对信贷方面的规定也被放松。（7）放松对劳动力市场的管制和干预，以降低雇用和解聘工人的成本。（8）对税收制度进行改革，并采取有效措施，打击偷税漏税。（9）鼓励出口。如在 1975 年，政府在外交部系统内设立了促进

---

① Francisco E. Gonzalez, *Dual Transition from Authoritarian Rule: Institutionalized Regimes in Chile and Mexico, 1970—2000*, The Johns Hopkins University Press, 2008, pp. 20—31.

② Patrice Franko, *The Puzzle of Latin American Economic Development*, Rowman & Littlefield, 2007, p. 245.

③ 皮诺切特在实施国有企业时，鼓励管理人员和职工购买本企业的股份。这种私有化方式被国外学者称作“劳工资本主义”或“人民资本主义”。

④ 1974 年，智利率先在拉美地区对外资政策进行大幅度修改，颁布了新的外资法（即第 600 号法令）。根据这一法律，外国直接投资可享受国民待遇，投资领域也进一步扩大。

⑤ 王晓燕：《智利经济改革的进程及其特点》，http://ilas.cass.cn/manager/jeditor/UploadFile/200771203515752.doc。

⑥ 《智利社会保障制度改革考察》，http://www.cnss.cn/xwzx/ztbd/xyzxzt/200612/t20061212_109827.html.

出口局（ProChile）。它在五大洲设立了数十几个办事机构，其宗旨是推销智利产品（尤其是非传统产品）。

由此可见，皮诺切特的改革措施同样可以被归纳为两个方面：一是减少国家干预，发挥市场机制的力量；二是扩大国民经济的开放度。始于20世纪80年代末和90年代初的其他拉美国家的经济改革，基本上都是按照这一思路进行的。

皮诺切特的改革不能说是一帆风顺的。改革初期，由于放松价格管制的步伐太快，通货膨胀问题曾变得非常严重。由于金融自由化后未能强化政府监管，银行危机时有发生。此外，开放市场后，民族企业蒙受巨大的竞争压力。与此同时，国有企业私有化后，私人资本日益集中。

毫无疑问，皮诺切特的经济改革受到了新自由主义理论的影响。新自由主义理论的"鼻祖"弗里德曼曾在1975年3月应邀访问智利。在圣地亚哥逗留的6天时间内，弗里德曼曾接受皮诺切特45分钟的会见。皮诺切特请弗里德曼写一封信，阐述其应对智利经济问题的方法。[①] 在访问智利时，除了接受皮诺切特的会见以外，弗里德曼还在智利大学发表讲演，鼓吹市场万能论。他认为，智利的改革不仅在经济领域是成功的，而且还在政治领域产生了影响（见专栏9—2）。

专栏9—2

弗里德曼对智利经济改革的评价

2000年10月1日，弗里德曼在接受美国公共广播电台（PBS）时说："智利之所以引人注目，并不是因为它首先实践了芝加哥理论（Chicago theory），而是因为皮诺切特奉行的政策与一般意义上的军政府采取的政策完全相反。皮诺切特实施的完全是一种自由市场经济。"

---

① http：//en.wikipedia.org/wiki/Miracle_ of_ Chile#Milton_ Friedman.

弗里德曼说："我在智利天主教大学作了一次讲演，因为该大学与我所在的芝加哥大学有多年的学术交流协议。我讲演的题目是'自由的脆弱性'。我认为，最容易破坏自由的是中央的控制，因此，为了维系自由，就应该有自由市场；为了让市场的运转达到最佳状态，就应该有政治自由。可见，我的讲演的核心内容是反对专制。我认为，自由市场的运作最终会减少皮诺切特的政治中央化（political centralization）和政治控制。顺便说一句，邀请我访问智利的不是政府，而是一个私人机构。"

弗里德曼还说："对于我在智利的讲演，有人反对，有人则赞赏。这一'双重标准'曾使我很'出名'。但我在其他国家（如中国）也作过一模一样的讲演。为什么我在那里无人反对，而在智利却遭到了攻击？但不管怎么样，智利经济的业绩异常出色。但更为重要的是，皮诺切特军政府最终被文人政府取而代之。可见，自由市场确实在智利创造了一个自由社会。"

智利经济学家里卡多·弗兰奇－戴维斯认为，皮诺切特政府在改革初期（1973—1981）实施的改革，"是一种地地道道的、纯粹的新自由主义改革"①。在此期间，通货膨胀得到控制，财政失衡被扭转。但对外部门则陷入了困境，如外贸逆差持续扩大，外债负担越来越沉重。在1982年墨西哥债务危机的冲击下，智利也爆发了债务危机。皮诺切特政府为应对债务危机而采取的紧缩政策使国民经济也陷入了危机。1982年，国内生产总值下降了14%，失业率高达30%，② 贫困问题和两极分化变得越来越严重。

面对危机，皮诺切特政府适当放慢了改革的步伐。在1982—1984年期间，由于降低关税壁垒后关税收入下降以及国内企业难以抵御外国产品

---

① Ricardo Ffrench-Davis, "Chile Between Neo-liberalism and Equitable Growth", in P. Arestis and M. Sawyer (eds.), *Political Economy of Latin America: Recent Economic Performance*, Palgrave Macmillan, 2007, p. 71.

② Ibid..

的竞争等原因，政府甚至提高了关税税率。但智利经济改革的大方向并没有发生变化。

皮诺切特交权后，文人政府也并没有逆转改革趋势，而是继续深化改革。与皮诺切特不同的是，历届文人政府在深化改革的同时较多地关注如何减少改革的社会成本。文人政府的这种做法被称作“对改革进行改革”(reforms to the reforms 或 reform the reforms)。这无疑是智利能在拉美的改革大潮中脱颖而出的主要原因之一。

三 经济增长与社会发展并驾齐驱

“民主联盟”的历届政府高度重视社会问题，在四届政府的连续努力下，1990—2006 年，智利的贫困率由 38.6% 降至 13.7%，基尼系数由 0.554 降至 0.522。[①] 与此同时，社会矛盾明显缓解，社会凝聚力有所增强。

“民主联盟”政府在推动社会发展进程的过程中取得的成就，与其采取的下列措施密切相关：

（一）树立正确的发展观，实施有效的社会政策

“民主联盟”的历届政府在追求经济增长率的同时，把经济增长与社会发展有机地结合在一起。艾尔文政府明确提出，政府政策的优先目标是减少失业和消灭极端贫困。巴切莱特政府把消除社会排斥现象作为其执政纲领的首要目标之一。在这一理念的影响下，历届政府推行了一系列有助于减少贫困和推进社会公平的社会计划。例如，弗雷政府成立了两个消除贫困全国委员会，一个由政府主管，另一个由民间团体管理。拉戈斯政府在 2002 年 5 月提出的“智利团结计划”向全国 22.5 万最贫困的家庭提供了一揽子社会保护。

“民主联盟”的历届政府增加了在教育、医疗、住房、公共工程、扶贫等社会福利方面的投入。在 1990—2007 年期间，用于社会发展领域的公共开支占智利政府开支的比重由 61.2% 增至 66.4%，人均社会开支由 381 美元增至 733 美元。[②]

---

① United Nations Economic Commission for Latin America and the Caribbean, *Social Panorama of Latin America*, 2009.

② Ibid..

在推动社会发展的过程中，“民主联盟”政府尤为重视发展教育。因此，义务教育期限已从 8 年扩展至 12 年。贫困家庭的学生可免费获得课本、学习用具、在校期间的膳食和医疗保健。经济困难的学生还能较为容易地获得贷款和奖学金。

（二）力求把社会政策建立在全社会共识的基础上

“民主联盟”政府特别重视与反对派、非政府组织和受助者就重大的社会发展政策进行磋商，以达成最大限度的共识。

“民主联盟”政府的做法是：第一，为确保社会政策的稳定性和有效性，政府有时会在一些问题上向反对派作出必要的让步。第二，充分发挥非政府组织的作用。政府部门确定扶贫项目的基本思路和要求后，就交给私人部门（包括社会组织、非政府组织、基金会、咨询机构）进行具体的设计和实施。第三，在制订、实施和检查扶贫计划的过程中，积极听取被救助者的意见，并力所能及地鼓励其参与。

（三）妥善处理少数民族问题

智利的土著人口约占全国总人口的 10%，多数土著居民处于社会的边缘，生活在贫困中。为缓解民族矛盾，“民主联盟”政府十分重视少数民族居住区的发展。1991 年，艾尔文政府向议会提交一项法案，主张承认马普切等印第安部落的自治权利，为其提供土地，尊重其文化和传统，允许他们接受“双语教育”。这一法案还试图解决印第安人与林业公司和农业开发公司之间的长期矛盾冲突。1994 年，政府拨款 700 万美元，用于资助印第安人的 500 个发展项目。此外，政府还把大量土地分配给土著居民。上述政策和措施有效地推动了印第安人社会的发展，缓解了印第安人居住区的社会冲突，促进了整个智利社会的和谐发展。

四　自由贸易导向的经济外交稳步推进

智利奉行独立自主的多元化务实外交政策。主张尊重国际法，和平解决争端，捍卫民主和人权。智利历届政府都大力推行全方位的外交战略，对外交往十分活跃。智利优先巩固和发展同拉美邻国和南方共同市场成员国的关系，积极推动拉美一体化，重视与美、欧的传统关系，积极拓展同亚太国家的关系，努力实现出口市场多元化。智利与世界上 171 个国家建立了外交关系。此外，智利还在多边外交舞台上发挥着重要作用。

在智利的对外关系中，经济外交色彩非常浓厚。截至 2010 年，智利已同50多个国家签署了20多个自由贸易协定（见表9－1）。

智利热衷于签订自由贸易协定的动机主要是以下两点：第一，能有效解决与主要贸易伙伴的贸易争端。智利早在1949年就加入了“关税及贸易总协定（GATT）”，1995年又作为创始国加入世界贸易组织（WTO）。智利认为，在GATT/WTO框架内固然可以解决双边贸易纠纷，但费时费力，收效甚微；而通过自由贸易协定，不但可以更加有效地解决双边贸易争端，而且还能解决双方都感兴趣的其他问题。第二，能有效地促进出口和经济增长。智利认为，智利是一个经济高度依赖外贸的小国，只有通过签订自由贸易协定，进一步增加出口和吸引外资，才能实现经济的快速增长。智利外交部国际经济关系司司长罗萨雷斯指出，如果智利不与美国和欧盟签署自由贸易协定，智利GDP即使以年均3%的速度增长，到2024年才能翻一番，而签署自由贸易协定后只要到2014年就可以使GDP翻一番。

表9－1　**智利的自由贸易协定**

签订国	签订时间	签订国	签订时间
委内瑞拉	1993年	洪都拉斯	2005年
玻利维亚	1993年	秘鲁	2006年
南方共同市场	1996年	哥伦比亚	2006年
加拿大	1996年	巴拿马	2006年
墨西哥	1998年	日本	2007年
哥斯达黎加	1999年	危地马拉	2007年
萨尔瓦多	2000年	厄瓜多尔	2008年
欧盟	2002年	澳大利亚	2008年
美国	2003年	土耳其	2009年
韩国	2003年	尼加拉瓜	2010年完成谈判
欧盟	2003年	马来西亚	2010年完成谈判
中国	2005年	越南	2010年开始谈判

资料来源：Dirección General de Relaciones Económicas Internacionales（http://rc.direcon.cl/pagina/1897）。

自由贸易协定给智利带来了巨大的经济利益，对于推动其经济增长，起到了不可替代的作用。智利与其主要贸易伙伴（如欧盟、美国、中国等）的自由贸易协定均在2003年以后陆续生效。在这些自由贸易协定的作用下，2003—2007 年智利的出口总额由 217 亿美元增至 676 亿美元，增长了 212%，其中对欧盟的出口由 47 亿美元增至 162 亿美元，增长了 245%，对中国的出口由 19 亿美元增至 103 亿美元，增长了 445%，对美国的出口由 38 亿美元增至 88 亿美元，增长了 128%，对日本的出口由 19 亿美元增至 73 亿美元，增长了 206%。①

但自由贸易协定的实施也使智利失去了大量关税收入。此外，为了能够与主要贸易伙伴达成协定，智利在一些领域作出了重大的让步。如在农产品领域，虽然美国巨大的市场为智利提供了更多的出口机会，但美国的大量农产品也进入智利市场，使智利本国的农业面临巨大冲击。但是，相比之下，智利从自由贸易协定中获得的利益超过了它必须付出的代价。

早在 2003 年，即在智利与美国达成自由贸易协定后，智利总统拉戈斯就表示，中国和印度两国的人口多达 20 亿人，而且经济发展迅速，因此智利希望与中国和印度开展自由贸易协定的谈判。② 2005 年 11 月 18 日，中国与智利终于在两国建交 35 周年之际签署了自由贸易协定（见专栏 9—3）。

专栏 9—3

中国与智利的自由贸易协定

自 2006 年 10 月 1 日起，占两国税目总数 97% 的产品将在 10 年内分阶段降为零关税。智利对原产于中国的 5891 种产品的关税也将立即取消，中国对原产于智利的 2806 种产品的关税也将降为零。此外，中国对原产于智利的 1947 种产品的关税自 2007 年 1 月 1 日起降为零。

双方降税的产品主要涉及农产品、化工产品、纺织服装、机电产品等。其他产品的关税将分别在 5 年和 10 年内降为零。通过削减

① http：//si2. bcentral. cl/Basededatoseconomicos/951_ portada. asp？ idioma = I.

② http：//www. cetin. net. cn/cetin2/servlet/cetin/action/HtmlDocumentAction？ baseid = 1&docno = 123028.

关税，双方将进一步扩大两国优势产品向对方的出口，从而带动相关产业的发展，为两国的企业带来大量商机，为消费者带来众多实惠。

2008年4月13日，中国与智利签署了《中智自贸区服务贸易协定》。该协定自2010年8月1日起开始实施。根据该协定，中国的计算机、管理咨询、房地产、采矿、环境、体育、空运等23个部门和分部门，以及智利的法律、建筑设计、工程、计算机、研发、房地产、广告、管理咨询、采矿、制造业、租赁、分销、教育、环境、旅游、体育、空运等37个部门和分部门将在各自承诺基础上向对方进一步开放。

服务贸易协定的实施有助于两国进一步相互开放服务市场，增进优势互补，提升国际竞争力；有助于改善投资环境，创造商业机会，降低交易成本，为两国企业和人民带来更多福利；也有助于推动两国各个领域的全方位合作，拓展合作领域，提高合作水平，促进两国全面合作伙伴关系的深入发展。

五　中左翼政府连续执政20年

1988年6月，为反对军政府独裁统治，基督教民主党和社会党联合了其他15个中左翼政党，组成了“各政党争取民主联盟”（La Concertación de Partidos por la Democracia，简称“民主联盟”），其中基督教民主党力量最强大。1989年2月，基督教民主党推举本党主席帕特里西奥·艾尔文为该党总统候选人，其他各党同意艾尔文为“民主联盟”惟一候选人。

在1989年12月的总统选举中，艾尔文以55.17%的得票率获胜。1993年5月，基督教民主党总统候选人爱德华多·弗雷以58%的得票率当选为总统。1999年5月，经过“民主联盟”内部选举，社会党和争取民主党领袖里卡多·拉戈斯成为惟一总统候选人。拉戈斯经过两轮角逐后终于获胜。在2005年12月总统选举中，“民主联盟”候选人米歇尔·巴切莱特获得45.95%的选票。在2006年1月15日的第二轮选举中，巴切莱特获得约53.49%的选票，成为智利历史上第一位女总统。

在2009年12月13日的总统选举中，“争取变革联盟”候选人、亿万富翁塞巴斯蒂安·皮涅拉与前总统弗雷的得票率分别为44.05%和29.6%，均未获得超过半数的有效选票。根据智利有关法律，他们两人进入第二轮选举。在2010年1月17日举行的第二轮角逐中，皮涅拉获胜。"民主联盟"连续执政20年的纪录终于以一种民主的形式画上了一个句号。

在智利的"政治光谱"上，皮涅拉被认为是一个中右翼政治家，但他实施的内外政策与"民主联盟"政府长期奉行的政策并无多大差异。更为引人注目的是，皮涅拉政府在抢救被困井下两个多月的33名矿工时显现的"以人为本"精神和智慧，不仅大大提升了政府在民众心目中的地位，而且还改善了智利在国际社会中的形象。①

第二节　影响智利发展前景的主要因素

经济合作与发展组织被视为"富国俱乐部"。2007年，智利提出了加入该组织的申请。2010年1月11日，智利财政部部长贝拉斯科代表智利政府与该组织秘书长古里亚签署了智利加入该组织的文件，智利成为经合组织第31个成员国。前总统巴切莱特曾说，加入该组织将提高智利的竞争力，使智利获得更多的投资和就业机会。② 但未来智利能否保持其在拉美的这一领先地位，在很大程度上仍将取决于以下几个主要因素。

一　能否继续保持国民经济的快速发展

1990—2008年，智利国内生产总值年均增长率为5.4%，居拉美各国之首，大大高于同期拉美地区的增长率（3.2%）。③智利经济能在拉美地区"一枝独秀"的原因，除皮诺切特当政以来历届政府矢志不渝地推动经济改革以外，还与以下几个因素有关：

一是对外部门具有较强的活力。如表9-2所示，1980年，智利的对

① 2010年8月5日，智利北部沙漠圣何塞铜矿发生塌方事故，井下作业的33名矿工被困于700米深处。皮涅拉政府为确保被困矿工顺利获救，进行了细致的论证和评估，确定了万无一失的营救方案。在营救矿工的一天多时间内，皮涅拉总统自始至终在现场。

② 《智利加入经济合作与发展组织》，http://overseas.caing.com/2010-01-12/100107497.html。

③ United Nations Economic Commission for Latin America and the Caribbean, *América Latina y el Caribe Series históricas de estadísticas económicas 1950—2008.*

外贸易仅为101.8亿美元，至2009年已扩大到934.9亿美元，即在30年的时间内增长了8倍多。

智利对外部门的活力与其较强的竞争力有关。根据世界经济论坛出版的《2010—2011年全球竞争力报告》，智利的竞争力在世界上排名第30位，在拉美地区雄踞榜首。①

表9-2　**智利的进出口贸易**　（单位：亿美元）

年份	1980	1990	1995	2000	2005	2009
对外贸易	101.8	154.6	306.7	363.0	717.6	934.9

资料来源：United Nations Economic Commission for Latin America and the Caribbean, *Statistical Yearbook for Latin America and the Caribbean* 有关年份；United Nations Economic Commission for Latin America and the Caribbean, *Economic Survey of Latin America and the Caribbean 2009—2010*, Briefing paper, July 2010。

二是长期保持较高的投资率。在其他条件不变的情况下，较高的投资率必然会产生较高的经济增长率。从表9-3中可以看出，20世纪五六十年代，智利的固定投资相当于国内生产总值的比重平均低于拉美3个百分点，而在1999—2004年期间已高出拉美3个多百分点。

表9-3　**固定投资相当于国内生产总值的比重**

年份	1950—1969	1970—1982	1983—1991	1992—1998	1999—2004
智利	18.4	14.6	15.7	23.9	22.4
拉美	21.5	25.8	19.2	20.0	19.0

资料来源：联合国拉美和加勒比经济委员会。转引自 Ricardo Ffrench-Davis, *Reforming Latin America's Economies: After Market Fundamentalism*, Palgrave Macmillan, 2005, p.61。

投资率的高低在很大程度上取决于储蓄率的高低。在拉美，智利的储蓄率是比较高的，一般在25%，有些年份接近30%，而许多其他拉美国家则不足20%。

储蓄率与经济增长有着密切的关系，两者相辅相成，互为因果。较高

① http://www3.weforum.org/docs/WEF_GlobalCompetitivenessReport_2010-11.pdf.

的经济增长率扩大了人们的可支配收入，使其有能力增加储蓄；而高储蓄率则能增加资本积累，扩大投资，从而推动经济增长。

三是能吸引大量外资。除了较高的国内储蓄率以外，智利还因拥有出色的投资环境而成为外资“青睐”的投资场所。如在 2009 年，进入智利的外国直接投资净额高达 127 亿美元，仅次于巴西的 259 亿美元。

在智利良好的投资环境中，有两点非常引人瞩目：一是智利拥有高质量的人力资源。由于长期以来政府十分重视发展教育事业，劳动力的文化水平较高。甚至妇女的受教育时间也长达 12 年，在拉美名列前茅。[①] 二是智利国泰民安，社会矛盾并不突出。根据英国经济学家情报社发表的 2010 年“全球和平指数”（Global Peace Index），智利在世界上排名第 28 位，在拉美居第三，仅次于乌拉圭和哥斯达黎加。[②]

四是国民经济开放度较高。根据美国传统基金会和《华尔街日报》共同出版的《2009 年经济自由度指数》的数据，1995 年以来，智利的经济自由度指数始终高于拉美的三大国（巴西、墨西哥和阿根廷）。

表 9－4　**智利与其他拉美国家的经济自由度指数**

年份	1995	2000	2005	2009
智利	71.2	74.7	77.8	78.3
巴西	51.4	61.1	61.7	56.7
墨西哥	63.1	59.3	65.2	65.8
阿根廷	68.0	70.0	51.7	52.3

资料来源：Terry Miller and Kim R. Holmes, *2009 Index of Economic Freedom*, Heritage Foundation and the *Wall Street Journal*, 2009。

对外部门的活力、较高的投资率、大量外资的流入以及经济的高度开放使智利经济受益匪浅。因此我们完全有理由相信，智利不可能放弃使其经济快速增长的上述优势。当然，在全球化时代，国与国之间的竞争越来越激烈。智利如要保持其在世界经济舞台上的优势，必须持之以恒地提升

① Economist Intelligence Unit, *Country Profile 2007*: *Venezuela*, p. 15.

② 这一指数以 23 个指标和 32 个参考指标为基础，反映了世界各国社会治安、人权状况、政局稳定的程度、受恐怖主义攻击的可能性、爆发战争的可能性、军队的规模以及武器的数量，等等。http: //ourtimes. wordpress. com/global-peace-index/.

其竞争力。

二　能否应对经济快速增长带来的副作用和一些非经济因素产生的消极影响

快速的经济增长固然是求之不得的，但也能产生一些副作用。在智利，持续的经济快速增长已产生了一些不容忽视的副作用，其中最突出的是：

首先，随着矿业、渔业、木材工业和制造业的发展，生态环境保护面临的压力与日俱增。这一问题与皮诺切特当政时期重增长、轻生态环境的观念有关。文人政府认识到，这一观念必须改变，经济增长方式必须尽快调整。例如，1992 年 5 月 21 日艾尔文总统在国民议会发表演讲时说，保护生态环境将成为智利新的发展战略的重要组成部分。① 1994 年，智利颁布了“环境保护基本法”（第 19.300 号法律）。这一法律为智利遏制环境污染不断恶化提供了法律依据。此外，该法律还授权地区环境委员会对污染生态环境的行为实施严厉的惩罚。1997 年颁布的有关法律要求矿业、制造业、林业和基础设施等领域的工程项目在做可行性研究时必须对生态环境可能会受到的影响作出全面而细致的评估。

其次，经济的快速发展也推动了城市化规模的持续扩大。截至 2008 年，智利的城市化率（城市人口占全国总人口的比重）已高达 88%。② 首都圣地亚哥的人口已超过 600 万人，占全国总人口的 40%左右。由此而来的问题是：交通拥挤不堪，空气污染十分严重，犯罪率也在上升。③

再次，国民经济对能源的需求不断膨胀。而智利的能源资源极为有限，因而必须依赖进口。用于进口能源的费用已从 2003—2006 年平均每年 53 亿美元扩大到 2007 年的 104 亿美元。占进口总额的 22%。④

2003 年颁布的有关法规为鼓励国内外投资者在能源部门扩大投资提供了多种刺激性优惠，但在可预见的将来，智利根本不可能找到能源自给自足。这将是智利经济发展前景遇到的“瓶颈”。

---

① “TED Case Studies: Chile Air Pollution”（http://www1.american.edu/TED/chileair.htm）.

② Economist Intelligence Unit, *Country Profile 2008*: *Chile*, p. 15.

③ 一些研究报告认为，圣地亚哥空气污染的严重性已超过了世界卫生组织许可的范围。http://www1.american.edu/TED/chileair.htm.

④ Economist Intelligence Unit, *Country Profile 2008*: *Chile*, p. 22.

除了快速经济增长产生的副作用以外，一些非经济因素也带来了一些消极影响。

首先，气候变化导致安第斯山脉的冰川快速融化。智利地质学家安德雷斯·里维拉认为，1950 年以来，智利领土内已有 10 亿立方米的冰川融化。[①] 美国《迈阿密先驱报》（2007 年 10 月 26 日）刊载的一篇题为“冰川的融化使智利的前景无法确定”的文章认为，智利的许多产业会因冰川快速融化而受到影响。该文章说，智利的碳排放量不大，但气候变化导致的冰川融化则使智利付出了沉重的代价。2007 年 5 月，由于起到大坝作用的冰川融化，智利南部的一个湖在一夜之间不复存在。

其次，老龄化社会即将来临。20 岁以下的人口占总人口的比重从 20 世纪 60 年代的 49% 减少到 2006 年的 33.3%，65 岁以上的老龄人口则从同期的 4.3% 上升到 2006 年的 8.2%。按照国际公认的标准，智利业已进入老龄化社会。因此，智利不得不解决与此有关的一系列问题。

智利的人口老龄化与下述两个因素有关：一是预期寿命延长（2000—2005 年已高达 77.9 岁）；二是人口增长率已从 20 世纪 60 年代的 2.1% 下降到 90 年代的 1.6% 和 2000—2006 年的 1.1%。[②]

综上所述，智利在应对生态环境恶化、城市化快速发展、能源短缺、冰川融化和老龄化社会等问题上，将面临严峻的挑战。

三　能否进一步提升产业结构

智利拥有丰富的矿产资源。例如，钠和硝酸钾占世界储量的 100%、锂占 42%、铜占 37.5%、钼占 28.1%、硼酸盐占 9.9%、银占 7.3%。智利也是世界上最大的铜矿砂生产国。此外，智利的多种气候条件使其农、林、渔业产品具有较强的国际竞争力。相对而言，智利的劳动密集型制造业较为落后，非电子类机械、塑料、玻璃和化工产品等行业则较为先进。2008 年，55% 的进口商品为工业制成品。[③]

应该说，自 20 世纪 90 年代以来，智利的产业结构发生了较大的变化（见表 9-5）。但是，迄今为止，智利的出口贸易仍然以矿产品为主。如

① http://tech.qq.com/a/20070427/000070.htm.

② Economist Intelligence Unit, *Country Profile 2008*: *Chile*, p. 14.

③ http://stat.wto.org/CountryProfile/WSDBCountryPFView.aspx? Language=E&Country=CL.

在 2008 年，矿产品占出口总额的 60% 以上，[①] 仅铜矿砂就占出口总额的 40% 以上。

表 9－5　　**智利的产业结构（各部门产值占国内生产总值的比重）**

产业分类	年份	1980	1990	2008
一次产业	农业	7.2	8.2	3.7
	矿业	8.6	11.7	17.6
二次产业	制造业	21.4	15.5	12.8
	水、电、气	2.1	2.3	3.4
	建筑业	5.2	6.5	7.6
三次产业	服务业	55.5	55.8	54.9

资料来源：CEPAL ，*América Latina y el Caribe Series históricas de estadísticas económicas 1950—2008*。

智利的这种出口商品结构极易受到外部条件的影响。如在 2008—2009 年，受国际金融危机的影响，国际市场上初级产品的价格大幅度下跌，智利的矿产品出口收入减少了 77 亿美元。[②] 此外，初级产品的“前向联系”和“后向联系”较弱，对其他经济部门产生的“拉动效应”有限。

为提升产业结构，减少对初级产品的依赖，智利政府已采取了一些措施，如扩大出口商品多样化，加快发展制造业、服务业和高科技产业，等等。这些措施已初见成效。例如，智利生产的食品（包括水果、水果制品和其他加工食品）已销往五大洲的 180 多个国家，年出口额达 120 亿美元，预计在 2015 年后能增加到 200 亿美元。除美国、欧盟和日本以外，一些亚洲国家和地区也已成为智利食品的新兴市场。20 世纪 60 年代，智利仅仅能出口少量苹果，而目前已成为南半球最大的水果出口国，出口额每年高达数十亿美元。

根据英国经济学家情报社、《经济学家》杂志和 IBM 公司联合推出的“数字经济排行榜”，2009 年智利在世界上排名第 30 位。在拉美排名第一

① United Nations Economic Commission for Latin America and the Caribbean, *Statistical Yearbook for Latin America and the Caribbean*, 2009.

② http：//si2. bcentral. cl/Basededatoseconomicos/951_ portada. asp？ idioma = I.

位（墨西哥、巴西、阿根廷和哥伦比亚为拉美的第二名至第五名）。[①] 这一排名以 6 个指数（技术基础设施的质量、商业环境、社会和文化环境、法规、政府政策和消费者及企业的评价）为基础。智利的名次说明，它在高科技领域的优势不容忽视。

但是，产业结构的调整涉及国家的产业政策、行业利益和国内外市场的培育等因素，因此，在可预见的将来，智利还将继续发挥现有的比较优势。这意味着产业结构在相当长的时期内难以发生根本性的变化。

四　能否进一步完善政党政治

世界各国的经验表明，政党政治的完善与否对一个国家能否保持政局稳定会产生重大的影响。历史上，智利曾是南美洲地区政局较为稳定的国家之一。皮诺切特“还政于民”以来，智利的政局更是保持了高度的稳定。智利能保持政局稳定的因素是多方面的，其中最重要的是政党政治能在民主的框架内取得发展。目前智利共有 8 个全国性的政党和 7 个地区性的政党。但几乎没有一个政党能在政治舞台上独占鳌头。为了在大选中提升自己的实力，意识形态相同或相近的政党就构建政党联盟。这是智利政党政治的特色之一。

智利政党政治的另一个特色是各政党善于妥协，并能尊重“游戏规则”，愿意在民主框架内求同存异。与此同时，选民也很理智，不会因为自己的政治诉求未能实现而诉诸非民主手段。

在 2009—2010 年的大选中，国家权力能顺利地从连续执政 20 年的“民主联盟”转移到“争取变革联盟”手中，很能说明这样一个事实：智利政党政治的发展已达到相当高的程度。

皮涅拉是智利政坛半个世纪来通过大选上台的第一位中右翼总统。他的获胜得益于以下几个因素：第一，美国次贷危机诱发的国际金融危机使智利经济受到了不小的影响。许多选民认为这是巴切莱特政府应对不力的结果。第二，不少选民对“民主联盟”政府在文教卫生领域的改革感到失望，希望皮涅拉“独辟蹊径”，加快改革步伐。第三，“民主联盟”内部

---

① “For the second consecutive year Chile is Latin American leader in ‘digital economy’”, http://www.thisischile.cl/Articles.aspx?id=4370&sec=419&itz=&eje=&idioma=2&t=chile-is-latin-american-leader-in-%u201cdigital-economy%u201d.

出现了一些分歧，使许多选票不能集中于弗雷囊中。第四，“民主联盟”已执政20年，许多选民希望高喊“改革”口号的皮涅拉能为智利带来新气象。

皮涅拉的获胜充分说明，在皮诺切特“还政于民”以来的20年中，智利的民主化得到了巩固，政党政治日臻完善。

皮涅拉上台后表示，智利取得的成就与“民主联盟”政府密不可分。他赞赏“民主联盟”政府带领智利从独裁走向了民主，完成了智利的政治民主化进程。他还表示，他的政府将继续奉行“民主联盟”历届政府实施的加快经济发展、重视社会公正的政策。由此可见，不论当权者在政治光谱上处于什么位置，智利的内政外交不会发生重大的变化和调整。这是智利确保其美好未来的必不可少的政治条件。

结　论

智利的发展前景仍然取决于能否继续保持国民经济的快速发展、能否应对经济快速增长带来的副作用和一些非经济因素产生的消极影响、能否进一步提升产业结构以及能否进一步完善政党政治。

智利经济得益于对外部门的活力、较高的投资率、大量外资的流入以及经济的高度开放。智利不可能放弃上述优势。因此，在外部条件不变的条件下，智利能保持国民经济的快速发展。智利在协调经济增长与社会发展方面积累了丰富的经验教训。此外，智利的产业结构已发生了一些积极的变化。智利的政党政治也在不断完善，民主化进程在巩固，政局稳定能得到保障。因此，智利的发展前景是令人乐观的。

参考文献

Philip Arestis and Malcolm Sawyer (eds.), *Political Economy of Latin America: Recent Economic Performance*, The Macmillan Press, 2007.

Rabah Arezki and Frederick van der Ploeg, *Can the Natural Resource Curse Be Turned into a Blessing? The Role of Trade Policies and Institutions*, EUI Working Paper, European University Institute, 2007/35.

Bela Balassa, Gerardo Bruno, Pedro-Pablo Kuczynski and Mario Henrique Simonsen, *Toward Renewed Economic Growth in Latin America*, Institute for International Economics, 1986.

Leslie Bethell, *Latin America: Politics and Society since 1930*, Cambridge, 1998.

Nancy Birdsall and Frederick Jaspersen (eds.), *Pathways to Growth: Comparing East Asia and Latin America*, Inter-American Development Bank, 1997.

Nancy Birdsall, Carol Graham and Richard H. Sabot, *Beyond Trade Offs: Market Reform and Equitable Growth in Latin America*, Inter-American Development Bank, 1998.

Ales Bulir, *Income Inequality: Does Inflation Matter?* IMF Working Paper, WP/98/7.

Victor Bulmer-Thomas (ed.), *Mexico and North American Free Trade Agreement: Who Will Benefit?* The Macmillan Press, 1994.

Eliana Cardoso and Ann Helwege, *Latin America's Economy: Diversity, Trends and Conflicts*, Cambridge, MIT Press, 1992.

Lourdes Casanova, *Global Latinas: Latin America's Emerging Multinationals*, Palgrave Macmillan, 2009.

Benedict Clements, "The Real Plan, Poverty and Income Distribution in Brazil", *Finance and Development*, September 1997.

Andrew F. Cooper and Jorge Heine, *Which Way Latin America? Hemispheric politics Meets Globalization*, United Nations University Press, 2009.

James L. Dietz (ed.), *Latin America's Economic Development: Confronting Crisis*, Lynne Rienner Publishers, 1995.

James. L. Dietz and Dilmus D. James, *Progress Toward Development in Latin America: From Prebisch to Technological Autonomy*, Lynne Rienner, 1990.

Jorge I. Domingues (ed.), *Mexico, Central, and South America: New Perspectives* (Vol. 4: Political Parties), Routledge, 2001.

Jorge I. Domínguez, *China's Relations with Latin America: Shared Gains, Asymmetric Hopes*, June 2006.

Robert Devlin et al., *The Emergence of China: Opportunities and Challenges for Latin America and the Caribbean*, David Rockefeller Center for Latin American Studies, Harvard University, 2006.

William Easterly and Luis Servén (eds.), *The Limits of Stabilization: Infrastructure, Public Deficits, and Growth in Latin America*, Stanford University Press, 2004.

Louis Emmerij (ed.), *Economic and Social Development into the XXI Century*, Inter-American Development Bank, 1997.

Economist Intelligence Unit, *Country Profile: Argentina.*

Economist Intelligence Unit, *Country Profile: Brazil.*

Economist Intelligence Unit, *Country Profile: Chile.*

Economist Intelligence Unit, *Country Profile: Mexico.*

Economist Intelligence Unit, *Country Profile: Venezuela.*

Sebastian Edwards, "Why are Latin America's Savings Rates so Low? An International Comparative Analysis", *Journal of Development Economics*, Vol. 51 (1996).

Sebastian Edwards, *Crisis and Growth: A Latin American Perspective*, Working Paper 13019, National Bureau of Economic Research, April 2007.

Marianne Fay and Mary Morrison, *Infrastructure in Latin America and the Caribbean: Recent Developments and Key Challenges*, World Bank, August 31, 2005.

David de Ferranti, Guillermo Perry, Francisco H. G. Ferreira and Michael

Walton, *Inequality in Latin America and the Caribbean: Breaking with History*, World Bank, 2004.

Patrice Franko, *The Puzzle of Latin American Economic Development*, Rowman & Littlefield, 2007.

Ricardo Ffrench-Davis, *Reforming Latin America's Economies: After Market Fundalmentalism*, Palgrave Macmillan, 2005.

Joshua S. Goldstein, *International Relations* (Sixth edition), Peking University Press, 2005.

Francisco E. Gonzalez, *Dual Transition from Authoritarian Rule: Institutionalized Regimes in Chile and Mexico, 1970—2000*, The Johns Hopkins University Press, 2008.

Ricardo Gottschalk and Patricia Justino (eds.), *Overcoming Inequality in Latin America: Issues and Challenges for the 21st Century*, Routledge, 2006.

Jerry Haar and John Price (eds.), *Can Latin America Compete? Confronting the Challenges of Globalization*, Palgrave Macmillan Press, 2008.

Lawrence Harrison, *The Pan-American Dream*, Westview, 1997.

He Li, *From Revolution to Reform: A Comparative Study of China and Mexico*, University Press of America, 2004.

Richard High, "Regional Report: Latin America's Infrastructure Investment Surge", December 8, 2008.

Richard S. Hillman (ed.), *Understanding Contemporary Latin America*, Lynne Rienner Publishers, 1997.

David E. Hojman, "The Political Economy of Recent Conversions to Market Economics in Latin America", *Latin American Studies*, No. 1, 1994.

J. F. Hornbeck, *U. S. -Latin America Trade: Recent Trends and Policy Issues*, Congressional Research Service, June 25, 2010.

S. P. Huntington, *The Third Wave: Democratization in the Late Twentieth Century*, University of Oklahoma Press, 1991.

Inter-American Development Bank, *Economic and Social Progress in Latin America*, 1986 Report.

Inter-American Development Bank, *Economic and Social Progress in Latin America*, 1995 Report.

Inter-American Development Bank, *Facing Up to Inequality in Latin America: Economic and Social Progress in Latin America*, 1998—1999 Report, September 1999.

Inter-American Development Bank, *Development Beyond Economics: Economic and Social Progress in Latin America*, 2000 Report, June 2000.

Inter-American Development Bank, *Education, Science and Technology in Latin America and the Caribbean: A Statistical Compendium of Indicators*, 2006.

Inter-American Development Bank, *Living with Debt-How to Limit the Risks of Sovereign Finance: Economic and Social Progress in Latin America, 2007 Report*, October 2006.

Inter-American Development Bank, *Outsiders? The Changing Patterns of Exclusion in Latin America and the Caribbean: Economic and Social Progress in Latin America*, 2006 Report, December 2007.

Inter-American Institute for Cooperation on Agriculture, Economic Commission for Latin America and Caribbean, and Food and Agriculture Organization of the United Nations, *The Outlook for Agriculture and Rural Development in the Americas: A Perspective on Latin America and the Caribbean*, 2009.

Jiang Shixue, "China, Latin America, and the Developing World", in P. Smith, K. Horisaka and S. Nishijima (eds.), *East Asia and Latin America: The Unlikely Alliance*, Rowman & Littlefield, 2003.

Stephen J. Kay and Barbara E. Kritzer, *Social Security in Latin America: Recent Reforms and Challenges*, Federal Reserve Bank of Atlanta Economic Review, First Quarter 2001.

Jan Knippers Black (ed.), *Latin America: Its Problems and Its Promise*, Westveiw Press, 1991.

Gabriel Kolko, *Confronting the Third World: United States Foreign Policy 1945—1980*, Pantheon Books, 1988.

M. A. Kose, G. M. Meredith and C. M. Towe, *How Has NAFTA Affected the Mexican Economy, Review and Evidence*, IMF Working Paper, April 2004.

Paul Krugman: "Competitiveness: A Dangerous Obsession", *Foreign Affairs*, March-April 1994.

Paul Krugman, *The Return of Depression Economics*, W. W. Norton & Company, 2000.

Oscar Lewis: *Children of Sanchez: Autobiography of a Mexican Family*, Vintage Books, 1963.

Eduardo Lora, *Beyond Facts: Understanding Quality of Life*, Inter-American Development Bank, 2008.

Joeseph L. Love and Nils Jacobsen (eds.), *Guiding the Invisible Hand: Economic Liberalism and the State in Latin American History*, Praeger, 1988.

Mario Marconini, "Brazil's Competitiveness Paradigm: Openness, Growth and Contestability", Center for Hemispheric Policy, University of Miami, October 1, 2007.

David R. Mares and Nelson Altamirano, *Venezuela's PDVSA and World Energy Markets: Corporate Strategies and Political Factors Determining Its Behavior and Influence*, The James A. Baker Ⅲ Institute for Public Policy, Rice University, March 2007.

Terry Miller and Kim R. Holmes, *2009 Index of Economic Freedom*, Heritage Foundation and the Wall Street Journal, 2009.

Organization for Economic Co-operation and Development, *Economic Policy Reforms: Going for Growth*, Paris, 2009.

Organization of Economic Cooperation and Development, *OECD Economic Survey: Mexico*, 1992.

Robert A. Pastor and Jorge G. Gastañeda (eds.), *Limits to Friendship: The United States and Mexico*, Alfred A. Knopf, 1988.

Kevin P. Gallagher and Roberto Porzecanski, "China Matters: China's Economic Impact in Latin America", *Latin American Research Review*, No. 1, 2008.

Dani Rodrik, *Where Did All the Growth Go? External Shocks, Social Conflict and Growth Collapses*, NBER Working Paper No. 6350, 1998.

Riordan Roett and Guadalupe Paz (eds.), *China's Expansion into the Western Hemisphere Implications for Latin America and the United States*, The Brookings Institution Press, 2008.

Jeffrey D. Sachs and Andrew M. Warner, *Natural Resource Abundance and Economic Growth, Center for International Development and Harvard Institute for International Development*, Harvard University, 1997.

Jordan Z. Schwartz, Luis A. Andres and Georgeta Dragoiu, *Crisis in Latin America: Infrastructure Investment, Employment and the Expectations of Stimulus*, Policy Research Working Paper 2009, the World Bank, July 2009.

Thomas E. Skidmore and Peter Smith, *Modern Latin America* (Third edition), Oxford, 1992.

Peter H. Smith, *Talons of the Eagle: Dynamics of U. S. -Latin American Relations*, Oxford University Press, 1996.

William C. Smith and Roberto Patricio Korzeniewicz (eds.), *Politics, Social Change and Economic Restructuring in Latin America*, North-South Center Press, 1997.

Leopoldo Solis, *La realidad economica Mexicana: Retrovision y perspectives*, Mexico, Siglo.

Joseph Stiglitz, *More Instruments and Broader Goals: Moving Toward the Post-Washington Consensus*, The 1998 WIDER Annual Lecture, Helsinki, Finland, January 7, 1998.

Rosemary Thorp, *Progress, Poverty and Exclusion: An Economic History of Latin America in the* 20th *Century*, Inter-American Development Bank, 1998.

The World Bank, *Poverty Reduction and the World Bank: Progress in Fiscal 1996 and 1997, 1998.*

The World Bank, *The East Asian Miracle: Economic Growth and Public Policy*, Oxford University Press, 1993.

United Nations Development Program, *Human Development Report*, 1991.

United Nations Development Program, *Democracy in Latin America: Towards a Citizens' Democracy*, 2004.

United Nations Development Program, *Human Development Report*, 2009.

United Nations Economic Commission for Latin America and the Caribbean, *Statistical Yearbook for Latin America and the Caribbean*, 2000, 2006, 2009.

United Nations Economic Commission for Latin America and the Caribbean, *Social Panorama of Latin America*, 2000—2001, 2005, 2007, 2009.

United Nations Economic Commission for Latin America and the Caribbean, *Social Cohesion: Inclusion and a Sense of Belonging in Latin America and the Caribbean*, 2007.

United Nations Economic Commission for Latin America and the Caribbean, *Foreign investment in Latin America and the Caribbean*, July 2009.

United Nations Economic Commission for Latin America and the Caribbean, *Economic Survey of Latin America and the Caribbean 2009—2010* (Briefing Paper), July 2010.

United Nations Economic Commission for Latin America and the Caribbean, *Achieving the Millennium Development Goals with equality in Latin America and the Caribbean*, *Progress and challenges*, August 2010.

United Nations Economic Commission for Latin America and the Caribbean, *Latin America and the Caribbean in the World Economy 2009—2010* (Briefing Paper), September 2010.

United Nations Economic Commission for Latin America and Caribbean, and United Nations Food and Agriculture Organization, *The Outlook for Agriculture and Rural Development in the Americas*: *A Perspective on Latin America and the Caribbean*, 2009.

United Nations and the World Bank, *Crime*, *Violence*, *and Development*: *Trends*, *Costs*, *and Policy Options in the Caribbean*, A Joint Report by the United Nations Office on Drugs and Crime and the Latin America and the Caribbean Region of the World Bank, March 2007.

Harry E. Vanden and Gary Prevost, *Politics of Latin America*: *The Power Game*, Oxford, 2002.

Menno Vellinga: *The Changing Role of the State in Latin America*, Westview Press, 1998.

M. Angeles Villarreal, *Mexico's Free Trade Agreements*, United States Congressional Research Service, July 12, 2010.

Howard J. Wiarda and Harvey F. Kline, *Latin American Politics and Development*, Westview Press, 1985.

John Williamson (ed.), *Latin American Adjustment*: *How Much Has Happened*? Institute for International Economics, 1990.

［美］E. B. 伯恩斯：《简明拉丁美洲史》（中文版），湖南教育出版社1989年版。

［美］E. B. 伯恩斯、J. A. 查利普：《简明拉丁美洲史》（中文版），世界图书出版公司 2009 年版。

［美］N. 格里高利·曼昆：《经济学原理》（中文版），三联书店、北京大学出版社 1999 年版。

［古］奥斯瓦尔多·马丁内斯：《垂而不死的新自由主义》（中文版），当代世界出版社 2009 年版。

董经胜：《巴西现代化道路研究：1964—1985 年军人政权时期的发展》，世界图书出版公司 2009 年版。

韩琦主编：《世界现代化历程：拉美卷》，凤凰出版传媒集团、江苏人民出版社 2010 年版。

李春辉：《拉丁美洲史稿（上卷）》，商务印书馆 1983 年版。

李明德：《简明拉丁美洲百科全书》，中国社会科学出版社 2001 年版。

李铁映：《论民主》，中国社会科学出版社 2001 年版。

林毅夫：《论积极发展战略》，北京大学出版社 2005 年版。

林被甸、董经胜：《拉丁美洲史》，人民出版社 2010 年版。

刘文龙：《墨西哥通史》，上海社会科学院出版社 2008 年版。

吕银春、周俊南：《巴西》，社会科学文献出版社 2004 年版。

［美］马尔科姆·吉利斯：《发展经济学》（中文版），经济科学出版社 1989 年版。

［美］迈克尔·托达罗：《经济发展》（中文版），中国经济出版社 1999 年版。

［美］塞缪尔·亨廷顿：《变革社会中的政治秩序》（中文版），华夏出版社 1988 年版。

世界银行：《1991 年世界发展报告》，（中文版），中国财经出版社 1991 年版。

苏振兴主编：《拉美国家现代化进程研究》，社会科学文献出版社 2006 年版。

孙若彦：《论 80 年代后墨西哥对外战略的转变》，博士学位论文，中国社会科学院研究生院，1999 年。

［美］威廉·福斯特：《美洲政治史纲》（中文版），人民出版社 1956 年版。

［英］维克托·布尔默－托马斯：《独立以来拉丁美洲的经济发展》

（中文版），中国经济出版社 2000 年版。

向骏主编：《拉丁美洲研究》，台湾五南图书出版公司 2001 年版。

徐世澄：《墨西哥政治经济改革及模式转换》，世界知识出版社 2004 年版。

徐世澄、张文锋、焦震衡：《美国和拉丁美洲关系史》，社会科学文献出版社 1995 年版。

左晓园：《20 世纪墨西哥外交政策的演变》，博士学位论文，南开大学，2008 年。

张宝宇：《巴西现代化研究》，世界知识出版社 2002 年版。

后　记

非常感谢中国社会科学院学部委员苏振兴研究员、商务部国际贸易研究院研究员卢国正、中国现代国际关系研究院拉丁美洲研究所所长吴洪英研究员、南开大学世界近现代史研究中心常务副主任韩琦教授、南开大学拉美研究中心主任王萍教授。他们在百忙之中为本书鉴定并提出了许多宝贵意见。

中国社会科学院拉丁美洲研究所研究员张宝宇和白凤森、福建师范大学社会历史学院院长王晓德教授、中国社会科学院拉丁美洲研究所经济研究室副主任杨志敏博士、中国国际经济交流中心副研究员黄志龙博士为本书提供了稿子。由于本书的结构和章节安排发生了重大变化，我只能忍痛割爱，使其稿子未能被收录进此书。我心中感到极为内疚。除了向他们表示歉意以外，还要感谢他们的大度和体谅。

中国社会科学院拉丁美洲研究所研究员徐世澄、中共中央对外联络部国际交流中心主任王华、南开大学教授董国辉、北京大学拉美研究中心主任董经胜、中国社会科学院拉丁美洲研究所的刘维广博士、张勇博士、孙洪波博士、周志伟博士、郭存海博士、中共中央对外联络部五局高波处长、中国社会科学院欧洲研究所的李罡博士、汕头大学的赵平博士、中国社会科学院研究生院的何中正博士和吴大新博士等同志为我提供了大量帮助或为初稿提出了许多宝贵意见，我当不胜感激之至。

江时学

2010 年国庆节

索　引

D

E

F

G

H

J

K

L

M

N

X

Y

Z